核心体能训练

释放核心潜能的动作练习和方案设计

[美]格雷格·布里滕纳姆（Greg Brittenham） 丹尼尔·泰勒（Daniel Taylor） 著

王轩 译

人民邮电出版社

北 京

图书在版编目（CIP）数据

核心体能训练：释放核心潜能的动作练习和方案设计 / （美）格雷格·布里滕纳姆（Greg Brittenham），（美）丹尼尔·泰勒（Daniel Taylor）著；王轩译. -- 北京：人民邮电出版社，2019.9
ISBN 978-7-115-51381-6

Ⅰ. ①核… Ⅱ. ①格… ②丹… ③王… Ⅲ. ①体能— 身体训练—研究 Ⅳ. ①G808.14

中国版本图书馆CIP数据核字(2019)第108300号

版权声明

免责声明

本书内容旨在为大众提供有用的信息。所有材料（包括文本、图形和图像）仅供参考，不能替代医疗诊断、建议、治疗或来自专业人士的意见。所有读者在需要医疗或其他专业协助时，均应向专业的医疗保健机构或医生进行咨询。作者和出版商都已尽可能确保本书技术上的准确性以及合理性，并特别声明，不会承担由于使用本出版物中的材料而遭受的任何损伤所直接或间接产生的与个人或团体相关的一切责任、损失或风险。

内 容 提 要

经过良好训练的核心是帮助运动员取得成功的关键。本书作者基于多年的执教经验，为广大读者提供了系统、科学的核心训练方法。全书共分为五个部分。第一部分对核心及其重要性进行了概述。第二到第四部分分别介绍了核心稳定性、核心力量和核心爆发力的训练方法，通过专业演示和系统指导，详解了超过 300 种核心练习。第五部分聚焦于核心测试与训练的方案设计，提供了针对不同级别和专项运动员的训练计划示例。无论您是体能训练师、康复师、力量教练、私人教练、运动员还是运动爱好者，本书都将带您充分了解核心，掌握安全又有效的核心训练方法，从而充分释放潜力，提升运动表现。

◆ 著　　　　[美] 格雷格·布里滕纳姆（Greg Brittenham）
　　　　　　　丹尼尔·泰勒（Daniel Taylor）
　　译　　　　王　轩
　　责任编辑　王若璇
　　责任印制　周昇亮

◆ 人民邮电出版社出版发行　　北京市丰台区成寿寺路 11 号
　　邮编　100164　电子邮件　315@ptpress.com.cn
　　网址　http://www.ptpress.com.cn
　　北京天宇星印刷厂印刷

◆ 开本：700×1000　1/16
　　印张：24　　　　　　　　　　2019 年 9 月第 1 版
　　字数：598 千字　　　　　　　2025 年 11 月北京第 28 次印刷
　　　　著作权合同登记号　图字：01-2016-10038 号

定价：128.00 元
读者服务热线：(010)81055296　印装质量热线：(010)81055316
反盗版热线：(010)81055315

致我亲爱的父亲。他已经从事运动员训练工作长达 60 年，依然是运动表现领域的先驱者。父亲对助人为乐充满热情，这与他振奋人心的个人信念和热爱学习的品质相符合。父亲的创造力和善良，以及他长久以来对行善的坚持，一直令我感到惊叹。父亲，感谢您，即使在我的 IQ 测试多次失败后，也从来没有放弃过我。

格雷格·布里滕纳姆 (Greg Brittenham)

致我美丽的妻子埃琳（Erin）。不论我遇到何种困难，她一直在我身边，支持着我。

丹尼尔·泰勒（Daniel Taylor）

目　录

致谢　vi

简介：释放核心潜能　ix

第一部分　核心的作用 · · · · · · · · · · · · · · · · · **1**

第 1 章　运动表现的关键因素 · · · · · · · · · 3

第 2 章　关键的身体结构 · · · · · · · · · · · 11

第 3 章　减少损伤 · · · · · · · · · · · 23

第 4 章　基础力量和爆发力的来源 · · · · · · · 31

第 5 章　练习的选择和训练的注意事项 · · · · · · · · 37

第二部分　核心稳定性训练 · · · · · · · · · · **47**

第 6 章　抗伸展训练 · · · · · · · · · · · 49

第 7 章　抗旋转训练 · · · · · · · · · · · 77

第 8 章　肩胛胸壁训练 · · · · · · · · · · 109

第 9 章　腰椎－骨盆－髋关节复合体训练 · · · · · · · 117

第三部分　核心力量训练 · · · · · · · · · · · · **129**

第 10 章　抗伸展训练 · · · · · · · · · · · 133

第 11 章　抗旋转训练 · · · · · · · · · · · 181

第 12 章　肩胛胸壁训练 · · · · · · · · · · 233

第 13 章　腰椎－骨盆－髋关节复合体训练 · · · · · · 247

第 14 章　整体核心训练 · · · · · · · · · · 261

第四部分 **核心爆发力训练** · · · · · · · · · · **281**

第 15 章	抗伸展训练 · · · · · · · · · · ·	285
第 16 章	抗旋转训练 · · · · · · · · · · ·	293
第 17 章	腰椎 – 骨盆 – 髋关节复合体训练 · · · · ·	313

第五部分 **核心测试与训练方案设计** · · · · · · · · · **321**

第 18 章	核心评估方法 · · · · · · · · · · ·	323
第 19 章	完整核心训练计划 · · · · · · · · ·	333
第 20 章	高级核心训练计划 · · · · · · · · ·	339
第 21 章	运动专项核心训练计划 · · · · · · · ·	359

作者简介　373
译者简介　374

扫码添加企业微信。

1. 回复关键词【42132】，即可免费观看《精准拉伸》部分动作精讲视频，缓解运动后肌肉酸痛，降低损伤发生率。

2. 不定期获取更多图书、课程、讲座等知识服务产品信息，以及参与直播互动、在线答疑和与专业导师直接对话的机会。

致谢

对出现在我生命当中所有正直、美好的人们，一一表达我的感谢是不可能的。他们为我树立榜样，激励我选择人迹罕至的小径。他们谦虚、表里如一，他们的真诚和富有创造性的影响力帮助我塑造自己的人生观。本书或许无法解决所有问题，但至少是对激发读者创造力的一次真诚的尝试。

因为我缺乏必要的基底神经节而无法完成任何形式的逻辑活动，以下致谢的大部分内容看起来可能有些混乱。但他们都是我最亲近的人，我想感谢这些人。

我的妻子卢安娜（Luann），你是一个真正的品德高洁的人，你对我源源不断的积极支持与你面对外界嘲笑时纯真质朴的态度是如此一致。感谢你的信任，感谢你坚定地相信我可以做好任何想做的事情。

马克斯（Max）和雷切尔（Rachel），你们的父亲是一个神经元缺少突触的人，曾经从家里的大树上跌下来，一路撞击在每一根枝条上，最后掉入基因池里。当时救生员正在往池子里面添加氯。虽然如此，你们两个都健康地来到这个世界。你们正直，遵循高道德标准，恪守职业道德。孩子们，你们给我带来持续的快乐和灵感。你们会改变这个世界。

史蒂夫·布里滕纳姆（Steve Brittenham），你是一个了不起的兄弟、父亲、丈夫和教练。我向往你所取得的巨大成就。你经常说，任何只有一半大脑的人都可以写下一本有关核心部位的书。嗯，就在这里了。

丹·弗朗（Dan Furlong），你是一位极其出色的老师、一位非凡的父亲，而且绝对是我认识的最好的人。你是我的好朋友，如同火凤凰，不断从火焰中重生。你从纽约尼克斯队（the Knicks）那里收到的解雇书可以贴满……抱歉……刚才忘记说到哪了，有点走神。

琼·史密斯（Jean Smith），你教会我模棱两可是完全不同的一回事。罗恩·史密斯（Ron Smith），你教我热爱所有动物。特别谢谢你教我在烧烤时搭配墨西哥烟熏辣椒粉、香菜、牛至叶、孜然、橙皮、奶油豌豆和土豆。

劳伦·赫夫（Lauren Huff），每次开始阅读我的作品时，你都会睡着，这一点让你这位失眠患者激动不已。莱尔·赫夫（Lyle Huff）是阿拉斯加州海恩斯市 KHNS 公共广播电台《安全》节目的主持人，这个节目非常具有娱乐性和知识性，最近对我的露营技巧有所了解后，你得出的结论是，一根火柴就能让我烧掉一片森林，但是想要燃起篝火的话，我至少需要一整盒。

杰夫·波兹德里克（Jeff Bzdelik），当你打电话给我并且以最坦诚的方式说需要一位运动员发展教练时，我说："任你调遣。"自从我来到维克，我感受到归属感，我们共同的努力没有白费，而且有助于实现更高的目标。我接受球员的指责，全心全意地接受你对努力工作和专注训练的信念。

杰夫·尼克斯（Jeff Nix），你告诉我犯错是人之常情，把错误归因于球员表明我具有执教潜能。尼采曾说过："生活就是受苦；受苦就是在苦难中寻找意义。"如果智慧是面对困境的间接结果，那么我一定是这世上最聪明的人。当其他人不相信我时，你选择相信我，对此，我感激不尽。

玛丽·安·贾斯蒂丝（Mary Ann Justice），如果没有你，我肯定会错过必须参加的会议、缴纳的费用以及赶赴的约会。一直以来，我的记性不好。别人进行心理治疗需要花费很多钱，但是你为我提供免费的倾诉机会。我说得已经够多了，能不能换你来说一说我呢？

维克森林大学运动表现中心的全体职员都知识渊博、道德崇高、素质优秀、无私且充满激情。他们在格外繁忙的日程安排中所做出的成绩令人惊叹。

致我们的模特们：阿贝·布鲁克斯（Abbe Brooks）、埃琳·布鲁克斯（Erin Brooks）、布拉德·博勒加德（Brad Beauregard）、威尔·墨菲（Will Murphy）、扎克·巴特勒（Zak Butler）以及马克斯·布里滕纳姆（Max Brittenham），你们在照片中展现出迷人的笑容、积极的性格特征、竞争意识、专注及运动才能。丹和我因你们成为这本书的焦点而感到荣幸，而且我们相信，这对于读者来说已经是相当高的档次了。当然，还有伦道夫·奇尔德雷斯（Randolph Childress），1995 年大西洋海岸联盟（ACC）篮球锦标赛最有价值球员（MVP），ACC 年度最佳运动员，美国国家大学体育协会（NCAA）全美最佳阵容队员，美国男子职业篮球联赛（NBA）首轮获选新秀，家庭美满。现在你是本书中的模特，我认为你人生中最疯狂的梦想已经完全实现了。感谢你们每个人的参与。

感谢温斯顿塞勒姆大学旁百汇路上的星巴克咖啡店里上早班的员工，让我在写这本书的期间保持足够清醒的状态。在安静的屋内，坐在壁炉前舒适的椅子上时，我的心脏病发作。这不足以阻止我在 4 天后回到你们所营造的令人愉快的环境中。你们为我提供友好的服务和特别公平的产品价格，彼时我正努力在出版社给出的最后期限之前完成第 8 章的内容……尽管患了血栓症。抱歉，这又是一个意识流里的句子。感谢詹姆斯·乔伊斯（James Joyce）。

感谢 Varisport 的巴里·斯洛特尼克（Barry Slotnick）给予的支持、鼓励、友善，以及提供的全球最好的滑板。

谢谢耐克（Nike）提供的鞋子和服饰，使本书内容看起来可靠可信，而且提供进一步的假象，使我看起来具备写作本书所需的所有能力和资格。

早在 20 世纪 90 年代初期，帕特·赖利（Pat Riley），你让我相信一种完全独特的训练方法，从而开启了我的事业。

在 20 世纪 90 年代，我人生当中令人激动的、成功的、令人受益的、具有启发意义的和最伟大的经历就是与纽约尼克斯队的教练、导师、运动员和工作员工（太多人而无法一一提及）一起共事，他们是杰夫·范·冈迪（Jeff Van Gundy）、艾伦·休斯敦（Allan Houston）、帕特里克·尤因（Patrick Ewing）、唐·钱尼（Don Chaney）、道格·里弗斯（Doc Rivers）、马克·杰克逊（Mark Jackson）、赫布·威廉斯（Herb Williams）、拉里·约翰逊（Larry Johnson）、杰克·拉姆齐（Jack Ramsey）博士、麦克·布林（Mike Breen）、迈克·马丁内斯（Mike Martinez）、乔纳森·祖普拉诺维奇 (Jonathan Supranowitz)、马特·哈丁（Matt Harding）、迈克·史密斯（Mike Smith）、约翰·多纳休（John Donahue）、伦尼·威尔金斯（Lenny Wilkins）。特别感谢迈克·桑德斯（Mike Saunders）、赛义德·哈姆丹（Said Hamdan）、诺曼·斯科特（Norman Scott）博士、彼得·布鲁诺(Peter Bruno）博士以及弗雷德·库什纳（Fred Kushner）博士，他们全身心地帮助团队向赢得冠军的集体目标而努力奋进。

格雷格·布里滕纳姆

埃琳，我的女朋友、未婚妻、挚友、妻子、伴侣、家庭经验指导者，现在是我们孩子的母亲，你一直且永远都是我的一切。你的爱、支持和对我全然的信任不时地震撼我心。我认为自己很幸运，可以与你共度余生。

洛尔莱（Lorelai）和杰克逊（Jackson），我的双胞胎宝贝们，你们出生于本书的启动阶段。本书和你们一起成长。短短的两年内，你们为我重新定义了如何成为一个男人和一位父亲。在你们身上，我了解到最纯洁的爱，通过你们纯洁的眼睛看世界是一场持续的愉快旅程。尤为重要的是，你们教我认识到生命中没有什么比你们妈妈的脸庞、米老鼠以及一双新的长筒雨靴更重要。

感恩我的父母，在致谢的这些文字里，我只能用简短的话语报答你们为我所做的一切。如果我可以做到你们的一半，那么我作为一名父亲就已经很成功了。妈妈，你给了我可以远飞的翅膀；爸爸，你一直强调在我飞翔之前学习使用翅膀的重要性。这些能力加上兄弟们给我的不折不扣的爱、尊重以及对我所成为的样子的赞扬使我能够飞得更高，这些都是我从来不敢想象的。

格雷格·布里滕纳姆，谢谢你邀请我与你一起完成这项任务，感谢你的友谊之手以及与我分享你多年的经验。你教我最重要的一课就是，即使我们应该严肃工作，我们也一定要记住在这个过程中多保持微笑。

几年前，我决定在我长大后要成为杰里米·谢泼德（Jeremy Sheppard）博士那样的人。他是一位体育科学管理人员和在澳大利亚冲浪组织中担任体能训练的负责人，一位与澳大利亚最佳冲浪手杰里米一起工作的地地道道的加拿大人。杰里米，你是我见过的最好的力量训练教练。更重要的是，你是一位和蔼可亲的朋友。考虑到我们之间的距离和在一起的时间有限，我一直感激你的友谊以及与我分享的知识。

另外，我还得感谢锡耶纳大学对我的支持，允许我成长为一名专业人士。尤其要感谢许许多多的运动员来到我的健身房并且相信我的决定和每一步指导。对肯尼·哈斯布鲁克（Kenny Hasbrouck）致以我特别的感谢，在你刚刚起步时最低潮的阶段，你把你的未来交到我手中。在这个过程中，你给予了我职业生涯中非常有价值的一段经历。

一直感恩我们才华横溢的编辑们的帮助，她们是劳拉·波代斯基（Laura Podeschi）和朱莉·马克思·古德雷欧（Julie Marx Goodreau）。还要感谢具有圣贤智慧的特德·米勒（Ted Miller）你可以把一位力量教练因为挫败说出的漫无边际的话转变成像优雅散文般的语言。你是专业性的代表，在我不太熟悉的领域里指引我。感谢你在我完成本书的过程中带给我创造力、指引和放松。

谢谢和我们一起工作的美国人体运动出版社（Human Kinetics）的每一名员工，在过去的几年，我们在各个方面一起为本书努力。你们所有人都做得非常棒，感谢你们让我和格雷格在夏季时的电话交谈成为一个美好的现实。

对萨莉·赫里克（Sally Herrick）、杰瑞·瓦塞纳（Jerri Wassenaar）、克里斯蒂娜·德莱拉（Christina De Lella）、琳达·巴特利特（Linda Bartlett）以及奥哈拉（O'Hara）一家致以我特别的感谢，谢谢你们多年以来做我们的受试者、朋友和知己。感谢我们的模特：埃琳、马克斯、威尔、扎克、阿贝、伦道夫、布拉德，你们对本书的热情和付出展现在每一张图片中。

感谢教练里夫（Reeve）和维克森林大学的体能训练工作人员，你们允许我们整个周末占用你们的健身房。

作为一名年轻的专业人员，我深信我是站在巨人（格雷格的父亲名列其中）的肩膀上。真诚感谢许多匿名的专业人员，你们的观念、理念以及成功的经验对我的工作产生了重要的影响。你们给予了我一份我所热爱的职业，一份我每天为之称奇的工作。

丹尼尔·泰勒

简介
释放核心潜能

————个速率为每小时95英里（约152.9千米）的快球和一个越过防守队员的扣篮，这些都是相应运动项目中典型的瞬间。对于努力想实现运动表现最大化的运动参与者来说，锻炼这些能力至关重要；大量"抛得更远、跳得更高、跑得更快"的训练计划都与这个目标相结合。但事实是，我们应该多关注身体的核心部位，而不是只注重可能会帮助发展这些能力的外在活动。核心部位的功能训练将提高运动效率并更好地转移通过身体各连接部位的力量，这可以促成一个每小时飞行达十万米的快球，或有助于你从一个常年只能触碰球篮边缘的球手进步成一个技术成熟的扣篮手。

那么，当双腿驱动你的活动以及手臂的灵活性在生活各个方面得以展示的时候，核心部位在这些活动中何以发挥如此重要的作用？这是因为，上半身和下半身产生的所有力量起源于躯干和躯干下半部，靠躯干稳定，并且通过躯干得到传递。这对健身和运动有着巨大的影响，尤其当你从运动表现的角度来看核心时。如果我们加强核心部位这一力量转移的通道，那么活动效率和下一步的运动表现变量肯定会得到提高，同时会降低受伤风险。

核心部位应按照其最初发展的相同方式进行训练，遵循以下步骤：稳定性训练先于力量训练，而力量训练先于爆发力训练。形象化训练的一个简单方式就是想象一个新生婴儿。起初，婴儿并没有对核心部位的控制力。看到新生儿开始稳定自己的躯干，这对初为父母的人们来说是第一个可以预见的大事件。这个开始稳定躯干的行为进而带来控制全身能力的

提高，然后可以帮助滚动身体。从原始的姿势反射动作到最基本的活动模式，这是一个至关重要的发展过程。如果因为某些原因，这种转变没有发生或被延误，进一步的发展将会受到抑制。关于成功执行训练计划，最后这句话在某种程度上是正确的：平台期是运动员的最大敌人。

现在婴儿可以滚动身体了，他可以以一种姿态在四肢的重量下拉动四肢，肌肉变得更加有力，很快就能爬行。这是力量的展示；为了有效和协调的爬行，核心部位必须足够强壮，不仅能稳定骨盆和脊柱，而且能向四肢传递力量以促进运动发生。终于，第一次出现晃动的步伐。虽然这可能不如发育成熟后的跑步那样令人印象深刻，但当他抬起四肢并平衡身体时，以垂直方式控制核心部位的能力是真正核心力量的开始。

描述这一过程的专业术语是由近至远的发展过程。动作发展或运动技巧都是在儿童早期从核心部位大块和缓慢的肌肉（近端肌肉）开始发展的。随着孩子健康地发育成熟，与重心有关的粗大运动模式的发展逐渐退化，四肢的小块肌肉（远端肌肉）开始发展，这些肌肉负责精细的运动技能。你无论进行需要精细运动技能的活动（如扔飞镖），还是需要粗大运动模式的活动，必须拥有强大的核心部位，以确保安全、有力并有效地发挥身体功能。

本书从第2章开始的每一章都在前一章的基础上逐渐展开，以便你了解我们所使用的系统，以及告诉你所有的核心训练本质上是一系列的功能渐进式训练。本书所有的训练都用不同颜色标识（蓝色代表稳定性，红色代表力量，

绿色代表爆发力），以便帮助你知道训练是针对核心训练的哪个部分。根据你的能力水平，结合图片和描述，所有练习均将展示如何进阶或退阶。

最后，我们列出一些决定训练起点的测试，这些测试还有助于制订训练计划和定期检测训练是否以智慧的方式渐进式推进，以便你不会过快地完成一个阶段，或在应该过渡到另一阶段的时候限制自己。虽然这些测试将暴露薄弱部位，以及帮助你确认核心部位动态功能的不对称性，但是不要害怕，因为它们也将识别出核心优势。我们的目标是继续强化你已经形成的核心优势，同时逐渐平衡不对称的部位，并且极大地减少和最终消除核心部位的弱点。与这些测试结合在一起的是每个阶段的核心训

练的样例，它们将使你能够看到一切是如何在一个无缝学习和富有实效的训练中结合在一起的。

本书内容对建立一个强大的核心部位训练计划必不可少，核心部位训练应该得到与任何部位训练一样的重视和关注。话虽如此，为了实现运动潜能的充分发挥，灵活性、力量和敏捷性等其他方面的训练也必须得到重视。考虑到这一点，后面章节所呈现的训练应进行15~20分钟，这样你会有更多的时间完成一个完整和全面的训练。

无论你目前的健身水平或运动能力如何，本书都将有助于你为最大限度地释放潜能打好基础。

第一部分

核心的作用

运动和体育比赛如此狂热地席卷了整个国家，体育运动爱好者现在可以一天24小时都把电视锁定在体育频道。不仅人们对参与体育赛事热情高涨，运动爱好者们还在史无前例的程度上享受着观看体育赛事的便捷。通过了解奥运会、世界大赛、世界杯以及全美体育之王赛事和美国橄榄球联盟超级碗的收视率，你就可以认识到体育比赛是一项涉及数十亿美元的商业活动。我们对体育比赛的迷恋已经成为国民心态的一部分，其流行程度已经与苹果派和热狗相差无几。

这种对体育比赛的高度关注已经带来连锁反应。我们已经生活在体育发展的一个新阶段，此时许多问题的解决刻不容缓，这是在以前从未出现过的情况。依靠体育运动的优秀表现可以赢得理想学校的全额奖学金，或以此在街头篮球中展现自我，这意味着运动员能够通过各类比赛不断为自己寻求优势。而且，我们比以往任何时候都更注重规则，并设置规则，以防止比赛超出公平竞争的范围。因此，运动表现好比有血有肉的车辆，现在载着我们的体育比赛和我们的身体。这些车辆有着可以容纳提升和进步的无限空间。在这个方面，可能性只能靠科学进行探索，而且每一代人的可能性似乎都有所不同。过去认为正确的东西，现在却是错误的。曾经我们祖父辈认为人体所办不到的事情，现在每周末的下午我们都可以在电视上看到了。随着基因库的混合，以及体育运动进入不断增长的全球市场，体育运动普及和参与

体育活动方面的限制被打破，人体能力将进一步得到拓展。

永不改变的事实

一个看似不可能却永远不会改变的事实是，人体的核心区几乎是所有体育比赛成功的靠山。不论是赢得奥运金牌，还是背部手术后的恢复，都离不开强大的核心区。核心区作为一个整体部位，其重要性已经被大家熟知，古代的战士们就以手上的巨石为阻力进行平衡训练。随着时代变迁，有关核心区的知识越来越多地被人们所了解，但是由于信息过于复杂多样，很多信息都是碎片化的或者被稀释了的知识。

许多有关人体的学科已经得到发展，但是这并不能一直带来更加完整、全面的知识。脊柱按摩师了解有关脊柱的很多知识，但是通常并不了解递增负荷原则。力量训练的专业人士熟知递增负荷相关的知识，但是通常不那么在意动作质量和预防性训练。大多数物理治疗师对动作质量有很深的理解，但是有时不重视整体力量的训练，因而在独立或局部的发展上花费太多时间。医师和运动防护师擅长治疗，但即便是水平很高的医生和防护师，也可能缺乏对运动发展的整体进程的了解。

如果把这些从业人员彼此的知识相互结合，可以塑造一支强大的保障运动员的队伍。要成为最成功的队伍，这些人员就要彼此形成

共生关系。然而，实际上每个专业人员都对相互合作有抵触情绪，这样的情况经常发生，这会导致不同专业知识的交叉减少。令人悲哀的是，这种情况的出现导致了许多不同"思想流派"的产生；虽然他们都拥有共识，就是需要促进核心区发展，然而如何实现这一点，他们仍然处于一个令人困惑的迷宫当中。

本书的优势在于，它把很多信息结合在一起，为读者创立了一张地图，以方便读者运用本书中最可靠和有科学支撑的信息进行核心区的训练。本书同样适用于与人体有关的行业的从业人员，但是为了思路清晰和目的明确，我们统一用一种语态进行信息的传递。

为了实现这一点，我们开始剖析和重新审视核心区的益处，更新过时的信息，消除谬误和行话。因为，本书可以让你知道如何训练核心区、为什么以这种方式进行训练、将收获的益处，以及需要避免哪些误区。

根据每个人的需要选择具体的训练计划，这个过程将是一段充满自我发现的奇妙旅程，但是也可能是一个难倒人的迷宫，迷宫中充满陌生的术语、不一致的建议以及令人困惑的妥协方案。在本书中，我们将引导你完成这个过程。在这个过程中，你可能对自己有一些新的了解，发现哪些是对你最重要的需要、心愿和目标。

核心区简介

我们的阐述从第 1 章开始，这一章重点描述了核心区在体育运动中发挥的神奇作用，让我们对身体内部力量的传递有更深刻的了解，并阐明了其提高运动表现的非凡本质。当我们在描述那些令人印象深刻的个体和他们的传奇故事时，会用到关于力量的论述，但是这些仅仅是从宏观上来说的，而关于力量的详情体现在核心内部。

为了使你成为一个有经验的消费者，或者说认真的读者，你必须知道，如果你不了解自己正在做什么，那么你提升的可能性会很小。

从协同的角度来讲，接下来我们要仔细检查核心区解剖构造，包括与核心区表现有关的主要肌肉。我们的方式是首先利用解剖学打下基础，然后把人体相互协调的精细功能与核心区在整个结构中的作用进行整合，从而对这些内容有一个综合的认识。第 1 章结束后，第 2 章按照经典的分类方式，逐一谈论肌肉，以及这些肌肉的统一运作在看似流畅的人体活动背后的力学机制。

我们知道，体育运动中损伤风险居高不下，所以第 3 章详细地讲解了发展良好的核心区如何极大程度地帮助减少受伤概率和提高身体由内而外恢复损伤的能力。运动员受伤概率总是很高，但是考虑到每天发生如此大量的非身体接触产生的、可以预防的损伤，体能训练专业人士一定要寻找尽可能多的办法把损伤数量减少。在任何综合的、周期性的和年度的训练计划中，核心训练都应当成为重中之重。

为了让读者开拓核心训练的视野并对所有核心区的特征有所了解，我们尽力讲解核心区在产生爆发力和控制力方面的作用。在第 4 章，我们具体解释什么是爆发力、它与力量的关系以及为什么利用核心区的爆发力对运动表现极其重要。我们最终的目标是让你明白核心区所有方面的特质均具有提升潜质，了解核心区每一方面的特质均是相互支撑的，而不是独立存在的。

最后，第 5 章通过解释所选择训练的一些细微差别，列出训练带来的具体益处，并提供训练指导，以及如何将其整合进你的训练计划中。这些为本书第二部分到第四部分的内容打下基础。

第1章

运动表现的关键因素

在整本书中，我们将认真地分析核心区的关键要素，尽可能多地提供详细信息。在这个过程中，我们将探讨人体解剖的实用性、与医疗有关的损伤预防以及生物力学相关的力量和爆发力的产生。这些探讨对全面认识核心区是至关重要的。

我们从第 1 章开始探讨，然后检验最终效果。你所收获的劳动果实是高质量核心训练对体育运动的最终影响，以及为什么核心区对运动表现来说是如此重要的一个因素。我们从这里开始是因为后面章节呈现的内容更加理论化，所涉及的因素和部位是肉眼看不见的。本章我们从更本能的层面开始，详述我们所能看到和感受到的因素。

多功能的核心区

在我们的专业领域中，每个人都听说过克罗托那的米罗的故事，他是递增负荷训练的鼻祖。米罗每天早上醒来，喝下一杯绿豆蛋白奶昔后，前往竞技场，用双肩扛起一头新生的小牛，然后进行深蹲练习。随着小牛一天天长大，其体重不断增加米罗需要使用更多的力量将其扛起，到最后，米罗可以扛着一头完全长大的公牛，在弗雷德佩尔斯基舞蹈工作室带领康茄舞的同时，进行一个完美的芭蕾舞小跳。

纵观历史，艺术家的壁画和希腊的雕塑都展示出米罗不同寻常的腹肌，这可能比他实际的肌肉组织还要强壮。他核心区的稳定性一定非常惊人，极有可能仅次于大理石雕像。核心区训练的目的常常在于获得与之相似的强大腹肌，相比于功能，这些训练更注重外形。直到最近几年，训练观念才有所改变。核心区的重要性并没有充分得到教练、物理治疗师以及运动员的重视。

所有的活动都起源于核心区、与核心区相结合或由核心区提供稳定性。在身体活动之前，骨关节系统为我们提供必要的有效稳定性。姿势控制是有效活动的前提。没有脊柱的稳定性，包括不良姿势的大量问题将会出现，导致活动效能降低。脊柱控制力差会导致其他代偿问题的出现，包括但不限于交互抑制、协同肌主导以及关节反射受限等，而且实际中我们可能会遇到更多类似的问题。让人捉摸不透的是，有目的的功能性活动会导致有害的情况，但深层稳定肌群是避免出现上述代偿问题的关键保护机制。没有这个稳定机制，疼痛和损伤出现的可能性会增大。更大压力将出现在收缩性和非收缩性肌肉组织上，通常以轻伤的形式出现，进一步导致代偿问题和生物力学的变化。

因此，与米罗的传奇一样，应遵循渐进性原则，优先训练核心深层稳定肌，为继续发展运动肌打好基础。可惜的是，如今视频网站上的方法是专注大量的主动肌训练。无论是在器械上进行的训练，还是在镜子前面进行数千个卷腹，都故意忽视核心深层稳定肌的发展，这并没有为后续核心区功能性发展奠定良好的基础。

我们的任务是在动态活动期间实现对躯干功能控制的最大化。随着内部稳定肌肉组织的进一步发展及其对椎骨关节的有力支撑作用，外部的运动肌无须过多承担姿势稳定的责任，因此具有管理力量、爆发力以及动作效率的功能。这是所有运动员的最终目标。

核心区：就像一座桥梁

大部分运动的吸引力来自运动表现的展示和比赛结果的不可预知性。然而当一位教练制订出一套训练计划，然后让运动员在这个计划之内进行训练时，需要一些令人信服的说辞来告诉运动员，比如，按照计划训练将更有可能成功。而且，参与训练的每个人都想让自己所投入的时间和精力有所回报。只有依据通用的科学原则制订训练计划时，这种目标才可以实现。

通过身体的力
（反作用力）

对地面用力
（作用力）

图 1.1　地面的反作用力

对一系列体育运动的生物力学进行的分析证实，所有这些运动都符合牛顿第三运动定律。简单来说，这个定律的内容是："每一个作用力都有一个大小相等、方向相反的反作用力。"运用这个定律的明显例子是，当运动员向地面施加一定量的力（例如，短跑选手在比赛的前半部分用前脚掌推地）时，地面是不动的，我

们无法将地面推离我们，所以"一个大小相等、方向相反的反作用力"出现了，力又返回并通过身体，而且为了实现我们的目的，这个力会通过核心区。比如，当短跑运动员蹬地以推动身体向前时就会发生这种作用。这叫作地面的反作用力（见图 1.1）。

随着这些力的产生，它们必须在身体上被适当地分配，以实现动态精准和能量可控的有效运动。这个力的总和用不同的方式表达。体操运动员在进行双杠练习时，脚没有接触地面，力是从上到下的；相反地，对短跑运动员来说，力从地面向上传送。

本书通篇涉及运动发展，按照渐进性的原则进行近端到远端功能的训练。换句话说，在身体发展的早期阶段，特别是原始的姿势反射阶段，所有的运动从靠近人体中线的部位开始，基本上从质心（近端）到外部的四肢（远端）。运动单位由一个运动神经元及其所支配的一定数量的肌纤维构成。当一个神经元受到刺激时，所有相应的肌纤维会同时最大限度地发生收缩。就力的总和而言，肌肉参与的顺序遵循相同的一般规则。靠近质心的小块肌肉发起运动，接着是四肢上的大块、强壮的肌肉。在精准控制和协调相关的运动中，大块肌肉的参与更加明显。所产生的最大肌力取决于参与肌肉的总和。如果需要的力量小于最大肌力，那么参与其中的运动神经元的数量将会降低。肌肉参与得越少，产生的力越小；肌肉参与得越多，产生的力越大。

例如，投掷棒球。在运动期间，运用到的肌肉部位按大致顺序排列，依次为核心区、臀部、双腿、胸部、三角肌、手臂、手腕以及手。为了使力量最大化，机体通过从深层稳定肌到运动肌的精准同步和准确参与，使用精细动作控制能力，在精准的前提下将球以每小时 100 英里（约 160.9 千米）的速度掷出。

为了使能量（在牛顿第三定律中，该能量已经得到认可）在全身进行输送，我们必须借

助一个桥梁，来连接上肢和下肢，帮助能量进行上下传递。

人体的中间部位或核心区，就是这个桥梁。训练核心区的魅力在于，帮助骨关节稳定的同时快速动员机体。当我们谈及功能时，所有形式的训练都能够从上述核心训练中获得益处。因此，高翻、跳箱、前蹲以及拉力器飞鸟等训练都将有助于全身力量和爆发力的发展。

相信一种形式的训练总是优于另一种的想法是极其局限的。任何计划的最终目标都是使潜能最大化，然而有多条路径可以到达最终的目的地。对于某个运动员而言，确定他的优势和弱点对决定哪种训练最适合他是至关重要的。力量型的跳高运动员可能从弹跳训练中获益，而弹跳型的跳高运动员也会从力量训练中有所收获。无论你是否进行深蹲、上台阶双臂交替推举运动，这些运动都起源于核心区。正因为如此，只要训练计划是安全、渐进、针对个体需要制订、具有时效性以及有明显成效的，那么就不可能是错误的方法。进行奥林匹克举训练，结合纠正疗法，选择富有创造性的功能训练形式，关键是停止孤立训练个别的肌肉，而应该从整体上进行训练，这才是符合我们身体结构的活动。如果训练聚焦于身体某个单独的部位，而忽视其他部位，最终会显示出方法上的缺陷，导致无效的运动表现。

有效的功能性核心训练对运动表现的影响已经被证实。相反，核心功能较差的机体无法有效稳定脊柱或进行力量传输。这会导致不平稳、不必要的运动，反过来造成无谓的能量损耗。能量损耗表现在低效率动作上，造成糟糕的运动表现。如果任其发展，必定会导致生理或身体力学上的问题，结果通常是疼痛和损伤的循环。当某个部位并不具备力量施加或传导能力的时候，疼痛和损伤就容易发生。比如，一个网球运动员经过上千次发球、正手和反手击球后，下腰背、肩部以及肘部都可能出现慢性损伤。造成这种代偿问题的主要原因在于，在手中持拍（负重）的状态下，肩部进行大量重复的爆发性挥拍。

稳定的或状态良好的核心区可以实现无缝的力量传递，使运动员以高效、有力、精准和无过量身体压力的方式进行活动。我们将进一步讲解核心区在不同运动项目的表现中的作用。无论如何请记住一点：每一个人体和每一个独特的动作都涉及核心区。

运动中的地面反作用力

步行、跑步和跳跃是形象化展示运动中的地面反作用力运作的简单方式。这些运动模式主要发生在矢状面上。大部分的体育运动是多平面活动，运用牛顿物理学定律时一定要考虑到所有平面。方向的改变、力量的产生、力量的减少以及动态的稳定性都发生在一瞬间，我们并不是想写一本物理学的教科书，但是必须了解，当运动员接触地面的一瞬间，地面反作用力的大小、方向和作用点都会发生变化。

冲刺与变向

在一项毫无保留的比赛，例如奥运会的100 米冲刺中，我们很容易看出核心的工作方式。如果你仔细察看奥运冠军冲刺的某一瞬间照片，你会注意到强有力的双腿摆动，结合着同样有力和完全协调的双臂交替活动。在双臂和双腿之间，你会看到一个笔直、稳固的脊柱使四肢协同工作，从而有效地传递能量，最终实现可以获得金牌的跑步速度。经过更仔细的察看，其实你会发现核心区主动抑制着髋部的旋转，从而减少不必要的多余运动。

在脚接触地面，紧接着准备迈出下一步的时候，高效的短跑运动员的身体非常接近一条直线。你可以在照片上放上一把尺子，把耳朵、肩部、臀部、膝盖和脚踝连接成一条直线。当你从正前方观察时，运动员就像朝着镜头跑步一样，你几乎看不到不必要的身体扭动或摆动。

如果是向正前方冲刺，那么所有的能量都应朝目的地的方向引导。遗憾的是，大部分跑步运动员都有导致减速的身体姿势问题或者无用的身体活动，例如，扭动、旋转、低抬腿、体前交叉摆动手臂、踝关节阶段性跖屈，以及驼背。在 2004 年的夏季奥运会上，尤丽娅·内斯特连科（Yuliya Nesterenko）赢得比赛是因为她在整个比赛中保持着正确的力学姿势，而其他短跑运动员则因为缺乏完全的核心控制力而输掉了比赛。

核心区能力对其他体育项目的运动员来说，作用也是如此。比如，橄榄球运动中的跑锋变向动作，他们的每一次用力踏地，都是通过核心区控制身体，帮助力量向上通过髋部，使变向速度得以强化。这种至关重要的控制力源于核心区，可以使跑锋甩掉防守球员。

冲撞

训练有素的核心区所带来的好处并不止于冲刺和变向。没错，短跑运动员希望消除无用的动作，比如，扭动和旋转，但是在其他体育运动中，例如网球，扭动和旋转不是无用的姿势，而是取胜的关键。坚实的核心区在强调旋转的运动中是绝对必要的。髋关节的分离和有力的旋转对需要旋转的体育运动至关重要，例如，棒球、板球、高尔夫球、网球，或扔飞盘。在这些运动中，地面反作用力从直线型模式转换到强烈的旋转模式，从而导致物体高速移动，有时会达到令人难以置信的距离，而且在许多情况下是以极度精准的方式完成的。

拥有强大旋转能力的成功运动表现，并不是通常人们所认为的是强壮腹斜肌所带来的最终结果，而是受核心区控制的力学过程的结果，这些将在第二章详细讨论。凭借这个过程，在最初的臀部和躯干分离后，整个核心区以快速和可控制的运动方式转动。就像大多数体育运动一样，骨盆带是动作的驱动者，但是也需要整个躯干的协调发力，以及稳定性、力量、爆发力的协同工作，并保持高度的运动控制力。

跳跃

需要经常跳跃的体育运动员，例如排球运动员，也可以从精心制定的核心训练计划中获益。虽然这些运动员必须迅速而敏捷，但是也必须能够高高跳起。优秀的跳跃者通常是优秀基因和极好身体力学作用的副产品，但任何水平的人都能够通过训练收获良好的核心，作为桥梁来帮助下肢产生巨大的力量，向上传递，从而跳得更高。在助跑或倒数第二步时，将自身水平速度转化为垂直向上传递的能力是识别优秀跳跃者的特征。

应该注意，运动专项训练应包含训练能量系统、力量和爆发力，以及你所参与的体育活动所需要的运动力学（只要可能，训练你在该项运动中的特有姿势）。不幸的是，许多训练计划未能运用运动专项训练的原则。比如，虽然在体育运动中让运动员在静止站立时起跳是非常罕见的，但是典型的训练计划很少涉及助跑（一种水平速度），而且进行跳跃测试时也通常从站立（没有位移）、静态的姿势开始。

能量是由运动产生的。如果能量可以快速且有效地传递以实现不同作用，比如，在跳高之前有几步助跑，就能够产生合理的作用，就像 ESPN 体育中心节目中那些获得满分的极具爆发力的扣篮动作。但是，如果没有良好的核心区能力，最佳的能量转移就很难发生。好在即使你没有进行专项的跳高训练，你还是可以通过提高你的核心力量来增加垂直跳跃高度。

击打类运动

最后，核心训练通常被忽视的一个部分在击打型的体育运动中得到展示。例如，在拳击比赛中，训练有素的核心区不仅可以使参赛者抵御对手对核心区的击打，还可以使他们更有力地出拳还击。有力的出拳都与核心区的旋转力有关。一个单独的出拳动作远远没有从强壮的核心区发力进行拳击那样有力，有效。

核心区的稳定性、力量和爆发力使拳击手迅速产生地面反作用力，然后立刻从各个角度重复动作。现实生活中，绝大多数拳击手不能

赛季训练和运动表现

在 20 世纪 60 年代，我的父亲迪恩·布里滕纳姆（Dean Brittenham）作为运动表现提升领域的先驱者，对内布拉斯加大学的队员们讲解动态控制力和腹部稳定的重要性。我记得我看到他训练他的运动员，看到他们背着煤渣砖在布满小草的山丘上进行转体弓步行走，或者站在跳远沙坑里，互相旋转抛接皮质药球。我记得他的跳远运动员把他们的双臂紧扣在泳池边的梯子上，在水的阻力下进行伸膝踩水训练。他很少在健身房使用自由重量器械（那时候没有各类训练机）进行核心区的训练。我父亲知道，常识表明需要针对核心区的功能作用进行训练。你不会通过扔飞镖来提升高尔夫的推杆进洞能力。

我分享我父亲的训练理念，而且在我人生中的每一天实践他所传授的知识。为了在一个又一个赛季的比赛中给人留下印象深刻的成绩，一个人需要不断适应不同的人员、新的环境、可用的设备器材，以及运动团队的目标。虽然没有哪两个团队、运动员和训练计划是完全相同的，但是通过明智的操控，训练强度、训练量和持续时间是有一些常量的，即使是在赛季中，它们依然能够帮助运动员进一步成长。没有人认为赛季中的训练仅仅是为了维持状态。我们的观点恰恰相反。虽然需要调整训练强度和频率，但赛季中的训练仍然需要足够具有挑战性，以激发身体形成积极的适应。试想一下，随着赛季的不断进行，你变得越来越强大，越来越有力量，成为一个训练有素的运动员，然而你的对手要么原地踏步，要么因为赛季训练受到干扰而导致力量和体能水平降低，那你将会在对抗中占据何等的优势！

在赛季期间，通常会有一些团队错误地加入仅仅为了维持身体状态的训练计划。这个错误的训练原理的产生是因为担心选手过度训练会导致不良的运动表现。但是，我的经验却与此相反。在赛季中，我的队员依然按照或以接近他们休赛期的训练强度进行训练。每个运动员的力量、爆发力、耐力和信心都得到提升，而且与他们的对手相比有明显的优势。例如，在 20 世纪 90 年代，在每个赛季的结束阶段，纽约尼克斯队展现出比之前更好的身体素质、力量以及体能。这表现在以下 3 个方面。

*从比赛季开始到结束，比赛所有方面的统计学数据都得到提升。

*经验方面，与对手相比有显著优势。

*近 10 年中，在赛季末段和季后赛期间获胜率增加。

NBA 赛季是一个长达 8 个月的马拉松式比赛。一个团队无法纵容和忍受任何被宠坏的队员。一定不能忽视恢复，通常它们应保持优先重要性，尤其对于关键时刻需要挺身而出的运动员。因为紧张忙碌的赛季行程，训练的时长和频率无疑会有所调整。然而，剩下的赛季训练的强度必须在整个期间保持在较高状态，以帮助运动员实现对训练压力的积极适应。20 世纪 90 年代，像尼克斯队这样的成功团队支持这种赛季的训练理念，可以用以下的话总结：运动员应该利用赛季进行训练，而不是为了赛季而训练。

不幸的是，20 世纪 90 年代坚韧的团队和队员按照强健的独立自主的运动理念进行锻炼，而现在已经被精细的依赖性方式所替代。低强度，或者更准确地说，没有强度的方法，例如手法治疗，已经成为一项常见的为高水平的运动表现做准备的方式。从一个发展的角度来说，运动再教育是一个认知的依赖过程。换句话说，学习新的运动模式（或者，因为受伤后的停训，再次学习丢失的运动模式）就运动员来说是一个需要意识准备的过程，而不是教练或理疗师把他或她自己的个人认识施加在运动员身上。手法治疗最大的谬误之一在于让运动员相信通过被动治疗，他们能够巩固和加强现有的动作技巧，甚至学习到一项全新的动作模式。教练手动移动运动员的手臂经过一定范围的活动，或者理疗师把肘部深深按在运动员的髂胫束上等一类的行为，将在某种程度上提升运动效率、准确率，这样的观念简直是无稽之谈。运动员学习新运动模式的唯一方式是在身体和认识上积极参与运动学习。

再一次提到20世纪90年代的尼克斯队，这支球队因正常比赛的活力四射、力量强大和对抗出众的运动风格而出名。事实上，与集训期相比，90 年代的尼克斯队在赛季末到季后赛阶段，其竞技状态更加优秀。这在很大程度上是因为教练有一个理念，支持在整个赛季用高强度、多组强度训练，以及持续的高水平体能训练。只要能够对每个球员进行密切关注，以及根据需要对个别人运用适当的休息和恢复方法，那么他们的恢复时间是完全充足的。因为尼克斯队的强大和坚韧，NBA 觉得应该改变规则以展现比赛中的身体对抗。就是从那时起，NBA 裁判开始了一项他们自己的严格训练计划，从而确保自己能够跟上不断进步的同时代的NBA球员。

在没有稳定、强大和有力的核心区的情况下取胜。在本章前面的内容中，我们已经讨论了力的总和。在竞技场上为你的生命而战时，没有什么比力的总和更重要的了。

无地面作用的力

在一些体育运动中，利用地面的反作用力是不可能的，所以必须使用其他形式的力量产生和转移。冲浪和游泳就是两个很好的例子。除了出发阶段和转身阶段外，游泳时没有任何接触地面的机会。取而代之，游泳是通过在水中活动产生推进力，并使水的阻力最小化，从而向前快速移动。

四肢向后划水对身体产生反作用力，从而产生向前的推力，这个推力帮助产生向前的运动。水不是固体，所以产生的能量转移不只是为了向前移动，也有部分损失在水中。与陆地运动员一样，水中的运动员也想尽可能地有效运动；实现效率最大化的每一个潜在优势必须得到利用。在推进效率方面，对于优秀游泳运动员来说，80% 的能量用在推动身体向前游动，只有剩余的 20% 移动他们周围的水。优秀的游泳运动员可以通过两种方式实现这个效率。首先，通过游泳池里的大量训练，他们学会了用有效技巧使效率最大化。其次，同样重要的是，强健核心区，限制能量丢失。无谓的运动将限制向目标移动的推力，这一点在游泳项目中更加明显。力量应从内部产生，由内部控制，这一概念能够在游泳项目的核心训练中得以体现（在第 7 章列出的前滚练习是非常好的开始）。游泳运动员应把自己看作鱼雷，从核心内部产生控制力，从如圆柱形的核心区后侧向前产生推进力，从而使他们以惊人的速度在水中游动。

另外一个有趣的例子是冲浪运动。冲浪运动员用不同的方式进行着他们的运动。冲浪运动是在水中进行的，他们的运动受水的支配较大，但是在水和运动员之间有一个冲浪板，在某种程度上，运动员可以将冲浪板作为地面进行利用。然而，冲浪板处于移动的海浪顶端，是极其不稳定的。

研究显示，优秀冲浪手和初学者之间的区别在于，是否具有在各种海浪情况下保持冲浪板稳定的能力。这就创造出一个相对安全的平台，借助这个平台，运动员就可以使用牛顿第三定律产生作用力。保持一个高水平的稳定能力是冲浪的艺术和技能，而且这与稳定的核心区直接相关。在不断变化的环境中，无论外力来自何方，速度多少，强大的核心力量都将为身体提供有力支撑。冲浪运动员可以维持平衡和增加控制力以战胜海上环境。相反，无效的核心区让不稳定的力压倒身体系统，最终把冲浪手抛出冲浪板。

身体重心

身体重心（或者更普遍地说是质心）是指身体内的一个点，在这个点上，身体所有部分呈均匀分布，而且这个点也是身体的平衡点。一个人的重心位于核心区。在站立状态下，重心通常位于肚脐以下 2 英寸（约 5 厘米）的地方。

体育运动容易改变重心的位置，跳高就是一个极好的例子。1968 年的夏季奥运会上，迪克·福斯贝里（Dick Fosbury）首次展现了他新的背部跳高技巧（创造出背越式跳高），从而赢得了金牌并创下新的奥运纪录。而在此之前，大多数运动员是以翻滚跳跃或剪刀式脚法跃过横杆。到下一届的夏季奥运会，40 个参赛者中的 28 个运动员使用背越式跳高取得高水平的成绩。使背越式跳高如此成功的原因是重心的下移，产生速度和投射角的巨变，从而提高成绩。

身体重心的重要性在体育运动中很常见。在躲避式运动，例如美式橄榄球和英式橄榄球中，我们试图在对手周围移动我们的重心；在篮球或类似篮球的球类运动中，随着我们在压力之下投篮，我们通常会改变身体下方双腿的位置和姿势，以抵消向下的重力。重心位置的快速变动是任何一种运动都需要的能力。能够高度控制身体重心的人通常被称为有天赋的运动员或运动天才。他们似乎拥有能够在不牺牲

速度的情况下改变方向的能力。这种能力，我们称之为敏捷性。这种敏捷性体现在运动方向的改变上，比如在阻截球员周围左右移动身体，从地面跳起完成一个快速空接扣篮，或是利用大回环式的过顶扣杀将球砸过球网，完成得分。

为了成功地完成这类动作，运动员必须能够控制身体运动方向，而不是让运动方向的变化控制着他们。两者的根本区别就像我们容易跌倒在冰面上，而训练有素的滑冰运动员可以很快改变方向。能够控制核心区的人才能控制他们身体内的能量。对核心的掌控是运动员最容易管理的运动属性，也是对运动能力提升至关重要的条件。

执行高强度运动的具体要求是由你的身体基础决定的。如果你的身体基础发展不良或因长期的不活动而衰退，你的运动表现将减退。显然，为了实现运动表现潜力最大化，你不仅必须训练专业运动技能，而且还要有一个良好的身体基础来支撑这些技能。

要把运动员打造成顶尖的运动员需要付出很多努力。有一些决定因素超出我们控制的范围。遗传基因因素在身高、身体类型、四肢长度、肌肉纤维种类等方面起着主要的影响作用。然而，地理环境和文化通常决定着我们喜爱的体育运动和参与的性质。但是，有一点是保持不变的，而且在我们的控制范围内，那就是以科学的方式对待和训练我们的身体，以实现高水平的运动表现的能力。或许我们不是为了奥运会或 NBA 总决赛而训练，但是我们仍然可以进行训练来让我们变得更好。不要满足于平庸，而是一定要努力达到我们无法理解的高度。如果你把核心区训练作为训练计划的重要组成部分，你就可以成功实现这些看似疯狂的运动表现。关键就在于做充分的准备。

第 2 章

关键的身体结构

我们在本章中的目标在于，了解核心部位的解剖结构以说明其作用。我们将采用典型的——分开的方式论述相关肌肉，开始介绍本章内容。但我们主要的目的是向你展示，在完整的身体运动期间这些肌肉发生了什么。这正是体育运动辉煌时刻的关键所在。

整体核心训练：非传统方式

常见的核心部位训练几乎自始至终贯穿整个运动训练发展时期，从 20 世纪 80 年代的分离训练模式到 90 年代晚期和 21 世纪早期的整体运动模式。遗憾的是，最近几年，训练趋势有向过去落后的肌肉分离训练方式反弹的趋势。之所以出现这种趋势，是人们认为，人体运动链内的一个或多个单独的肌肉虚弱无力将导致运动模式的功能失调和不协调，反过来引起不良运动表现或"薄弱环节"损伤。这引发了肌肉分离训练的盛行，所有的训练都投入到针对身体运动链中的某一块虚弱无力的肌肉上，而牺牲了其他的肌肉训练（例如，有利于腹直肌的仰卧起坐，或者有利于臀中肌的侧卧蚌式抬腿）。

不幸的是，分离训练核心部分的方式就是"傻瓜的黄金"。虽然专注训练的部位可能使外形更好看或改善肌肉张力，但是单独这一点在追求高水平的运动能力方面是没有用的。运动发展是一个发展运动模式和精细运动技巧的过程。从更广泛的角度看待运动模式，毫无疑问地，具体的肌肉分离包括第一阶段的运动反射（例如，握持反射或非对称紧张性颈反射）

必须在进入运动发展的后续阶段（例如基础运动模式形成的第二阶段，翻滚、坐直以及最后的行走）之前得到抑制。

从身体发展角度来说，在运动发展的第一阶段，应该限制有目的性的肌肉分离训练。例如，一个婴儿仰卧，一只手臂向头部朝向的相同的方向伸展，是具有非对称紧张性颈反射的特征。如果小孩的头朝向另外一边，对侧的手臂将会向这个方向伸展。如果小孩并没有学会如何抑制这个姿势反射，那么复杂的多种肌肉运动模式的进一步发展将无法进行。因此，婴儿学会如何把伸直的手臂向身体收紧，他或她才可以翻滚身体。这是爬行的推动力，促进身体坐直、站立、辅助行走、独立行走、跑步等行为。

肌肉分离在第一阶段发展所产生的最后收益会促进第二阶段的进一步发展。正如前面提及的，第二阶段期间的简单运动模式一定会被第三阶段期间（基本的运动模式）的更为复杂的模式所替代，而且这些运动模式最终被运用在发展的最后阶段，即运动技巧模式。因此，喜欢肌肉分离训练或单一的肌肉收缩方案，而不是倾向于训练综合的整体运动模式的运动员和教练，事实上他们在运动发展的道路上正在退步。

那么，为什么肌肉分离变成一个受欢迎的训练形式呢？令人奇怪的是，如今的力量教练、理疗师和私人教练把分离训练当作一个相对容易掌握的既简单、时尚又有助于销售的方式。假如你的臀中肌表现不佳，出于善意的教练或许会准确地说出一些目前流行的专业术语，比如，这个特殊部位"没有被激活"，然后着手制定一个专门针对这个部位的训练计划。

除非运动员患有某种神经变性疾病，肌肉不可能在生理作用方面没有被点燃（就是被激活）。尝试这个简单的测试：首先，站立；然后向一侧迈一步，形成侧弓步。你的臀中肌刚刚"被点燃"，同时被激活的还有深层稳定肌、外部运动肌以及处于人体运动力学链上的其他关节稳定肌和运动肌。你如何知道臀中肌在侧弓步中得到动员？因为，如果在足部触地的时候臀中肌没有被激活，你就会跌倒在地。你现在依然站立着吗？很好！臀中肌已经被激活。

目前肌肉分离训练与以地面为基础的练习效果相去甚远，在进行肌肉分离训练的时候，运动员实际上正在浪费本应用于其他重要系统的训练时间，而这些系统的训练能够显著提升运动技能和他们弱链的运动表现。在第三阶段和第四阶段的运动发展（分别是基本运动模式和运动技巧应用）中，有无数种运动模式组合涉及臀中肌的使用。所以，你告诉我，你是愿意进行分离训练，还是根据你的运动、姿势或某项活动的需要进行针对性训练？换句话说，你是愿意躺在地板上，单腿抬起进行腰大肌的分离训练，还是进行爬坡跑，在动态中把腰大肌同运动链中的所有其他肌肉组织以及它们相应的运动模式结合在一起进行训练，从而使所有的技能动作参与其中？你是说往山上冲刺跑？没错！因为这就是本书的重点：整体核心发展训练。

除了针对可能出现的特定需求，例如损伤后的康复，我们为你准备了涉及核心部位的非传统方式的整体训练，以及如何避免以肌肉分离训练为重点的训练计划。在整本书中，我们从运动表现的角度强化所需的肌肉组织训练。不管迈克尔·乔丹（Michael Jordan）的篮球技能多么优秀，运动能力多么强大，没有芝加哥公牛队其他队员的协作帮助，他不可能赢得 6 次总冠军。同样地，无论是为了稳定性还是灵活性，分离肌肉的训练对运动控制的整体性来说毫无意义。公牛队永远不能只有迈克尔·乔丹进行训练，整个团队的队员都应该进行训练。同样地，如果整个身体系统需要进行最大程度的活动，你不应该只训练某一块肌肉。

定义核心部位

虽然教练、运动员、学者、科学家、医生和私人健身教练对核心部位构成的定义或许各有不同，他们对核心部位的外缘肌肉组织有所争议，但都没有就核心部位的中心位置进行论述。肌筋膜的中心与附着在腰椎和骨盆带周围的肌肉，以及被认为是核心部位基础的骨盆带区域，这些部位一起被称为腰椎 - 骨盆 - 髋关节复合体（LPHC）。

LPHC 是一系列身体系统链接中不可分割的一部分，创造着我们强大的、可自我修复的身体结构。这个链接系列包括下面所论述的几个系统。

筋膜系统

筋膜系统是一张极薄的网络系统，在皮下覆盖着整个身体。在结构上，这个系统包含由胶原构成的纤维束。虽然有关筋膜的内容不会在本书中具体地提到，但是它有着关键作用，通过其广阔的覆盖面形成全身各部分之间重要的链接。

神经系统

神经系统是我们体内的控制系统。它通过向身体各系统之间传输信号进而协调我们所有的行为。神经系统由中枢神经系统（CNS）和周围神经系统（PNS）组成。中枢神经系统由大脑和脊髓组成。周围神经系统由颅神经、脊神经以及感觉感受器组成，形成一张长长的纤维网，连接着中枢神经和身体其他部位。

关节系统

关节系统由身体中约 230 个关节组成。这些关节连接在骨骼上，并帮助或限制其活动。它是一个活跃的系统，因为所有的关节相互连接，一个关节的活动直接影响其他关节的活动。这是帮助阐明我们所建议的训练理念的一个重要的因素。

肌肉系统

身体的行为由大脑和神经控制，但是为了让身体产生运动，一定有一个受神经系统控制的机制存在以移动骨骼。这个机制就是由肌肉组成并产生内部张力的肌肉系统。接收到从中枢神经系统发来的信号后，这些肌肉通过骨骼上的韧带和肌腱控制身体骨架产生活动。如我们将看到的，肌肉系统既为身体提供动力，又提供稳定性。

骨骼系统

之前提到的所有系统都附着、连接、缠绕、覆盖在骨骼系统上，骨骼系统是身体结构和运动的基本框架。它决定了身体的尺寸和体型。骨骼系统包括 2 个部分：中轴骨（由颅骨、脊柱和肋骨组成）和附肢骨（包含胸部连接骨、骨盆带骨和四肢骨）。

这些系统环节一起工作被称为人体动力链。无论是在棒球项目中完成一个双杀还是在生活中清理排水沟中的树叶，无论技术的复杂性如何，只有人体动力链每个环节的多方面协调能力共同作用，才能确保运动的持续可靠性和质量。系统链中出现任何失衡问题都会导致运动表现水平下降和受伤风险增加。

为了使人体动力链以最佳状态运作，需要高水平的姿势控制能力。不良姿势对身体能力有不利的影响，并有损力量转移的能力。在第 1 章中已经提供了有关这方面的非常多的信息。功能稳定和受控制的腰椎 - 骨盆 - 髋关节复合体无疑是稳定良好姿势的要素。

位于腰椎 - 骨盆 - 髋关节复合体上端的是胸椎，与肩胛带和手臂相衔接。几乎每项体育运动都在很大程度上依赖于胸椎，因此，该部位的稳定性、力量和爆发力一定要得到重视。传统上，核心部位被认为是仅仅是腹肌和下腰背，但是如果按照这种方式理解，我们就不能够更全面地理解核心区的定义。如果我们忽视头部（这是我们讨论的内容里所有方面的控制中心）和上下肢（我们已经确定它们为核心部位活动的延伸），实质上我们只剩下躯干和臀部一带的部位。

让我们为核心部位提出一个新的定义。我们把核心部位认为是一个集结地。无论是稳定性、力量的传递，还是协调上下肢的活动，核心部位都能够进行每种类型的肌肉收缩。这些收缩也许是快速的向心收缩（肌肉快速缩短，其起点和止点相向运动）、慢速离心收缩（肌肉以受控制的方式被拉长，其起点和止点相背运动）、快速离心收缩（与灵敏能力显著相关）、静态等长收缩（肌肉处于张力之下，但是在长度上没有明显变化），或者其他许多种组合情况。精确调控的核心部位可以使身体的各区域独立活动且相互连接。例如，有效稳定某个部位，同时活动另外一个部位，可以创造出世界纪录的运动表现。相反地，无法分离身体部分的活动会导致较差的身体力学性能，并且可能受伤。

整体核心解剖

我们可以把核心部位的肌肉组织比作一个圆柱体（见图 2.1）。从概念上来讲，圆柱体就像一个编织的篮子，肌肉结构就像组成篮子的一层一层的编织物，结构的完整性来自织物的重叠编织。如果你扭动篮子，篮子的一侧会缩紧，另一侧会形成对抗，但是整体结构依然保持完整。如果篮子被压扁或拉长也是一样。所有部位一起工作，保证整体结构的稳定和完整。这非常像身体核心部位，一个强壮、持久和功能良好的部位。如果你从本章中没有获得其他任何知识，但是一直在心里记住这个圆柱体的比喻，从而进行核心部位的训练，那么，至少你是走在正确的道路上。

核心部位每层肌肉的肌纤维呈不同方向分布

重叠排列，保证结构的完整

另一侧形成对抗

一侧收缩

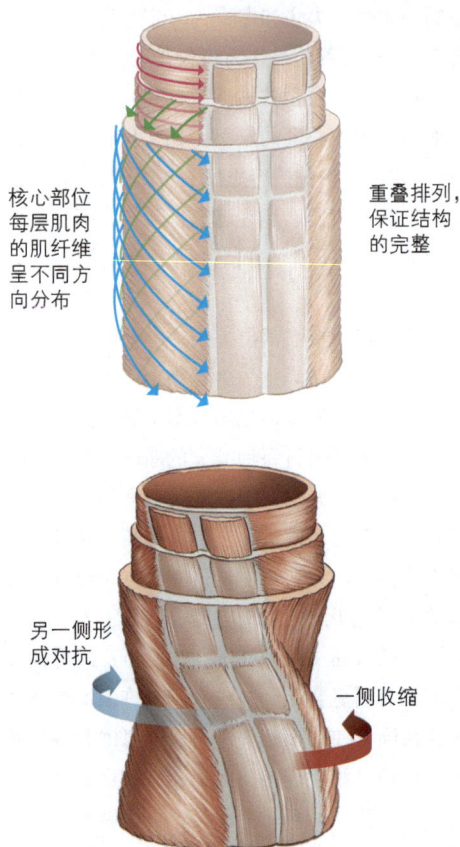

图 2.1　如同圆柱体的核心部位

多年来，我们的经验建议把核心部位肌肉组织在功能上重新分类为 2 个完整的部分：深层稳定肌和外部运动肌。深层稳定肌构成核心区的基础，外部运动肌则构成核心区多种功能的肌肉组织。按这种方式分类有助于整体理解两组肌肉之间的关系。

在运动发展和最终的运动效率（精确度和耐受力）方面，根据从近端到远端逐步发展的理念，深层稳定肌主要是近端的肌筋膜核。这种肌肉组织必须在远端复合体或外部运动肌执行复杂的运动模式之前先收缩，为关节提供支撑作用。在精细的神经控制和关节连接作用下，这些运动模式通过深层稳定肌和外部运动肌得到稳定或激活。

深层稳定肌

深层稳定肌是核心部位的基础，按照运动模式顺序，深层稳定肌一定是首先发挥作用，然后才能够协调外部和内部的力通过核心结构和外缘四肢（不要发生混淆，虽然肌肉组织被标示为稳定肌，但是它依然有活动的特性，正如运动肌也有稳定的特性。稍后详述）。核心结构和外缘四肢对身体有着重要的作用，能提供动态的稳定性和有效的力量分配，从而实现最佳的运动表现。

腹横肌

腹横肌位于核心区的深处，在腹内斜肌的正下方（见图 2.2）。腹横肌起于髋部前侧，特别是髂骨和腹股沟韧带，还有第 7~12 肋骨。合理训练腹横肌会产生一个大表面，这正是提高稳定性的基础。它的止点位于腹白线和对侧腹直肌鞘，即身体的中间线。真正能够使腹横肌作为稳定肌起作用的是其背部的附着点，尤其是胸腰筋膜（腹内斜肌也是如此）。这将形成一个类似环形的张力圈，对整个核心部位带来完全的支撑。（还记得前面提到的圆柱体吗？）

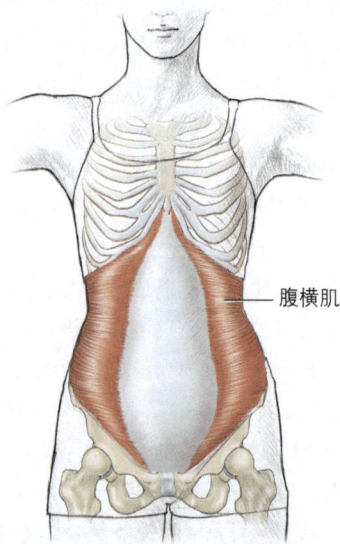

腹横肌

图 2.2　腹横肌

作为深层稳定肌，腹横肌的主要功能之一是对核心部位起到支撑作用。当核心部位的所有肌肉一起运动时，能够帮助固定和稳定 LPHC 和胸椎部位，支撑作用就是在这时得以体现。腹横肌的支撑作用来自腹内斜肌、多裂肌以及深层竖脊肌的共同作用，以压缩肋骨和内脏器官。

腹内斜肌

腹内斜肌位于腹横肌和腹外斜肌之间（见图 2.3），其起点和止点几乎与腹横肌一样，主要区别在于，腹横肌自第 7~12 肋骨开始，腹内斜肌止点在第 9~12 肋骨上。这是一个重要的区别，因为当肌肉收缩时，肌肉的止点向其起点拉动，导致两块肌肉在略有不同的线上收缩。

作为一块单独的肌肉，腹内斜肌主要的任务是使脊柱在多个方向上屈曲和旋转运动。然而，在核心部位整体的结构中，腹内斜肌与腹横肌协同工作，使腰椎能够实现整体稳定。

多裂肌

多裂肌由一系列小块肌肉组成，从骶骨到枢椎，它的长度几乎纵贯整个脊柱（见图 2.4）。多裂肌又被分为两个肌群：表层多裂肌和深层多裂肌，每个肌群穿过 3 个关节段。它们起于不同脊柱部位的棘突（脊柱后方形成脊状外观的突起），这些部位组成 S 形弯曲的脊柱（腰椎、胸椎和颈椎）。与众不同的是，它们的止点位于起点上面的 1~4 椎段。

多裂肌的工作原理非常像帐篷的牵引绳，它能够帮助减少椎间盘所承受的负担，所以体重可以均匀地沿着脊柱分布。浅层的多裂肌帮助椎骨排列对齐，深层的多裂肌有助于脊柱稳定。

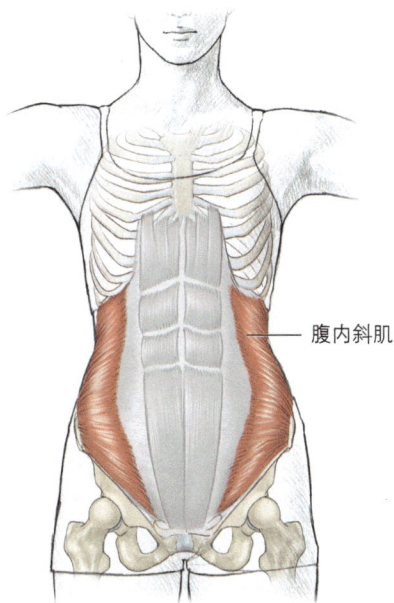

腹内斜肌

图 2.3　腹内斜肌

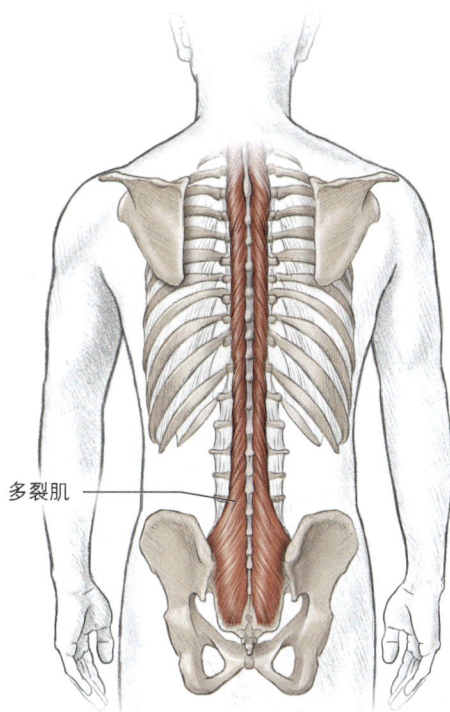

多裂肌

图 2.4　多裂肌

腰方肌

腰方肌位于下腰背的两侧，起于髂嵴和髂腰韧带（位于髂骨和骶骨之间的深处），最后附着在第 12 肋骨和第 2~5 腰椎上（见图 2.5）。

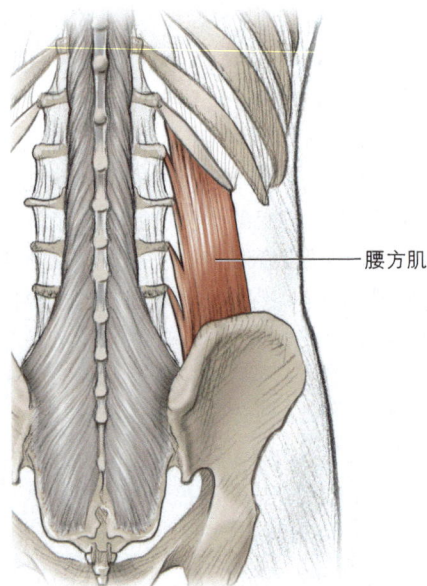

图 2.5　腰方肌

在向身体一侧提髋时，腰方肌独立工作有助于侧向地屈曲脊柱。更重要的是，腰方肌与臀中肌、阔筋膜张肌，以及内收肌群一起工作，成为 LPHC 的主要稳定机制。

胸腹膈

胸腹膈通常被称为膈肌，这个类似降落伞形的肌腱块把胸腔和腹腔分开（见图 2.6）。它的起点和止点分布在从胸骨下侧的剑突到腰椎的区域。

我们经常在唱歌这类活动中提到膈肌，其主要功能是帮助呼吸。在吸气时膈肌收缩，胸腔扩大，将空气吸入胸腔。而且横膈膜可以帮助稳定脊柱前侧，并通过控制腹内压来协助控制姿势。

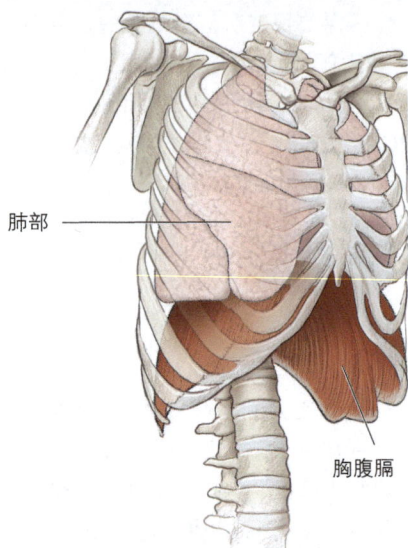

图 2.6　胸腹膈

盆膈

盆膈的位置是，从躯干的底端到胸腹膈，因此通常叫作骨盆底。它也是一种肌性膈膜，在盆腔和会阴区之间。盆膈由覆盖在骨盆下端的肌肉纤维组成，包括肛提肌、尾骨肌，以及骨盆下端的辅助结缔组织（见图 2.7）。

在妊娠期，我们通常进行这方面的讨论，因为盆膈对支撑骨盆脏器非常关键。盆膈会以类似于胸腹膈的方式，影响脊柱的稳定性和姿势的控制。

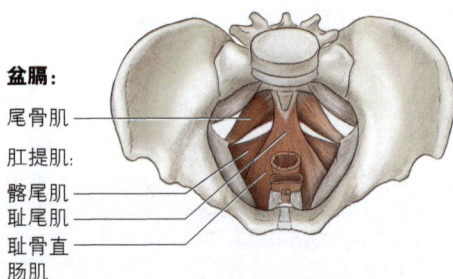

图 2.7　盆膈

臀中肌

臀大肌位于髋关节后部，这一点我们会在后面章节进行讨论。臀中肌位于骨盆的外表面（见图 2.8）。它起于臀大肌下面，从髂骨的臀肌表层延伸出来，通过大转子（股骨上端的突起，常作为肌肉的附着点），止于股骨上。

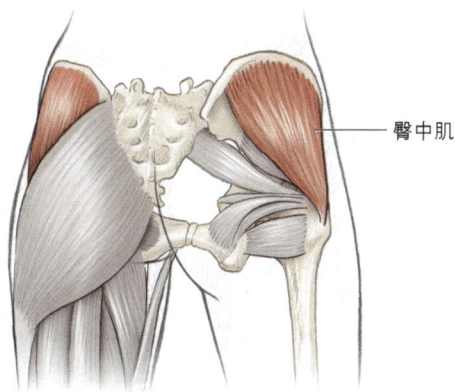

图 2.8　臀中肌

在活动过程中，臀中肌帮助控制大腿骨的大部分活动。当腿伸直或位于中立位置时，臀中肌和臀小肌一起作用，拉动大腿向外运动，或者说髋外展运动。当我们行走或跑步时，这两块肌肉的主要作用是，当一条腿支撑身体，另一条腿向前摆动时，防止支持侧骨盆向对侧倾斜。同时，当它们等长收缩时，臀中肌能够帮助稳定骨盆。

外部运动肌

外部运动肌以产生运动为特征，与深层稳定肌相比，应该在其之后被激活（稳定性先于力量）。外部运动肌通常位于身体表层，因此在训练有素的人身上，通过皮肤表面可以很容易地看到。因为外部运动肌可见，所以它们的美感比深层稳定肌更明显，所收获的赞美也更

多。因此，人们通常对训练外部运动肌更加勤奋，频率更高。我们将在稍后进行解释，这种方式不仅是不良的训练策略，而且充满受伤风险，还会降低运动表现。

菱形肌

菱形肌也分为 2 个部分。菱形肌包括大菱形肌和小菱形肌。大菱形肌和小菱形肌位于斜方肌下方，连接着肩胛骨与脊柱（见图 2.9）。

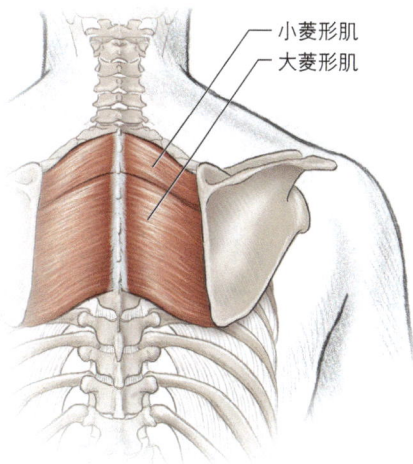

图 2.9　菱形肌

小菱形肌位于肩胛提肌（帮助肩胛骨抬起）的下方和大菱形肌的正上方，起于项韧带以及第 7 颈椎和第 1 胸椎。小菱形肌只覆盖很小一块地方，附着在肩胛骨内侧缘顶端的一个小点处。

大菱形肌的位置略低于小菱形肌，从胸椎初段（T2~T5）的棘突和棘上韧带开始。它附着于肩胛骨内侧缘，并向下延伸到肩胛下角内侧。

菱形肌以协同的方式进行运作，保持肩胛骨适当的收缩，将肩胛骨向内拉向脊柱，并确保肩胛骨压住胸壁，不向外展开。因为菱形肌对肩胛骨的稳定性有很大影响，菱形肌还在肩袖肌群的稳定中有着重要作用。

中斜方肌和下斜方肌

斜方肌是上背部的一大块表层肌肉，由 3 个不同的部分组成，且有不同的作用。本书主要关注中、下斜方肌（见图 2.10）。

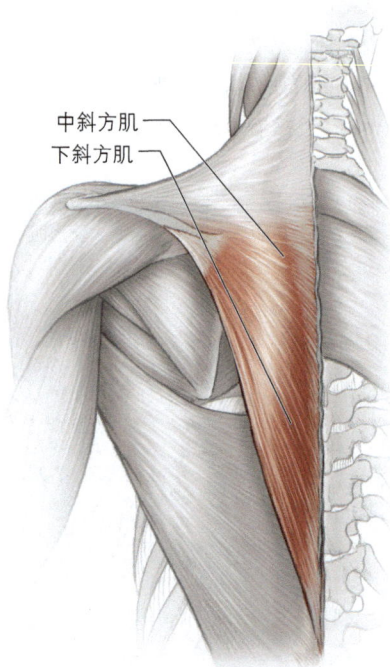

中斜方肌
下斜方肌

图 2.10 中斜方肌和下斜方肌

有时，中斜方肌被称为斜方肌中束。其从胸椎 1~5 节的棘突开始，止于肩胛骨的肩峰和肩胛冈上。中斜方肌的主要功能是回缩肩胛骨，并在后背和肩部其他肌肉作用在肩胛骨上时保持该部位稳定。

下斜方肌起于胸椎下端（T6~T12），也止于肩胛冈上。其作用是负责下拉肩胛骨，以及同上斜方肌和前锯肌一起运作，当肩膀上提时使肩胛骨外展。和其他许多这类肌肉一样，下斜方肌也有稳定肩胛骨的功能。

前锯肌

前锯肌是一组位于胸腔上端的肌肉，有点像手指（见图 2.11）。取决于不同的个体，前锯肌起于第 1~8 肋骨，或者从第 1~9 肋骨开始，止肩胛骨内侧缘。

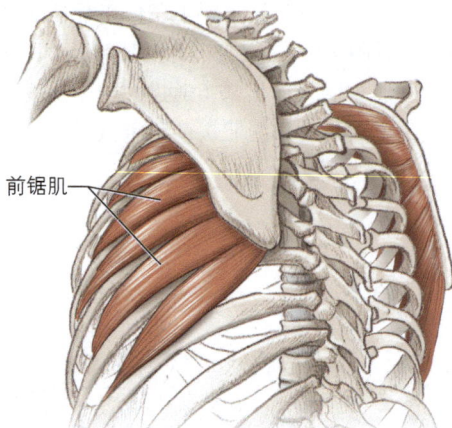

前锯肌

图 2.11 前锯肌

前锯肌的主要作用是负责肩胛骨的前伸动作，使肩胛骨围绕着胸腔向前移动。正如前面提到的，前锯肌也和上下斜方肌一起工作，当肩膀上提时，为肩胛骨提供稳定性和灵活性。在等长运动中，前锯肌稳定肩胛胸壁关节。

背阔肌

背阔肌是上半身最大的肌肉。在拉丁语中，背阔肌的字面意思是背部最宽阔的肌肉。背阔肌在背部，形如鸟儿收起的翅膀。它位于手臂后面，部分覆盖斜方肌的位置（见图 2.12）。

背阔肌很大，其起点覆盖很大的表面：T7~T12、髂骨、胸腰筋膜和第 9~12 肋骨。它止于肩胛骨下角以及腋窝下面的肱骨。这就是说，当背阔肌被激活时，它能够影响手臂和肩胛骨，以及下腰背区域的活动。

背阔肌通常被叫作手铐肌肉，其主要作用是负责手臂的内收、后伸和内旋（基本上就像把你的手臂放在后背用手铐铐起来）。

然而，因为背阔肌的起点位于肩胛骨和下腰背，所以它也参与肩胛骨的活动，以及腰椎的侧屈和伸展动作。当训练得当时，背阔肌和胸腰筋膜一起，尤其有助于稳定 LPHC。

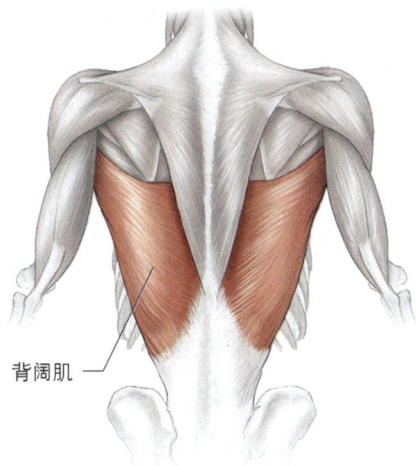

图 2.12　背阔肌

有吸引力的肌肉之一。它起于耻骨联合，这是一个小小的关节，连接着髋部的髂骨。腹直肌几乎贯穿整个腹部，止于第 5~7 肋骨以及胸骨剑突上。腹直肌被腹白线上的结缔组织分为 2 部分，垂直分布在腹部（见图 2.13）。腹直肌通常由 3 个纤维带从中间穿过，形成人们十分喜爱的 6 块腹肌的外形。

从功能上来讲，腹直肌的作用在于通过屈曲脊柱，将髋关节向胸腔位置移动，还能够帮助身体侧屈和旋转。在腹部收紧的时候，前文提到过，通过增加腹内压力，腹直肌有助于 LPHC 的整体稳定性。

腹外斜肌

腹外斜肌是所有侧面腹肌中最表层的肌肉，而且是 3 个肌肉当中最大的。腹外斜肌起自第 4 肋骨到第 12 肋骨，止于髂嵴前侧、腹白线和腹股沟韧带（见图 2.14）。

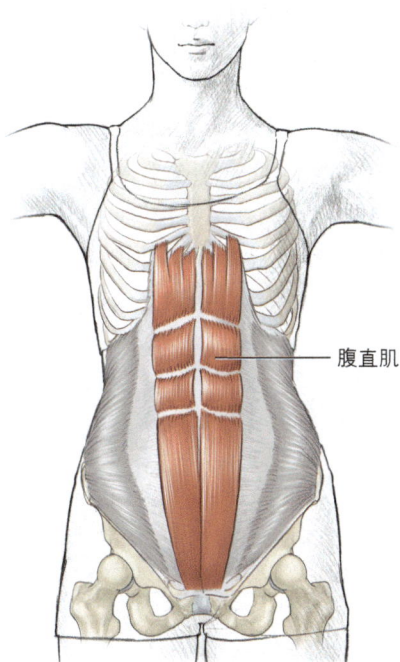

图 2.13　腹直肌

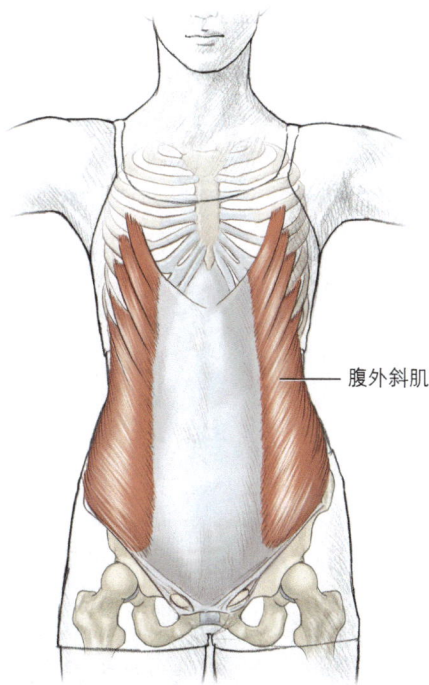

图 2.14　腹外斜肌

腹直肌

腹直肌因其美观的外形，是核心部位最具

腹外斜肌的主要作用是通过把胸部往下拉动和挤压腹腔来增加腹内压力。其次，腹外斜肌在脊柱弯曲和旋转中也有一定作用。腹外斜肌单独收缩可以引发脊柱侧屈。

竖脊肌

竖脊肌分布于躯干的整个长度，靠近脊柱，这些特点与多裂肌很相似。事实上，竖脊肌不是单独的一块肌肉，而是一群贯穿腰椎、胸椎和颈椎部位的肌肉肌腱组织（见图 2.15）。根据位置不同，其组织厚度也不同，通常在腰椎部位更厚一些，越向上，组织越薄。竖脊肌的一些末端肌纤维是无缝连接在臀大肌上的。这再一次展示了，整个核心部位确实是相互关联的。

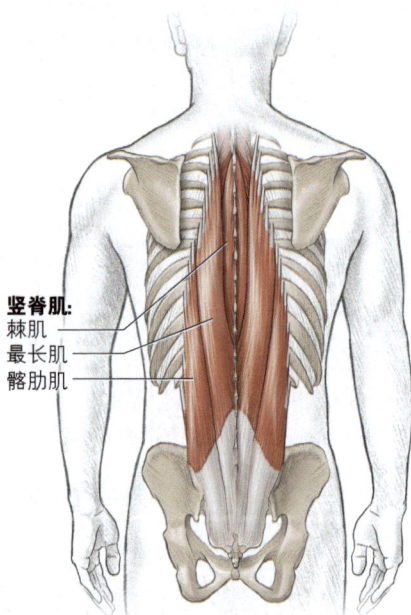

竖脊肌:
棘肌
最长肌
髂肋肌

图 2.15　竖脊肌

竖脊肌起于髂嵴以及骶骨和 T11~T15 的棘突。然而，在上腰部的竖脊肌分裂成为 3 个柱状肌肉，分别是：髂肋肌、最长肌和棘肌。

因此，形成许多有力的附着处：

髂肋肌：止于第 1~2 肋骨和 4~6 颈椎。

最长肌：止于 T1~T12，第 2~12 肋骨，2~6 颈椎，以及颅骨的最底层的乳突。

棘肌：止于 C2~C3 和 T4~T7 的棘突，以及颅骨后侧的枕骨。

因为附着处分布范围很广，所以竖脊肌的功能与脊柱的伸展、旋转和侧屈有关。然而，竖脊肌与腹直肌一起会形成一个支撑作用，当需要的时候，有助于整个脊柱的稳定。

臀大肌

臀大肌是 3 大臀肌（还包括臀中肌和臀小肌）中最大、最外部的臀肌（见图 2.16）。因为臀大肌面积大，所以有许多附着点，包括外侧髂骨、臀后线、竖脊肌和臀中肌的腱膜（宽而平的有连接作用的肌腱）、骶骨、尾骨，以及骶结节韧带和骶髂韧带。

臀大肌主要参与髋关节伸展和髋部的外旋动作。它被认为是人体中产生力量的主要部位之一。就这一点来说，臀大肌应该得到重视和充分的发展，其功能应被充分利用。另外，通过臀大肌许多的附着点，臀大肌与大量髋部肌肉组织协同运动，帮助实现 LPHC 的整体稳定。

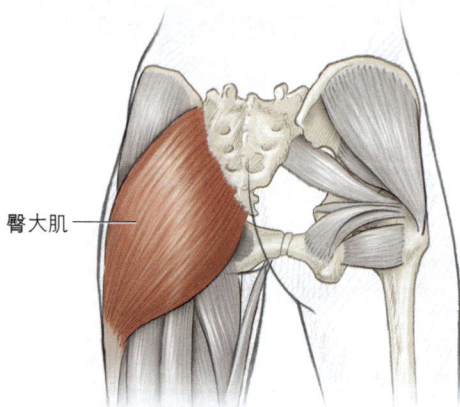

臀大肌

图 2.16　臀大肌

髂腰肌

髂腰肌是指 3 块单独的肌肉：腰大肌、腰小肌和髂肌（见图 2.17）。令人奇怪的是，只有大约 40% 的人有腰小肌。腰大肌和腰小肌都起于 L1~L5 及其相关的椎间盘；略微不同的是，腰大肌还起于 T12。髂肌起于髋骨内侧的髂窝和髂前下棘。腰大肌与髂肌在腹股沟韧带的水平位置相结合，然后穿过髋关节，止于股骨的小转子（小转子与大转子在同一个骨性隆起上，小转子位于骨性隆起的下侧）。腰小肌嵌入在髂耻弓上，髂耻弓是一块厚厚的髂筋膜带。

髂腰肌是主要的屈髋肌，通常以强有力的方式参与运动。在训练短跑运动员时，髂腰肌训练是一个关键的环节。另外，它有助于控制躯干外旋和保持 LPHC 的整体稳定。虽然髂腰肌参与和影响人体前侧的运动，但其实它是从身体后侧开始的，了解这一点很重要，尤其是髂腰肌连接着下腰背。因此，髂腰肌过度活跃或长期紧张会导致各种令人不适的背部问题。

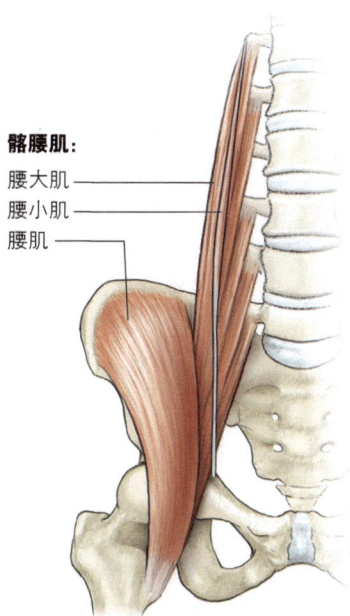

髂腰肌：

腰大肌

腰小肌

腰肌

图 2.17　髂腰肌

胸腰筋膜

在参与核心部位活动的许多肌肉中，一个主要的参与者是一块大面积的复合非肌型筋膜结构。胸腰筋膜是一张覆盖下腰背深层肌肉的极薄膈膜（见图 2.18）。它从骨盆后部延伸到胸腔，作为连接上下躯干的桥梁。腹内斜肌、腹横肌，以及背阔肌都起于这个筋膜组织。随着这些肌肉收缩，筋膜收紧下腰背带来非常重要的支撑作用。当深层稳定肌和外部运动肌一起运动时，在胸腰筋膜的帮助下，我们就像编织的篮子，圆柱体的每一部分一起协作，形成一个强有力的、稳定的结构。

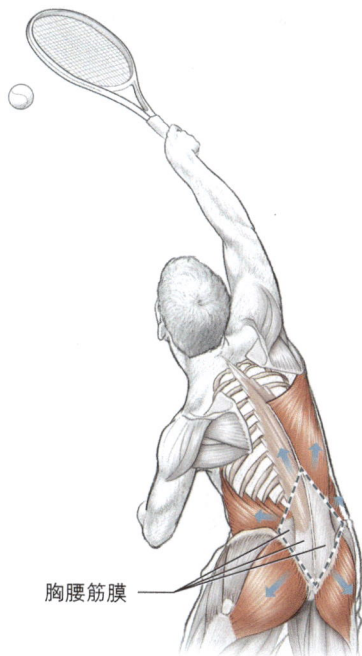

胸腰筋膜

图 2.18　胸腰筋膜

我们必须了解的是，在所有的活动中，人体会依次调动所有核心部位的肌肉以实现某个目标。我们可以确定的是，之前提及的核心肌肉组织相当大程度地参与产生有效、果断和强有力的整体运动模式。这些运动模式在我们所有人的体内相互交织运用。在结构上，几乎每个人是一样的，然而肌肉功能的无限种组合使我们能够在运动中创造独特性，可以形成如南非保龄球手保罗·亚当斯（Paul Adams）那样的非传统投掷动作，或如美国旧金山巨人队的棒球投手蒂姆·林斯肯（Tim Lincecum）那样的流畅的投球动作。核心部位使我们可以产生从表面上看相似，但其实内部有所不同的运动。正因为如此，单独的肌肉训练对人体动力链的复杂、整体的运动模式的提升没有太大作用。

在我们日常所有的活动中，核心部位是如此完整一体地运作着，以至于某一个重大损伤可以具有毁灭性的影响，甚至在极短的时间内终止一个运动员的运动生涯。专业运动员和非专业运动员被告知不断训练，以加强核心肌肉，但是教练却不管他们的不足之处是什么（也不管问题是出现在运动力学上还是出现在赛场上）。身体其他部位也没有得到如同核心部位一样的重视程度。研究结果越来越多地显示出其中的奥秘。严肃认真的运动员必须时刻了解不断发展的相关信息。

核心部位是连接四肢的复杂环节。在需要的时候它必须有能力变得坚硬或柔韧，并且在整个过程中保持有效的运作。你的核心部位的每一个肌肉组织都不是偶然出现的，每块肌肉都有其作用和功能，它们以完美的协作方式进行运动，使你得以很好地生存下去。核心部位在你每天的生活中扮演着重要角色。

第 3 章

减少损伤

最近几年，像"损伤前康复"和"损伤预防"这类词语普遍出现在训练计划的目标清单当中。事实上，预防运动损伤发生的唯一方式就是阻止运动员进行训练、练习，以及参加比赛。体育运动涉及如此众多的损伤，任何人也无法保证完全避免。专注于减少损伤发生的概率和降低损伤的严重性是更为实际的做法。即使是这一点，人们也会发现其结果常常是令人失望、难以实现的。

尽管不可能避免所有的损伤，减少损伤发生的概率仍然是进行核心部位训练的一个重要原因。强健有力的核心能够使运动员获得并保持对身体的控制力，帮助他们控制髋部和脊柱的活动，或者控制通过核心部位的力量传递。

让我们来检测一下，训练有素的核心部位如何增加身体对损伤的恢复力。我们可以用三步进行检测。首先，纠正姿势——我们看到身体的不平衡会导致代偿现象和损伤发生。其次，强健和更稳定的核心部位——我们上文已经解释了肌肉激活的功能时间和运动模式，以及有目的地提高力量传递的效率。最后，也就是第三点，力量的有效分配——我们会检查多余的外部力量是如何带来一系列生物力学和骨科的问题。

纠正姿势

德怀特·霍华德（Dwight Howard）是如今NBA中被普遍认为拥有强大爆发力的球员。继威尔特·张伯伦（Wilt Chamberlain）、卡里姆·阿卜杜 - 贾巴尔（Kareem Abdul-Jabbar）、帕特里克·尤因、沙奎尔·奥尼尔（Shaquille O'Neal），以及其他引领潮流的篮球中锋球员之后，霍华德再一次彻底改变了中锋位置的打法。他拥有轮廓分明的身体和绝佳的爆发力，能够用扣篮和盖帽打出赛季最精彩的时刻。然而，如果倒回到2000年，你会看到一个还是高一新生的德怀特·霍华德：一位个高、纤瘦、未经磨炼却散发着巨大潜能的年轻小伙。你也会看到一个典型的瘦型体质人、一个尚未踏上NBA之路的弯腰驼背的青少年。这种姿势叫作上交叉综合征，在高个的运动员中很常见。这些人在矮个的人群当中就像是巨人一般存在着，他们不断与他们长长脊柱上重力的变化做斗争，这导致他们肩部耸起，以脊柱弯曲或凸起的姿势无精打采地站立着。这种姿势在结构上（与关节有关）或功能上（与运动表现有关）都不是一个良好的姿势。为了能够在球场上避开所有明星中锋球员和战胜最佳球员，霍华德不得不克服上交叉综合征，塑造一个坚硬和有韧性的身体，在这个基础上增强力量。今天我们看到的他就是改变自身的结果，挺拔、稳固的身体上是一层层强有力的肌肉。

所有扭曲的姿势模式都对人体动力链的完整性有影响，这反过来会导致肌肉发展失衡和关节功能障碍。上交叉和下交叉综合征是两大元凶。之前提的上交叉综合征（见图3.1）是以耸肩和没精打采的姿势为特征。由于肱骨头在关节盂中的位置变化，上交叉综合征会导致肩部退化，甚至可能引起呼吸障碍。下交叉综合征是以骨盆后倾（臀部后突），或者更多的是骨盆前倾为特征，导致腰椎弯曲度增大（见

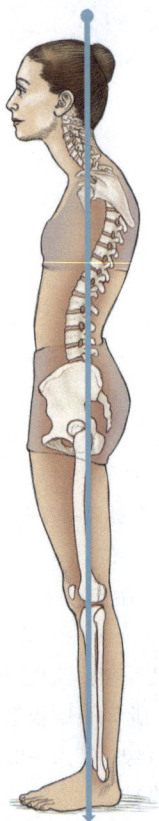

图 3.1 上交叉综合征

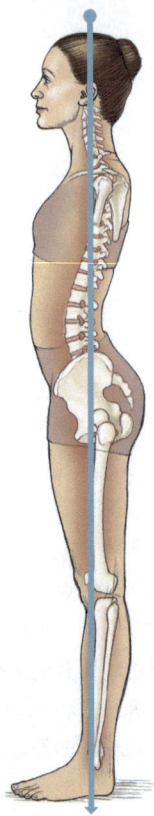

图 3.2 下交叉综合征

图 3.2）。

　　在细胞层面，这些综合征会导致个体肌肉纤维或肌肉纤维束长度与张力关系的变化。简单地说，最佳的肌肉纤维长度与张力的关系是指在肌肉产生最大力的情况下的长度。如果这个关系改变了，产生的力就会降低，带来的失衡会导致运动模式的不协调和低效率，因此成为人体动力链上的一个薄弱环节。每个纤维深处是肌节，包含肌丝（肌动蛋白和肌球蛋白），在彼此的上方滑动（见图 3.3）。当肌丝排列整齐时，长度与张力的关系最佳。如果这些纤维被撕开或互相挤压在一起，肌肉就处于一种虚弱状态。一个简单的类比就是维可牢（Velcro）搭扣。如果搭扣只是刚刚相互触碰，然后拉动搭扣，维可牢很容易被撕开。但是，如果搭

扣按照它应该有的方式对齐，相互覆盖，那么想拉动搭扣使其分开就会更困难，这是因为搭扣之间的联结变得更加紧密。核心部位的整体性可以修正肌节的问题，帮助调整这些部位，增加身体结构的效率，并且提高神经肌肉的控制力。

　　如果忽视这些症状，使不良姿势继续下去，不仅会带来较差的运动成绩，还会导致整个人体运动链的软组织损伤循环。这被称为积累性损伤循环。如果没有利用合理的训练计划进行有效处理和再学习，所有运动都不得不与之频繁打交道。例如，一个垒球投手的肩关节姿势不佳最终将导致肩关节周围的软组织受伤，紧接着的生理反应就是出现炎症。我们可以通过皮肤表层的热量感受到它（在有些情况下，可

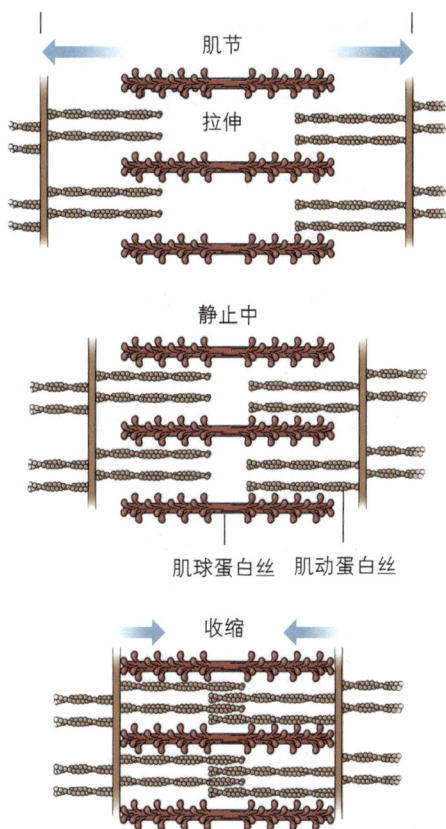

图 3.3 各种长度下的肌节

以看到肿胀）。这引起了身体的保护机制，周围肌肉的紧张感增加（通常以痉挛的方式表现出来），然后整个部位变得僵硬。之后，这种紧张导致软组织形成无弹性粘连（或结节），反过来改变了肌肉纤维长度与张力之间的关系。这个我们之前刚刚谈论过。一旦发生这种情况，正确的肌肉发力顺序就会丧失，从而导致身体的生物力学机制发生改变和出现更多损伤。因此，积累性损伤循环会持续下去（见图 3.4）。

使用一个经过慎重考虑的核心训练计划有助于避免日常的许多疼痛的发生。对于处于缩短状态或高张力状态下的肌肉，必须为其实施一个健全的柔韧性训练，来改善肌肉的初长度。一旦肌肉长度恢复到合适的水平，一个合理的核心力量训练计划将有助于保持最佳的肌肉纤维分布。增强拉长的肌肉对恢复肌肉合理的长度与张力关系也是如此。调整肌球蛋白丝和肌动蛋白丝的位置（维可牢鞋带），能使运动员充分享受到这种训练的好处。

肌肉的缩短可以通过实行合理的关节活动度训练或柔韧性的训练，加上整体的核心训练

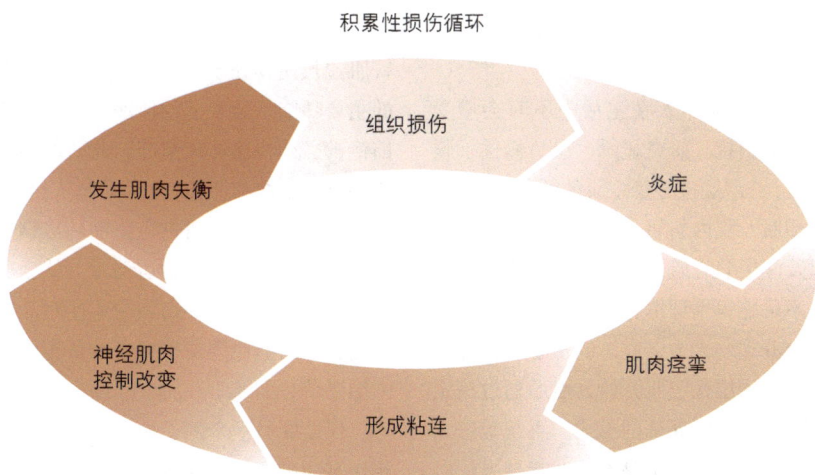

图 3.4 积累性损伤循环

进行解决。拉长的肌肉基本上可以通过在每次训练期间不断专注正确的基础姿势和改正关节位置进行调整。以我们描述的方式训练，所产生的整体力量将重新设定肌肉长度与张力的关系，并提高静态和动态的基本运动控制能力，这对所有的运动表现必不可少。

更强健、更稳定的核心部位

积极主动的运动员有很多选择来为他们所从事的体育运动进行准备训练。然而，像传统的力量训练、有氧运动、力量瑜伽，以及训练营课程，这样的锻炼形式只是浅尝增强体能发展的潜在机会。从纯粹的生理学观点来说，所有健身和运动表现的关键在于足够强大的核心部位、动态平衡，以及功能控制力。

无论什么级别的运动员，因为受伤而错失比赛会极大地影响原本可能成功的赛季。对运动员及其队友来说，受伤是一件令人沮丧的事情，并让队伍额外花费数百万美元的经费。然而，受伤就是运动中不幸的现实，我们应该有所准备并利用合理的计划正面应对它。虽然核心部位不可能与每次受伤有直接联系，但是可以通过科学地训练这个至关重要的身体部位而消除许多常见的损伤，或大幅降低损伤的严重性。

超过 80% 的成年人在生活中不时会遭受下腰背疼痛的困扰。研究显示，患有慢性下腰背疼痛的人，其深层核心稳定肌的活动性降低，尤其是腹横肌、腹内斜肌、盆底肌、多裂肌、膈肌，以及深层竖脊肌。尽管我们知道，这些肌肉群最不可能得到训练，但是很显然，如果肌肉组织十分虚弱无力，整体的核心训练计划就应该从增强深层稳定肌开始，然后通过稳定到力量再到爆发力的训练的形式，系统地进入外部运动肌的训练。这正是本书的指导方法所在。在体育竞技中，膝盖疼痛是运动员最常抱怨的问题之一。通常这个疼痛出现在膝盖前部。

膝盖前部疼痛通常称为髌股关节综合征、髌骨位置紊乱，或者髂胫束（ITB）肌腱炎。不管是那种问题，传统的治疗方案都仅仅关注和围绕膝盖本身进行；最终这些努力被证明是无效的。最近发现，髋关节的位置跟股骨有关，因而是膝关节疼痛的主要因素（踝关节力线问题同样对膝盖具有毁灭性影响，但是它们不在本书的讨论范围之内）。这种关联直接反作用于核心部位，因为附着在股骨上和控制股骨的肌肉都位于核心部位。

三大臀肌（臀大肌、臀中肌和臀小肌）具有使股骨内旋、外旋以及外展的能力。理解这一点很重要，因为臀肌有可能受到一些因素的影响，导致它们不能发挥主要功能。这些因素可能包括陈旧性损伤、不正确的训练，以及在某些情况下的生理性适应等。这些情况会导致各种各样的功能抑制活动，使其他相对而言能力欠缺的肌肉在完成自身任务的同时协助臀肌完成艰难的工作，因而很难实现我们所追求的运动表现成绩。这种情况通常叫作代偿。

例如，在橄榄球运动中，前锋利用弯腰来代替本应屈髋的姿势，多年如此。由于他们已经习惯了这个姿势，他们的屈髋肌变得紧张。从生理上来说，他们的中枢神经系统不断向屈髋肌发送缩短的信号，这就会导致代偿。同时，臀肌拉长使其处于虚弱或低效率姿势中。臀肌的主要功能是髋关节的伸展，无论什么时候，前锋们必须快速伸展髋部，此时他们的臀肌不能够过多地协助伸髋，但运动员依然需要伸髋，所以身体召唤腘绳肌进行协助。当腘绳肌具备较好的能力，可以帮助运动时，就会成为主要的运动肌。所有这一切将给那些对活动任务没有充分准备的肌肉带来过重的负担，通常引起的结果就是腘绳肌拉伤。

代偿的另一个例子是当阔筋膜张肌（TFL）相比臀肌处于更为主导的地位时，ITB 直接连接着 TFL 且被拉紧，引起膝关节摩擦，通常导致髂胫束摩擦综合征。这种情况带来多种膝关节疼痛问题，所以该领域的专业人士需要充分了解膝关节、髋关节和核心部位之间的关系。

核心部位显然不是所有损伤的根源，但是核心部位的薄弱或功能不佳或许会导致损伤加剧。例如，人们越来越关注的一个问题是运动疝。就像膝关节前侧疼痛一样，运动疝分为不同类型，即运动型耻骨痛、阿什比腹股沟韧带末端病、早期疝，以及耻骨炎。所有这些都以下腹部和大腿内侧上部的慢性疼痛为特征。快速旋转、踢腿运动和快速变向等活动能够引起疼痛加剧。这种损伤被认为是由各种原因导致的，最常见的原因是腹股沟壁后部的虚弱，位于我们通常叫作腹股沟的位置。这种损伤的机理没有完全被了解，但是大部分专家认为，髋部屈肌和内收肌群是问题的根源。这类问题从肌肉力量失衡导致的代偿性运动到肌肉激活模式不同步，直接导致骨盆的过度前旋和髋关节的内旋，这两个因素都很可能是导致损伤的主要原因。骨盆和髋部直接附着在髋部复合体上。理疗师强烈建议患者专注核心部位的稳定训练，以平衡髋部屈肌和伸肌与髋部外旋肌和内旋肌之间的关系。这些肌肉许多都是臀部复合体的一部分，且由核心部位前侧的肌肉组织提供稳定性。

通过有效的核心部位训练，身体的许多其他部位也可以得到发展。例如，足踝扭伤与臀肌功能障碍有关，下腰背痉挛很有可能与梨状肌（整齐地排列在臀大肌下方）的长期紧张有关。所以，正如我们所看到的，人体动力链可以按两种方式进行工作：从积极地提高功能和运动表现的角度进行工作、向引起受伤的方向进行工作。

正如我们在第 2 章中所提到的，传统的核心部位训练方法是分离出某一个单独的部位进行训练，结果就是训练计划的目的在于，以一个单独的方式强化某一部位，导致只有特定的部位单独地得到强化。这是基本的失误。没有把核心部位作为一个整体来提高功能和效能，

运动员的身体各部位之间没有足够强大的衔接，就会带来徒劳的运动以及可能出现损伤的结果。

许多运动员过度训练他们的腹横肌、腹外斜肌和竖脊肌，但却忽视了他们的深层稳定肌，从而导致脊柱产生多余的活动。通常这种不必要的多余活动会引起疼痛或损伤。

斯图尔特·麦吉尔 (Stuart McGill) 是加拿大的一位研究人员，在下腰背健康方面具有发言权。他已经进一步阐明，较差的训练计划如何摧毁人的身体。他断定反复的脊柱屈曲是椎间盘突出症的一个关键因素。在他的 *Ultimate Back Fitness and Performance* 一书中写到"传统的仰卧起坐对脊柱施加的压力约为 3300 牛"，还有，"美国职业安全健康局已确定下腰背所能承受压力的极限为 3300 牛，工人在这个水平范围内进行反复负荷工作，受伤的概率很高，但这只是每做一次仰卧起坐所施加在脊柱上的压力"。其他的自主研究进一步证实了麦克吉尔的研究发现。

当我们制定运动员的训练计划时，利用科学研究成果指导我们的决定十分关键。虽然我们已经对人体有了更深一步的了解，但是仍然需要意识上的重大转变，以替换过去的陈旧观念，用开放的心态拥抱新发现的知识。这种观念意识上的转变对教练来说是一个巨大的挑战，对运动员也是一样。即便如此，许多传统的核心训练方式依然在当代的核心训练项目中占据主导地位。认识到哪种训练可以实现我们的目标也是一个挑战。本书试图带你穿过混乱，理清头绪。

力量的有效分配

运动中的大部分损伤发生在减速或旋转运动时。令人惊讶的是，大量的损伤都是非接触性损伤。比如，一个橄榄球运动员的损伤，可能仅仅是在进行交叉步变向时，由于脚踝落地

不稳而发生的扭伤。如果在不太可能预防损伤的情况下，运动员的核心部位状态良好，或许可以实现力量的更合理分配，降低损伤的程度。

当谈论到力量分配时，论述我们观点的最好的例子可能就是膝关节损伤，尤其是与前交叉韧带（ACL）有关的损伤。很明显，膝关节是髋关节与地面之间极其重要的一个环节。减速爆发力的能力十分重要，良好的减速能力不仅为下一个动作提供空间，而且避免损伤发生。每年大约有 8 万到 10 万例 ACL 损伤，其中约 70% 的病例并不是由于接触造成的。了解这些损伤的机制有助于强化核心部位在动态中稳定身体的重要性。

因为 ACL 损伤的概率在运动员，尤其是女性运动员中急剧上升，在过去几年中也有大量的针对 ACL 损伤的研究。很多研究结果也得到公开，但是仍然有许多需要去学习了解。经典的前交叉韧带危险姿势就是脚落地时或改变方向时，股骨处于内收内旋位，胫骨处于外展外旋位。其实，这是一个八字脚的姿势，临床上叫作膝外翻（见图 3.5）。

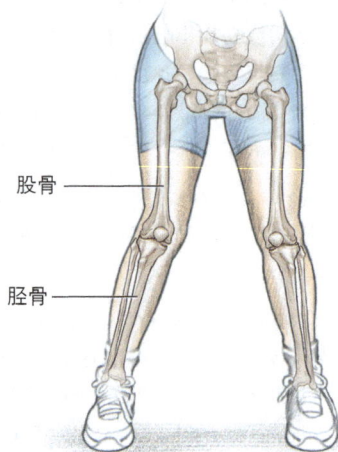

股骨

胫骨

图 3.5　ACL 危险姿势：膝外翻

这些与核心力量有什么关系呢？稳定性较差的一个指标就是膝外翻，即八字脚的姿势。在落地和做交叉步的时候，一定要训练膝关节

女性与 ACL 撕裂

因为以下几个原因，女性患 ACL 损伤的风险更大。

* 膝外翻姿势提示核心部位肌肉的稳定性较差。膝外翻是核心部位不稳定和 Q 角的综合结果。沿着股骨向下画一条从髋部至膝盖的线，与从膝盖画的垂直于地面的线形成一个角，这个角就是 Q 角。由此产生的小腿（胫骨和腓骨）的力学机制将会出现问题。在膝盖位置形成的这个角叫作外翻角。如果这个特征在某人身上很明显，那么就被定义为膝外翻。因为女性的髋部在比例上比男性宽，膝盖上的 Q 角有时会非常严重。这并不表示会自动失去稳定性，但较大的 Q 角会成为膝外翻问题的前兆。

* 女性发生韧带受力过大的情况多于男性。在这种情况下，女性在激活肌肉吸收地面作用力之前，就给韧带施加压力。缺乏核心肌肉对髋关节的控制力会导致膝外翻程度增大，更大的扭矩会给膝关节施加更大的压力。

* 女性比男性更倾向于用股四头肌。因为在动态的活动中，女性优先激活她们的膝伸肌而不是膝屈肌，从而帮助稳定膝关节。ACL 损伤大多数发生在膝盖接近完全伸展的时候，所以，股四头肌过度受力会使韧带受伤的风险增大。

* 在股骨的末端，也就是 ACL 附着处，女性的髁间窝要比男性小。这意味着具有越薄的 ACL，自由活动的范围越小，导致受伤的可能性更大。

* 初步研究显示，ACL 本身可能有激素受体点附着在其上面，这可能意味着女性更容易在月经期间受到这类损伤。

力线不要向内移动；从髋关节到踝关节必须稳定，几乎呈一条直线。这不仅能够减少损伤，还能让身体以更高效的方式进行变向。

功能较差的臀肌复合体使髋部屈肌成为主导，把骨盆向前倾斜。这会导致大量的问题，最明显的就是下腰背疼痛。而且，随着骨盆向前转动，占主导的屈肌（其中一些是帮助内收和内旋）向内拉动和旋转股骨，给 ACL 的危险姿势带来切入点。发展臀部肌肉的神经肌肉效率使身体在整个活动中能够维持支撑；无论

脊柱何时需要稳定性，身体都将自动唤起支撑功能。我们将在本书的第二部分再回到该内容中进行论述。

克服外部力量和肌肉失衡的能力对漫长和成功的运动生涯来说很重要。如果你发展、提高和控制身体的能力，从而用一个强健和稳定的核心部位来产生和抑制动力，你会很少受伤。

第 4 章

基础力量和爆发力的来源

如果你对目前的健身热潮不是很满意，那就等着瞧一瞧，因为有些潮流只是一时的狂热。然而，一些训练方式是十分有效的，并且得到了科学研究的证实。科学的进步，让我们有机会证明多年来被猜测的传统训练系统的正确性。因为人的生理机能在过去 40 000 年没有多大变化，对生理系统施加的压力是可以预测的，对压力的适应性也是可以预计的。过去被认为具有投机性、可能有害的训练形式，似乎实现了积极的效果，现在则成为一项行业惯例和标准。过去的 10 年，人们对核心训练理论进行了广泛的研究，大量数据证实了核心稳定性及其与运动表现所有方面关系的重要性。

到目前为止，我们已经从功能性的角度建立了支持核心发展重要性的实例。现在，我们关注核心部位在提升运动表现上的作用。更具体地说，我们将看一看核心部位对于力量和爆发力的产生与传递的影响力，这是获得卓越成绩的两个先决条件，是所有认真的运动员所渴求的。你只需要看一眼报纸上的每日体育的页面，或者听一听迈克·布林播报一项体育比赛，就可以了解力量和爆发力在体育运动中的重要性（比如，"那真是强有力的篮下移动""这一定是整个赛季最强力的一次击球"）。在本章中我们毫不夸张，因为力量和爆发力与运动表现有关。我们将弄清楚力量和爆发力的真实意义，以及为什么核心部位是这两种力量的来源。

稳定性训练

腹部和后背的肌肉组织在身体姿势控制、腰椎稳定和本体感觉（全身平衡能力）方面发挥着主要作用。正如我们所说，功能条件良好的核心部位可以帮助减少损伤的风险，降低其严重性，更大地提高效率。像从婴儿车上把婴儿抱起或扔飞镖这样的精细运动，不可能没有核心部位自然有效的参与。一些需要力量协调的任务，比如以长时间严格的军姿站立，或在进入滑雪缆车时保持平衡，一样需要核心部位的参与。另外，像短距离冲刺、高尔夫球挥杆，或者扣篮这些基于爆发力的任务，在没有稳定的核心部位的前提下是不可能获得优秀成绩的。

你或许会问，核心部位是如何参与扔飞镖动作的？答案是，当人体进行活动时，在 3 个活动平面内，我们必须利用深层稳定肌静态或动态地收缩来维持我们的人体动力链。用更简单的话来说就是，稳定性提供一个强大的基础，通过这个基础，运动（如扔飞镖）可以更有效、更有力和更准确地进行。运动从来不是只在一个特定平面内发生。也就是说，即使运动发生在一个平面内，其他两个平面也必须为了运动的成功完成而保持稳定。如果我们的核心像果冻一样摇摇晃晃，那怎么能够完成精确的扔飞镖动作？所有运动平面内的力量减少、稳定和力量产生是训练整个人体动力链的模板。正如之前我们所说的那样，在训练中，稳定性先于力量，力量先于爆发力。

无疑地，稳定的核心部位对每天的活动很重要，因此，为了实现最佳的运动表现，必须实现核心部位的稳定性。东方哲学家几千年来一直宣扬核心部位的稳定性。稳定躯干的技能对东方人来说就像吃饭和睡觉一样，成为每日的仪式。他们通过实现体能效率的最大化提升自己的生活质量。东方武术家通常把训练的很大一部分时间专注于发展 "Hara"（核心部位），人体的中心。

强健的核心部位促进肌肉放松，使身体活动更加自由，在活动范围内有更好的爆发力，并能减少额外动作。更重要的是，有效的运动节约了能量。控制身体运作也是实现运动技能精准的一个先决条件。在核心部位发展的爆发力必须最终通过肌肉骨骼系统传递到更加具有精准导向的四肢远端肌肉。只有实现传递能量的这种能力，你才可以开始展现巨大的身体潜能。所有这一切都从核心部位开始。

良好平衡能力的特征

平衡能力是身体姿势正确和感官机制完善的结果。核心部位和双腿、双臂、双脚、双手和头部之间的恰当协作对实现正确的身体姿势必不可少。从运动的角度来说，一个站立且保持平衡的人（以运动姿态）通常展示出以下特征。

　　1. 双膝微屈而不是完全伸直，使重心稍微低一点。

　　2. 支撑的基础（双脚）舒适地分开，双脚平行。

　　3. 身体重量略微向两脚的中间点前倾。

　　4. 重心是动态的，也就是说，运动员不断以快速且受控制的活动来应对突然的变向。

准确调整身体，适应姿势的改变，或者适应不稳定的平衡，以及在不断对抗重力的情况下感受你身体极限的能力显示出较好的平衡能力。大部分优秀的运动员拥有这样的平衡能力，

甚至他们自己都没有意识到。

动态平衡

保持平衡和稳定是一个动态的过程。在没有意识努力的情况下，为了维持坐姿、站姿、行走、跑步，或者其他任何姿势，身体的肌肉系统会不断收缩和放松。你的身体不断试图获得平衡状态。身体内的几个机制不断处理信息，努力达到平衡状态。位于内耳的前庭器官以及肌肉和关节内的本体感受器是两个与运动相关的信息反馈来源。

* 前庭器官把信息传递到与人体的空间意识有关的中枢神经系统，处理包括任何垂直方向的偏差。

* 本体感受器，例如肌梭和高尔基腱器官，感受肌肉拉伸程度和速度，以及关节角度的改变。

这些感受器官接受的信息对做出立刻和关键的平衡调整十分必要。当你打盹，快要睡着的时候却被突然惊醒，这种不安的感觉是感受器正在工作的很好例子。比如，当你坐在放映室里，听着令你无法忍受的有关姿势评估的讲座，然后你开始打瞌睡，头开始向前倾倒。颈部后侧的肌梭感受到颈部后侧肌肉的拉伸，然后快速做出调整，激活这些相同的肌肉，使头回到直立姿势。从稳定的、平衡的姿势角度来说，完善本体感受器可以提高运动表现和减少受伤风险。

良好姿势的重要性

较差的身体姿势不仅会影响平衡能力，而且会影响其他所有与运动表现相关的因素。铭记一点，力量在通过直线时可以实现更加有效的传递。明显地，全身有许多自然的弯曲，但一般而言，你应该努力实现身体部位之间正确的姿势，尤其是在运动的爆发阶段。身体姿势欠佳的人一般无法形成让力量通过的良好力线。

力量传递的首选路径是骨骼系统。然而，不良姿势会导致力量传输时出现问题，因为核心部位以外的小块虚弱肌肉必须作为力量传递的管道。这样不仅浪费很多能量，而且随之而来的是不可避免的结构问题。不良姿势导致很多身体力学问题和结构问题，其中有一些我们在第 3 章提到了。

力量训练

我们可以把力量分为两类：肌肉力量和肌肉耐力。从最严格的意义上来讲，肌肉力量是指肌肉在一次努力中对抗阻力可以产生的最大力量。相比之下，肌肉耐力是肌肉或者肌肉群在连续的一段时间里运用力量的能力，例如跑步、扫地，或者网球比赛中数百次的正手击球。从运动的角度来说，肌肉力量和肌肉耐力对以下方面至关重要。

* 提高运动表现。
* 肌肉的功能稳定性和动态姿势控制机制。
* 人体动力链中高效的生物力学运动。

大部分人认为，力量是以可以举起多重的东西来定义的。事实上，力量，尤其是核心力量，是指一个能够消除那些导致低效率神经肌肉姿势的整体的保护机制。人体运动链中的任何环节的力量水平较低都会使运动处于危险中，或者会给收缩和非收缩的组织带来额外压力，产生代偿运动，引发不良的功能性运动模式，使运动员受伤的风险增大。相反地，强壮的肌肉提供有效的动态稳定性，减少连续的不良运动模式带来的风险，并向骨骼传递力量。其作用就像杠杆，产生精确和有效的运动。

不幸的是，大多数教练和运动员从绝对意义上看待力量，以为能举起的重量越大就意味着运动场上的成绩表现越好。力量不过是使用多种感觉器官的、复杂的运动表现系统中的一个组成部分。没有稳定性，力量不可能得到充分发展。没有力量和稳定性，或者缺乏这些，将降低运动表现，以及暴露人体动力链中的薄弱环节。如果没有稳定性和力量，以及与它们系统功能有关的精细神经肌肉效能，运动员不可能充分发展他们的潜能。

如果你对力量训练不熟悉，我们鼓励你采用与全面发展所有生理机能一样的方法进行力量训练。正如我们已经提及的，提高运动机能遵循近端至远端的发展过程。你的力量训练也应该遵循类似的原则，在实行四肢训练之前发展核心力量。一旦你拥有一定的力量作为基础，你就可以专注动作质量而非一味地注重数量（与负荷和重复次数有关）。在没有适当基础的情况下执行活动，提高质量几乎是不可能的。另外，当你拥有一定的核心能力作为基础后，你就可以开始专注于与某项运动有关的训练活动，不会因技能不精确而出现不利情况。

爆发力训练

拥有稳定性和力量是发展核心爆发力的一个重要部分。然而，通常体育活动需要肌肉活动具有爆发力、弹性和状态良好的肌肉组织。在健身房锻炼力量，然后把它有效地运用到赛场上，是任何一个提高运动表现计划的目标。爆发力和力量不是一个概念。正因为如此，最强壮的运动员不一定具有最好的爆发力。爆发力依赖于力量和速度之间的关系，因此才有"速度力量"这个通俗的说法。对于希望实现爆发力最大化的运动员来说，他们的训练中必须包括速度方面的练习。简单地说，爆发力是力量和速度之间的关系。我们已经讨论了力量，但什么是速度呢？速度的重要性是怎样的？如何发展速度？

广义上来说，速度是从 A 点到 B 点所花费的实际时间。A 点与 B 点之间的距离可能是马拉松赛跑的 26.2 英里（约 42.16 千米），可能是从地面到篮筐的 10 英尺（约 3.05 米），也可能是打棒球时，从球棒竖起的位置到接触球的点之间的距离。在你把速度和力量结合在一起后，你在健身房长时间进行的力量训练将开始得到回报，专项运动或功能性的力量开始转化为爆发力。因此，爆发力是力量（重量训练）和速度（功能性运用）结合的成果。毫无疑问，所有这一切都来自核心部位。

发展速度

发展爆发力的速度与旨在提升力量的标准训练计划有极大的不同。通常，通过连贯的、渐进式的超负荷训练（增加负荷）来提升肌肉力量。提高速度的训练确实受到定期去健身房的影响。然而，其变化的程度往往很难被发现。这些考虑结合科学的训练决定了速度发展的最终水平。这些因素包括以下几个。

*个人的基因特征。

*肌肉系统的生理机能。

个体基因特征及其与速度的关系

一个运动员的肌肉纤维类型所占的比例（即，肌细胞类型）对他或她提高速度的潜能有深远影响。出于本书的目的，我们将简化生理学，而讨论两种类型的肌肉纤维：快肌纤维和慢肌纤维。

快肌纤维产生强大的爆发力，但迅速疲劳。身体在无氧状态下产生快肌纤维收缩所需的能量。这些纤维最适合短时且具有爆发力的活动，例如短距离冲刺、奥林匹克举重，或者排球中的扣球。相比较而言，慢肌纤维需要氧气维持收缩，因此有助于耐力活动，例如越野滑雪、马拉松赛跑或公路自行车赛。

参加耐力运动的运动员的慢肌纤维通常所占的比例大。相反地，参加需要爆发力的体育运动的运动员拥有高比例的快肌纤维。大部分精英级运动员被与他们基因构成相配的体育运动所吸引（记住一点，我们正在简化生理学）。

我们所有人出生时，快肌纤维和慢肌纤维都各占一定比例。即使你的慢肌纤维占据主导，但这并不意味着你的速度注定缓慢。你将无法

达到和猎豹一样快的速度，这是毫无疑问的，但是你可以变得比现在速度更快。你要做的只是学习如何实现身体功能最大化。

肌肉生理学及其对速度的影响

爆发力性能是肌肉和神经系统之间关系的结果。好比肌肉提供汽油，产生力量，神经系统监测执行任务需要多少汽油。挖掘巨大的爆发力潜能的一个方法就是进一步开发自然发生的生理过程，就是"踩油门"。训练核心部位的神经反应机制有助于提高速度（记住，我们不是在讲赢得一场比赛，而是挖掘你尚未被开发的巨大运动潜能）。

力量训练的神经适应主要以主动肌激活的形式来呈现。神经反应还包括协同肌（辅助主动肌运动）参与性的加强。常识表明，由拮抗肌的共同激活作用发展出来的反向力矩会降低由主动肌产生的净力矩。但是相反地，正是由于拮抗肌提高了稳定性（稳定性主要体现在运动的关节上），获得力量最大化是必要的。从爆发力的角度来说是力率。因此，为了获得足以取胜的运动表现，主动肌（动力者）、协同肌（协同者），以及拮抗肌（稳定者）必须配合运动，当它们运作良好、配合默契时，身体能力就会发挥到极致。所有这一切必须在感觉反馈系统以感知和反应的方式运作的前提下才会发生。

牵张反射

爆发力的速度部分直接受到具有高度可训练属性的牵张反射的影响。在一束肌肉内有细小的感官机制，叫作肌梭。这些肌梭大约有一个肌纤维（肌细胞）那么大，位于肌肉纤维内，与其平行（见图 4.1）。肌梭主要的任务就是预防与其有关的肌肉纤维出现损伤。肌纤维可能处于过快或用力过度的拉伸中，超过了肌肉的承受范围，于是产生损伤。像这样的极限拉伸在许多具有爆发性的体育运动中是必然发生的。

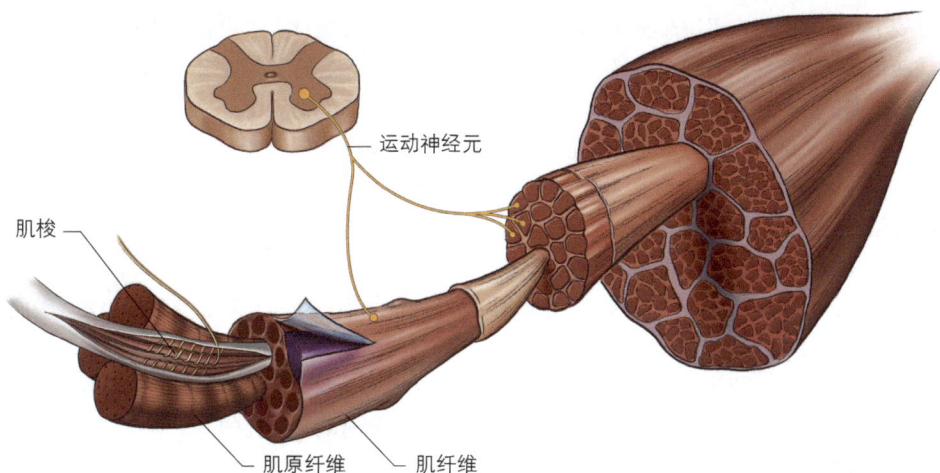

肌梭位于肌纤维内

然而，肌梭也可以作为运动员的优势以产生更具爆发力的肌肉收缩。例如，在落地或向下跳（反向运动阶段）的时候，由于重力和体重的原因，分布在肩部、髋部、膝关节和踝关节的这些肌肉处于快速拉长状态。因为肌梭与肌纤维平行分布，所以它们也会经历快速拉伸。肌梭"感受"到拉伸后，向中枢神经系统（大脑或脊髓）传递信息。反过来，中枢神经系统指示拉长的肌肉进行与之前拉伸速度和程度有关的有力的收缩。如果这个感知系统并不存在，或者因为某些原因而无法运作，快速拉长的程度可能会超过肌肉的可延展性，必将导致肌肉损伤。肌梭反应加上后面的自主收缩可以实现体育运动中的力量最大化。

存储弹性势能

另一个重要的肌肉生理现象是存储弹性势能的过程。想一想拉扯一根橡胶带的情景。橡胶的弹性就如同肌肉（纤维和肌腱）的弹性特征。随着你拉扯橡胶带，能量被存储在具有弹性特质的橡胶带上。当你释放橡胶带的一端时，存储的能量也被释放。然而，橡胶带与肌肉纤维之间有一个关键的不同。橡胶带拉得越长，存储的能量就越多，然后释放更多的能量。但

对于肌肉纤维来说，不是拉扯的程度而是离心拉伸的速度决定了在随后的肌肉向心收缩中可以使用多大的能量。

运动员可以利用肌肉肌腱与生俱来的弹性特征。棒球击球员在挥棒之前握住球棒旋转身体，或者掷铁饼运动员在投掷之前旋转髋部，这些都是拉长、缩短循环的最好例子。弹性势能存储在活跃的肌肉中，是快速预先拉伸的结果。这个生理过程是可以训练的，大多数渐进式训练方案都运用了提高这一点的训练和活动。

另外，拉长、缩短循环（肌梭反应）可以促进更多的肌肉参与执行任务。更多的运动单元参与任务，可以增加能量输出的潜力，爆发力会得到更加全面的释放。核心部位出色的爆发力直接提高所有的体育运动表现。记住，无论目前你的能力如何，你都可以得到提高。训练速度部分是训练技能中的又一个重要武器。

爆发力传递

如果无法有效传递新获得的爆发力潜能，你的核心训练或许也只是专注于在沙滩上秀一秀腹肌。因此，每个运动员的第一个训练任务应该是发展一个有效的传递系统，其中巨大的

爆发力潜能可以向远端的四肢传递，目的是在通过较小和较弱的肌肉组织时实现核心爆发力的功能传递，而不会同时损失能量。比如，你锁定肘部和手腕，伸出食指，然后试图推你的朋友。从骨盆肌肉产生的力量将有效地从核心部位通过伸直的手臂达到你的手指尖，且几乎没有能量损失。即使没有把你的朋友推得失去平衡，这一推至少会导致他轻微的不适。然而，如果在这一链条中某个关节出现屈曲，比如肘关节，那么核心部位产生的力量在通过屈曲的肘部时会浪费一些。即使是拥有强健的核心部位肌肉，这一推仍然会变得没那么有效，对方可能感觉就像一次有力的挠痒痒。

如今，很多物理治疗师和训练师经常开具一些令人软弱无力的运动处方。这些训练方式使我们与个人健康和健身目标越来越远，更关键的是，远离了我们的运动潜能。我们已经形成了一种普遍的氛围，对运动员加以纵容，久坐不动的生活方式正在降低运动员的运动表现。许多运动员在他们运动生涯期间经常会经历某种程度的身体结构上的问题。相比较而言，明智地安排和有目的地执行逐渐增加难度的训练方案，将有助于维持身体所有部位的功能的恰当、有效和同步。运动的自由，与身体结构相协调，没有不良姿势的制约和反应迟钝的运动模式，将有助于消除功能不良的情况，提高运动成绩。

你必须重新拥有对健身和运动表现潜能的控制力。采用积极主动而非被动的行为将给稳定性、力量和爆发力带来极大的影响。活动将变得强劲有效且损耗的能量最小，控制力得到加强，以及获得惊人的运动表现。你能够利用这种受控制的能量更好地应对比赛中身体和情绪上的压力，以及在高强度下持续运动且不容易疲劳。换句话说，在健身房中，你需要把更多的时间用在训练上，而不是用在过分放纵自己上。

第 5 章

练习的选择和训练的注意事项

作为一个有运动思想的人，在选择训练方式和执行训练计划的时候，应该遵循渐进性原则。正如我们之前所说的，训练日程中的任何练习都不应该是随意选择的。选择每一项练习的背后都一定有原因。人们应该根据个人水平来选择练习，然后随着训练周期逐渐推进。本书依靠各种渐进训练方法指引你发展自身能力。改变身体姿势，结合考虑不稳定的特征，对抗外在阻力，增加或降低速度，或者上述的任意组合，将有助于渐进发展。

正如你将在本书中看到的，无论从哪里开始，训练计划都将以一种循环方式进行。也就是说，在特定的循环训练中，你将在每个阶段（稳定性、力量和爆发力）的不同时间进行循环训练。为了达到这个目的，我们为每一个强度练习提供了符合逻辑的进阶和退阶训练。这样，你在经历这些阶段的时候，身体将会不断得到挑战。当完成力量训练，进入爆发力训练阶段后，你需要回到稳定性训练。然而，选择的练习将比之前更加严格。对于不同能力水平的运动者而言，其训练顺序都是一致的，在力量训练后进行爆发力训练。我们的目标之一就是让你随着能力的提高，能够做自己的教练。换句话说，你最终将能够鉴定本书之外的其他练习，决定它们是否合理、安全和有效，以及确定它们在整个训练计划中最合适的位置。

练习类型

从本书第二部分到第四部分，包括针对核心部位不同水平的练习类型。本书中所有的练习可以分为以下 5 类。

1. 抗伸展。
2. 抗旋转。
3. 肩胛胸壁。
4. 腰椎 - 骨盆 - 髋关节复合体。
5. 整个核心部位（仅在力量阶段）。

关于抗伸展和抗旋转这一点，讨论训练背后的本质和原因很重要。正如在第 2 章中所讲解的，在所有的精细核心部位肌肉组织（以及外围的肌肉）中，只有腹直肌和棘肌的纤维是垂直分布的，剩下的许多肌肉的纤维都是以倾斜的方式排列的。从纯粹的身体解剖上来说，这显示了核心部位的主要生理功能是减少躯干的旋转。具体地说，我们要试图限制腰椎的旋转，但促进胸椎的旋转。

总的来说，腰椎大概只有 13 度的旋转范围。单独到每节椎体而言，T10 到 L5 分别有 2 度的旋转范围。L5 和 S1 之间的旋转范围最大，也只有 5 度。显然，旋转范围都是极其小的度数，在第 2 章中描述的肌肉结构与实际的节段旋转范围之间。人的生理结构决定腰部很难进行爆发性的旋转，强制旋转只会产生问题。与之相比，胸椎的旋转范围高达 70 度，胸椎中段部位（T3~T9）旋转可以达到 10 度。我们尊重这些身体上的极限，但训练一定要反映出这些范围。因此，抗旋转运动应该设计高水平的胸椎旋转，但腰椎活动要尽量减少。

抗伸展锻炼同样如此。如果你看着一个呈自然 S 形弯曲的脊柱，腰椎会是呈轻微拱起的自然曲线（前凸），胸椎则向后拱起（后凸）。椎间盘位于脊柱相邻的椎体之间，提供允许脊柱略微活动的关节结合表面。除了帮助保持脊柱的结构完整性外，椎间盘还提供缓冲。从冲击力和纵向载荷的角度来说，它的存在对运动员极其重要。腰椎的过度伸展（骨盆前倾），无论是有意还是无意的行为，都只会对后侧的椎间盘施加额外的压力。这些施加在似凝胶般的椎间盘上的压力会使椎间盘向外突出，引起各种各样的问题。在脊柱的另一端，轻柔和受控制的胸椎伸展是合适的；椎间盘之间有着自然的空间供椎间盘向内移动，而不需要椎间盘任何一侧的压缩。

核心部位的训练除了抵抗外力的活动，还需要进行产生运动能力的训练，这两个方面的比例应该是相近的。记住这一点后，你也要知道，本书中的大部分锻炼在本质上是以抗伸展和抗旋转为基础的。此外，要结合加强肩胛胸壁肌肉组织的锻炼，以及腰椎 - 骨盆 - 髋关节复合体的锻炼，以确保该区域具有高水平神经动力和整体高质量运动。

练习的具体益处

作为一个认真的受训者，你需要对所选择的特定练习有一个良好的认识，知道为什么选择这个练习而不是其他的。在第 18 章所列出的测试将成为你制定训练计划的参数，在你不是很确定的时候，帮助你更好地向前推进训练。但是练习是什么呢？为什么有一些练习比其他的练习更有效？为什么有些练习对有些人而言，看起来不可能完成，而对其他人来说很容易？

对本书中的每项练习的具体益处有一个基本认知将有助于我们了解其中原理，让我们对身体正在经历的练习有一个更好的感知，并且了解在接下来的训练中需要哪些练习。我们致力于使本书不同于其他同类训练书籍，本章也不例外。我们强调的益处（事实上，每项练习都有从生理到神经上的多种好处）并没有涉及分离肌肉活动或基本的健身概念。相反，这些练习遵循了我们不断强调的整体法则，因此更全面地覆盖了训练的益处，以及在多数情况下对每项练习的期待成果。

对于从第 6 章到第 17 章的每项练习，按顺序列出了它们的一个或多个具体益处。在对练习（和你的身体）熟悉之后，不仅可以根据核心测试获取你的目标，而且还能根据你所寻求的训练益处来评估训练需求。

具体益处

❶	不稳定平面	不稳定平面使任务复杂化。由于平面不稳定，相对容易的活动会变得更加困难 各种不稳定设备的使用直接要求生理和肌肉骨骼系统增加本体感受和动态稳定性。最终的益处是挑战身体稳定机制。在完全平稳的环境中稳定肌运作较小，与此相反，这些系统会在不平稳的环境中更加努力运作。除此之外，由于各种稳定球的高度不同，虽然肌肉激活顺序、协同工作以及涉及的具体肌肉与在地面上进行的训练一样，但是力线存在区别。因为接触点有所改变，所以形成独特的挑战
❷	上半身倾斜	除非特别指出的某项训练，在大多数情况下，上半身倾斜的高度越大，这项挑战就越容易 逐渐倾斜上半身改变了重力力线，因此降低了身体运动的难度。更确切地说，向上倾斜难度较低，因为机体能够借助胸部和肩部周围更大块的肌肉来稳定身体

❸	下半身倾斜	*在大多数情况下，从仰卧和俯卧的角度来看，下半身倾斜的高度越大，难度越大* 逐渐倾斜下半身会给机体带来更大的负荷，同时胸部大肌肉群的压力被更多地转移到肩胛带
❹	单腿髋部伸展	*不管实行什么样的评估标准，臀部结构的力量要求将被提高* 单腿髋部伸展产生一个非对称的支撑基础。这个不平衡的体位将增加核心肌肉的旋转要求，因此，身体现在必须控制这个额外的阻力
❺	外展和内收	*无论实行什么样的评估标准，臀部结构和肩关节复合体的力量要求，以及涉及这些部位肌肉的各种内收和外展的要求，将得到提高* 单腿外展运动显著地改变了身体重心，使重心偏向侧面，远离身体中间线（在额状面上）。为了应对这个变化，收紧深层稳定肌以保持脊柱挺直以及避免有害的扭曲姿势是必要的。另外，相对的内收肌（无论它是附着在髋部还是肩部）必须等长地工作以维持骨盆或肩胛带的整体稳定性
❻	悬吊训练	*悬吊训练将对稳定性、力量、运动感觉以及本体感受提出挑战* 同具有益处的第一条适应性相似，不同于放置在地面的不稳定设备，悬吊设备消除了与地面和其他固定表面接触的稳定优势，增加了身体的适应性压力。有许多方式可以为悬吊训练进阶或退阶。例如，手柄和双脚离悬挂的重力线越近，其练习（俯卧撑、I 型支撑、单腿伸髋等）难度就越低。相反地，如果手柄很低（靠近地面），双脚抬高且远离重力线，这个练习的难度就很高。当双脚抬得很高时，更是如此
❼	上半身移动和全身位移	*这种不对称的体位将通过强化控制深层稳定肌和外部运动肌的协同收缩能力的方式来提高核心部位肌肉组织的旋转要求* 在固定和移动设备上（包括位移）结合双脚进行手臂移动，将不断对这两个接触点之间的部位（通常是双前臂或双手和双脚）提出挑战。接触点之间的距离越长，形成的力臂就越长；接触点之间的距离越短，形成的力臂就越短。在不同平面内进行身体同侧、双侧以及对侧活动时，你将立刻感受到各种不同的难度水平。而且，在一个变化交替的过程中向前和向后移动四肢，将会对身体产生额外的旋转力度
❽	下半身运动	*步行将对整个人体运动链提出挑战，尤其是针对核心部位的深层稳定肌* 抗伸展和抗旋转以及肩部稳定都仅仅是步行的生理适应性方面的几个好处。身体习惯上半身和下半身之间的合作关系，它们的运动共同发生，且以下肢作为驱动者。选择主要需要下半身活动的练习作为基本核心部位训练的一部分内容，这样的话，你就能够继续完善机体的这个合作过程
❾	单边活动	*单边训练将暴露出身体的不对称，因此弱侧肢体别无选择，只能去执行与强侧肢体节奏相同的活动* 这种训练使身体形成更好的整体平衡。通过执行单侧不稳定姿势训练或单侧运动模式，力量的产生、减少以及稳定性会毫无疑问地进一步受到挑战。不同的单侧活动将对核心部位的肌肉组织提出更高的旋转要求，因为身体必须努力控制更多的额外压力以便在执行活动的同时保持动态平衡。当进行单边（单侧肢体）姿势或运动时，会出现两侧差异：一侧肢体比对侧拥有更多的协调控制力。而且，通常运动员都有惯用侧肢体和非惯用侧肢体。也就是说，一侧肢体比另一侧肢体更强壮或更协调。遵循训练特殊性原则，运动员很少在体育运动中努力使肢体保持相同的平衡，以双边对称的姿势进行比赛。体育运动存在无数种运动模式。正因为如此，必须在训练中有各种安全、非对称的练习

10	同侧活动	*抬起身体同侧的上肢和下肢就能够把一个俯卧训练的难度水平提高到最大程度* 在这种情况下，质心的位置在支撑平面的外侧。为了对抗这种情况，你需要向支撑平面的中线位置移动身体重量，同时发挥核心的抗旋转能力。对侧的肢体活动，例如身体单侧训练，通常能够帮助提供稳定脊柱所需的平衡力，以及多肢体伸展练习，或两点支撑练习中维持动态稳定的能力
11	对侧活动	*涉及肢体交叉的运动模式会诱发机体维持身体结构稳定、平衡和动态感知，从而引起身体的抗旋转反应* 抬起对侧肢体的行为会改变身体承受压力的类型，强迫身体以一种不熟悉的方式完成力量的再分配并进行适应。抵抗这种力量需要更为复杂的生理上的对策，因此提高了训练难度
12	运动轴和杠杆的变化	*负荷作用在杠杆臂上，其离运动轴越远，练习就越具有挑战性，轴心周围的稳定肌也就越多地得到运用* 骨骼、韧带和肌肉形成人体的 3 种级别的杠杆。围绕着支点或轴心，它们一起产生运动。从生物力学的角度来说，支点是关节的旋转中心。关于这一点，举一个基本例子：从平板支撑姿势伸直手臂，变为直臂平板支撑姿势，这个过程中仅仅是伸直了手臂。在本书第 10 章的绳索侧向阻力前推系列运动中会对这一点有更深刻的展示。最初负重是保持在等长的手臂长度上。在随后练习的逐渐推进中，手臂随着运动伸展和缩回，杠杆臂也随之改变长度，并改变轴心（在这个例子中，轴心是肩关节）周围稳定肌的参与性，从而应对不断变化的压力
13	侧向与侧卧活动	*侧向与侧卧姿势和活动能够转移训练重心，把通常被忽视的上背部和肩部加入训练范围* 在有意和无意中，将大量重点都放在了上斜方肌的发展上。侧向与侧卧姿势和活动把训练重心转移到斜方肌的中段和下段，并且把关键的前锯肌纳入训练范围。当单独工作的时候，前锯肌向前拉动肩胛骨。然而，当前锯肌和菱形肌协同运作时，前锯肌保持肩胛骨状态，并向下压紧胸壁。下斜方肌和前锯肌受限会导致上交叉综合征这类问题。同样地，运动员的上斜方肌和下斜方肌之间的不平衡，通常会导致肩峰下撞击综合征，从而导致肩关节功能不良
14	反应和应对	*显示出优秀反应和应对能力的运动员通常有高度的敏捷性* 优秀运动能力的常见品质体现在反应和应对上。这两者通常被认为是一样的。反应能力是对刺激的识别，而应对的特点是形成必要的、希望有效的相应行动。基于暂时压力（减少做决定时间）的训练对需要快速反应的体育运动来说具有很高的要求。把这类训练用在核心部位上会起到积极的作用，能够让身体作为个整体，以更快的速度进行反应和应对，从而提高综合成绩
15	对比敏感度（CSF）	*对于时间空间上的物理的处理、对于运动、周围环境和外围数据的辨别能力能够反映人的对比敏感度（CSF），同时这种能力也是识别动作和功能表现的前提* 对比敏感度是指在不同的灯光条件和颜色背景中快速且清楚地识别物体的能力。能够观察快速移动的物体是一个优势。通过视觉，信息被传递至大脑，并在大脑里形成一个完整的三维过程，通常解释为潜意识以及随后发生的行为

16	上半身悬挂	*悬挂训练的好处包括增加背阔肌和肩胛骨的稳定性、抓握和前臂的力量，以及骨盆控制力* 骨盆训练对所有的运动表现来说都是必需的。正因为如此，与骨盆前倾和后倾有关的运动感知能力，对有下肢运动的悬挂训练的生物力学非常重要 双臂在头顶上方固定时，身体重量作用在肩关节囊，双肩周围肌群就被迫成为主要的稳定肌。为了持续保持强壮和稳定的姿势，肩胛骨得一直保持回缩和下压，促使整个人体运动链保持稳定。同时，作为上背部和下背部之间的主要连接部位之一的背阔肌，连接着腋窝下方至下腰背。它也参与高稳定性的运作，以配合肩胛骨带来整个躯干的稳定，帮助机体进行适当的活动，减少损伤 提升抓握能力会带来许多积极结果。降低手和前臂肌肉的高阈值神经驱动能够为能力提升开拓更大的空间，从而带来更强力的上举、更有效的拦截，以及通过球拍或球棒向目标传递更多的力量。此外，抓握力量的提升对肘部和肩袖肌群力量有着重要影响，这是由附着在肘部上的肌肉，以及手与肩部之间肌肉收缩的时间形成的
17	外界阻力	*对任何一项训练，增加外界阻力都会使训练难度增加，因为需要更多的力量、控制阻力，或者使阻力降低* 适应性训练采用力量、爆发力或本体感受的发展方式进行，对所施加的负重训练，适应性具有特殊性。膝关节缠绕固定带，双手举哑铃，踝关节缠绕拉伸带，以及悬吊起身体是对抗外界阻力训练的几个例子，需要在执行规定的运动模式对抗阻力的同时，保持身体结构的动态稳定性
18	全身复合训练	*把全身复合运动纳入训练计划中，将其包含在整个稳定性和活动性训练的计划之中* 在这些复合训练中，主动肌、对抗肌和协同肌和谐地运作，以便使动态姿势的控制力与将肌肉准确有序地激活并有效利用主动肌所必需的神经驱动过程相协调。优先掌握正确的肌肉激活顺序和稳定脊柱的能力，从而在发展运动肌之前使训练对脊柱的损害最小化
19	滑板	*使用滑板进行训练将进一步对稳定性、力量、爆发力以及本体感受提出挑战* 如果使用得当且保持专注，滑板训练可以产生惊人的结果。在使用滑板进行训练时，运动表现的精确性将极大提高运动的功能适应性。在本书中，我们会展示许多运用到这个设备的训练和运动模式。我们鼓励你测试一下你所喜欢的一个特定训练，然后决定使用滑板是否会使训练更加具有挑战性，使该运动适应性更加具有功能性意义
20	加速	*在爆发力训练中加入加速训练能够有效提升速度素质。速度在所有的体育运动中绝对是成功的重要保证，应该相应地进行锻炼* 基因因素和身体类型通常成为最高速度的限制因素。然而，每个人都可以提升速度。如果你处于提升速度连续体的前期阶段，你将不会落后于其他人。这通常与快速伸缩复合训练的第 3 阶段，也就是向心收缩阶段有关。加速是指力量发展的速率和在整个制定的活动范围内保持最大力量的能力

㉑	减速	*也许速度真的非常珍贵，但是不受控制的速度会带来灾难性的后果。改善减速能力将有助于最大力量输出得以长久*
		通常被忽视的一个关键运动技能是快速降低速度的能力。根据指令突然地改变速度的能力是以非凡的敏捷力为特点的。而一旦你需要快速改变方向或仅仅是被要求停下来，你可能无法实现最快速度的转变，主要是因为无法控制速度。许多损伤，特别是 ACL 损伤，就是无法安全减速的后果。减速不限于整个身体的位移，它还涉及许多专项要求的肌肉活动和与操作相关的活动。减速也被认为属于快速伸缩复合训练的 3 个阶段中的第 1 阶段，即离心阶段
㉒	拉长 – 缩短循环和存储弹性势能	*使肌肉在最初的拉伸与随后的收缩之间的时间最小化，每一次这样的尝试都会影响爆发力和灵敏能力*
		拉长、缩短循环是运动的向心阶段（加速）和离心阶段（减速）之间的时间，在学术上是指缓冲阶段。在离心阶段，能量以肌肉肌腱的弹性特质的方式存储。在向心阶段，存储的能量在大小相等但方向相反的活动中释放。弹性能量的储存和神经受体反应的过程就是拉长、缩短循环。缩短缓冲阶段时间的能力让你能够更快地产生爆发力，从而能够进行爆发性运动
㉓	重力负荷	*下降的高度（重力的影响程度）是挑战适应性和发展能力的外界作用力*
		重力就是阻力，正因为如此，仅仅从加高平台上跳下来的速率为每秒 32.2 英尺（约 9.8 米），然后加上自身的体重，产生的力量相当于体重的 6~10 倍。所有这些能量必须有效地通过核心部位进行传递。使重力速度慢下来的能力以及应对随后运动的能力表明有效的能量传递，例如，需要快速改变方向
㉔	多平面运动	*多平面运动更为复杂，在运动或每日活动中频繁发生的情况与多平面运动有密切关系。多平面的训练本质上比单一平面训练更具有功能性*
		3 条将人体一分为二的虚构的直线能够为我们展现人体的运动动态平面： 1. 矢状面，也叫作侧向平面，把人体分为左右两半。在这个平面上的活动通常涉及屈曲和伸展 2. 冠状面，也叫作额状面，把人体分为前后两半。在这个平面内，任何身体部位的活动通常都涉及四肢的内收、外展以及躯干侧屈 3. 横断面，把人体分为上下两半（上和下） 你几乎很难在某一项体育运动中找到完全发生在一个平面内的活动。在赛道上跑步或冲刺短跑（在欧洲被称为田径运动）就是对此最明显的断定。然而，即使运动发生在一个平面内，其他两个平面也是保持在动态稳定状态下的。肌肉的分离训练和单一平面运动已经一去不复返了。功能性运动一直都是多关节参与的（涉及多个肌群），即使不是在 3 个平面上，也至少是在两个平面上的运动

训练指南

在确定自己的起点水平之后（见第 18 章，核心评估方法），一定要结合合适的训练进程，保持正确的技巧，以及确定一个常规训练的频率，从而从投入的时间里获得最大的收益。为了从本书的练习中获得最大的益处和了解如何舒适且安全地推进训练（测评之后），请遵循以下基本步骤。

1. 在试图尝试增加阻力或训练量之前，一定要掌握每项练习的具体动作机制。绝对不要为了增加阻力或重复次数而牺牲正确的技巧！如果偏离正确的技巧，将会不断重复错误的运动模式，造成肌肉失衡（力量不对称发展），或者带来损伤。获得训练效益最大化的唯一办法就是遵守训练要求。

2. 从轻阻力和低频率训练开始，逐渐增加到较高阻力或更多次的重复。本书展示了各种训练，且难度逐渐增加。最终，由你决定能否向前推进训练。

3. 第 18 章列出了确定你在训练中所处阶段的方法。而且，每次的再测评也很重要，这会让你知道如何在每项练习中提升自己。第 6 章至第 17 章，我们指导你确定每项练习的重复次数或时间间隔。如何确定合适的重复次数或适当的时间间隔，而不用教练跟着你进行指导？简单地说，需要对练习的成功与失败有一个简单的了解。当进行一些练习（时间或重复次数）时，如果你没有按照我们所列的要求和形式进行训练，那么你并没有以熟练的技能进行练习，这就是练习失效。凡事都有两面性，如果选择了某一个确定的时间或重复次数，而且在达到这个量时对继续保持技能熟练性没有感到一点难度，那么是时候增加重复次数、负重或练习时间了。

4. 练习通常会产生巨大的作用。在起初的几个月中，我们建议每周进行 4 到 5 天的训练。在实现目标——例如动态姿势稳定、运动控制力提高、力量和爆发力增强、下腰背疼痛减轻等——之后，可以减少训练的持续时间，将频率降低到每周 2 次，且仍然保持所取得的成绩。然而，每次的训练强度不应该减少。频率是指一段时间内训练的次数，而持续时间是指训练的时长（每次练习中重复的组数和次数）。强度是指难度水平，由增加或减少阻力，或变化训练速度来决定。随着接近个人目标，每周的训练可以减少，但是强度一定不能降低。如果降低训练强度，肯定会造成能力的降低。通过数月的艰苦训练所取得的惊人成绩会很快因训练减少或强度减退而丧失。零星的训练永远不会充分发展核心部位，也不会提高成绩或降低下腰背疼痛的概率和严重性。只有下定决心形成定期训练的生活方式，才会有收获。如果神经肌肉系统没有充分起作用并频繁地在高强度下受到挑战，将无法在高水平功能性运动对神经肌肉系统提出的极端要求下做出回应。

设备选择

本书的第二部分到第四部分包括许多练习，需要用到滑板、悬吊器材或其他悬挂设备。这里有一些附加选择，可以考虑把这些设备运用到训练计划中。

滑板

进行所有滑板训练的时候戴上手套、穿上袜子，以减少摩擦和帮助轻松滑行。专门设计的滑板靴是一个更好的选择，可以在 Ultraslide 公司的官网上购买到其产品。让身体在可以控制的范围内滑移非常重要，这个设备的本质在于极大地降低摩擦系数，因此身体在正常范围外进行滑动的能力将得到提升。这是非常有益的，但是必须运用智慧和在可控的情况下进行。如果身体的活动范围超出你所能控制的范围，会使身体出现代偿姿势，最终导致受伤。

悬吊设备

正如具体益处的第 6 条中指出的，悬吊训练将对稳定性、力量、运动知觉和本体感受提出挑战。本书中大部分悬吊训练所使用的悬吊设备通常称为 TRX（Total Resistance Exercise），但是还有其他的选择，包括悬吊带、攀登架、体操吊环、或者一些类似的设备。

手柄的高度以及手和脚的位置决定负荷和训练难度。

* 作为一般规则，在涉及后拉的仰卧运动中，双脚越高，双肩越低，挑战难度越大。因此，双脚着地，关节对齐，身体接近与地面垂直状态时，训练相对简单。
* 双脚抬高（放在箱子、长凳或平台上），双肩向地面下落，训练会变得非常困难。
* 在不牺牲运动力学的情况下，应选择一个能够对力量产生一定挑战的手柄高度和脚的位置。
* 以俯卧或仰卧的姿势进行练习时，在整个练习中保持双肩位于稳固且中立的位置。无论什么活动，不要让双肩半脱位，而是在每个练习过程中努力保持肩胛骨压低和收缩。
* 运用悬吊器材进行练习期间，应该将大量的注意力放在双手和双肩上。但也需要把握好髋部和下背部。在进行俯卧练习时，当髋部向地面下沉或下背部进入后伸状态时，发生在 LPHC 的代偿活动会成为一个麻烦。在进行双脚悬吊、将注意力转移到控制那些通过髋关节进行传导的力量，以及对肩部姿势的觉察不够时，也会出现这样的问题。

悬挂设备

本书展示了许多结合单杠或臂悬带的悬挂练习，但只要设备是安全且达到标准的，那么配有锁链的攀登架、体操吊环、绳索，或者其他类似的悬挂设备也是可以的。强烈建议配上一名观察者，以及在地面上铺上垫层。在把这些练习加入训练计划之前，应该认真思考以下动力学问题。

* 反握或正握。关于正握和反握哪种方式更好，一直存在争论。在使用某一个方式而非其他方式的时候，某些特定的肌肉组织或许会更多地得到强化，所以这两种方式各有优势。本书建议把这两种方式相结合使用，以便形成完整的训练。在体育运动中，从来没有两个完全相同的情况。防守队员、温度、粉丝、策略、风，以及损伤，这些只是不断变化的多种因素中的一小部分。因此，运动员必须不断适应这些不断变化的无法控制的情况。如果现实中运动员将面临无数复杂情形，那我们的训练又何必拘泥于一种形式呢？
* 窄握或宽握。手握宽度在个体之间存在不同，但窄握和宽握各有好处。然而，一个重要的考虑因素是肩部和肩胛骨的稳定性。要避免肩部半脱位（过度伸展）。不要让关节承受体重。尽量保持肩胛骨收缩。如果无法保持收缩姿势，请暂停练习。
* 直臂或屈臂。与抓握类型和宽度一样，在悬挂练习期间，以直臂还是屈臂进行各有优势和劣势。在手臂伸直状态下，脊柱动态稳定的焦点明显改变；然而，保持肩胛骨收缩和避免肩部半脱位会比较难（尤其在疲惫时）。在手臂弯曲（通常选择正握）情况下进行悬挂练习，收缩肩胛骨会比较容易；但是，这个姿势通常对稳定性的挑战难度较低。

虽然设备选择会有很大的不同，肢体位置、抓握选择和体位也会变化，但有一点不变，就是通过收缩和压低肩胛骨以稳定它，还有保持骨盆位于中立位置。这一点很重要，就是避免极端的腰椎后伸以及前伸和抬高肩胛骨，这些都会增加受伤的风险。

注意事项

本书的练习范围从被动式到主动式，再到爆发力训练。如果你是一个初学的健身爱好者，我们认为本书的练习或许比较危险。然而，我们无法对所有身体类型、具体疾病、损伤和力学偏差做出解释。因此，如果你对本书中的训练计划或其他新计划有顾虑，请咨询你的医师、教练、训练师，或者有资格的健身指导员来针对你的具体情况做出决定，了解所选择的练习对你是否有危险以及确定训练的起点。本书中的测评肯定有助于你决定后面一个问题。在实施计划之前需要注意这些问题。如果对自身状况很忧虑，那么应该去进行一次全面的姿势评估，来决定你在人体动力链上是否存在潜在的生物力学上的问题或其他代偿运动问题。

许多体育爱好者在练习核心部位的时候，寻求腹部燃烧的灼热感。为了达到这个效果，他们过度地重复练习。然而，在每次练习后，只是应该留下一些收紧的感觉。任何超过这个感受的不适都意味着训练过度。追求目标不能太过，而且应该是渐增式的。随着时间积累，应该不会出现不适或者延迟性肌肉酸痛。

训练可以增强身体系统，也可以起到破坏作用。必须了解这两个过程，为自己确定最有效的训练计划。书中强烈建议的练习或许对高水平的运动员合适，但对新手来说，进行相同的练习将成为不明智的选择。因此，在开始发展核心部位之前，注意一些预防措施。

* 在开始任何一项新计划之前，需要得到医生的许可。
* 确保设备定期清理消毒和无损坏，以及符合制造标准。
  * 绳子、带子、杠铃片、药球和平衡设备应无磨损，不会因反复高强度的使用而带来危险。
  * 在使用稳定球之前，确保球没有裂纹、破洞、撕裂，或任何可能膨胀球而使其爆炸的情况。同样地，保持训练场地中没有可能导致球破裂的障碍物或碎片。
  * 在稳定球上时，一定不要使用铁制杠铃片、哑铃、壶铃以及诸如此类的器材。另外，也不应该将过大的外加负荷举过头顶或脸部。
* 确保有足够空间，且没有潜在危险。
* 无论你的健身水平有多高，在执行任何训练计划之前，都应进行热身。
* 在进行一些比较复杂的训练以及那些涉及外界阻力的训练时，一定要有观察者在旁边。
* 让教练或训练师监督你训练的生物力学，以及评估训练表现。
* 在所有的训练期间，保持有节奏和自然的呼吸。绝不要屏住呼吸。通常，在收缩或上举阶段会呼气，在放松或下落阶段会吸气。如果有条件的话，可以在镜子面前进行训练，以提供即刻的视觉反馈，帮助你更快地建立正确技能。
* 在坚硬表面（如地面或跳箱）进行的练习，对关节造成较小但并非不可能的威胁，尤其是对膝关节和肘关节。折叠的毯子、训练垫，或类似的物体在训练期间将对关节提供一定的舒适度和保护。
* 在进行任何需要扔药球的练习时，只使用实体墙。
* 无论是在双臂上还是双手上，药球或壶铃，负重（阻力）的位置将对核心部位工作的肌肉组织的适应性产生显著的不同影响，最终对练习的效率有很大影响。阻力位置离轴心越远，对腹部肌肉的要求越大。根据不同的运动，轴心会发生变化，但是通常轴心位于髋部和腰部之间。如果你是核心训练的一个新手，应该在开始所有的练习时，不要附加其他

阻力，或者将阻力放置在离轴心很近的地方。随着力量得到发展，逐渐地移动手臂至更加具有挑战性的姿势。然而，绝不要在确定手臂正确姿势或增加负重的同时降低动作质量。在身体疲惫时，记住这一点尤为重要。通常在这时，当我们试图努力再多做几次练习时，错误的力学动作就会发生。向前拉动头部和颈部，过度伸展下腰背，以及借助惯性抬起双腿，这些代偿性动作并不会对训练的目标肌肉产生太大作用，事实上，它们会阻碍正确技能的发挥，引起潜在的损伤。爆发力训练应放在练习的开始阶段，这样疲劳不会影响到神经反应。

* 绝不要带伤训练。了解不适、疼痛和受伤之间的区别。

* 如果你是新手、身体欠发达的运动员、因背伤而退役的运动员，或者有背部疼痛史，应该避免双侧直腿上抬、直腿仰卧起坐、罗马椅训练，或任何不对称地拱起下腰背的训练。腰大肌从大腿穿过

骨盆，止于下背部。当双腿伸直时，腰大肌处于高度紧张状态，拉动下腰背。如果没有背部疼痛，可以尝试做这个试验。双腿伸直躺在地面上，缓慢抬起双腿，离开地面几厘米，然后试着把手放到下背部。如果地面和下背部之间有空隙，那么脊柱就是处于过度伸展状态，并可能受到椎间盘后部过度压力的潜在威胁。一些人或许会对此抱有异议，认为在追求运动表现的时期里，用具有危险性的姿势进行练习或许应得到鼓励。首先，你无法对所有可能使你处于受伤危险的情景承担起责任。其次，本书中包含好几百个练习，能够安全且有效地促进能力的提高，为什么要选择一个或两个可能对你结构整体性带来损失的练习呢？总之，要避免有损害的练习。我们有多种方法帮助你安全有效地实现目标。

第二部分

核心稳定性训练

无论是高如帝国大厦那样令人印象深刻，还是矮如平房一样平凡，所有的建筑物必须从一个稳定的根基开始建起。无论你努力达到什么样的运动水平，有意识地训练发展个人的基础部位都是至关重要的。纽约市的建筑师们都知道，最好不要在松软的地面上建造摩天大厦。同样的，你不应企图在不稳定的基础上架设运动架构。

稳固的核心基础

在谈到稳固的核心基础时，我们并不是简单地在谈论 6 块腹肌。事实上，我们曾与无数拥有良好腹肌外观的运动员共事，但当谈及其功能性时，他们的核心基础极其不稳固。多数普通群众，甚至许多精英级别的运动员，都缺乏执行日常活动所需的必要的核心部位的整体稳定性，更别提把他们的运动能力在不增加受伤风险的情况下提升到新的水平。正因为如此，表现平庸变得司空见惯，进一步发展的可能性变小。在开启任何训练计划的初始阶段，增强核心部位都应该成为首要之事。

令人遗憾的是，当提到稳定性及其与平衡和表现的关系时，大多数人立刻想到的是静态而非动态。这也并非完全不对。没错，静态平衡很重要，但是保持低强度力量要求的练习中，等长收缩所需要的力量很小。其实，深层稳定肌很少引发运动。然而，从运动表现功能性上来说，平衡是动态的，需要所有核心肌肉、深层稳定肌和外部运动肌持久稳固的协调运动。

正如之前提到的，适应是针对所施加的压力。换句话说，为了提高罚球命中率，就应该进行罚球训练；为了提高垂直弹跳力，就应该进行跳跃训练；为了提高高尔夫推杆水平，就不应该把耙树叶作为训练方式。神经中枢系统在确定和维持动态姿势控制力（稳定性）方面起着至关重要的作用。神经肌肉控制力的高水平发展带来的稳定能力是人体动力链有效执行力量减速、力量产生、稳定性和运动技术所需要的。在这些运动表现变量方面突出的运动员能够一直保持对动态姿势稳定肌群的强化专一。

核心部位的收缩

学习收缩核心部位是获得稳定能力的一个重要方面。在练习和测试的描述中，我们反复强调这一点。收缩行为简单地说，是指核心部位肌肉的有意识激活，正如第 2 章中所描述的。为了实现这个支撑作用，收缩腹部，这时的感觉就像核心部位即将受到一记重拳。同时，不管你目前的姿势怎样，应该保持有效的姿势并收紧臀肌。强壮的核心收缩带来的支撑作用是实现高水平核心功能的第一步。随着你越来越熟练，下意识努力地收缩腹部以起到支撑作用的行为变得自动化，因为你在本能地保持对核心部位的动态控制力（见第 48 页的图 1）。

在开始之前，你需要通过运用第 5 章中介绍的核心肌肉分离和协同收缩练习来确定中立姿势。身体站直，双手放在髋关节两侧，收缩下背部肌肉，同时收缩腹肌。体会参与肌肉的收缩感觉。骨盆应该没有明显的向前或向后倾斜的动作。如果你站在镜子面前看自己，应该可以看到脊柱的自然曲度；但是，如果你想站得笔直，呈一条直线，那么这条直线应该是穿过耳部、肩部、髋部、膝盖，以及脚踝，直线应该是自然的，而非勉强如此。

接下来，放松腹肌，使下腰背肌肉的紧绷程度足以使骨盆前倾（见本页的图 2a）。感受一下，你如何控制这个动作。用之前提及的肌肉协同收缩方法，使身体回到中立位置。现在，放松下腰背肌肉，使腹肌在其下侧附着处感到拉动，缓慢地向后倾斜骨盆（见本页的图2b）。

从整个躯干的稳定性的角度来讲，了解参与活动的肌肉功能是重要的。在开始的时候，你得努力在练习中运用这种控制力。当你变得越来越熟练后，你就不需要通过有意识的努力来保持中立姿势了。

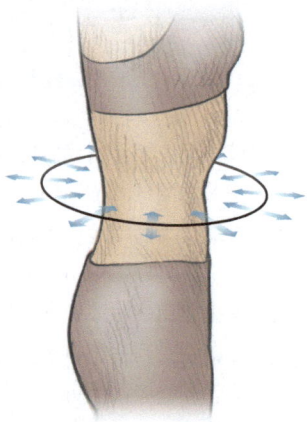

图1 收紧核心是一个需要掌握的关键技能

稳定性训练的目标

在本书第二部分和第四部分展示的练习益处与提高力量和爆发力之间有关联。然而，本部分内容呈现的练习旨在促进躯干基本的稳定。稳定性训练的目的在于对感官提出挑战。你将开始辨别身体平衡的细微变化，并进行下意识却有效的调整，来适应这些变化。当然，稳定性训练的目标不在于发展腹肌的结构，以产生更大的力量和爆发力，或者改善腹肌外观。这些练习只是一种通过各种范围的活动，以安全、有效的方式强化正确姿势的方式。

在一些练习中，通过结合具有挑战性的形式，我们使相对简单的活动更加复杂，譬如需要在一个大的稳定球上完成练习任务。此时，基本的动作变成多层面的动态运动。这就引起维持姿势的肌肉持续工作以保持平衡，并为稳定提供一个基础。最终，因为感受机制（本体感受器）学会了如何保持平衡，你将自动地做出调整。

一般来讲，所有分类为核心稳定性的训练都将涉及受控制的运动而且没有外部阻力。目的在于教会身体自我支撑，消除没有必要的多余活动，改善力量传递。

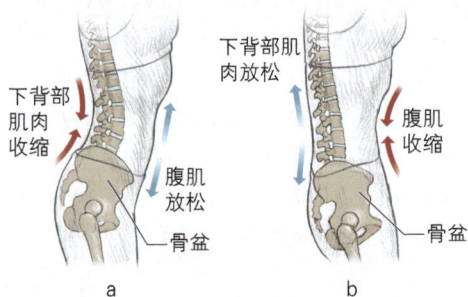

图2 a.骨盆前倾；b.骨盆后倾

第 6 章

抗伸展训练

人们对稳定性的一个常见误解就是认为，有效的运动表现和成功的核心稳定性训练是指核心部位完全没有发生运动。中枢神经系统的一个主要功能不是选择个别肌肉，而是使完整的肌肉相互作用，以达到最优化。正是这个有效的整合促进稳定性。没有哪个单独运作的肌肉能够完成譬如保持关节稳定和功能性动态稳定的任务。同样地，虽然核心部位是本书的重心，但是在整个人体动力链上，从近端到远端，从深层稳定肌到外部运动肌，稳定性的组成要素也在本书中得到加强。有效的功能运动、高强度的运动表现、代偿运动的抑制，以及许多其他益处都来自稳固的脊柱。本章的重点是核心稳定，从简单的单一平面的支撑活动到通过多向模式增加活动范围，最后逐渐调节不稳定性、负重、频率、持续时间和强度。一个强健和稳定的核心部位将提高整个人体动力链的神经肌肉效率，为高强度运动打下基础，并且能降低受伤风险。

以下的练习列表列出了本章中每项训练的益处、难度水平，以及所需设备。基础练习用米黄色突出显示，并用蓝色表示其难度递增练习。另外，基础训练在文中也用蓝色的标题标注。

抗伸展稳定性练习列表

练习项目	具体益处（见第 5 章）	难度水平			设备
		简单	中等	困难	
肘部平板支撑	⓬	×			
直臂平板支撑	⓬	×			
肘部平板支撑：不稳定上肢	❶⓬		×		不稳定设备 *
直臂平板支撑：不稳定上肢	❶⓬		×		不稳定设备
肘部平板支撑：不稳定上肢，上肢高位	❶❷⓬		×		稳定球
直臂平板支撑：不稳定上肢，上肢高位	❶❷⓬		×		稳定球
肘部平板支撑：下肢高位	❸		×		加高平台 **
直臂平板支撑：下肢高位	❸⓬		×		加高平台
肘部平板支撑：不稳定下肢，下肢高位	❶❸		×		稳定球或稳定设备，放在加高平台上

* 不稳定设备选择很多，包括厚泡沫垫、平衡板、平衡盘、枕头或稳定球。

** 加高平台有许多选择，包括健身箱、长凳、椅子或台阶。

续表

练习项目	具体益处（见第 5 章）	难度水平 简单	中等	困难	设备
直臂平板支撑：不稳定下肢，下肢高位	❶❸⓬		X		稳定球或不稳定设备，放在加高平台上
肘部平板支撑：不稳定上下肢	❶			X	2 个不稳定设备
直臂平板支撑：不稳定上下肢	❶⓬			X	2 个不稳定设备
肘部平板支撑：单腿伸髋	❹	X			
直臂平板支撑：单腿伸髋	❹⓬	X			
肘部平板支撑：单腿伸髋，下肢高位	❸❹		X		加高平台
直臂平板支撑：单腿伸髋，下肢高位	❸❹⓬		X		加高平台
肘部平板支撑：不稳定上肢，单腿伸髋	❶❹		X		不稳定设备
直臂平板支撑：不稳定上肢，单腿伸髋	❶❹⓬		X		不稳定设备
肘部平板支撑：不稳定上肢，单腿伸髋，下肢高位	❶❸❹		X		不稳定设备，加高平台
直臂平板支撑：不稳定上肢，单腿伸髋，下肢高位	❶❸❹⓬		X		不稳定设备，加高平台
肘部平板支撑：不稳定上肢，单腿伸髋，上肢高位	❶❷❹		X		稳定球
直臂平板支撑：不稳定上肢，单腿伸髋，上肢高位	❶❷❹⓬		X		稳定球
肘部平板支撑：单腿髋部外展	❺	X			
直臂平板支撑：单腿髋部外展	❺⓬	X			
肘部平板支撑：单腿髋部外展，下肢高位	❸❺		X		加高平台
直臂平板支撑：单腿髋部外展，下肢高位	❸❺⓬		X		加高平台
肘部平板支撑：不稳定上肢，单腿髋部外展	❶❺		X		不稳定设备
直臂平板支撑：不稳定上肢，单腿髋部外展	❶❺⓬		X		不稳定设备
肘部平板支撑：不稳定上肢，单腿髋部外展，下肢高位	❶❸❺		X		不稳定设备，加高平台
直臂平板支撑：不稳定上肢，单腿髋部外展，下肢高位	❶❸❺⓬		X		不稳定设备，加高平台
肘部平板支撑：不稳定上肢，单腿髋部外展，上肢高位	❶❷❺		X		稳定球
直臂平板支撑：不稳定上肢，单腿髋部外展，上肢高位	❶❷❺⓬		X		稳定球
直臂平板支撑：悬吊上肢	❻⓬		X		悬吊训练设备
直臂平板支撑：悬吊上肢，下肢高位	❸❻⓬			X	悬吊训练设备，加高平台

续表

练习项目	具体益处（见第 5 章）	难度水平			设备
		简单	中等	困难	
直臂平板支撑：悬吊上肢，单腿伸髋	❹❻⓬			X	悬吊训练设备
直臂平板支撑：悬吊上肢，单腿伸髋，下肢高位	❸❹❻⓬			X	悬吊训练设备，加高平台
直臂平板支撑：悬吊上肢，单腿髋部外展	❺❻⓬			X	悬吊训练设备
直臂平板支撑：悬吊上肢，单腿髋部外展，下肢高位	❸❺❻⓬			X	悬吊训练设备，加高平台
肘部平板支撑：腿外展和内收	❺		X		
直臂平板支撑：腿外展和内收	❺⓬		X		
肘部平板支撑：静态前后移动	❼		X		
直臂平板支撑：静态前后移动	❼⓬		X		
肘部平板支撑到直臂平板支撑：移动至健身箱上	❷❼		X		加高平台
直臂平板支撑：移动至健身箱上	❷❼⓬		X		加高平台
直臂平板支撑：移动至球上	❶❷❼⓬		X		药球
肘部平板支撑：不稳定下肢，前后移动	❶❼			X	不稳定设备
直臂平板支撑：不稳定下肢，前后移动	❶❼⓬			X	不稳定设备
直臂平板支撑：悬吊下肢，前后移动	❸❻❼⓬			X	悬吊训练设备
肘部平板支撑：全身移动	❼		X		
直臂平板支撑：全身移动	❼⓬		X		
肘部平板支撑：稳定球上转圈移动	❶❷❺❼		X		稳定球
直臂平板支撑：稳定球上转圈移动	❶❷❺❼⓬		X		稳定球
登山运动	❽⓬	X			
登山运动：倾斜	❷❽⓬	X			加高平台
登山运动：不稳定上肢	❶❽⓬		X		不稳定设备
登山运动：悬吊上肢	❷❻❽⓬			X	悬吊训练设备
登山运动：悬吊下肢	❸❻❽⓬			X	悬吊训练设备
登山运动：不稳定下肢，下肢高位，双侧屈膝折叠	❶❸❽⓬		X		稳定球
登山运动：不稳定下肢，下肢高位，单侧屈膝折叠	❶❸❽❾⓬			X	稳定球
登山运动：悬吊下肢，外展和内收，双侧屈膝折叠	❸❺❻⓬			X	悬吊训练设备
登山运动：悬吊上肢，不稳定下肢，双侧屈膝折叠	❶❸❻⓬			X	悬吊训练设备，稳定球

肘部平板支撑

动作步骤

1. 以俯卧的姿势趴在地面上，脸朝向地面，且双脚靠拢。

2. 前臂支撑上半身的重量；踝关节背屈，脚趾指向胫骨方向。

3. 锁住双膝关节，收紧臀肌并收缩核心部位。

4. 手臂伸直，上提身体，与地面接触的只有前脚掌、脚趾、肘部以及前臂。

5. 耳部、肩部、髋关节和脚踝对齐，呈一条直线，身体保持一条直线。按预定的时间保持住这个姿势。

注意事项

1. 髋部不要下沉（骨盆不应向地面下沉）。

2. 髋部不要屈曲（骨盆和臀部不应向天花板拱起）。

3. 下颌保持内收（可以想一想双下巴时的情形）并避免头部下沉（头部既不前倾也不后仰，颈椎伸直）。

具体益处

12

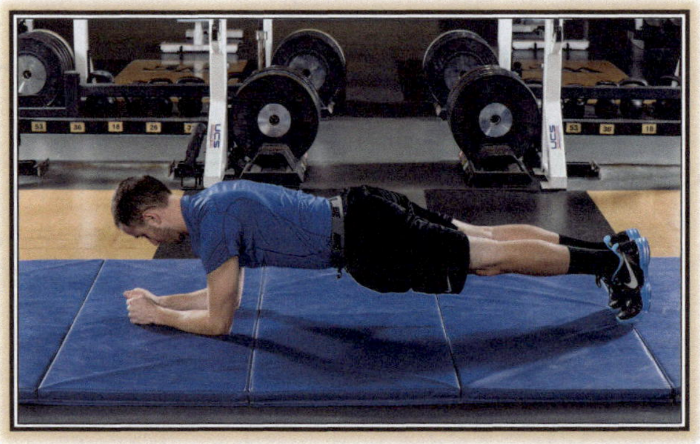

直臂平板支撑

动作修正

1. 双手放在地面上，位于双肩正下方，双臂垂直于地面。

2. 手臂伸直，身体上提，接触地面的只有前脚掌、脚趾和双手。

具体益处 12

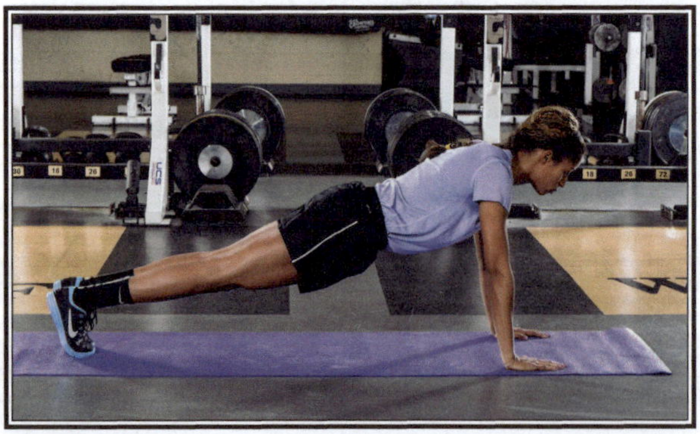

▪肘部平板支撑▪
不稳定上肢

动作修正

1. 把肘部和前臂放在一个适度的不稳定设备（厚泡沫垫、平衡板、平衡盘、枕头等）上。

2. 抬起身体，只用脚掌和脚趾接触地面，且肘部和前臂位于不稳定设备上。

具体益处 **1** **12**

▪直臂平板支撑▪
不稳定上肢

动作修正

1. 双手位于一个适度不稳定的设备（厚泡沫垫、平衡板、平衡盘、枕头等）上，双臂伸直。双手分别位于双肩正下方，双臂与地面垂直。

2. 手臂用力抬起身体，只用前脚掌和脚趾接触地面，且双手位于不稳定设备上。

具体益处 **1** **12**

▪肘部平板支撑▪
不稳定上肢，上肢高位

动作修正

1. 肘部和前臂位于稳定球上。

2. 身体上提，只用前脚掌和脚趾接触地面，且肘部和前臂在稳定球上。

具体益处 **1** **2** **12**

直臂平板支撑

不稳定上肢，上肢高位

动作修正

1. 双手放在稳定球上，伸直双臂。双手位于双肩下方，双臂与地面垂直（球的大小决定手臂与地面的夹角）。

2. 手臂伸直，上提身体，接触点只有地面上的前脚掌和脚趾，以及放在稳定球上的双手。

具体益处 [1] [2] [12]

提示

为了增加控制力或难度，尝试不同的手位置。譬如，手指指向前侧，以应对更大的难度，或者手指向侧边朝向地面，以便更容易控制。始终注意关节的稳定和控制；始终不要使关节或身体部位处于代偿姿势（每个人不同）中，那样可能导致损伤。

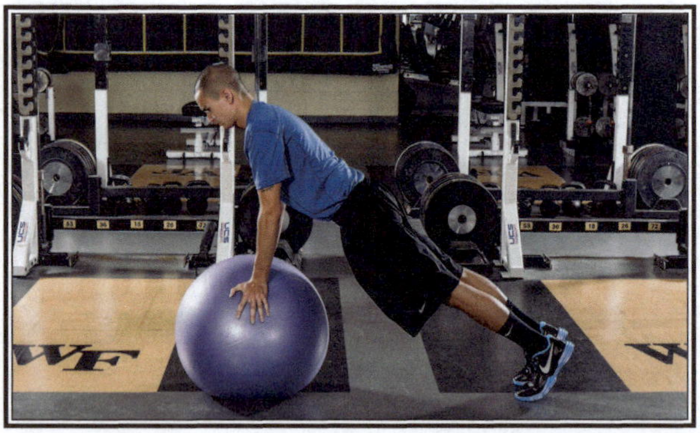

肘部平板支撑

下肢高位

动作修正

1. 双脚放在抬高的平台（健身箱、长凳或椅子）上。

2. 身体上提，所有接触点只有位于地面上的肘部和前臂，以及平台上的前脚掌和脚趾。

具体益处 [3]

直臂平板支撑

下肢高位

动作修正

1. 双脚放在抬高的平台（健身箱、长凳或椅子）上。

2. 双手放在地面上，位于双肩的正下方，手臂伸直，与地面垂直。

3. 身体上提，所有接触点只有位于地面上的双手，以及平台上的前脚掌和脚趾。

具体益处 [3] [12]

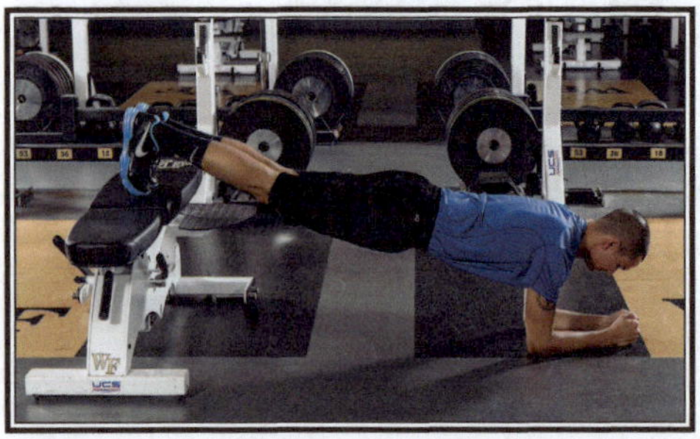

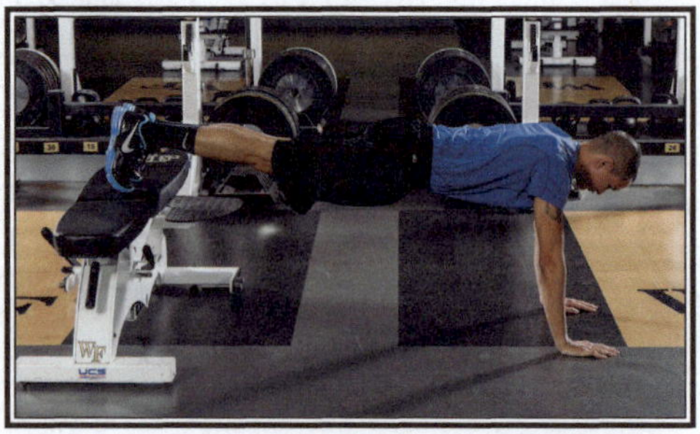

肘部平板支撑

不稳定下肢，下肢高位

动作修正

1. 双脚放在稳定球上，或者位于加高平台上的适度不稳定设备上。注意，确保不稳定设备在加高平台上相对安全。

2. 肘部和前臂放在地面上，上提身体，下半身的一些部位与不稳定设备接触。

具体益处 ❶ ❸

提示

可供选择的不稳定设备有很多。举个例子，如果使用不稳定球，下列几种方式能够逐渐增加难度。

1. 双膝位于球上。
2. 脚踝位于球上。
3. 前脚掌和脚趾位于球上。

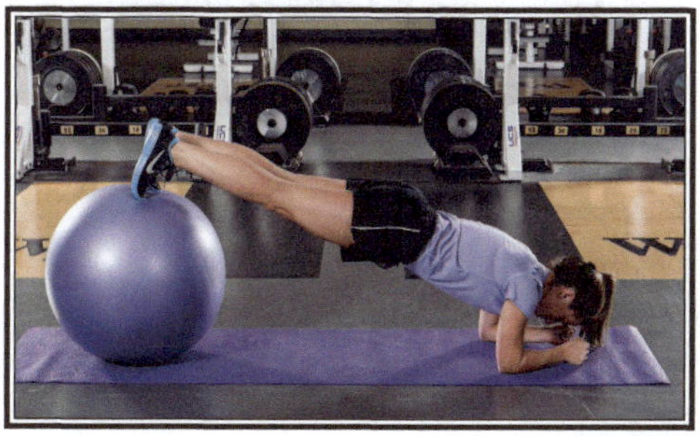

直臂平板支撑

不稳定下肢，下肢高位

动作修正

1. 双脚放在稳定球上，或者位于加高平台上的适度不稳定设备上。注意，确保不稳定设备在加高平台上相对安全。

2. 双手平放于地面，位于双肩正下方。伸直手臂，双臂与地面垂直。

3. 身体上提，双手接触地面，下半身的一些部位接触不稳定设备。

具体好处 ❶ ❸ ⓬

提示

上一个练习中有难度递增的示例。

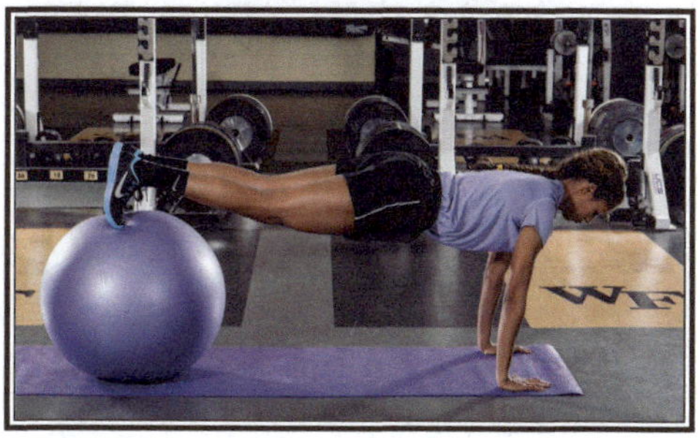

肘部平板支撑

不稳定上下肢

动作修正

1. 谨慎地把前臂放在一个适度不稳定的设备上。

2. 把双脚放在另外一个适度不平稳的设备上（不必和上半身所使用的不稳定设备一样）。

3. 上提身体，所有接触点（前脚掌、脚趾、肘部、前臂）都在不稳的设备上。

具体益处 ❶

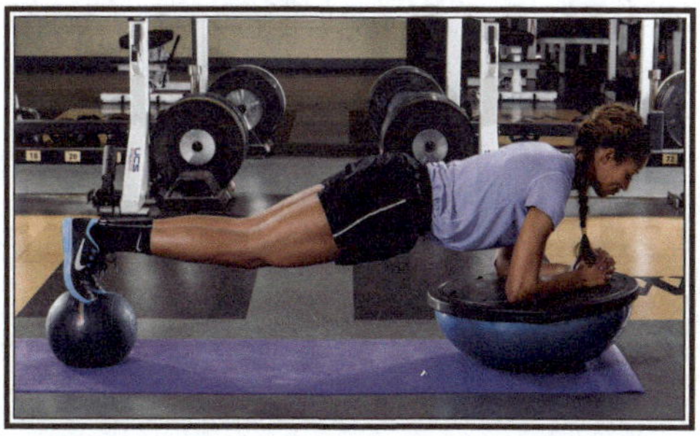

直臂平板支撑
不稳定上下肢

动作修正

1. 谨慎地把双手放在一个适度不稳定的设备上。

2. 把双脚放在另外一个适度不稳定的设备上（不必和上半身所使用的不稳定设备一样）。

3. 上提身体，所有接触点（前脚掌、脚趾、双手）都在不稳定设备上。

具体益处 ❶ ⓬

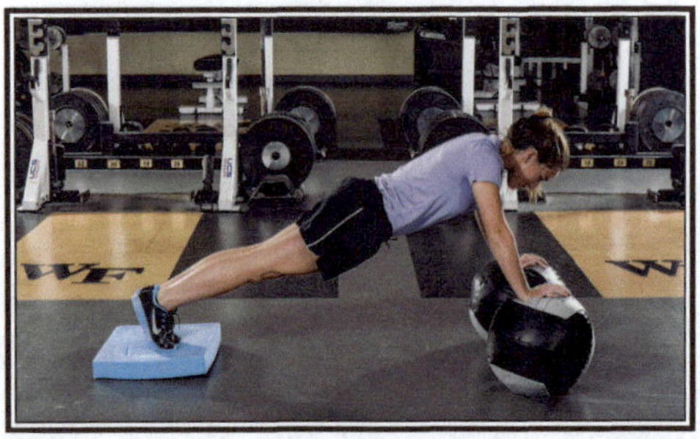

肘部平板支撑
单腿伸髋

动作修正

1. 肘部和前臂贴靠地面，上提身体，接触地面的只有一只脚的前脚掌和脚趾。

2. 收紧臀肌，伸展髋部，使对侧下肢伸直，抬离地面。

3. 避免伸展腰椎。

具体益处 ❹

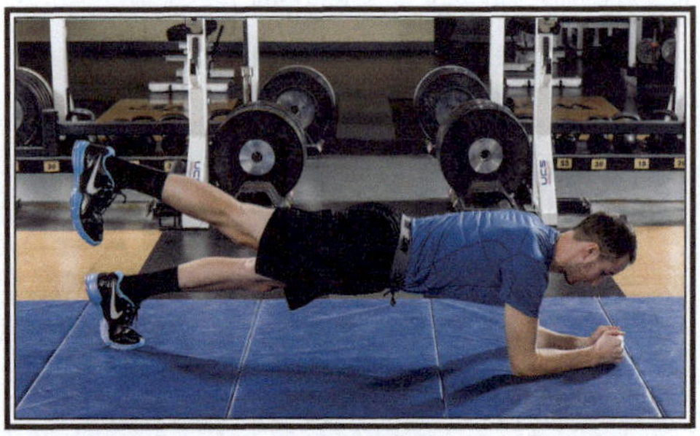

直臂平板支撑
单腿伸髋

动作修正

1. 双手放在地面上，且位于双肩正下方。双臂伸直，与地面垂直。

2. 身体上提，接触点只有地面上的双手和一只脚的前脚掌和脚趾。

3. 收紧臀肌，伸展髋部，使对侧下肢伸直，抬离地面。

4. 避免伸展腰椎。

具体益处 ❹ ⓬

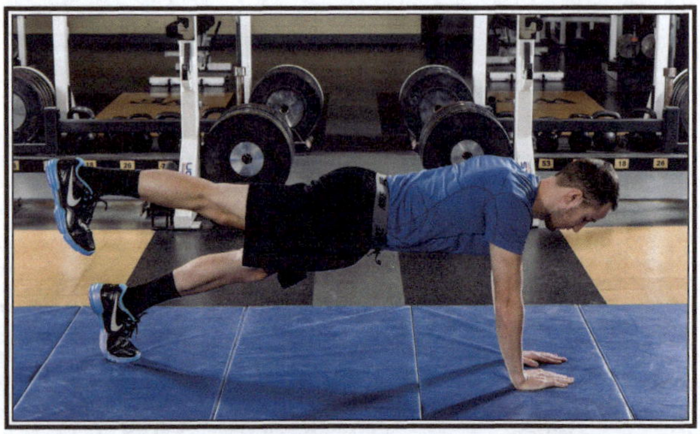

肘部平板支撑
单腿伸髋，下肢高位

动作修正

1. 把一只脚放在加高平台上。

2. 身体上提，接触点只有地面上的肘部和前臂，以及加高平台上的一只脚的前脚掌和脚趾。

3. 收紧臀肌，伸展髋部，使对侧下肢伸直，抬离地面。

4. 避免伸展腰椎。

具体益处 ❸ ❹

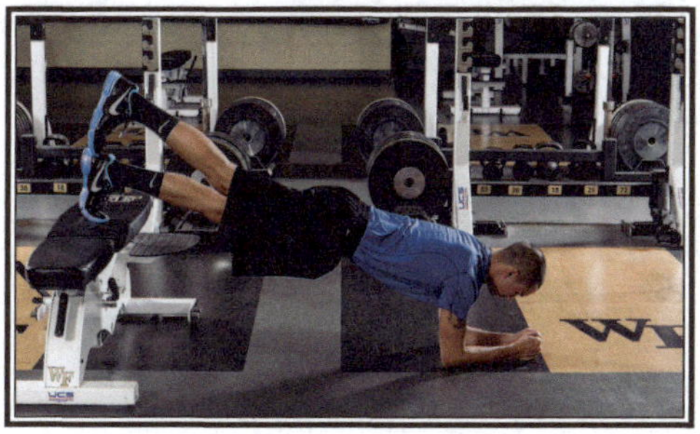

直臂平板支撑
单腿伸髋，下肢高位

动作修正

1. 一只脚放在加高平台上。手臂伸直，与地面垂直。

2. 身体上提，接触点只有地面上的双手，以及加高平台上的一只脚的前脚掌和脚趾。

3. 收紧臀肌，伸展髋部，使对侧下肢伸直，抬离地面。

4. 避免伸展腰椎。

具体益处 ❸ ❹ ⓬

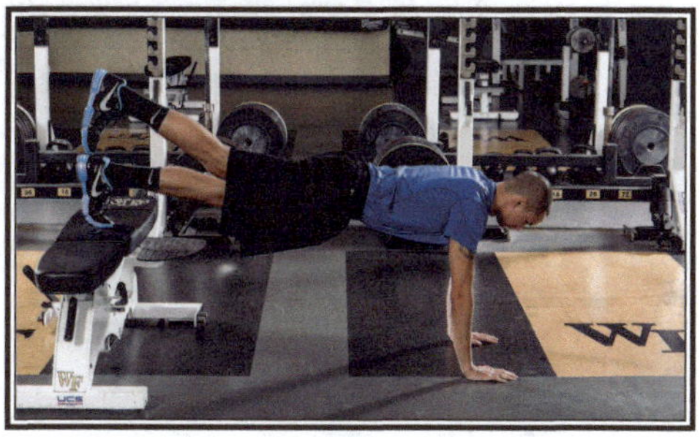

肘部平板支撑
不稳定上肢，单腿伸髋

动作修正

1. 肘部和前臂位于一个适度不稳定的设备上，身体上提，只有一只脚的前脚掌和脚趾接触地面。

2. 收紧臀肌，伸展髋部，使对侧下肢伸直，抬离地面。

3. 避免伸展腰椎。

具体益处 ❶ ❹

直臂平板支撑

不稳定上肢，单腿伸髋

动作修正

1. 双手放在一个适度不稳定的设备上。双手位于双肩的正下方，与手臂垂直。

2. 上提身体，接触点只有位于适度不稳定的设备上的双手和地面上的一只脚的前脚掌和脚趾。

3. 收紧臀肌，伸展髋部，使对侧下肢伸直，抬离地面。

4. 避免伸展腰椎。

具体益处 [1] [4] [12]

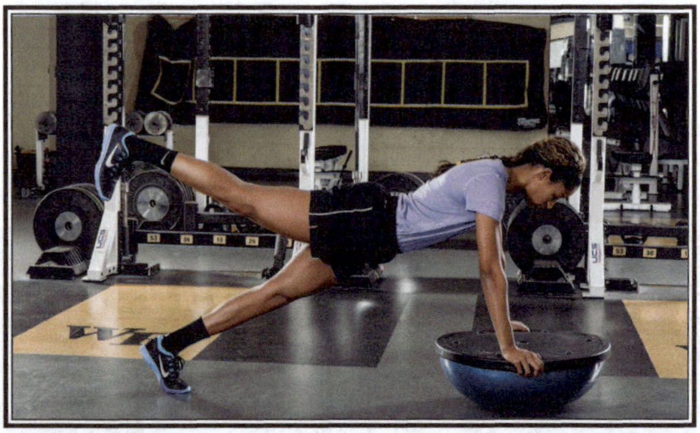

肘部平板支撑

不稳定上肢，单腿伸髋，下肢高位

动作修正

1. 肘部和前臂放在一个适度不稳定的设备上。一只脚放在加高的平台上。

2. 上提身体，接触点只有不稳定设备上的前臂和肘部，以及加高平台上的一只脚的前脚掌和脚趾。

3. 收紧臀肌，伸展髋部，使对侧下肢伸直，抬离地面。

4. 避免伸展腰椎。

具体益处 [1] [3] [4]

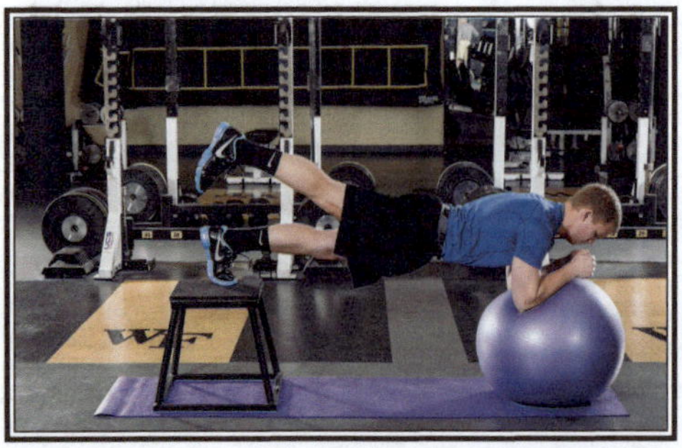

直臂平板支撑

不稳定上肢，单腿伸髋，下肢高位

动作修正

1. 双手放在一个适度不稳定的设备上。双手位于双肩正下方，手臂与地面垂直。一只脚放在加高平台上。

2. 上提身体，接触点只有不稳定设备上的双手和加高平台上的一只脚的前脚掌和脚趾。

3. 收紧臀肌，伸展髋部，使对侧下肢伸直，抬离地面。

4. 避免伸展腰椎。

具体益处 [1] [3] [4] [12]

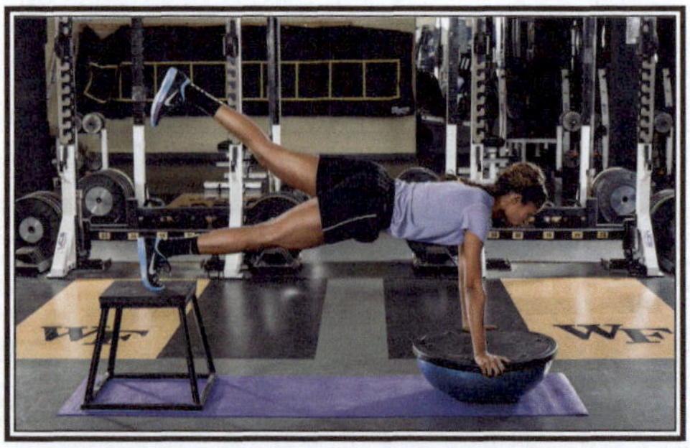

肘部平板支撑

不稳定上肢，单腿伸髋，上肢高位

动作修正

1. 肘部和前臂放在稳定球上。

2. 上提身体，接触点只有稳定球上的肘部和前臂，以及地面上的一只脚的前脚掌和脚趾。

3. 收紧臀肌，伸展髋部，使对侧下肢伸直，抬离地面。

4. 避免伸展腰椎。

具体益处 [1] [2] [4]

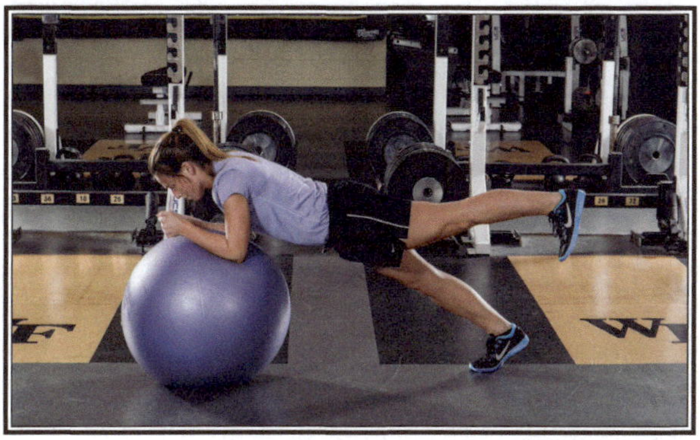

直臂平板支撑

不稳定上肢，单腿伸髋，上肢高位

动作修正

1. 双手放在稳定球上，手臂伸直。双手位于双肩正下方，手臂与地面垂直（球的大小决定垂直与否）。

2. 上提身体，接触点只有稳定球上的双手，以及地面上的一只脚的前脚掌和脚趾。

3. 收紧臀肌，伸展髋部，使对侧下肢伸直，抬离地面。

4. 避免伸展腰椎。

具体益处 [1] [2] [4] [12]

提示

为了增加控制力或难度，尝试不同的手位置。譬如，手指指向前侧，以应对更大的难度；或者手指指向侧边朝向地面，以便更容易进行控制。始终注意关节的稳定和控制；始终不要使关节或身体部位处于代偿姿势（每个人不同）中，那样可能导致损伤。

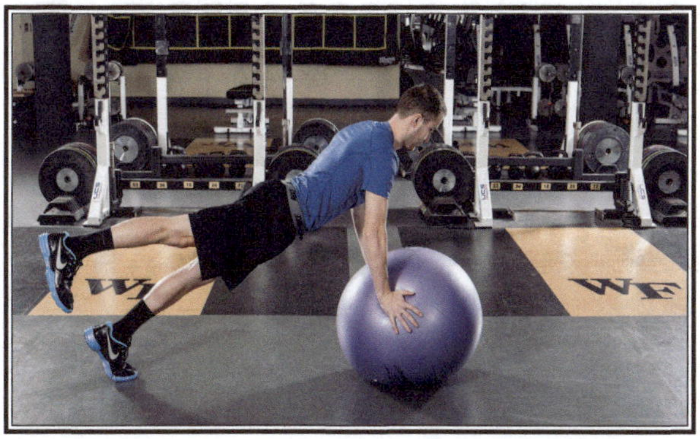

▪肘部平板支撑▪
单腿髋部外展

动作修正

1. 肘部和前臂放在地面上,上提身体,只有一只脚的前脚掌和脚趾接触地面。

2. 收紧另一侧腿的髋部外展肌,直腿向身体侧面移动(在额状面内)。

3. 避免身体向外展腿另一侧旋转。保持髋部水平,且身体呈一条直线。

具体益处 ❺

▪直臂平板支撑▪
单腿髋部外展

动作修正

1. 双手位于双肩正下方的地面上,手臂伸直,与地面垂直。

2. 上提身体,只有双手和一只脚的前脚掌及脚趾接触地面。

3. 收紧另一条腿的髋部外展肌,直腿向身体侧面移动(在额状面内)。

4. 避免身体向外展腿的另一侧旋转。保持髋部水平,且身体呈一条直线。

具体益处 ❺ ⓵②

▪肘部平板支撑▪
单腿髋部外展,下肢高位

动作修正

1. 一只脚放在加高平台上。

2. 肘部和前臂位于地面。身体上提,只有一只脚的前脚掌和脚趾接触加高平台。

3. 收紧另一侧腿的髋部外展肌,直腿向身体侧面移动(在额状面内)。

4. 避免身体向外展腿的另一侧旋转。保持髋部水平,且身体呈一条直线。

具体益处 ❸ ❺

▪直臂平板支撑▪
单腿髋部外展,下肢高位

动作修正

1. 把一只脚放在加高平台上。双臂伸直,与地面垂直。

2. 上提身体,接触点只有地面上的双手和加高平台上的一只脚的前脚掌和脚趾。

3. 收紧另一侧腿的髋部外展肌,直腿向身体侧面移动(在额状面内)。

4. 避免身体向外展腿的另一侧旋转。保持髋部水平,且身体呈一条直线。

具体益处 ❸ ❺ ⓵②

肘部平板支撑

不稳定上肢，单腿髋部外展

动作修正

1. 肘部和前臂放在一个适度不稳定的设备上。

2. 上提身体，接触地面的只有一只脚的前脚掌和脚趾。

3. 收紧另一侧腿的髋部外展肌，直腿向身体侧面移动（在额状面内）。

4. 避免身体向外展腿的一侧旋转。保持髋部水平，且身体呈一条直线。

具体益处 1 5

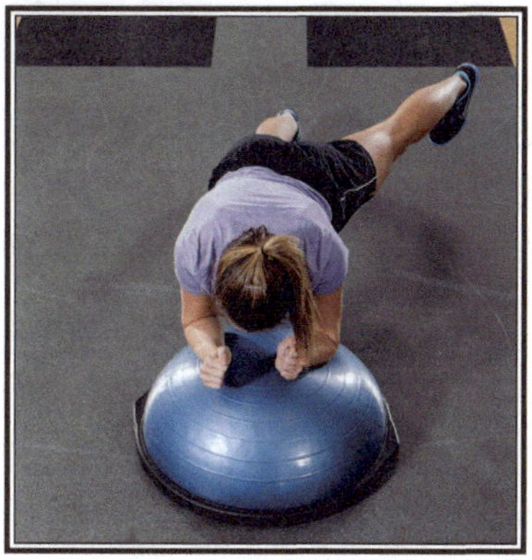

直臂平板支撑

不稳定上肢，单腿髋部外展

动作修正

1. 双手放在一个适度不稳定的设备上，双手位于双肩正下方，双臂伸直，与地面垂直。

2. 上提身体，只有一只脚的前脚掌和脚趾接触地面。

3. 收紧另一侧腿的髋部外展肌，直腿向身体侧面移动（在额状面内）。

4. 避免身体向外展腿的一侧旋转。保持髋部水平，且身体呈一条直线。

具体益处 1 5 12

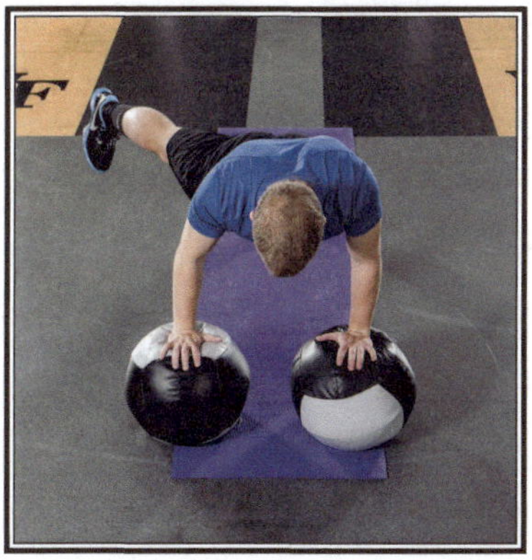

肘部平板支撑

不稳定上肢，单腿髋部外展，下肢高位

动作修正

1. 一只脚放在加高平台上。

2. 肘部和前臂放在一个适度不稳定的设备上。

3. 上提身体，只有一只脚的前脚掌和脚趾接触地面。

4. 收紧另一侧腿的髋部外展肌，直腿向身体侧面移动（在额状面内）。

5. 避免身体向外展腿的一侧旋转。保持髋部水平，且身体呈一条直线。

具体益处 1 3 5

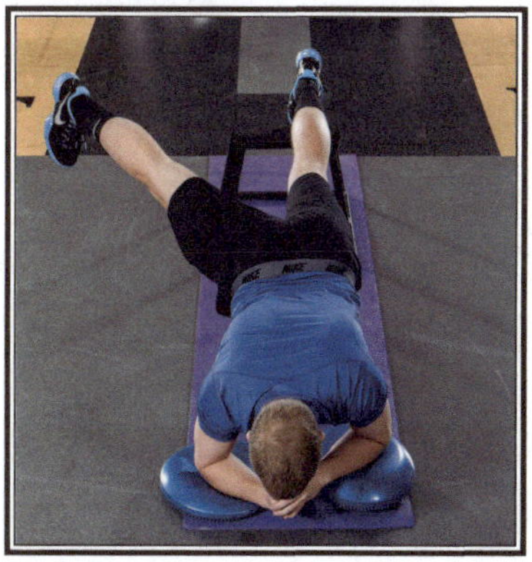

■直臂平板支撑■
不稳定上肢，单腿髋部外展，下肢高位

动作修正

1. 一只脚放在加高平台上。

2. 双手位于一个适度不稳定的平台上，伸直手臂。

3. 上提身体，只有一只脚的前脚掌和脚趾接触加高平台。

4. 收紧另一侧腿的髋部外展肌，直腿向身体侧面移动（在额状面内）。

5. 避免身体向外展腿的一侧旋转。保持髋部水平，且身体呈一条直线。

具体益处 ❶ ❸ ❺ ⓬

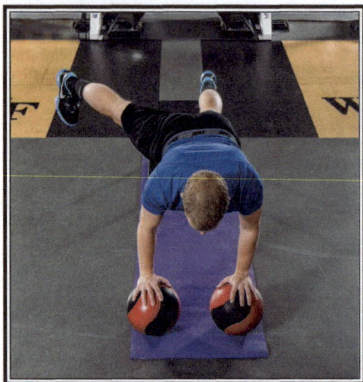

■肘部平板支撑■
不稳定上肢，单腿髋部外展，上肢高位

动作修正

1. 肘部和双腿放在稳定球上。

2. 上提身体，接触点只有稳定球上的肘部和前臂，以及地面上的前脚掌和脚趾。

3. 收紧另一侧腿的髋部外展肌，直腿向身体侧面移动（在额状面内）。

4. 避免身体向外展腿的一侧旋转。保持髋部水平，且身体呈一条直线。

具体益处 ❶ ❷ ❺

■直臂平板支撑■
不稳定上肢，单腿髋部外展，上肢高位

动作修正

1. 双手放在一个稳定球上，位于双肩下方。伸直手臂，与地面垂直（球的大小决定垂直与否）。

2. 上提身体，接触点只有稳定球上的双手和地面上的一只脚的前脚掌和脚趾。

3. 收紧另一侧腿的髋部外展肌，直腿向身体侧面移动（在额状面内）。

4. 避免身体向外展腿的一侧旋转。保持髋部水平，且身体呈一条直线。

具体益处 ❶ ❷ ❺ ⓬

提示

为了增加控制力或难度，尝试不同的手位置。譬如，手指指向前侧，以应对更大的难度，或者手指向侧边朝向地面，以便更容易进行控制。始终注意关节的稳定和控制；始终不要使关节或身体部位处于代偿姿势（每个人不同）中，那样可能导致损伤。

在接下来的页面中的悬吊练习将运用悬吊训练器或一些类似的器材。只要器材安全且符合生产要求，带有锁链的攀登架、体操吊环，或者其他类似的悬吊器材也可以。强烈建议你拥有足够的力量，有一位观测者在旁边，并且在地面上铺上衬垫。对于以下所有的悬吊练习，手柄的高度和下肢高位的角度将决定负荷需求和最终的训练难度。

■直臂平板支撑■
悬吊上肢

动作修正

1. 双手握住悬吊带手把（或带子）。手臂伸直，肘部保持锁定稳固。

2. 身体呈一条直线（耳部、肩部、髋部、膝盖和脚踝在一条直线上，身体中段没有拱起或下沉）。只有双脚的前脚掌和脚趾接触地面。

具体益处 6 12

■直臂平板支撑■
悬吊上肢，下肢高位

动作修正

1. 双手握住悬吊带手把（或带子）。手臂伸直，肘部保持稳固锁定。

2. 双手握住手把之后，小心地把一只脚放在加高平台上，接着放另外一只脚。

3. 身体呈一条直线（耳部、肩部、髋部、膝盖和脚踝在一条直线上，身体中段没有拱起或下沉）。只有双脚的前脚掌和脚趾接触地面。

具体益处 3 6 12

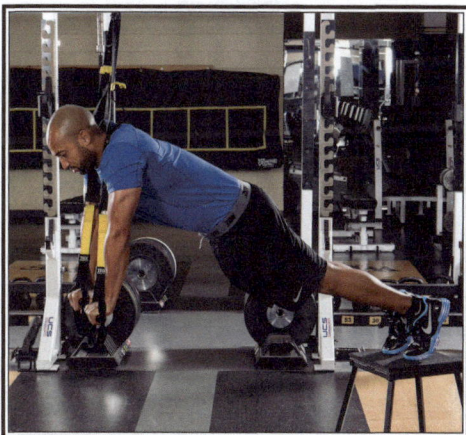

直臂平板支撑

悬吊上肢，单腿伸髋

动作修正

1. 双手握住悬吊带手把（或带子）。手臂伸直，肘部保持稳固锁定。

2. 身体呈一条直线（耳部、肩部、髋部、膝盖和脚踝在一条直线上，身体中段没有拱起或下沉）。只有一只脚的前脚掌和脚趾接触地面。

3. 收紧臀肌，伸展髋部。抬起另一侧腿，离开地面。

4. 避免伸展腰椎。

具体益处 ④⑥⑫

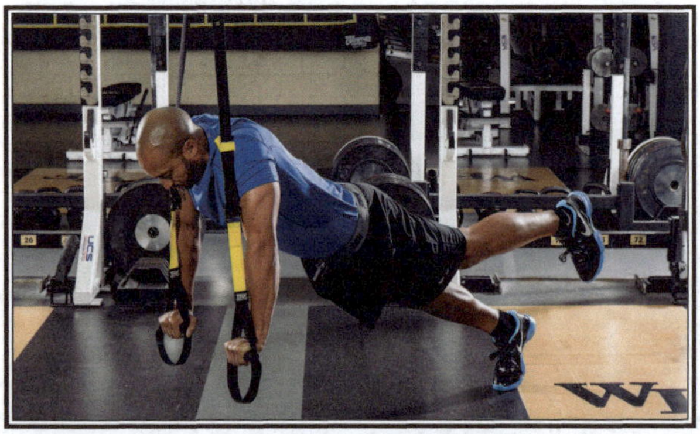

直臂平板支撑

悬吊上肢，单腿伸髋，下肢高位

动作修正

1. 双手握住悬吊带手把（或带子）。手臂伸直，肘部保持稳固锁定。

2. 双手握住手把之后，小心地把一只脚放在加高平台上，接着放另外一只脚。

3. 身体呈一条直线（耳部、肩部、髋部、膝盖和脚踝在一条直线上，身体中段没有拱起或下沉）。接触加高平台的只有双脚的前脚掌和脚趾。

4. 收紧臀肌，伸展髋部。抬起一侧腿离开平台。只有一只脚的前脚掌和脚趾接触加高平台。

5. 避免伸展腰椎。

具体益处 ③④⑥⑫

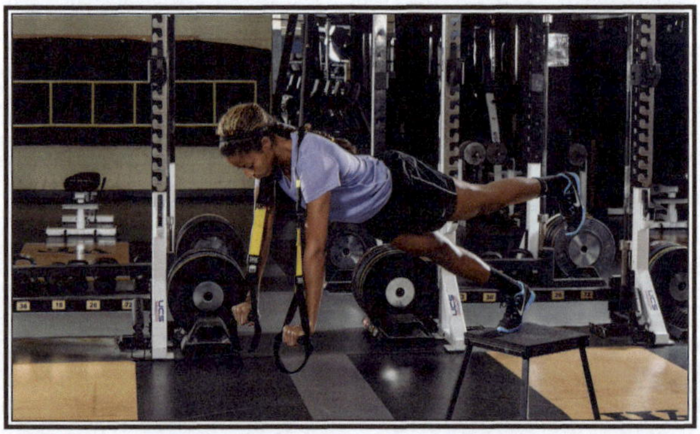

直臂平板支撑

悬吊上肢，单腿髋部外展

动作修正

1. 双手握住悬吊带手把（或带子）。双臂伸直，肘部保持稳固锁定。

2. 身体呈一条直线（耳部、肩部、髋部、膝盖和脚踝在一条直线上，身体中段没有拱起或下沉）。只有一只脚的前脚掌和脚踝接触地面。

3. 收紧另一条腿的髋部外展肌，直腿向身体侧面移动（在额状面内）。

4. 避免身体向外展腿的一侧旋转。保持髋部水平，且身体呈一条直线。

具体益处 5 6 12

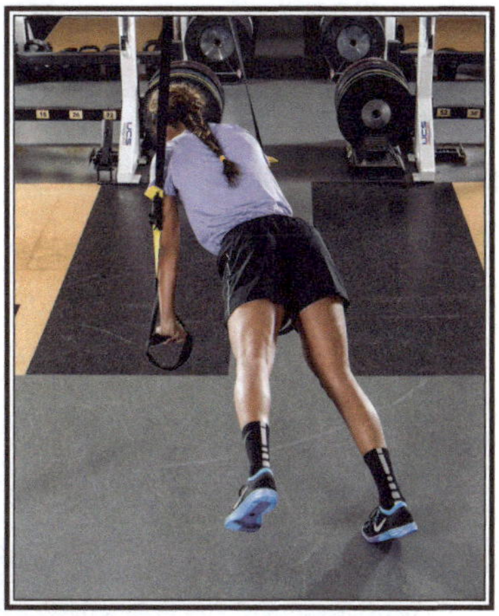

直臂平板支撑

悬吊上肢，单腿髋部外展，下肢高位

动作修正

1. 双手握住手把（或带子）。手臂伸直，肘部保持稳固锁定。

2. 双手握住手把之后，小心地把一只脚放在加高平台上，接着放另外一只脚。

3. 身体呈一条直线（耳部、肩部、髋部、膝盖和脚踝在一条直线上，身体中段没有拱起或下沉）。只有双脚的前脚掌和脚趾接触加高平台。

4. 收紧一侧腿的髋部外展肌，直腿向身体侧面移动（在额状面内）。只有一只脚的前脚掌和脚趾接触加高平台。

5. 避免身体向外展腿的一侧旋转。保持髋部水平，且身体呈一条直线。

具体益处 3 5 6 12

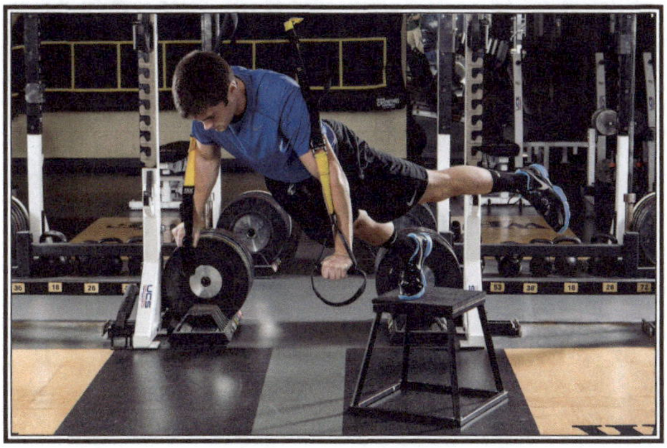

肘部平板支撑

腿外展和内收

动作修正

1. 肘部和前臂位于地面。

2. 上提身体，接触地面的只有双脚的前脚掌和脚趾，以及肘部和前臂。

3. 收紧髋部外展肌，左腿伸直，向身体侧面移动（在额状面内）。避免身体向外展左腿的另一侧旋转。保持髋部水平，且身体呈一条直线。

4. 左腿回到中间位置，左脚放回地面。

5. 换右腿重复步骤 3 和步骤 4。

具体益处 5

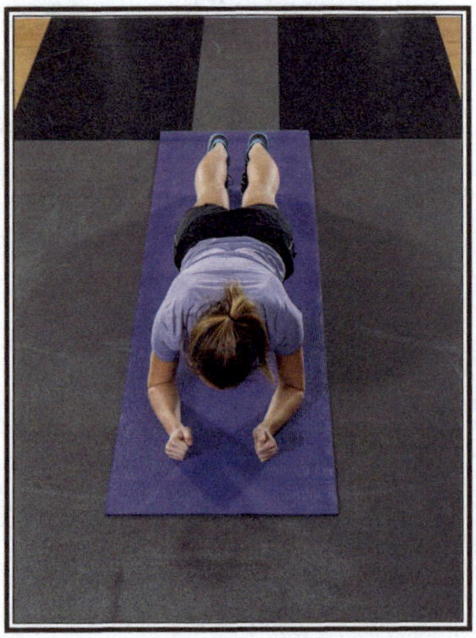

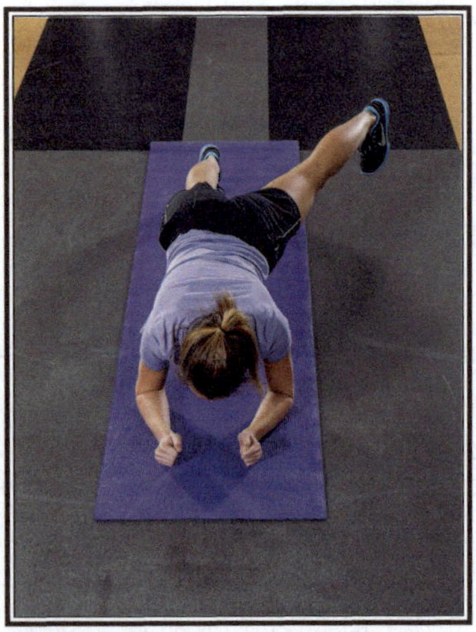

直臂平板支撑

腿外展和内收

动作修正

1. 双手分别位于双肩的正下方，手臂伸直，与地面平行。

2. 上提身体，接触地面的只有双脚的前脚掌和脚趾，以及双手。

3. 收紧髋部外展肌，左腿伸直，向身体侧面移动（在额状面内）。避免身体向外展左腿的另一侧旋转。保持髋部水平，且身体呈一条直线。

4. 左腿回到中间位置，左脚放回地面。

5. 换右腿重复步骤 3 和步骤 4。

具体益处 5 12

肘部平板支撑

静态前后移动

运动步骤

1. 俯卧于地面，双脚靠拢。

2. 上半身的重量放在双前臂上；双脚背屈，脚趾向胫骨方向移动。

3. 锁定膝盖，收紧臀肌，支撑核心部位。

4. 上提身体，只有双脚的前脚掌和脚趾，以及肘部和前臂接触地面。

5. 身体呈一条直线（耳部、肩部、髋部、膝盖和脚踝对齐）。

6. 保持平板姿势的同时，前后移动手臂。首先向前移动右臂，接着向前移动左臂，然后向后移动右臂，向后移动左臂。

注意事项

1. 髋部不要下沉（骨盆不应向地面下落）。

2. 髋部不要屈曲（骨盆和臀部不应向天花板方向拱起）。

3. 下颌保持内收（想一想双下巴的情形），避免头部下垂（头部既不前倾也不后仰，颈椎伸直）。

具体益处

❼

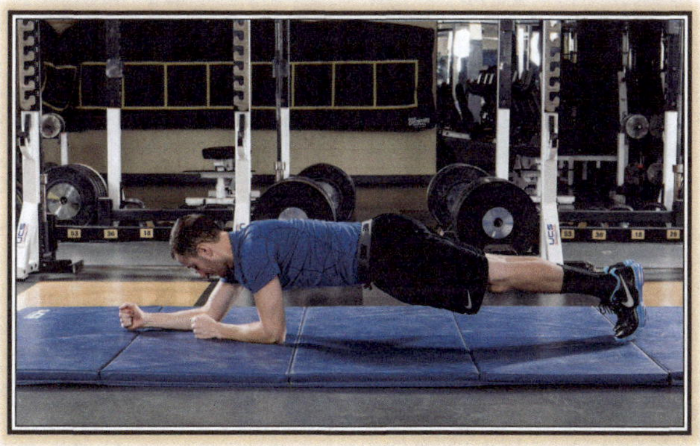

直臂平板支撑

静态前后移动

动作修正

1. 双手分别位于双肩正下方，双臂伸直，与地面垂直。

2. 上提身体，接触地面的只有双脚的前脚掌和脚趾，以及双手。

3. 身体保持平板支撑，手部前后移动。首先右手向前移动，接着左手向前移动，然后右手向后移动，左手向后移动。

具体益处 ❼ ⓬

■肘部平板支撑到直臂平板支撑■
移动至健身箱上

动作修正

1. 双前臂放在一个健身箱前面的地面上，健身箱高为 6~18 英寸（15~45 厘米）。

2. 一次伸直一只手臂，直到进入直臂平板支撑。

3. 在手臂伸直的过程中，不要让髋部卷起或下沉。

4. "踏上"健身箱（先将右臂向上移动至健身箱上，然后将左臂移动至健身箱上），双手位于健身箱上，保持直臂平板支撑。

5. 撤回健身箱上的手，回到地面上的直臂平板支撑。（先将右臂撤下，然后将左臂撤下。）

6. 一次屈曲一侧肘部，回到肘部平板支撑。

具体益处 ❷ ❼

直臂平板支撑
移动至健身箱上

动作修正

1. 双手放在健身箱前面的地面上，健身箱高为 6~18 英寸（15~45 厘米）。双手位于双肩正下方。手臂与地面垂直。

2. 上提身体，接触地面的只有双脚的前脚掌、脚趾，以及双手。

3. “踏上”健身箱。（右臂先上，然后左臂上。）

4. 撤回健身箱上的手，回到地面上的直臂平板支撑。

具体益处 [2] [7] [12]

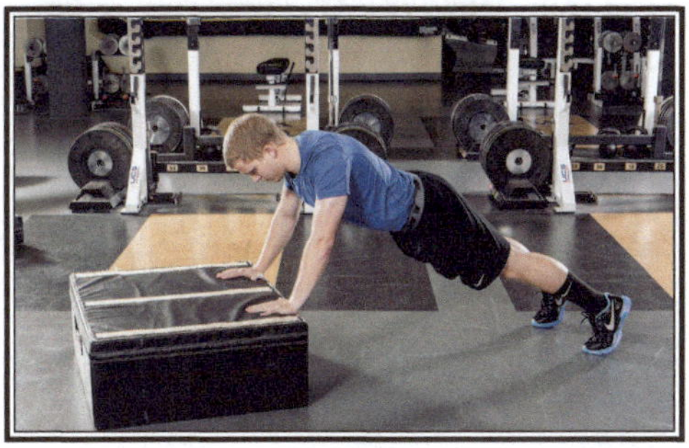

直臂平板支撑
移动至球上

动作修正

1. 双手放在地面上，且位于双肩正下方。手臂垂直于地面。双手前面放一个药球、沙球、篮球、排球或者其他球。

2. 上提身体，接触地面的只有双脚的前脚掌和脚趾，以及双手。

3. 手移动至球上。（右臂先上，然后左臂上。）

4. 撤回双手，回到地面上的直臂平板支撑。（右臂先下，然后左臂下。）

具体益处 [1] [2] [7] [12]

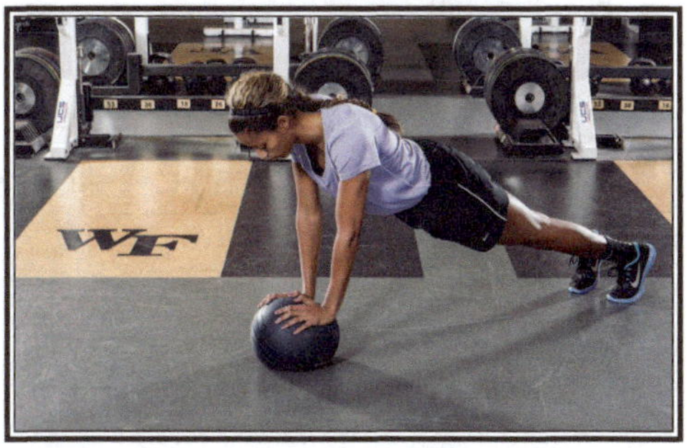

肘部平板支撑
不稳定下肢，前后移动

动作修正

1. 双脚放在一个适度不稳定的设备上。

2. 双肘部和前臂位于地面。上提身体后，只有双脚的前脚掌和脚趾接触不稳定设备。保持身体呈一条直线（耳部、肩部、髋部、膝盖和脚踝保持对齐）。

3. 保持平板支撑的同时移动肘部。

（a）右手向前移动，然后左手向前移动；右手向后移动，然后左手向后移动。

（b）交替：先向前移动左手，然后向前移动右手；向后移动左手，然后向后移动右手。

具体益处 [1] [7]

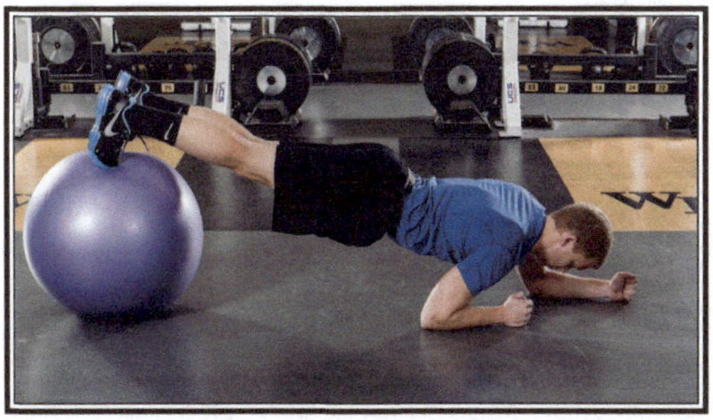

直臂平板支撑

不稳定下肢，前后移动

动作修正

1. 双手放于地面，且位于双肩正下方。手臂伸直，与地面垂直。

2. 双脚放在一个适度不稳定的设备上。

3. 双手用力推地面，上提身体，所以接触不稳定设备的只有双脚的前脚掌和脚趾。保持身体呈一条直线（耳部、肩部、髋部、膝盖和脚踝保持对齐）。

4. 保持平板支撑的同时移动手。

（a）右手向前移动，然后左手向前移动；右手向后移动，然后左手向后移动。

（b）交替：先向前移动左手，然后向前移动右手；向后移动左手，然后向后移动右手。

具体益处 1 7 12

直臂平板支撑

悬吊下肢，前后移动

动作修正

1. 双手放于地面，且位于双肩正下方。手臂伸直，与地面垂直。

2. 双脚安全地放置在悬吊把手或悬吊带上，这可能需要训练伙伴的帮助。

3. 保持身体呈一条直线（耳部、肩部、髋部、膝盖和脚踝保持对齐），只有双脚与悬吊设备的接触和双手与地面的接触。

4. 保持平板支撑的同时移动手。

（a）右手向前移动，然后左手向前移动；右手向后移动，然后左手向后移动。

（b）交替：先向前移动左手，然后向前移动右手；向后移动左手，然后向后移动右手。

具体益处 3 6 7 12

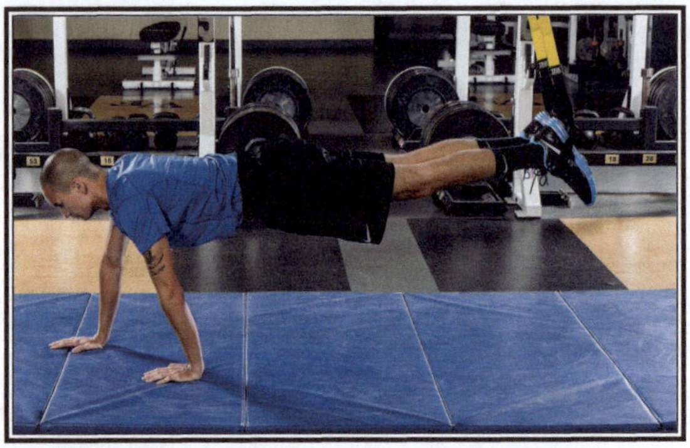

■肘部平板支撑■
全身移动

动作修正

1. 上提身体，只有双肘部、前臂、双脚前脚掌和脚趾接触地面。保持身体呈一条直线（耳部、肩部、髋部、膝盖和脚踝对齐）。

2. 用交替的方式进行前移：臂向前的同时左腿向前一步，左臂向前的同时右腿向前一步。

具体益处 7

提示

在稳定性训练中加入适当的动作，能够对肌肉骨骼系统施加额外的负重，这是因为在矢状平面上运动，关节系统具有代偿性控制。

难度递增的训练包括以下内容。

1. 同侧身体移动：移动右臂的同时右腿移动，另一侧如此重复。

2. 上/下肢结合：右臂和左臂，右腿和左腿；重复。

3. 连续侧向移动：右臂和右腿同时向右侧移动，左臂和左腿同时向右侧移动，继续向右如此移动。

4. 往复侧向移动：右臂和右腿同时向右侧移动，左臂和左腿同时向右侧移动，向另一侧重复进行。

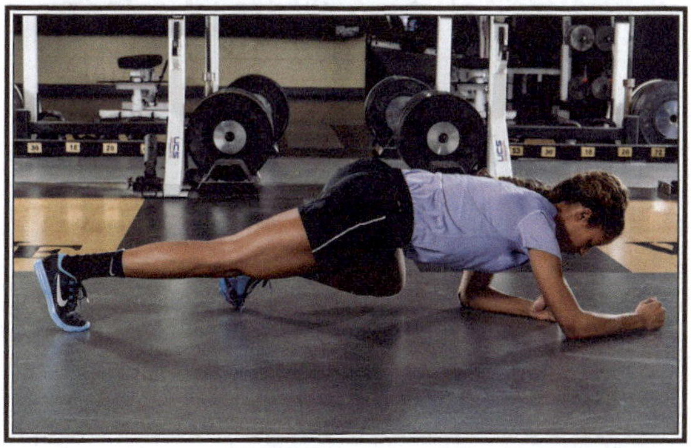

■直臂平板支撑■
全身移动

动作修正

1. 双手放于地面，且位于双肩正下方。手臂伸直，与地面垂直。

2. 上提身体，所以接触地面的只有双脚的前脚掌和脚趾以及双手。保持身体呈一条直线（耳部、肩部、髋部、膝盖和脚踝保持对齐）。

3. 用交替方式进行前移：移动右臂的同时移动左腿，左臂和右腿同时前移。

具体益处 7 12

提示

递增难度训练变式在“肘部平板支撑：全身移动”中已经列出。

■肘部平板支撑■
稳定球上转圈移动

动作修正

1. 双肘部和前臂放在一个稳定球上，身体上提，只有双脚的前脚掌和脚趾接触地面。身体呈一条直线（耳部、肩部、髋部、膝盖和脚踝保持对齐）。

2. 绕着稳定球侧向移动（转圈）。

3. 转一个完整的圈等于一次。向一个方向进行预定的重复次数，然后向另一个方向重复进行。

具体益处 ❶ ❷ ❺ ❼

提示

在这个稳定性训练中加入适度的动作，譬如围着稳定球移动，能给肌肉骨骼系统施加额外的负重，这是因为在额状面内运动，关节系统具有代偿性控制。

■直臂平板支撑■
稳定球上转圈移动

动作修正

1. 双手放在稳定球上，且位于双肩下方。伸直手臂，与地面垂直（球的大小决定垂直与否）。

2. 上提身体，接触点只有地面上的双脚的前脚掌和脚趾，以及稳定球上的双手。身体呈一条直线（耳部、肩部、髋部、膝盖和脚踝保持对齐）。

3. 围绕着稳定球侧向移动（转圈）。

4. 转完整的一圈等于一次。在一个方向上完成预定的重复次数，然后向另一个方向重复进行。

具体益处 ❶ ❷ ❺ ❼ ⓵②

提示

在这个稳定性训练中加入适度的动作，譬如围绕稳定球移动，能给肌肉骨骼系统施加额外的负荷，这是因为在额状面内运动，关节系统具有代偿性控制。

针对增加的控制力或难度，尝试不同的手位置。譬如，手指指向前侧，以应对更大的难度，或者手指向侧边朝向地面，以便更容易控制。永远注意关节的稳定和控制；永远不要使关节或身体部位处于代偿姿势（每个人不同）中，那样可能导致损伤。

登山运动

动作修正

1. 双手放在地面上，且位于双肩正下方。双臂伸直，与地面垂直。

2. 上提身体，所以接触点只有双脚的前脚掌、脚趾和双手。

3. 以有节奏的方式，向胸部上提一个膝盖，然后回到起始姿势。

4. 另一条腿重复进行。

5. 继续完成预定的重复次数或时间。

注意事项

1. 髋部不要下沉（骨盆不要向地面下落）。

2. 髋部出现的一些代偿性上提动作将促进膝盖上提运动，但是避免骨盆和臀部过度拱起。

3. 保持下颌内收（想一想双下巴的情形），避免头部下垂（头既不前倾也不后仰，颈椎伸直）。

具体益处

8 **12**

■ 登山运动 ■
倾斜

动作修正

双手放在一个加高平台上。

具体益处 **2** **8** **12**

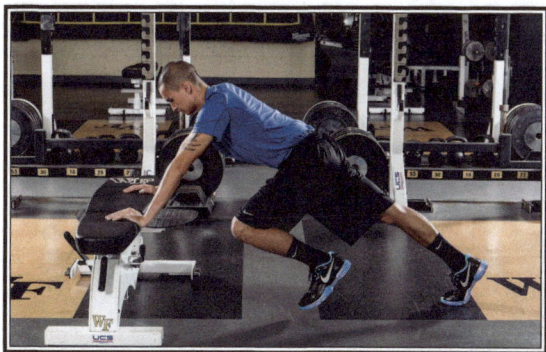

登山运动

不稳定上肢

动作修正

双手放在一个适度不稳定的设备上，伸直手臂。

具体益处 ❶ ❽ ⓬

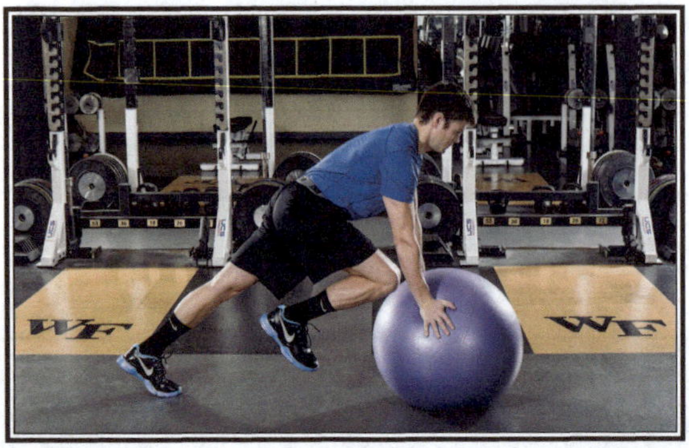

登山运动

悬吊上肢

1. 双手握住把手（带子）。保持双臂伸直，肘关节稳固锁定。

2. 身体呈一条直线（耳部、肩部、髋部、膝盖和脚踝呈一条直线，身体中段没有拱起或下沉）。接触点只有地面上的双脚的前脚掌和脚趾，以及把手上的双手。

3. 右膝盖向胸部抬起，然后左膝盖抬向胸部。不要因为下半身的动作而出现代偿性身体转动。目标在于控制身体呈一条直线。

具体益处 ❷ ❻ ❽ ⓬

登山运动

悬吊下肢

动作修正

1. 双手放在地面上，且位于双肩正下方。手臂伸直，与地面垂直。

2. 安全地用双脚勾住把手（或带子）。这最初可能需要训练伙伴的帮助。

3. 让身体呈一条直线（耳部、肩部、髋部、膝盖和脚踝呈一条直线，身体中段没有拱起或下沉）。接触点只有带子上的双脚和地面上的双手。

4. 左右膝盖交替向胸部抬起。避免因为下半身动作而出现代偿性旋转。目的在于控制身体呈一条直线。

具体益处 ❸ ❻ ❽ ⓬

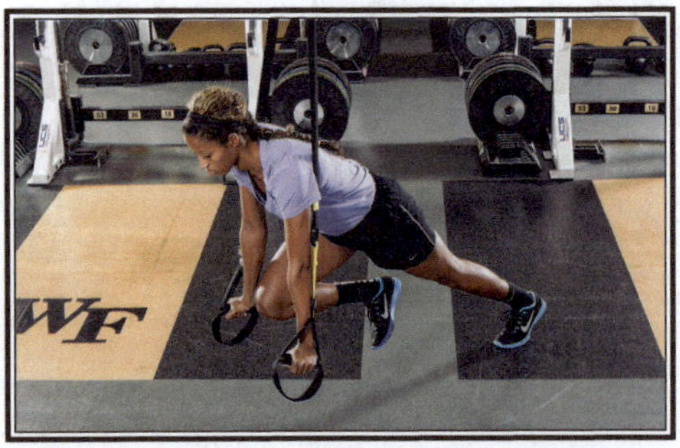

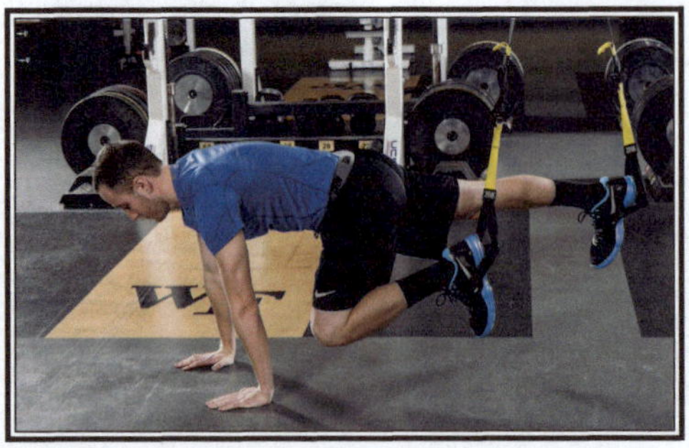

登山运动

不稳定下肢，下肢高位，双侧屈膝折叠

动作修正

1. 部分下半身位于稳定球上。

2. 上提身体，接触点只有稳定球上的下半身和地面上的双手。

3. 稳定上半身，尤其是肩关节复合体。

4. 向天花板上提髋部，膝盖向胸部拉动（折叠躯干）。

5. 伸展髋部和膝盖，回到起始姿势。整个运动期间，保持核心部位紧实且使动作符合生物力学规律。

具体益处 [1] [3] [8] [12]

提示

不稳定设备一定要具有一定的活动度。有许多可以选择的不稳定设备，包括不稳定球。逐渐递增的练习可以如下。

1. 双侧膝盖位于球上。

2. 双侧脚踝位于球上。

3. 双侧前脚掌和脚趾位于球上。

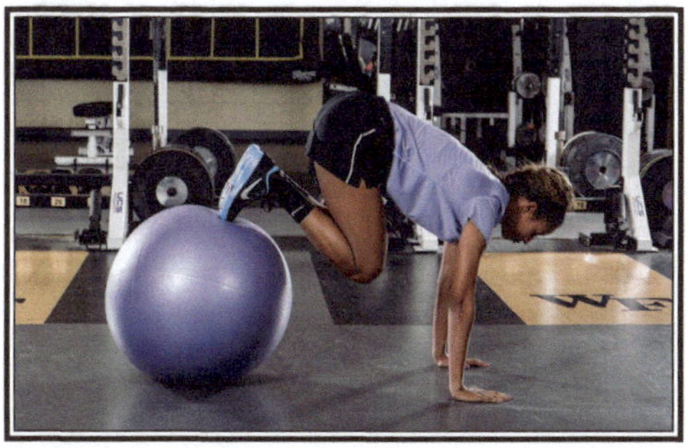

登山运动

不稳定下肢，下肢高位，单侧屈膝折叠

动作修正

1. 一条腿的部分位于一个稳定球上。另一条腿在髋部弯曲。

2. 上提身体，接触点只有稳定球上的腿和地面上的双手。

3. 稳定上半身，尤其是肩关节复合体。

4. 髋部向天花板方向抬起，工作腿的膝盖向胸部拉动（折叠躯干）。

5. 伸展髋部和膝盖，回到起始姿势。整个运动期间，保持核心部位的紧实且使动作符合生物力学规律。身体中段不要下沉。

具体益处 [1] [3] [8] [9] [12]

提示

不稳定设备一定要具有一定的活动度。有许多可以选择的不稳定设备，包括不稳定球。逐渐递增的练习如下。

1. 单侧膝盖位于球上。

2. 单侧脚踝位于球上。

3. 单侧前脚掌和脚趾位于球上。

单侧活动比双侧活动更难进行，因为来自一个具体接触点的平衡力减少了，甚至支撑基础不对称。在这个练习中，只有一个肢体位于稳定球上，形成一个极度不平衡的情形，一定要通过核心部位进行控制。另外，身体体重向身体一侧的工作腿上移动，使另外一条腿没有起到作用，并引起重心的转移。

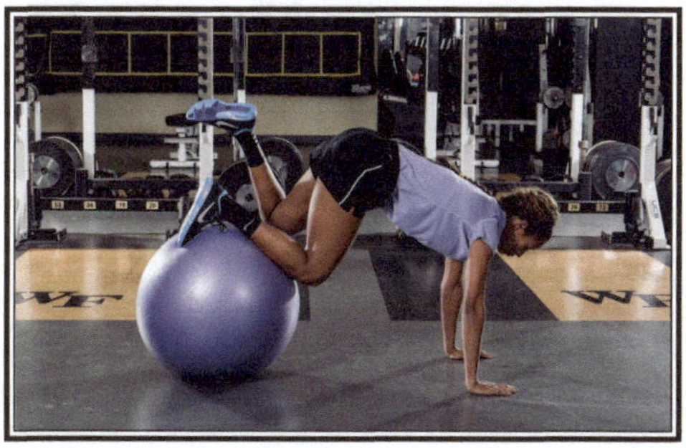

■ 登山运动 ■

悬吊下肢，外展和内收，双侧屈膝折叠

1. 双手放在地面上，且位于双肩正下方。手臂伸直，与地面垂直。

2. 双脚安全地勾住把手（带子）。这最初可能需要一个训练伙伴的帮助。

3. 身体保持一条直线（耳部、肩部、髋部、膝盖和脚踝在一条直线上，身体中段没有下沉或拱起）。接触点只有把手上的双脚和地面上的双手。

4. 同时外展两条腿；然后内收两条腿，回到起始姿势。

5. 向天花板方向上提髋部，向胸部拉动（卷起）双膝。

6. 伸展髋部和双膝，回到起始姿势，保持核心部位收紧且使动作符合生物力学规律。

具体益处 ❸ ❺ ❻ ⓬

■ 登山运动 ■

悬吊上肢，不稳定下肢，双侧屈膝折叠

动作修正

1. 双手握住把手（或带子）。双臂伸直，肘部稳固锁住。

2. 双手握住把手后，小心地把一只脚放在稳定球上，然后放另外一只脚。完成这个动作可能需要一个训练伙伴的帮助。

3. 身体保持一条直线（耳部、肩部、髋部、膝盖和脚踝在一条直线上，身体中段没有拱起或下沉）。接触点只有稳定球上的双脚和把手上的双手。

4. 向天花板方向提起髋部，向胸部拉动（卷起）双膝。

5. 伸展髋部和双膝，回到起始姿势，保持核心部位收紧且使动作符合生物力学规律。

具体益处 ❶ ❸ ❻ ⓬

第 7 章

抗旋转训练

在为提高运动表现做准备的时候，许多运动员所使用的有限方法主要是发展绝对速度、绝对力量和绝对爆发力。即使存在，也很少有人关注体育技能上的减速部分。正如我们在其他章节中已经提及的，从神经系统的角度来说，对参与旋转的身体部位有足够的控制力其实是在促进加速。换句话说，无论在何种速率下，你都可以在需要停止活动的时候停止下来，那么你就可以更加自信地提高速度。肌肉的作用在于产生力量（加速）、降低速度（减速），以及稳定关节。一个关键的运动特质是对加速的有力和准确的控制，同时对减速的精准掌控。你可以在许多拥有极佳的灵敏能力的运动员身上看到这个特质。

在一个平面内有效的活动需要其他两个平面内的稳定性。对于身体姿势、动作转化、肢体活动模式，或者稳定与活动的无数种组合的每一个细微改变，无论是主动的还是被动的，中枢神经系统都在不断地监测体内平衡，尽可能地努力提供实现预期结果的最佳方案。神经肌肉效率及其与深层稳定肌和外部运动肌的熟练运作关系将提高人体运动链的表现。在必要的时候对屈曲、伸展和旋转的准确控制将为加速、减速和动态稳定提供基础。

从肩胛胸壁到腰椎 - 骨盆 - 髋关节复合体，从着重于抗旋转的腹斜肌到中斜方肌和下斜方肌，以及作用于肩胛骨的锯肌，都是为了强化和稳定这个广泛的骨关节脊柱带。我们将提供各种功能性的抗旋转训练，这些练习对消除人体动力链上的薄弱环节是必要的。以侧躺姿势进行的平板练习有许多功能性益处，能促进整个动力链上肌肉的功能平衡。本章中我们将介绍许多抗旋转稳定练习，进一步稳固你的运动核心基础。大部分练习是以侧躺的姿势进行的。

下面的练习列表列出本章中每项练习的益处、难度水平，以及所需设备。基础练习用米黄色突出显示，并用蓝色表示难度递增的练习。另外，基础训练在文中也用蓝色标题标注。

抗旋转稳定性练习列表

练习项目	具体益处（见第 5 章）	难度水平			设备
		简单	中等	困难	
翻滚模式 1：轻柔翻滚，下半身	❿	X			
翻滚模式 1：轻柔翻滚，上半身	❿	X			
翻滚模式 2：带球用力翻滚	⓫		X		球
翻滚模式 2：用力翻滚	⓫		X		
肘部侧平板支撑	⓬⓭	X			
直臂侧平板支撑	⓬⓭	X			
肘部侧平板支撑：手臂和腿外展	❺⓬⓭		X		
直臂侧平板支撑：手臂和腿外展	❺⓬⓭		X		
肘部侧平板支撑：不稳定上肢	❶❷⓬⓭		X		不稳定设备 *
直臂侧平板支撑：不稳定上肢	❶⓬⓭		X		不稳定设备
肘部侧平板支撑：不稳定上肢，手臂和腿外展	❶❺⓬⓭			X	不稳定设备
直臂侧平板支撑：不稳定上肢，手臂和腿外展	❶❺⓬⓭			X	不稳定设备
肘部侧平板支撑：不稳定上肢，上肢高位	❶❷⓬⓭			X	稳定球
直臂侧平板支撑：不稳定上肢，上肢高位	❶❷⓬⓭			X	稳定球
肘部侧平板支撑：不稳定上肢，手臂和腿外展，上肢高位	❶❷❺⓬⓭			X	稳定球
直臂侧平板支撑：不稳定上肢，手臂和腿外展，上肢高位	❶❷❺⓬⓭			X	稳定球
肘部侧平板支撑：下肢高位	❸⓬⓭		X		加高平台 **
直臂侧平板支撑：下肢高位	❸⓬⓭		X		加高平台
肘部侧平板支撑：不稳定上肢，下肢高位	❶❸⓬⓭		X		不稳定设备，加高平台
直臂侧平板支撑：不稳定上肢，下肢高位	❶❸⓬⓭			X	不稳定设备，加高平台
肘部侧平板支撑：不稳定上肢，上下肢高位	❶❷❸⓬⓭		X		稳定球，加高平台
直臂侧平板支撑：不稳定上肢，上下肢高位	❶❷❸⓬⓭			X	稳定球，加高平台
肘部侧平板支撑：不稳定上肢，手臂和腿外展，下肢高位	❶❸❺⓬⓭			X	不稳定设备，加高平台

* 可以使用的不稳定设备有很多，包括厚泡沫垫、平衡板、平衡盘、枕头或稳定球。

** 可以用作加高平台的选择很多，包括箱子、长凳、椅子或台阶。

续表

练习项目	具体益处（见第5章）	难度水平			设备
		简单	中等	困难	
直臂侧平板支撑：不稳定上肢，手臂和腿外展，下肢高位	❶❸❺⓬⓭			X	不稳定设备，加高平台
肘部侧平板支撑：不稳定下肢	❶⓬⓭		X		不稳定设备
直臂侧平板支撑：不稳定下肢	❶⓬⓭		X		不稳定设备
肘部侧平板支撑：不稳定下肢，手臂和腿外展	❶❺⓬⓭			X	不稳定设备
直臂侧平板支撑：不稳定下肢，手臂和腿外展	❶❺⓬⓭			X	不稳定设备
肘部侧平板支撑：不稳定上下肢	❶⓬⓭			X	两个不稳定设备
直臂侧平板支撑：不稳定上下肢	❶⓬⓭			X	两个不稳定设备
肘部侧平板支撑：手臂外展，脚触地	❺⓬⓭		X		
直臂侧平板支撑：手臂外展，脚触地	❺⓬⓭		X		
肘部侧平板支撑：手臂外展，膝靠胸	❺⓬⓭		X		
直臂侧平板支撑：手臂外展，膝靠胸	❺⓬⓭		X		
肘部侧平板支撑：扔球	❺⓬⓭⓮⓯			X	球
直臂侧平板支撑：扔球	❺⓬⓭⓮⓯			X	球
肘部侧平板支撑：扔球，下肢高位	❸❺⓬⓭⓮⓯			X	加高平台，球
直臂侧平板支撑：扔球，下肢高位	❸❺⓬⓭⓮⓯			X	加高平台，球
肘部侧平板支撑：扔球，不稳定上肢	❶❺⓬⓭⓮⓯			X	不稳定设备，球
直臂侧平板支撑：扔球，不稳定上肢	❶❺⓬⓭⓮⓯			X	不稳定设备，球
肘部侧平板支撑：扔球，不稳定下肢，上肢高位	❶❷❺⓬⓭⓮⓯			X	加高平台，不稳定设备，球
直臂侧平板支撑：扔球，不稳定下肢，上肢高位	❶❷❺⓬⓭⓮⓯			X	加高平台，不稳定设备，球
肘部侧平板支撑：上腿支撑，下腿内收	❺⓬⓭			X	加高平台
直臂侧平板支撑：上腿支撑，下腿内收	❺⓬⓭			X	加高平台
肘部侧平板支撑：上腿支撑，下腿内收，稳定球	❶❺⓬⓭			X	稳定球

续表

练习项目	具体益处（见第 5 章）	难度水平			设备
		简单	中等	困难	
直臂侧平板支撑：上腿支撑，下腿内收，稳定球	[1][5][12][13]			X	稳定球
俯卧旋转稳定性练习进阶 1：单腿髋部伸展	[4][12]	X			
俯卧旋转稳定性练习进阶 2：单腿完全屈曲	[9][12]		X		
俯卧旋转稳定性练习进阶 3：单腿髋部内旋和触地	[9][11][12]		X		
俯卧旋转稳定性练习进阶 4：单臂屈曲至触肩	[9][12]		X		
俯卧旋转稳定性练习进阶 5：单臂过顶肩前屈	[9][12]		X		
俯卧旋转稳定性练习进阶 6：单臂伸展至触髋	[9][12]		X		
俯卧旋转稳定性练习进阶 7：对侧髋部和肩部伸展	[4][11][12]			X	
俯卧旋转稳定性练习进阶 8：脚触对侧手	[4][9][11][12]			X	
俯卧旋转稳定性练习进阶 9：膝盖触对侧肘部	[4][9][11][12]			X	
俯卧旋转稳定性练习进阶 10：膝盖触同侧肘部	[4][9][10][12]			X	
直臂平板支撑移动进阶 1: 下肢外展和内收	[5][8][9][12]		X		
直臂平板支撑移动进阶 2: 上肢外展和内收	[5][7][8][9][12]		X		
直臂平板支撑移动进阶 3: 上下肢外展和内收行走	[5][7][8][9][11][12]		X		
直臂平板支撑移动进阶 4: 下上肢外展和内收蟹式行走	[5][7][8][9][10][12]		X		
直臂平板支撑移动进阶 5: 上下肢环形移动	[5][7][8][9][10][12]		X		
俯卧低位平板式蜘蛛侠	[5][9][12]		X		
俯卧低位平板式蜘蛛侠俯卧撑	[5][9][12]			X	

翻滚模式 1

轻柔翻滚，下半身

动作步骤

1. 仰卧于地面（脸朝上），双脚伸直，双臂向头顶上方延伸。

2. 收缩核心部位，头朝向准备翻滚的一方。

3. 上半身保持完全放松；整个运动的任意阶段，不要用上躯干或手臂协助运动。

4. 抬起一条腿，横穿过身体。

5. 整个身体跟随这条腿的带动，翻滚至俯卧姿势（脸朝下）。

6. 翻转身体，翻滚，回到起始姿势。

7. 重复之前确定的次数或时间。

8. 另外一侧重复进行，注意稳定性、力量或运动力学方面的任何不对称。

注意事项

1. 一直朝头部朝向的方向翻滚。

2. 整个期间，保持核心部位收紧。

具体益处

❿

提示

该练习的各种变式包括以下 3 个。

1. 朝一个方向翻滚，然后翻转回来，重复一定组数。然后在另一个方向上重复。

2. 朝一个方向持续翻滚。

3. 根据指令翻滚。

■翻滚模式 1■
轻柔翻滚，上半身

动作修正

1. 仰卧于地面（脸朝上），双脚伸直，双臂向头顶上方延伸。

2. 收缩核心部位，头朝向准备翻滚的方向。

3. 下半身保持完全放松；整个运动的任意阶段，不要用双腿协助运动。

4. 抬起一只手臂，横穿过身体。整个身体跟随该只手臂的带动，翻滚至俯卧姿势（脸朝下）。

5. 翻转身体，翻滚，回到起始姿势。

具体益处 ⑩

提示

1. 一直朝头部转向的方向翻滚。

2. 整个期间，保持核心部位收紧。

3. 只使用上肢作为驱动，避免使用双腿的重量来翻滚身体。因此，成功进行该练习的关键在于，重点强调核心肌肉的协同作用。

■翻滚模式 2■
带球用力翻滚

动作修正

1. 仰卧于地面，双臂在头顶上方伸直。

2. 一个膝盖拉向胸部，同时，另一侧的肘部向屈曲的膝盖（对侧）移动。

3. 在肘部和膝盖之间放一个球。

4. 收紧核心部位，头朝向准备翻滚的方向。

5. 保持核心部位收紧，朝屈曲的膝盖那侧翻滚身体。不要使用对侧的直臂和直腿协助运动。整个运动期间，保持膝盖和肘部紧密接触球。

6. 翻转回身体，头一直朝向翻滚的方向。

具体益处 ⑪

提示

在控制球的时候，对侧的膝盖和肘部之间的活动刺激深层稳定肌协同收缩，同时激发控制翻滚身体所需的额外核心部位的活动。这个练习是一个具有挑战性和复杂的任务，将对生理系统施加更全面的压力。

■翻滚模式 2■
用力翻滚

动作修正

1. 这个练习与之前的一样，但是没有用到球。

2. 抬起一侧膝盖，向胸口移动，对侧的肘部移动至该膝盖。

3. 整个练习期间，始终保持肘部和膝盖接触（对侧）。

具体益处 ⑪

提示

不使用球的情况下进行该项练习对活动范围提出更高的要求，需要深层稳定肌的协同收缩。进一步挑战核心部位，在保持收缩的同时控制身体翻滚。渐进地增加整体练习难度以及所涉及系统的生理要求。

肘部侧平板支撑

运动步骤

1. 侧躺于地面,双腿伸直。一条腿和一只脚位于另一条腿和另一只脚的上面(重叠)。

2. 下侧的肘部和前臂放在一个柔软的表面,譬如体操垫或折叠毛巾。上臂与地面垂直,前臂与身体垂直。上半身大部分重量由下侧手臂支撑。正确姿势非常关键。

3. 另一侧的手放在髋部上端(也可以直接放在身体上面)。

4. 锁住双膝,双脚背屈。臀肌收紧,核心部位收缩。

5. 在保持身体侧向对齐的同时,上提身体,身体呈一条直线且处于中立姿势(耳部、肩部、髋部、膝盖和脚踝呈一条直线)。接触点是下侧脚和下侧手掌以及前臂的侧面。

6. 保持身体完全呈一条直线,持续预定的时间。

7. 另一侧重复进行。

注意事项

1. 在脚踝、膝盖或髋关节处有不适感的运动员应小心谨慎。重新定位身体和双脚可以帮助减轻疼痛和损伤的风险。尝试双脚交错,即把上侧脚放置于下侧脚的前面(双脚都位于地面)。或者,将上侧手和手臂放在地面上以获得额外的支撑,这样可以负担一些体重,减小下侧手臂的负重。另外,观测者可以在运动员的腰部系一根健身带,以帮助上提身体,使其呈一条直线。有许多种方式可以减轻负重,来帮助保持合理的姿势及运动力学。这个练习以及其他所有平板练习的目的在于,在没有外界帮助的前提下保持身体呈相对直线的力学形态。

2. 除非练习需要髋部下沉的运动,否则应避免髋部下沉(下侧的髋部和臀部不应向地面下沉)。

3. 下颌保持内收(想一下双下巴的情形),不要让头部向地面侧倾。颈椎应保持伸直,头既不前倾也不后仰。当进行侧平板支撑的时候,头有侧倾的倾向(额状面)。有意识地使耳部、肩部、髋部、膝盖和脚踝对齐,从而避免这一点。

具体益处

12 **13**

直臂侧平板支撑

动作修正

1. 侧躺于地面，一只手位于肩部正下方的地面上，手臂伸直，与地面垂直。

2. 上提身体，所以接触点只有地面上的下侧脚的侧边以及下侧的手。

具体益处 ⑫ ⑬

提示

如果保持直线式平板姿势有困难，尝试把上侧的手放在地面上，形成一个三点的支撑（脚、下侧手和上侧手）。这样能使身体从耳部到脚踝形成对齐直线，这对平板支撑练习至关重要。

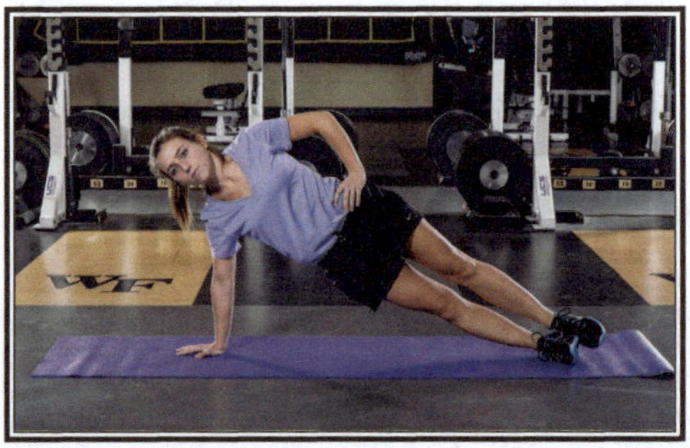

肘部侧平板支撑

手臂和腿外展

动作修正

1. 进行肘部侧平板支撑的动作。

2. 上侧手臂向天花板方向外展伸直（额状面），与地面垂直并与下侧手臂对齐。

3. 同时，抬起上侧腿，远离下侧腿。保持该侧腿伸直，该侧脚对齐。在腿外展的时候，上侧脚的轻微内旋将更加充分地动用臀肌复合体（尤其是臀中肌）。

具体益处 ⑤ ⑫ ⑬

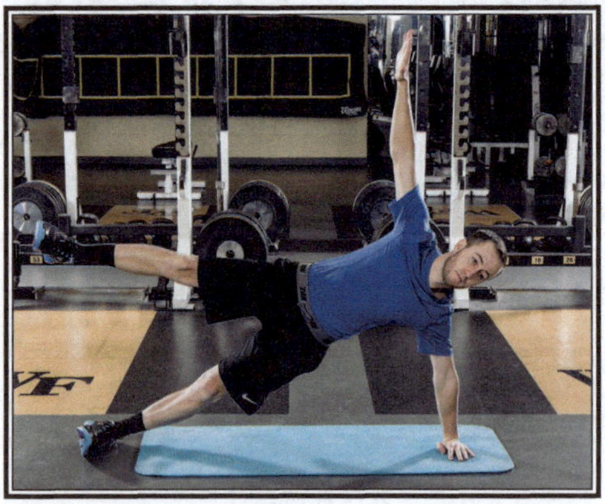

直臂侧平板支撑

手臂和腿外展

动作修正

1. 侧躺于地面，下侧手位于肩部正下方的地面上。手臂与地面垂直。

2. 上提身体后，接触地面的只有下侧脚的侧面和下侧手。

3. 外展上侧手臂，向天花板方向伸直（额状面），与地面垂直并与下侧手臂对齐。

4. 接下来的动作同“肘部侧平板支撑：手臂和腿外展”一样。

具体益处 [5] [12] [13]

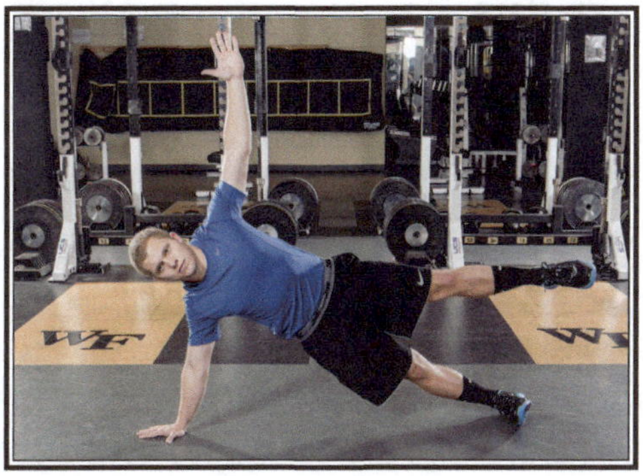

肘部侧平板支撑

不稳定上肢

动作修正

1. 采用肘部侧平板支撑的姿势，下侧肘部和前臂放在一个适度不稳定的器材（厚泡沫垫、平衡板、平衡盘、枕头等）上。

2. 上提身体后，接触地面的只有不稳定设备上的肘部和前臂，以及地面上的下侧脚的侧面。

具体益处 [1] [2] [12] [13]

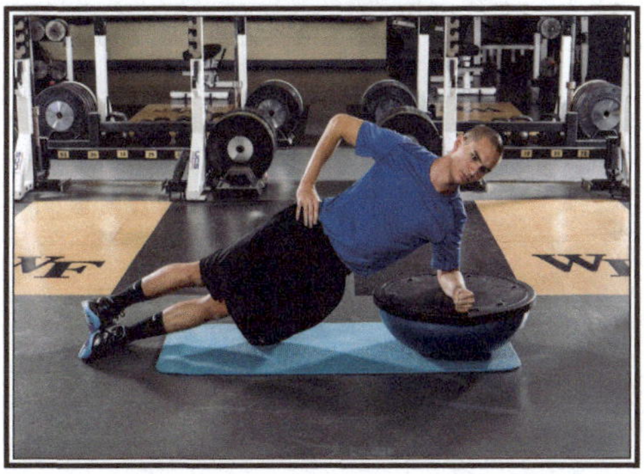

直臂侧平板支撑

不稳定上肢

动作修正

1. 侧躺于地面，下侧手放在一个相对不稳定的设备上。手位于肩部正下方，且与地面垂直。双腿伸直，一条腿位于另一条腿的上侧，一只脚位于另一只脚的上侧（重叠）。

2. 上提身体，接触点只有不稳定设备上的手和地面上的下侧脚的侧面。

具体益处 [1] [12] [13]

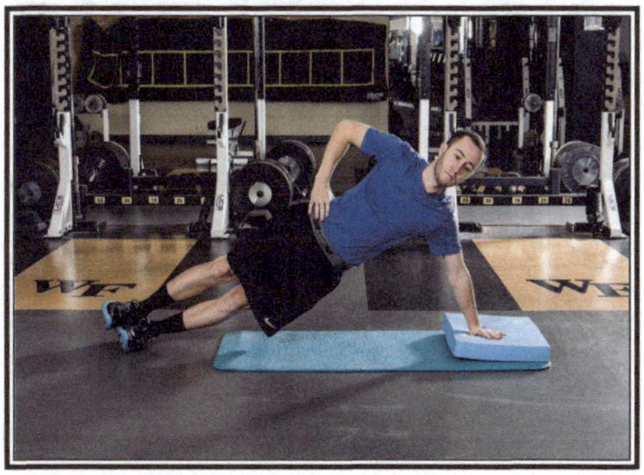

肘部侧平板支撑

不稳定上肢，手臂和腿外展

动作修正

1. 采用肘部侧平板支撑的姿势，下侧肘部和前臂放在一个相对不稳定的设备上。上臂与地面垂直，前臂与身体垂直。

2. 上提身体，接触点只有不稳定设备上的肘部和前臂，以及地面上的下侧脚的侧面。

3. 向天花板方向外展手臂，手臂伸直，与地面垂直，且与下侧手臂对齐（即，从上到下，从手腕到肘部和肩部，再到另一侧肩部和肘部，呈一条直线）。

4. 同时，上提上侧腿，离开下侧腿。保持该侧腿伸直，该侧脚对齐。在腿外展的时候，上侧脚轻微内旋将更充分地运用臀肌复合体（尤其是臀中肌）。

具体益处 ❶ ❺ ⓬ ⓭

直臂侧平板支撑

不稳定上肢，手臂和腿外展

动作修正

1. 采用直臂侧平板支撑的姿势，下侧手放在一个相对不稳定的设备上。手臂与地面垂直。双腿伸直，一条腿位于另一条腿的上侧，一只脚位于另一只脚的上侧（重叠）。

2. 上提身体，接触点只有不稳定设备上的手，以及地面上的下侧脚的侧面。

3. 这个练习与“肘部侧平板支撑：不稳定上肢，手臂和腿外展”一样。

具体益处 ❶ ❺ ⓬ ⓭

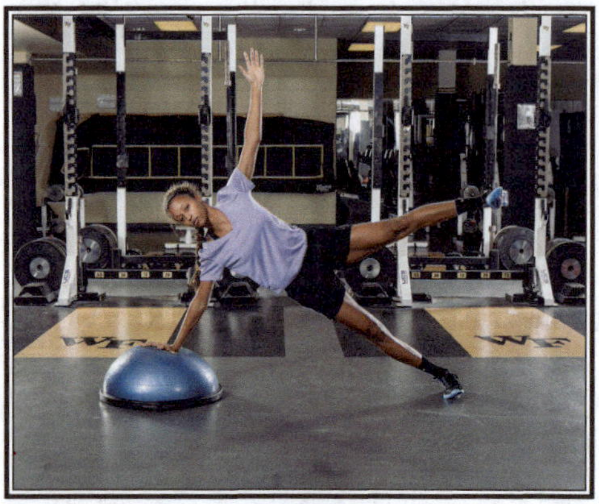

肘部侧平板支撑

不稳定上肢，上肢高位

动作修正

1. 在肘部侧平板支撑的姿势中，把下侧肘部和前臂放在一个稳定球上。

2. 上提身体，接触点只有稳定球上的肘部和前臂，以及地面上的下侧脚的侧面。

具体益处 ❶ ❷ ⓬ ⓭

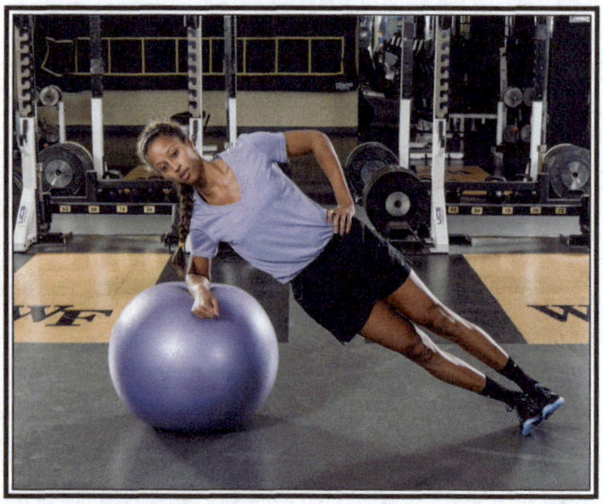

直臂侧平板支撑

不稳定上肢，上肢高位

动作修正

1. 侧躺于地面，伸直下侧手臂，手位于一个稳定球上。下侧手位于肩部正下方，且手臂相对垂直于地面（球的大小决定垂直度）。

2. 上提身体，接触点只有稳定球上的手和地面上的下侧脚的侧面。

具体益处 ❶ ❷ ⓬ ⓭

提示

为了增加控制力或难度，尝试不同的手位置。譬如，手指指向前方，对应更大的难度；或者手指指向侧边朝向地面，以便更容易控制。永远注意关节的稳定和控制；永远不要使关节或身体部位处于代偿姿势（每个人不同）中，那样可能导致损伤。

肘部侧平板支撑

不稳定上肢，手臂和腿外展，上肢高位

动作修正

1. 在肘部侧平板支撑的姿势中，把下侧肘部和前臂放在一个稳定球上。

2. 上提身体，接触点只有稳定球上的肘部和前臂，以及地面上的下侧脚的侧面。

3. 向天花板方向外展手臂（额状面），手臂与地面垂直，且与下侧手臂对齐（即，从上到下，从手腕到肘部和肩膀，再到另一个肩膀和肘部，呈一条直线）。

4. 同时，上提上侧腿，远离下侧腿。保持该侧腿伸直，该侧脚对齐。在外展的时候，轻微内旋上侧脚将更充分地运用臀部复合体（尤其是臀中肌）。

具体益处 ❶ ❷ ❺ ⓬ ⓭

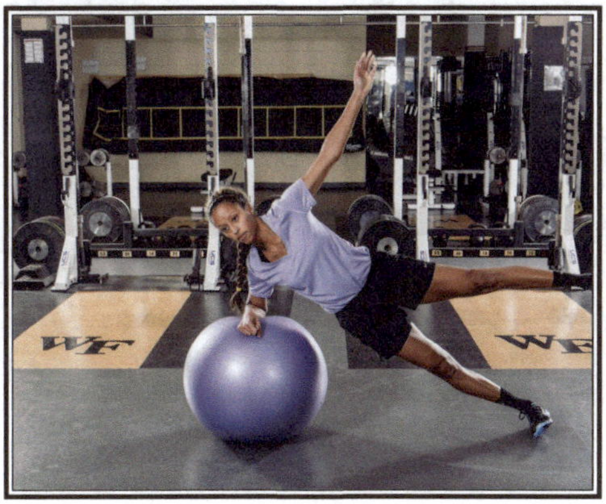

直臂侧平板支撑

不稳定上肢，手臂和腿外展，上肢高位

动作修正

1. 侧躺，下侧的手臂伸直，且该侧的手放在一个稳定球上。手位于肩部正下方，与地面相对垂直（球的大小决定垂直度）。

2. 上提身体，接触点只有稳定球上的手，以及地面上的下侧脚的侧面。

3. 该练习同“肘部侧平板支撑：不稳定上肢，手臂和腿内收，上肢高位”相同。

具体益处 1 2 5 12 13

提示

为了增加控制力或难度，尝试不同的手位置。譬如，手指指向前方，对应更大的难度；或者手指向侧边朝向地面，以便更容易控制。永远注意关节的稳定和控制；永远不要使关节或身体部位处于代偿姿势（每个人不同）中，那样可能导致损伤。

肘部侧平板支撑

下肢高位

动作修正

1. 在肘部侧平板支撑的姿势中，双脚重叠放在一个加高平台（健身箱、长凳、椅子、台阶等）上。

2. 上提身体，接触点只有地面上的下侧肘部和前臂，以及加高平台上的下侧脚的侧面。

具体益处 3 12 13

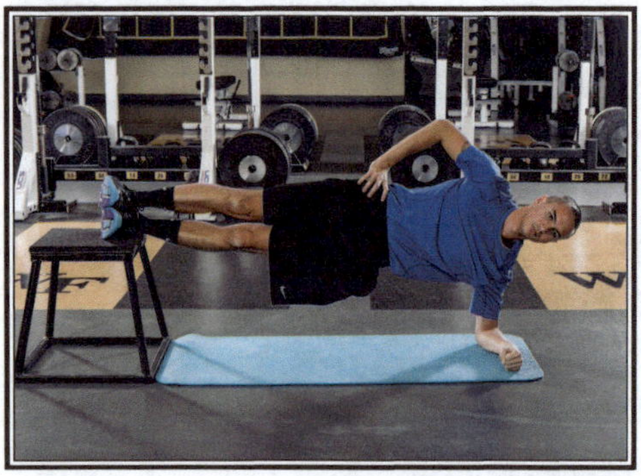

直臂侧平板支撑

下肢高位

动作修正

1. 侧躺，下侧手位于肩部正下方，手臂与地面垂直。

2. 双脚重叠放在加高平台上。

3. 上提身体，接触点只有地面上的手和加高平台上的下侧脚的侧面。

具体益处 3 12 13

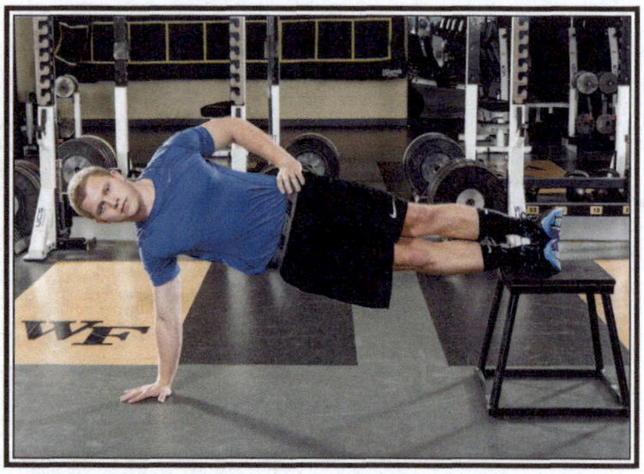

肘部侧平板支撑

不稳定上肢，下肢高位

动作修正

1. 在肘部侧平板支撑中，把下侧肘部和前臂放在一个适度不稳定的设备上。

2. 双脚重叠，放在一个加高平台上。

3. 上提身体，接触点只有不稳定设备上的下侧肘部和前臂，以及加高平台上的下侧脚的侧面。

具体益处 [1] [3] [12] [13]

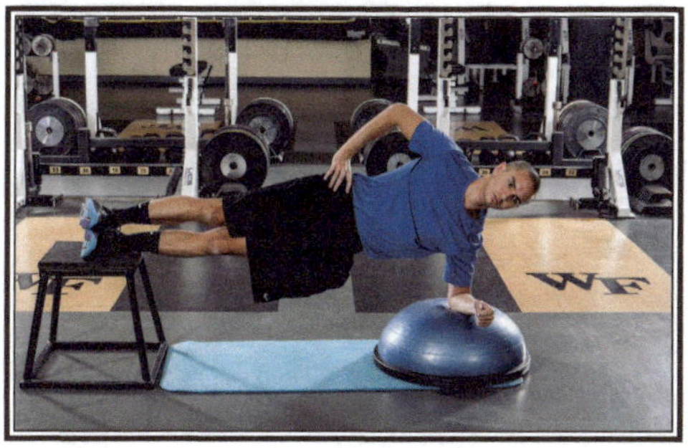

直臂侧平板支撑

不稳定上肢，下肢高位

动作修正

1. 侧躺，下侧手臂伸直，下侧手放在一个适度不稳定的设备上。该手位于肩部正下方，手臂与地面垂直。

2. 双脚重叠，放在一个加高平台上。

3. 上提身体，接触点只有不稳定设备上的手和加高平台上的下侧脚的侧面。

具体益处 [1] [3] [12] [13]

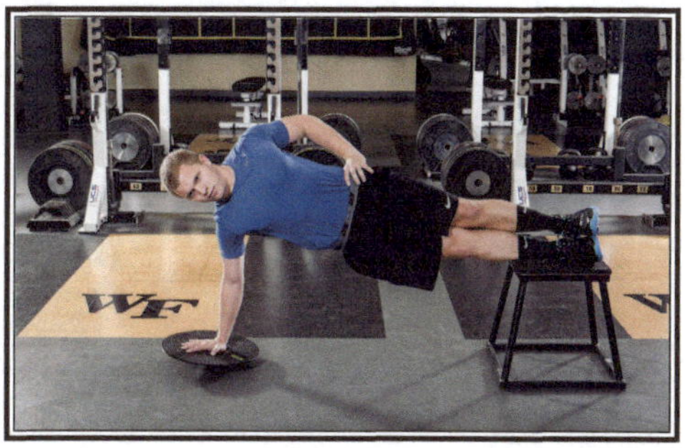

肘部侧平板支撑

不稳定上肢，上下肢高位

动作修正

1. 在肘部侧平板支撑的姿势中，把下侧肘部和前臂放在一个稳定球上，双脚重叠于一个加高平台上。

2. 上提身体，接触点只有稳定球上的肘部和前臂，以及加高平台上的下侧脚的侧面。

具体益处 [1] [2] [3] [12] [13]

提示

这个练习的好处来自于施加在上半身，尤其是肩胛带的适应性应力。因为双脚位于加高平台上，上肢高位，放在稳定球上，所以身体几乎与地面平行。这个姿势使练习更加具有难度。换句话说，在稳定球上保持身体水平比在稳定球上保持身体倾斜要困难得多。事实上，如果双脚抬得比稳定球还要高，身体就会呈倾斜姿势，形成一个更具有挑战性的运动模式。当然，随着难度的增大，潜在风险也会增大。

直臂侧平板支撑

不稳定上肢，上下肢高位

动作修正

1. 侧躺，下侧手臂伸直，且该侧的手放在一个稳定球上。手位于肩部正下方，使手臂垂直于地面。

2. 双脚重叠，放在一个加高平台上。

3. 上提身体，接触点只有稳定球上的手和加高平台上的下侧脚的侧面。

具体益处 1 2 3 12 13

提示

为了增加控制力或难度，尝试不同的手位置。譬如，手指指向前方，对应更大的难度；或者手指向侧边朝向地面，以便更容易控制。永远注意关节的稳定和控制；永远不要使关节或身体部位处于代偿姿势（每个人不同）中，那样可能导致损伤。

另外，查看之前练习的“提示”部分内容。这是一个非常具有挑战性的练习，所以要采取一些预防措施，以避免意外事故。强烈建议配一名观测者。

肘部侧平板支撑

不稳定上肢，手臂和腿外展，下肢高位

动作修正

1. 在肘部侧平板支撑的姿势中，把下侧肘部和前臂放在一个适度不稳定的设备上。

2. 双脚重叠，放在一个加高平台上。

3. 上提身体，接触点只有不稳定设备上的肘部和前臂，以及加高平台上的下侧脚的侧面。

4. 向天花板方向外展手臂，手臂伸直，与地面垂直，且和下侧手臂对齐（即，从上到下，从手腕到肘部和肩膀，再到另一个肩膀和肘部呈一条直线）。

5. 同时，上提上侧腿，远离下侧腿。保持该腿伸直，该脚对齐。在外展的时候，上侧腿轻微内旋将更充分地运用臀肌复合体（尤其是臀中肌）。

具体益处 1 3 5 12 13

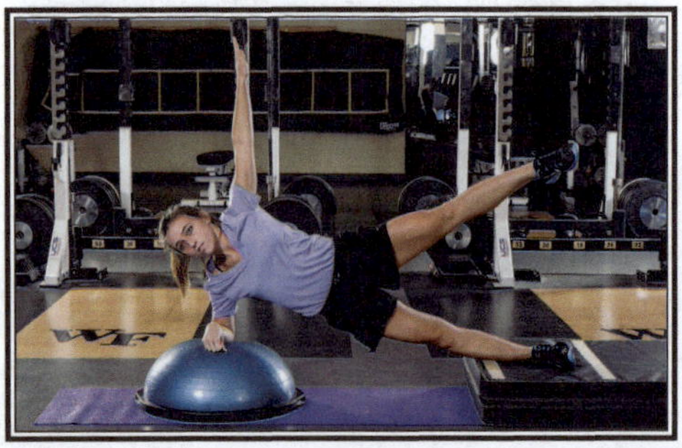

直臂平板支撑

不稳定上肢，手臂和腿外展，下肢高位

动作修正

1. 侧躺，下侧手放在一个适度不稳定的设备上，且位于肩部正下方。手臂与地面垂直。

2. 双脚重叠，放在一个加高平台上。

3. 上提身体，接触点只有不稳定设备上的手和加高平台上的下侧脚的侧面。

4. 这个练习同“肘部侧平板支撑：不稳定上肢，手臂和腿外展，下肢高位”相同。

具体益处 1 3 5 12 13

提示

这是一个非常具有挑战性和难度的练习，所以要采取一些预防措施，以避免意外事故。强烈建议配一名观测者。

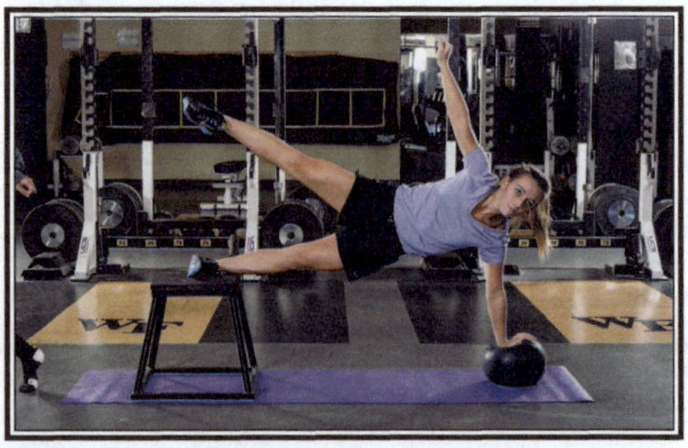

肘部侧平板支撑

不稳定下肢

动作修正

1. 在肘部侧平板支撑的姿势中，双脚重叠放在一个适度不稳定的设备上。

2. 上提身体，所以接触点只有地面上的肘部和前臂，以及设备上的下侧脚的侧面。

具体益处 [1] [12] [13]

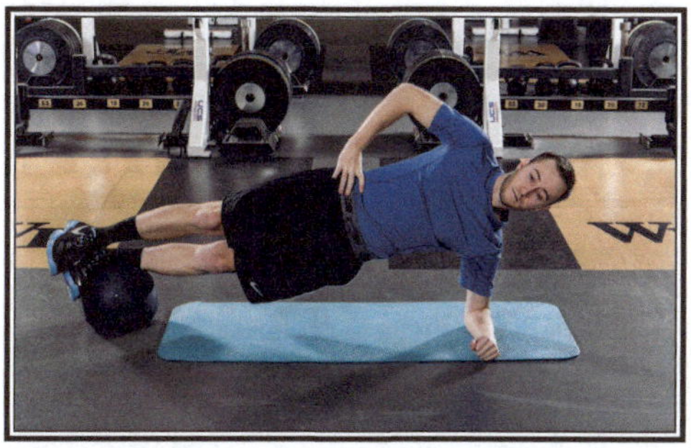

直臂侧平板支撑

不稳定下肢

动作修正

1. 侧躺，下侧手位于肩部正下方的地面上，手臂与地面垂直。

2. 双脚重叠放在一个适度不稳定的地面上。

3. 上提身体，接触点只有地面上的手和设备上的下侧脚的侧面。

具体益处 [1] [12] [13]

肘部侧平板支撑

不稳定下肢，手臂和腿外展

动作修正

1. 在肘部侧平板支撑的姿势中，双脚重叠放在一个适度不稳定的设备上。

2. 上提身体，接触点只有地面上的肘部和前臂，以及设备上的下侧脚的侧面。

3. 向天花板方向外展上侧手臂，伸直上侧手臂，与地面垂直，且与下侧手臂对齐（即，从上到下，从手腕到肘部和肩膀，再到另一个肩膀和肘部呈一条直线）。

4. 同时上提上侧腿，远离下侧腿。保持该腿伸直，该脚对齐。在外展的时候，上侧脚轻微内旋将更充分地运用臀肌复合体（尤其是臀中肌）。

具体益处 [1] [5] [12] [13]

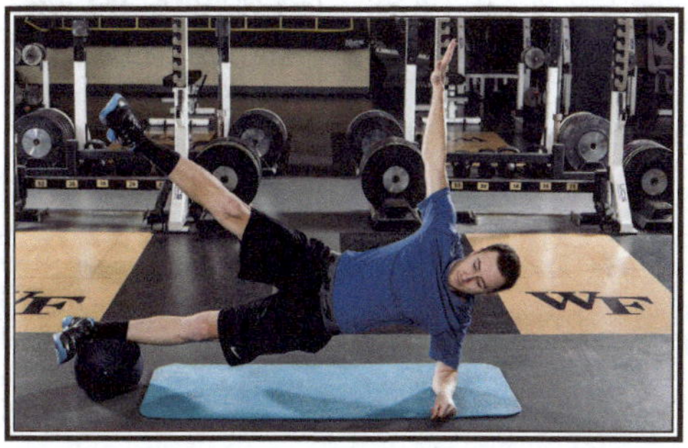

直臂侧平板支撑

不稳定下肢，手臂和腿外展

动作修正

1. 侧躺，下侧手位于肩部正下方的地面上，且手臂与地面垂直。

2. 双脚重叠放在一个适度不稳定的设备上。

3. 上提身体，接触点只有地面上的手和设备上的下侧脚的侧面。

4. 接下来的动作与“肘部侧平板支撑：不稳定下肢，手臂和腿外展”相同。

具体益处 1 5 12 13

肘部侧平板支撑

不稳定上下肢

动作修正

1. 在肘部侧平板支撑的姿势中，双脚重叠放在一个适度不稳定的设备上。

2. 小心地把下侧肘部和前臂放在一个同样的不稳定设备上。

3. 上提身体，所有接触点（肘部、前臂、下侧脚的侧面）都在不稳定设备上。

具体益处 1 12 13

提示

使用任何不稳定设备，都会对生理系统的本体感受提出额外的要求，而且使简单的任务变得更加困难。这是一个非常具有挑战性的练习，所以要采取一些预防措施，以避免意外事故。强烈建议配一个观测者。

以下练习变式将使难度递增。

1. 膝盖和小腿放在设备上。
2. 脚踝放在设备上。
3. 下侧脚放在设备上。

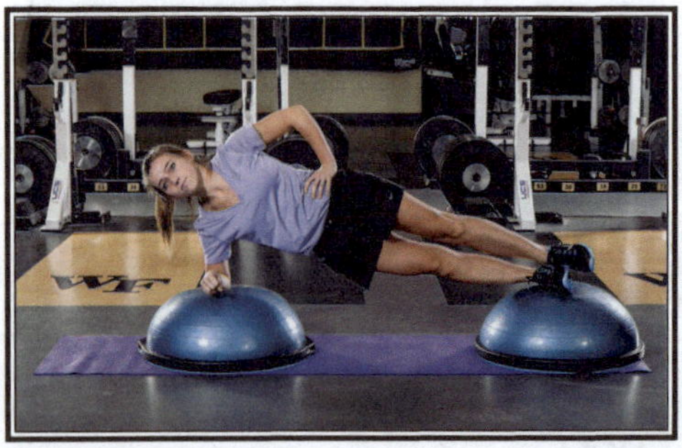

直臂侧平板支撑

不稳定上下肢

动作修正

1. 侧躺，双脚重叠放在一个适度不稳定的设备上。

2. 小心地把下侧手放在另外一个适度不稳定的设备上。下侧手位于肩部正下方，手臂伸直，与地面相对垂直。

3. 上提身体，下侧手和下侧脚的侧面位于设备上。

具体益处 1 12 13

提示

使用任何不稳定设备，都会对生理系统的本体感受提出额外的要求，而且使简单的任务变得更加困难。这是一个非常具有挑战性的练习，所以要采取一些预防措施，以避免意外事故。强烈建议配一个观测者。

以下练习变式将使难度递增。

1. 膝盖和小腿放在设备上。
2. 脚踝放在设备上。
3. 下侧脚放在设备上。

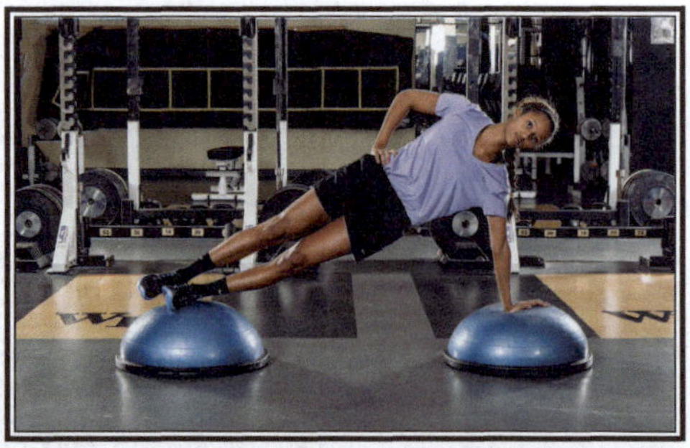

肘部侧平板支撑

手臂外展，脚触地

动作修正

1. 在肘部侧平板支撑的姿势中，向天花板方向（额状面）外展上侧手臂，使手臂与地面垂直，与下侧手臂对齐（即，从上到下，从手腕到肘部和肩膀，再到另一个肩膀和肘部呈一条直线）。

2. 收缩核心部位，抬起上侧的腿，向前移动一段舒适的距离，触碰下侧脚前侧的地面。

3. 反向重复，上侧脚触碰下侧脚后侧的地面。整个活动期间，保持腿伸直。

4. 重复预定的次数或时间，另外一侧重复。

具体益处 5 12 13

提示

上侧腿的活动范围应由舒适度和控制力来决定。随着力量和本体感觉水平的提高，尝试更大范围的侧向抬起和前后更大范围的腿部移动。

直臂侧平板支撑

手臂外展，脚触地

动作修正

1. 侧躺，下侧手位于肩部正下方的地面上。手臂伸直，与地面垂直。

2. 上提身体，接触点只有地面上的手和下侧脚的侧面。

3. 向天花板方向（额状面）外展上侧手臂，使手臂与地面垂直，与下侧手臂对齐（即，从上到下，从手腕到肘部和肩膀，到另一个肩膀和肘部呈一条直线）。

4. 收缩核心部位的同时，抬起上侧腿，向前移动一段舒适的距离，触碰下侧脚前侧的地面。

5. 反向重复，上侧脚向后触碰下侧脚后侧的地面。整个活动期间，保持腿伸直。

6. 重复进行预设的次数或时间，另外一侧重复。

具体益处 5 12 13

提示

上侧腿的活动范围应由舒适度和控制力来决定。随着力量和本体感觉水平的提高，尝试更大范围的侧向抬起和前后更大范围的腿部移动。

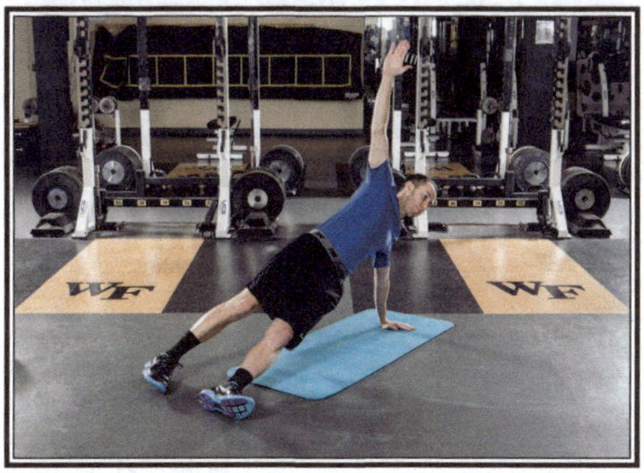

肘部侧平板支撑

手臂外展，膝靠胸

动作修正

1. 在肘部侧平板支撑的姿势中，向天花板方向（额状面）外展上侧手臂，使手臂与地面垂直，与下侧手臂对齐（即，从上到下，从手腕到肘部和肩膀，再到另一个肩膀和肘部呈一条直线）。

2. 收紧核心部位的同时，略微抬起上侧腿，离开下侧腿，与此同时屈曲上侧髋部，将膝盖移向胸部（不是胸部向膝盖运动；整个运动期间，保持躯干呈一条直线）。

3. 回到起始姿势。

具体益处 5 12 13

直臂侧平板支撑

手臂外展，膝靠胸

动作修正

1. 侧躺，下侧手位于肩部正下方的地面上，手臂伸直，与地面垂直。

2. 上提身体，接触点只有地面上的下侧脚的侧面和下侧的手。

3. 向天花板方向（额状面）外展手臂，使手臂伸直，与地面垂直，与下侧手臂对齐（即，从上到下，从手腕到肘部和肩膀，再到另一个肩膀和肘部呈一条直线）。

4. 收紧核心部位的同时，略微抬起上侧腿，离开下侧腿，与此同时屈曲上侧髋部，将膝盖移向胸部（不是胸部向膝盖移动；整个运动期间，身体保持伸直状态）。

5. 回到起始姿势。

具体益处 5 12 13

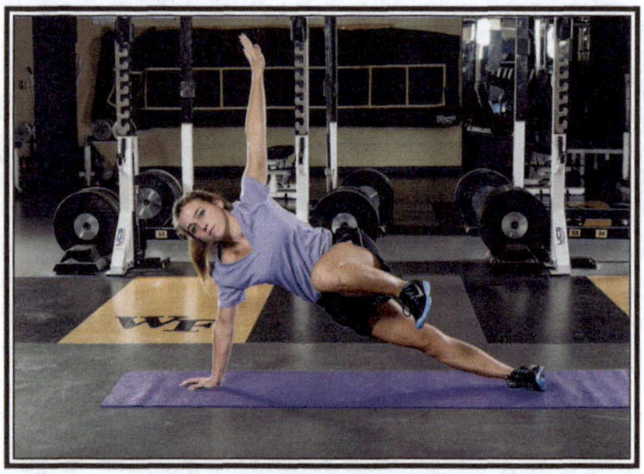

肘部侧平板支撑

扔球

动作修正

1. 在肘部侧平板支撑的姿势中，上侧手握住一个球（如网球、篮球、足球）。

2. 收紧核心部位，保持身体呈一条直线，同时向伙伴扔球。伙伴再把球扔回。

3. 继续这样，来回进行设定的次数或时间；另外一侧重复。

具体益处 5 12 13 14 15

直臂侧平板支撑

扔球

动作修正

1. 侧躺，下侧手位于肩部正下方的地面上，手臂与地面垂直。

2. 上提身体，接触点只有地面上的下侧脚的侧面和下侧手。上侧手握住一个球。

3. 收紧核心部位，保持身体呈一条直线，同时向伙伴扔球。然后伙伴把球扔回。

4. 按照预定次数或时间来回扔球，另一侧重复进行。

具体益处 5 12 13 14 15

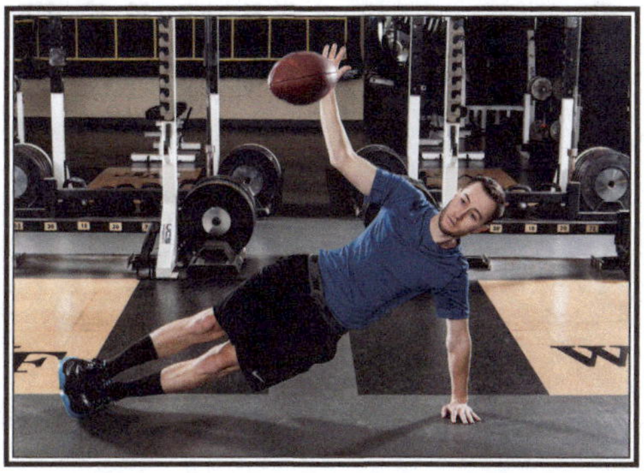

肘部侧平板支撑

扔球，下肢高位

动作修正

1. 在肘部侧平板支撑中，双脚重叠放在加高平台（箱子、长凳、椅子、台阶等）上。

2. 上提身体，接触点只有加高平台上的下侧脚的侧面和地面上的下侧肘部和前臂。上侧手握住一个球。

3. 收紧核心部位，保持身体呈一条直线，同时向伙伴扔球。伙伴再把球扔回。

4. 按照预定次数或时间来回扔球，另一侧重复进行。

具体益处 3 5 12 13 14 15

直臂侧平板支撑

扔球，下肢高位

动作修正

1. 侧躺，下侧手位于肩部正下方的地面上，手臂与地面垂直。双脚放在加高平台上。

2. 上提身体，接触点只有加高平台上的下侧脚的侧面和地面上的手。上侧的手握住一个球。

3. 接下来的动作与“肘部侧平板支撑：扔球，下肢高位”相同。

具体益处 3 5 12 13 14 15

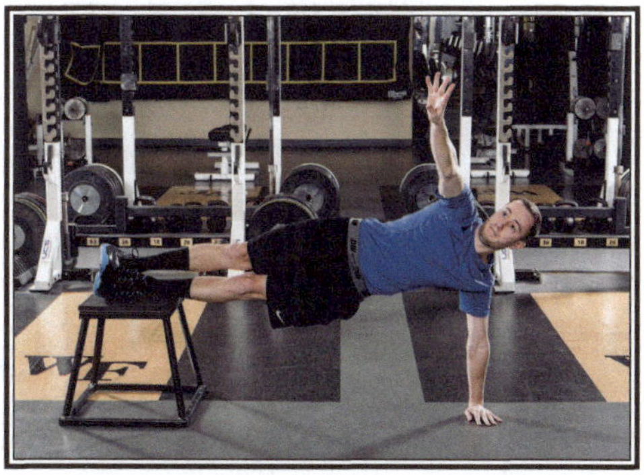

▪肘部侧平板支撑▪
扔球，不稳定上肢

动作修正

1. 采用肘部侧平板支撑的姿势，且下侧肘部和前臂放在一个适度不稳定的设备上。

2. 上提身体，接触点只有不稳定设备上的肘部和前臂，以及地面上的下侧脚的侧面。上侧手握住一个球。

3. 收紧核心部位，保持身体呈一条直线，同时向伙伴扔球。然后伙伴把球扔回。

4. 按照预定次数或时间来回扔球，另一侧重复进行。

具体益处 ❶ ❺ ⓬ ⓭ ⓮ ⓯

▪直臂侧平板支撑▪
扔球，不稳定上肢

动作修正

1. 侧躺，下侧手位于肩部正下方的不稳定设备上。手臂垂直于地面。

2. 上提身体，接触点只有不稳定设备上的手和地面上的下侧脚的侧面。上侧手握住一个球。

3. 收紧核心部位，保持身体呈一条直线，同时向伙伴扔球。然后伙伴把球扔回。

4. 按照预定次数或时间来回扔球，另一侧重复进行。

具体益处 ❶ ❺ ⓬ ⓭ ⓮ ⓯

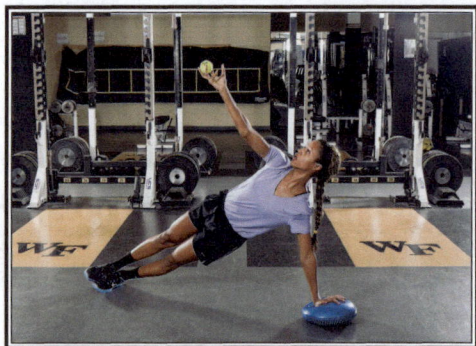

▪肘部侧平板支撑▪
扔球，不稳定下肢，上肢高位

动作修正

1. 在肘部侧平板支撑的姿势中，把下侧手臂和前臂放在一个加高平台上。双脚重叠放在一个适度不稳定的设备上，所以只有下侧脚的侧面在不稳定设备上。

2. 上提身体，接触点只有加高平台上的前臂和肘部，以及不稳定设备上的下侧脚的侧面。上侧手握住一个球。

3. 收紧核心部位，保持身体呈一条直线，同时向伙伴扔球。然后伙伴把球扔回。

4. 按照预定次数或时间来回扔球，另一侧重复进行。

具体益处 ❶ ❷ ❺ ⓬ ⓭ ⓮ ⓯

直臂侧平板支撑

扔球，不稳定下肢，上肢高位

动作修正

1. 侧躺，下侧手放在一个加高平台上。这只手位于肩部正下方的地面上，手臂与地面垂直。双脚重叠放在一个适度不稳定的设备上，所以不稳定设备上只有下侧脚的侧面。

2. 上提身体，接触点只有加高平台上的手和不稳定设备上的下侧脚的侧面。上侧手握住一个球。

3. 收紧核心部位，保持身体呈一条直线，同时向伙伴扔球。然后伙伴把球扔回。

4. 按照预定次数或时间来回扔球，另一侧重复进行。

具有益处 ❶ ❷ ❺ ⓬ ⓭ ⓮ ⓯

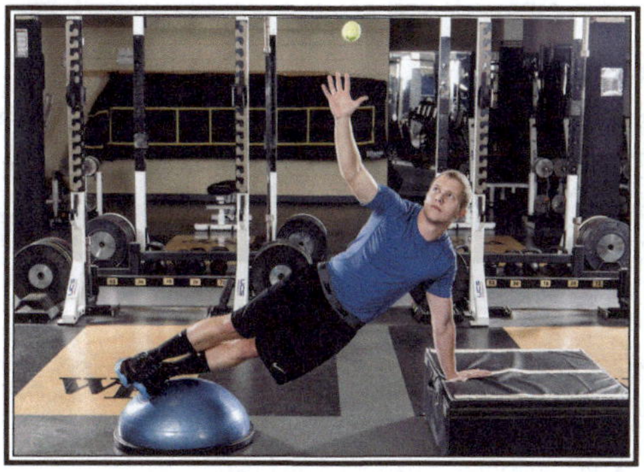

慎重进行以下练习。从接近髋部（腹股沟）到脚和脚踝，完全支撑腿部带来最大程度的结构支撑和关节保护作用。然而，支撑程度越大，核心部位参与就越少。支撑部位离轴点（位于核心部位内）越远，越具有挑战性，但是无支撑关节的小腿将承受更大的压力。

肘部侧平板支撑

上腿支撑，下腿内收

运动步骤

1. 侧躺，双腿伸直。上侧腿支撑在一个稳固的加高平台上，譬如箱子、健身房多功能长椅，或者一堆垫子（根据力量和舒适度，从脚踝到髋部的任何地方都可以作为支撑点）。

2. 把下侧肘部和前臂放在一个柔软的平面上，例如健身垫或折叠毛巾。该侧的上臂与地面垂直，前臂与身体垂直。上半身主要的身体重量由下侧手臂支撑，所以正确的姿势十分关键。

3. 上侧腿（从髋部到脚，这段长度的任何一点）的内侧放在支撑物上；下侧肘部和前臂支撑地面；下侧腿伸直，贴靠着地面。

4. 收紧核心部位，保持身体呈一条直线，同时上提（内收）下侧腿到上侧腿处（身体中线）。

5. 然后可控地让该腿下落到起始姿势，不要随意地让该腿掉落至地面。轻轻触碰地面后，立刻重复完成既定次数。

6. 另一侧重复进行。

注意事项

1. 上侧手可以放在上侧髋部，或者上侧手臂贴放在身体上侧。上侧手也可以放在运动员身前的地面上，以协助平衡和减轻负重。

2. 回顾本章开头部分的肘部侧平板支撑的注意事项中，与额外支撑和正确身体姿势有关的内容。

3. 最佳的身体位置应是躯干与地面平行。但是这取决于支撑物的高度。无论怎样，应避免身体下沉。

4. 如果感觉关节疼痛或不适，立刻终止练习。

具体益处

5 **12** **13**

■ 直臂侧平板支撑 ■

上腿支撑，下腿内收

动作修正

1. 侧躺，双腿伸直。上侧腿支撑在一个稳固的加高平台上，例如箱子、健身房多功能长凳，或者一堆垫子（根据力量和舒适度，从脚踝到髋部的任何位置都可以作为支撑点）。

2. 下侧手放在肩部正下方的地面上，手臂与地面垂直。

3. 整个练习中，接触点只有支撑物上的上侧腿（从髋部到脚，这段距离上的任何一点）的内侧和地面上的下侧手。

4. 收紧核心部位，保持身体呈一条直线，同时把下侧腿上提（内收）到上侧腿处（身体中线）。

5. 然后可控地让腿下落到起始姿势，不要随意地让该腿掉落至地面。轻轻触碰地面后，立刻重复完成既定次数。

6. 另一侧重复进行。

具体益处 **5** **12** **13**

提示

正如在肘部侧平板支撑中提到的，上侧手可以放在上侧髋部，或者放在身体上方。为了增加难度，如图所示，也可以外展上侧手臂。

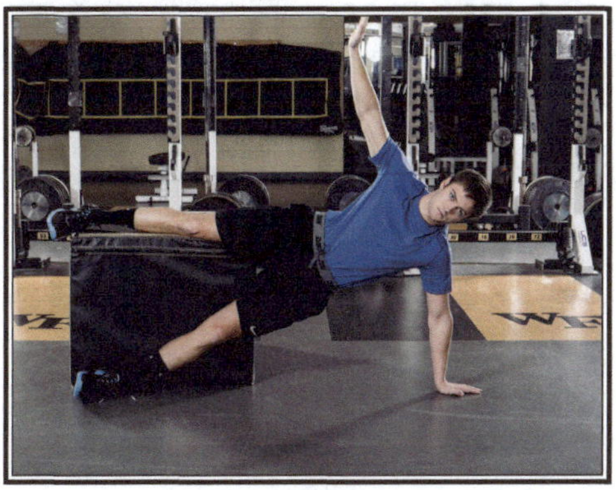

肘部侧平板支撑

上腿支撑，下腿内收，稳定球

动作修正

1. 侧躺，双腿伸直，上侧腿（根据力量和舒适水平，从脚踝到髋部的任何位置）支撑在一个稳定球上。

2. 整个练习期间，接触点只有稳定球上的上侧腿的内侧（从髋部到脚，这段距离上的任何一点）和地面上的下侧的肘部和前臂。

3. 接下来的动作与“肘部侧平板支撑：上腿支撑，下腿内收”相同。

具体益处 [1] [5] [12] [13]

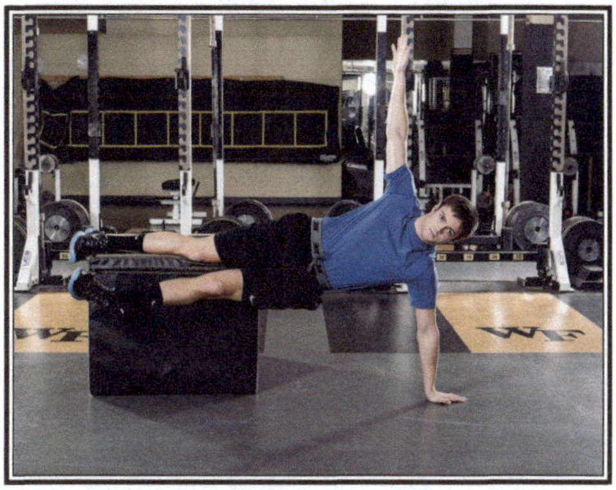

直臂侧平板支撑

上腿支撑，下腿内收，稳定球

动作修正

1. 侧躺，双腿伸直，上侧腿（根据力量和舒适水平，从脚踝到髋部的任何位置）支撑在稳定球上。

2. 下侧手位于肩部正下方的地面上，手臂与地面垂直。

3. 整个练习期间，接触点只有稳定球上的上侧腿的内侧（从髋部到脚，这段距离上的任何一点）和地面上的下侧的肘部和前臂。

4. 接下来的动作与“直臂侧平板支撑：上腿支撑，下腿内收”相同。

具体益处 [1] [5] [12] [13]

俯卧旋转稳定性练习

进阶 1：单腿髋部伸展

运动步骤

1. 双手分别位于双肩正下方的地面上，双臂伸直且与地面垂直。双脚分开，与肩同宽。

2. 一只脚保持接触地面，然后上提身体，接触点只有地面上的双手和一只脚的前脚掌和脚趾。

3. 收缩核心部位，保持脊柱伸直，收紧臀肌，后伸髋部（将悬空腿做直推抬高）。避免后伸腰椎。

4. 然后放下腿，另外一侧腿重复进行。

5. 以有节奏的方式继续重复预定的次数。

注意事项

1. 保持身体呈一条直线（耳部、肩部、髋部、膝盖和脚踝呈一条直线，身体中段没有拱起或下沉）。髋部不要下垂（骨盆不要向地面下沉）。髋部不要拱起（骨盆和臀部没有向天花板拱起）。

2. 保持下颌内收（想一想双下巴的情形），避免头部下垂（颈椎伸直，头既不前倾也不后仰）。

3. 髋部不要有任何旋转动作。

具体益处

4 **12**

■ 俯卧旋转稳定性练习 ■
进阶 2：单腿完全屈曲

动作修正

1. 双手分别位于双肩正下方的地面上，双臂伸直且与地面垂直。双脚分开，与肩同宽。

2. 收缩核心部位，保持脊柱伸直，收紧臀部，并伸展一侧髋部，离开地面。

3. 屈曲该侧髋关节和膝盖。将屈曲的膝盖向胸部移动。

4. 然后收紧臀肌复合体，向外旋转该腿至某一点，使大腿内侧与地面平行。

5. 该腿回到中立位置（与地面腿平行的身体中心线位置）。

6. 最后，该腿下落，回到起始姿势。

具体益处 **9** **12**

俯卧旋转稳定性练习

进阶 3：单腿髋部内旋和触地

动作修正

1. 双手分别位于双肩正下方的地面上，双臂伸直且与地面垂直。双脚分开，与肩同宽。

2. 收缩核心部位，保持脊柱伸直，收紧臀部，并且伸展一侧髋部，离开地面。

3. 屈曲该侧髋关节和膝盖，该腿折叠到躯干下侧。

4. 然后用该侧的脚触碰另一侧髋部下面的地面（即，右脚触碰左髋下侧地面，左脚触碰右髋下侧地面）。

5. 腿回到身体中立位置（与支撑腿平行的身体中心线位置）。

6. 最后回到起始姿势。

具体益处 9 11 12

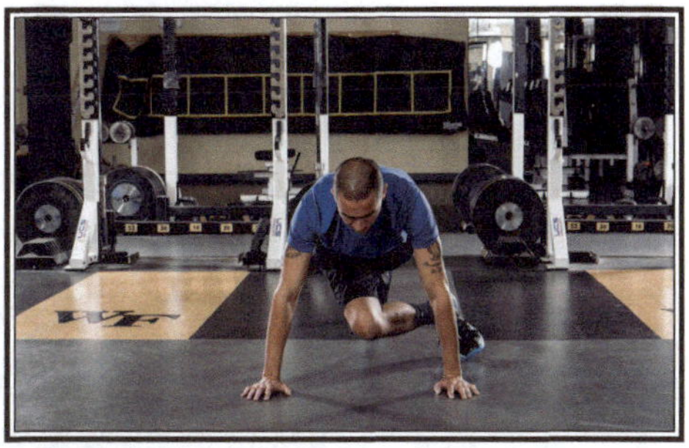

以下俯卧位的上半身训练中，脚的位置对全身稳定有着极其重要的影响。脚分得越开，带来越大的稳定性；脚分开得越窄，稳定性越小。随着本体感受能力的提高，努力使用更窄的脚分距，但是绝对不要以错误的动作为代价，或者冒着受伤的风险去进行一个增加压力的额外难度挑战。

俯卧旋转稳定性练习

进阶 4：单臂屈曲至触肩

动作修正

1. 双手分别位于双肩正下方的地面上，双臂伸直且与地面垂直。双脚分开，与肩同宽。

2. 收缩核心部位，保持脊柱伸直，并且抬起一只手离开地面，然后横过身体，触碰另一侧的肩膀。

3. 避免朝对侧旋转身体，努力重新分布体重，从而平衡手臂弯曲触肩这个动作带来的不稳定。

4. 整个运动期间，保持身体呈直线。

5. 最后，手回到起始姿势。继续用同侧手臂进行练习，或者换另外一只手臂。

具体益处 9 12

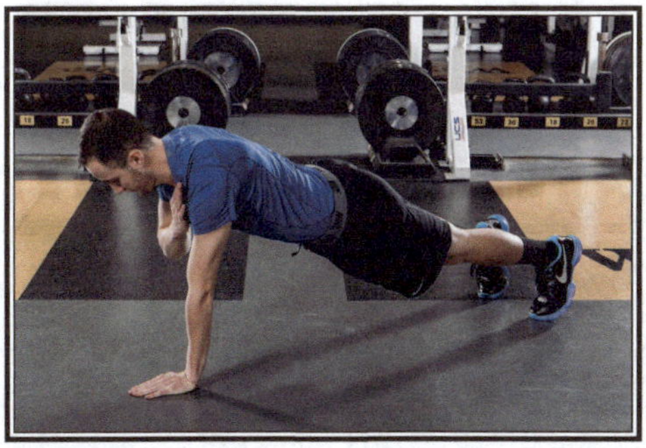

俯卧旋转稳定性练习

进阶 5：单臂过顶肩前屈

动作修正

1. 双手分别位于双肩正下方的地面上，双臂伸直，与地面垂直。双脚分开，与肩同宽。

2. 收缩核心部位，保持脊柱伸直，抬起一只手臂，离开地面，伸展该侧手臂（肩膀、肘部、手腕、手指），向上举过头顶。手臂应与身体其他部位对齐（手指、手腕、肘部、耳部、肩部、髋部、膝盖和脚踝都在一条直线上）。

3. 最后，手回到起始姿势。

具体益处 9 12

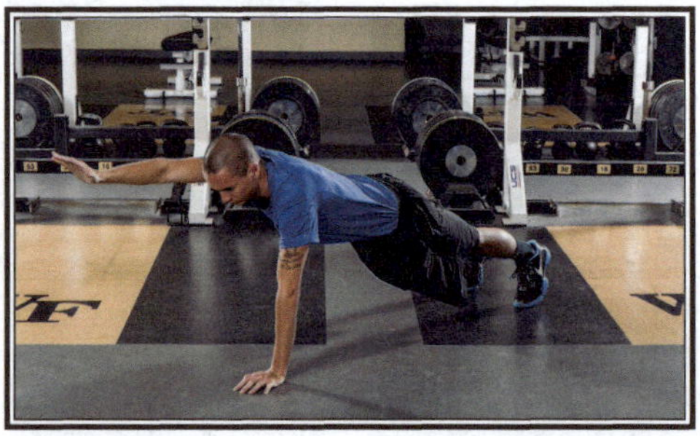

俯卧旋转稳定性练习

进阶 6：单臂伸展至触髋

动作修正

1. 双手分别位于双肩正下方的地面上，双臂伸直，且与地面垂直。双脚分开，与肩同宽。

2. 收缩核心部位，保持脊柱伸直，抬起一只手，离开地面向下延伸，触碰同侧的髋部。

3. 避免朝对侧旋转身体，努力重新分布体重，从而平衡手臂延伸触髋这个动作带来的不稳定。

4. 整个运动期间，保持身体呈一条直线。

5. 最后，手回到起始姿势。继续用同侧手臂练习，或者交换手臂。

具体益处 9 12

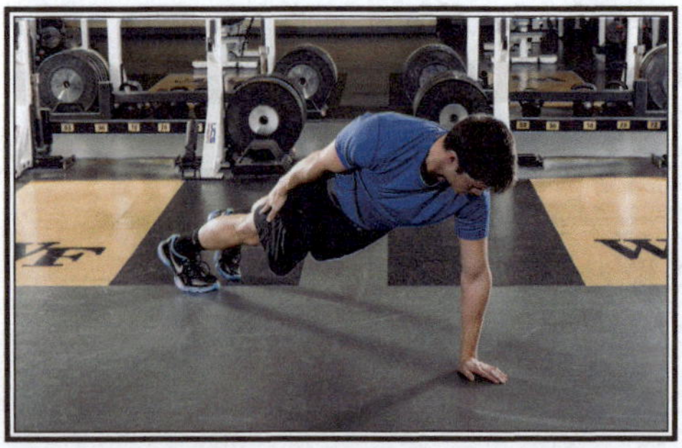

俯卧旋转稳定性练习

进阶 7：对侧髋部和肩部伸展

动作修正

1. 双手分别位于双肩正下方的地面上，双臂伸直，且与地面垂直。双脚分开，与肩同宽。

2. 收缩核心部位，保持脊柱伸直，收紧臀肌，伸展一侧髋部，抬起该侧腿，离开地面。

3. 同时抬起对侧手，离开地面，伸展该侧手臂（肩膀、肘部、手腕、手指），向上举过头顶。

4. 处于完全伸展的姿势时，抬起的腿和手臂应呈直线，且与地面平行。

5. 最后，手和脚回到起始姿势。继续以该组对侧肢体进行练习，或者交换侧边。

具体益处 4 11 12

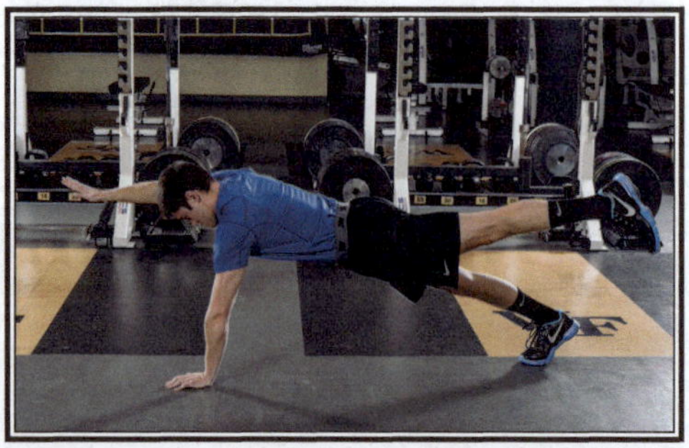

俯卧旋转稳定性练习

进阶 8：脚触对侧手

动作修正

1. 双手分别位于双肩正下方的地面上，双臂伸直且与地面垂直。双脚分开，与肩同宽。

2. 收缩核心部位，保持脊柱伸直，收紧臀肌，伸展一侧髋部，使脚离开地面。

3. 屈曲该侧髋关节和膝盖，该侧腿折叠到躯干以下。用脚尽量触碰靠近另一侧手的地面（即，右脚触碰靠近左手的地面）。

4. 然后把该腿放回中立位置（与支撑腿平行的身体中间线位置）。

5. 最后，放下该腿和脚，回到起始姿势。继续用该组对侧肢体进行练习。

具体益处 4 9 11 12

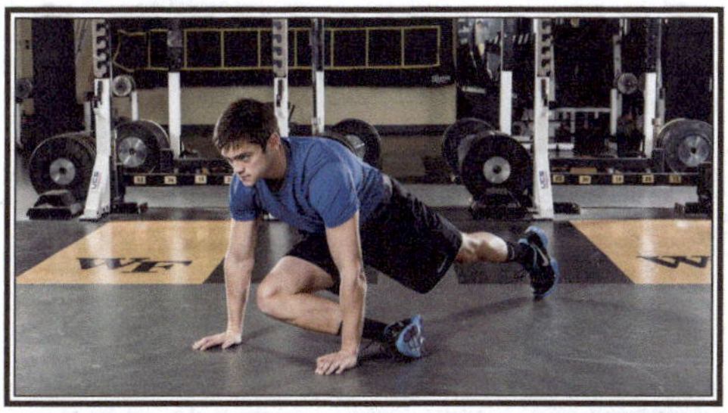

俯卧旋转稳定性练习

进阶 9：膝盖触对侧肘部

动作修正

1. 双手分别位于双肩正下方的地面上，双臂伸直且与地面垂直。双脚分开，与肩同宽。

2. 收缩核心部位，保持脊柱伸直，收紧臀肌，伸展一侧髋部，使脚离开地面。

3. 屈曲该侧髋关节和膝盖，把该侧腿折叠到躯干下面。同时，抬起另一侧的手，使其离开地面，向后伸至身体下方，用膝盖触碰肘部。

4. 手臂和腿回到起初的姿势。

具体益处 4 9 11 12

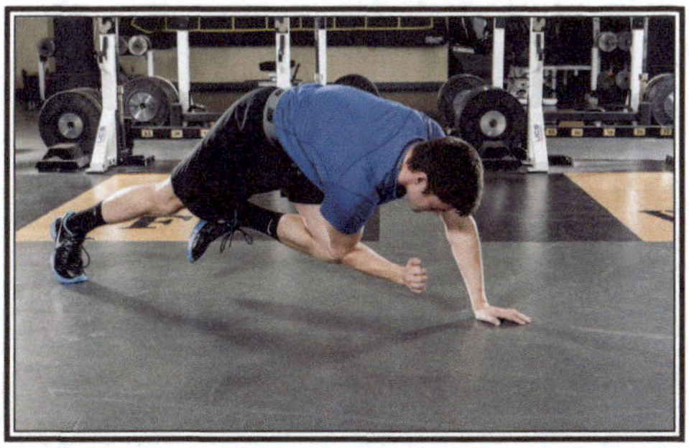

俯卧旋转稳定性练习

进阶 10：膝盖触同侧肘部

动作修正

1. 双手分别位于双肩正下方的地面上，双臂伸直且与地面垂直。双脚分开，与肩同宽。

2. 收缩核心部位，收紧臀肌，上提一条腿，离开地面，同时抬起同侧的手，离开地面。

3. 屈曲该侧髋关节和膝盖，该侧腿折叠到躯干下面。

4. 同时，该侧肘部向后朝同侧膝盖移动。

5. 肘部和膝盖在中间点触碰后回到起始姿势。继续用同侧肢体进行练习，或换边。

具体益处 4 9 10 12

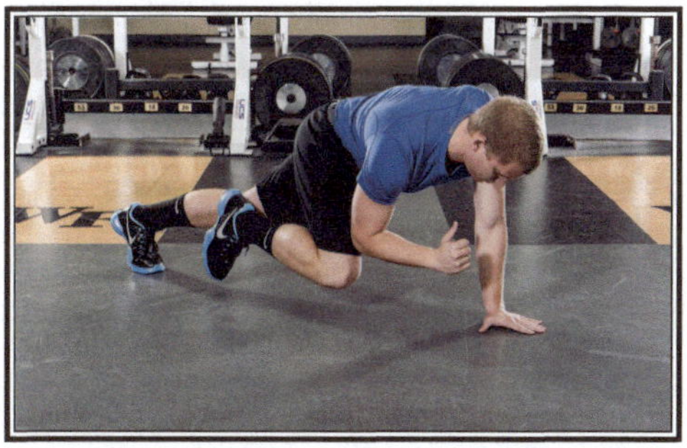

直臂平板支撑移动

进阶 1：下肢外展和内收

运动步骤

1. 脸朝下，采用俯卧姿势，双脚并拢。双手分别位于肩部正下方的地面上，双臂与地面垂直。

2. 收紧核心部位并上提身体，所以接触点只有地面上的双手和双脚的前脚掌和脚趾。

3. 可控地伸展左侧髋关节，上提左脚，把左脚放在侧向的地面上，然后进一步向左移动（外展）。

4. 用右脚进行同样的活动。

5. 撤回动作，回到起始姿势。抬起左脚，向中立位置移动（内收），接着用右脚进行同样的动作。

6. 重复进行既定次数或时间的练习。

注意事项

1. 锁住膝关节，收紧臀肌，收缩核心部位。

2. 整个运动期间，保持核心部位的稳固（当动作正确的时候，肩部、髋部、膝盖和脚踝对齐，身体中段没有拱起、下沉或者翻滚）。

3. 以身体可控的方式移动，保持动作正确。

具体益处

❺❽❾⓬

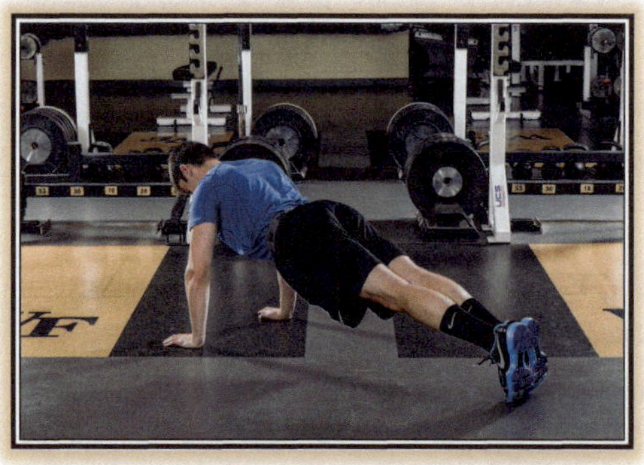

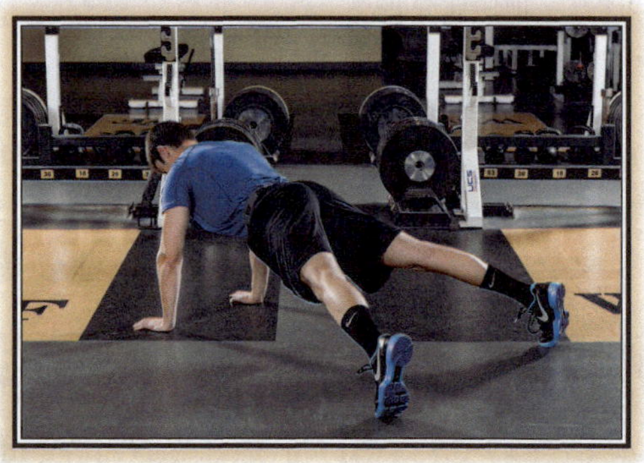

直臂平板支撑移动

进阶 2：上肢外展和内收

动作修正

1. 如进阶 1 中所描述的，采用直臂平板支撑的姿势作为起始姿势。唯一不同之处在于，为了获得更多的稳定性，双脚分得略微宽一些。记得一直收紧核心部位并保持正确的身体位置。

2. 以一种可控的方式抬起左手，然后向左移动（外展），将其放在旁边的地面上。

3. 右手向右做相同的动作。

4. 撤回动作，回到起始姿势。左手抬起，回到中立位置（内收），接着右手进行相同的动作。

具体益处 ❺❼❽❾⓬

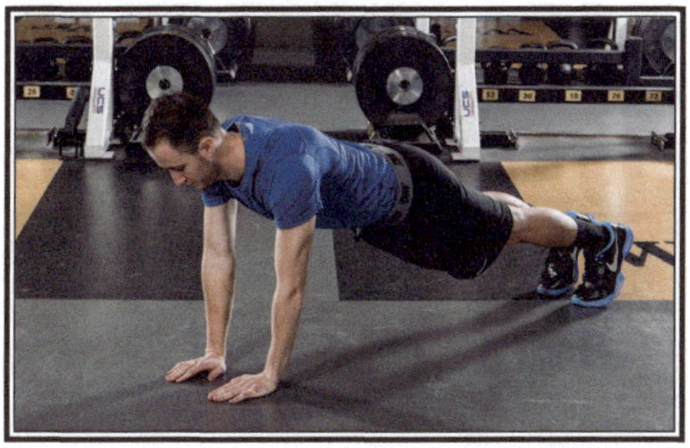

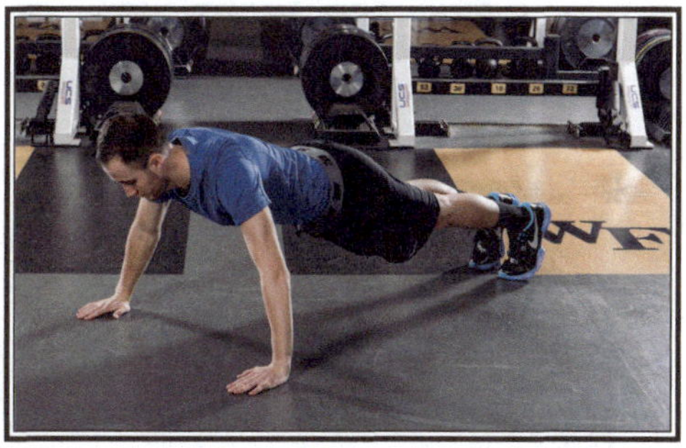

直臂平板支撑移动

进阶 3：上下肢外展和内收行走

动作修正

1. 如进阶 1 中所描述的，采用直臂平板支撑的姿势作为起始姿势。唯一不同之处在于，为了获得更多的稳定性，双脚分得略微宽一些。记得一直收紧核心部位并保持正确的身体位置。

2. 以一种可控的方式同时抬起左手和右腿。向两侧移动，分别向左和向右移动（外展），至侧旁的地面上。

3. 右手和左腿反向进行。

4. 撤回动作，回到起始姿势。左手和右腿回到中立位置，接着是右手和左腿。

具体益处 ❺❼❽❾⓫⓬

提示

尝试以下变式。

1. 左手和左脚同时移动；右手和右脚同时移动。

2. 左手，右手，左脚，右脚。

3. 左手，右脚，右手，左脚。

4. 右手和左手，双手跳；右脚和左脚，双脚跳（练习时要小心谨慎；在柔软表面上进行）。

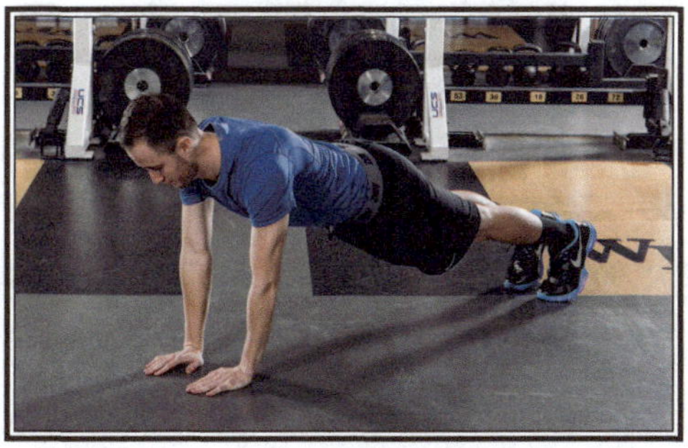

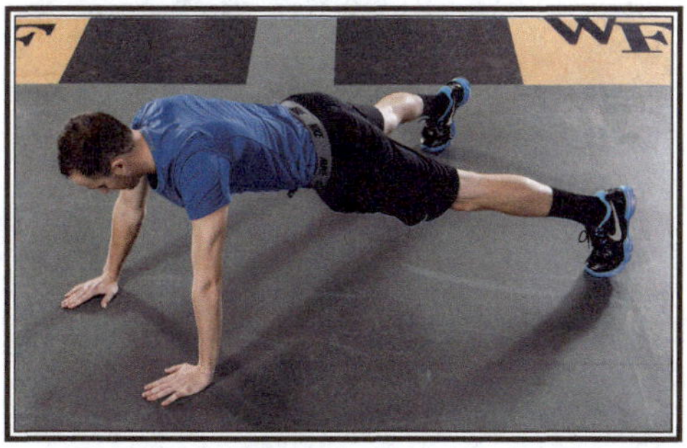

直臂平板支撑移动

进阶4：上下肢外展和内收蟹式行走

动作修正

1. 如进阶1中所描述的，采用直臂平板支撑的姿势作为起始姿势。唯一不同之处在于，为了获得更多的稳定性，双脚分得略微宽一些。记得一直收紧核心部位并保持正确的身体位置。

2. 以一种可控的方式同时抬起左手和左腿，向左侧移动（外展）至侧旁的地面上。

3. 抬起右手和右腿，也向左移动（没错，向左）。

4. 右侧肢体如左侧肢体一样重复运动。

5. 如此重复预定的次数或时间，或设定的距离。一定要在另一个方向上进行训练，以免造成失衡。

具体益处 [5] [7] [8] [9] [10] [12]

提示

蟹式行走有许多种，下面是一些变式。在一整套运动中，总是往一个方向挪动进行蟹式行走。这里的所有运动指示都是朝向左侧移动，但是一定要在左右两个方向上都进行练习。

1. 左手和右腿同时移动，右手和左腿同时移动。

2. 左手，右手，左腿，右腿。

3. 向前蟹式行走。

4. 向后蟹式行走。

5. 斜向蟹式行走。

6. 蟹式行走与其他动作相结合（根据指挥）。

7. 以低位姿势进行蟹式行走（肘部屈曲90度：即使对螃蟹来说，都极其困难）。

直臂平板支撑移动

进阶5：上下肢环形移动

动作修正

1. 以进阶1中所描述的直臂平板支撑作为起始姿势。唯一不同之处在于，为了获得额外的稳定，如果必要的话，双脚分得略宽。记住一直收缩核心部位并保持正确的身体姿势。

2. 以一种可控的方式同时抬起左手和左腿，向左侧移动（外展）至侧旁的地面，但是下肢的挪动一定要比上肢更远（因为练习的目的在于以环形方式移动）。

3. 继续同时抬起右手和右腿，也向左侧移动。

4. 然后左侧肢体重复向左，接着是右侧肢体。

5. 如此重复预定的时长或圈数。顺时针和逆时针都需要进行练习。

具体益处 [5] [7] [8] [9] [10] [12]

提示

以下是几个变式。

1. 双手放在一个药球上，采用直臂平板支撑的姿势。

2. 双手放在一个稳定球上，采用直臂平板支撑的姿势。

3. 双手放在一个健身跳箱上，采用直臂平板支撑的姿势。

4. 这对一些具有干扰的活动来说是极好的练习。

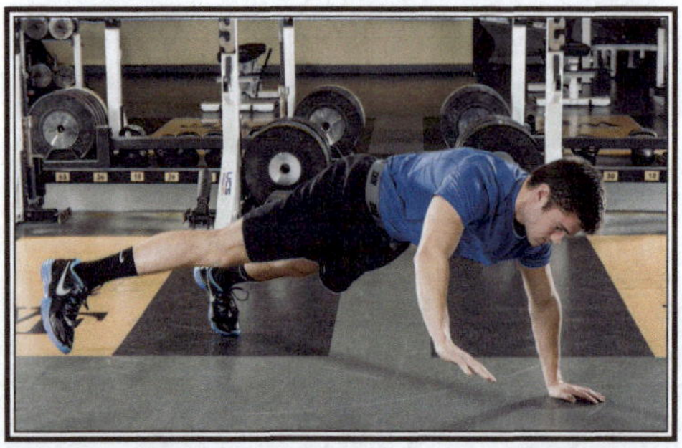

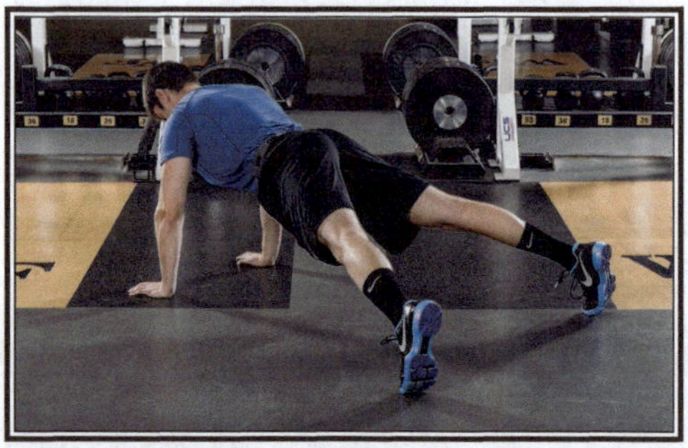

俯卧低位平板式蜘蛛侠

运动步骤

1. 双手分别位于双肩正下方的地面上，双臂与地面垂直。双脚分开，大约与肩同宽。

2. 身体下落至一个具有挑战性却舒适的姿势，以便足够完成训练且不需要牺牲正确的技能。在最高位时，手臂是伸直的。在最低位时，肘部屈曲小于90度，胸部离地面只有几厘米。

3. 只有双脚的前脚掌、脚趾和双手接触地面。保持身体呈一条直线（耳部、肩部、髋部、膝盖和脚踝在一条直线上）。髋部不要下沉或拱起。

4. 抬起一条腿，远离地面，把膝盖朝肘部方向移动。在这个运动过程中，整条腿在身体一侧保持低位，且与地面平行。

5. 把腿和脚放回起始姿势，然后立刻在另一条腿上如此练习。

6. 按照预定的次数或时段重复练习。

注意事项

1. 随着力量提升，会逐渐从直臂到肘部屈曲90度，最后肘部屈曲小于90度。

2. 随着力量的提升，把双手放在一个不稳定设备上，尝试这个练习。

具体益处

5 **9** **12**

俯卧低位平板式蜘蛛侠俯卧撑

动作修正

注意：这个练习相当于在“俯卧低位平板式蜘蛛侠”两侧完成后，加一个俯卧撑（即，左腿，右腿，俯卧撑，重复）。

1. 双手位于双肩正下方的地面上，双臂与地面垂直。

2. 接触地面的只有双脚的前脚掌、脚趾和双手。

3. 从直臂平板支撑、身体下落至俯卧撑，使平板姿势（因为保持身体呈直线很关键，所以力量水平决定了俯卧撑时肘部屈曲的程度）。

4. 右膝向右肘移动，然后返回；左膝向左肘移动，然后返回。

5. 最后推直手臂，回到直臂平板支撑。

具体益处 5 9 12

提示

随着力量的提升，把双手放在一个不稳定设备上，尝试这个练习。

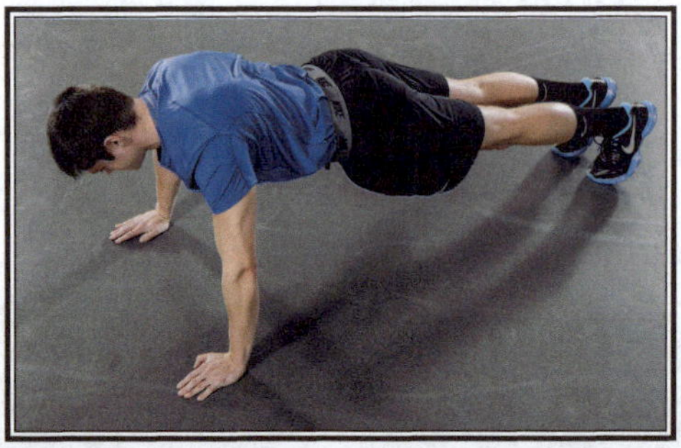

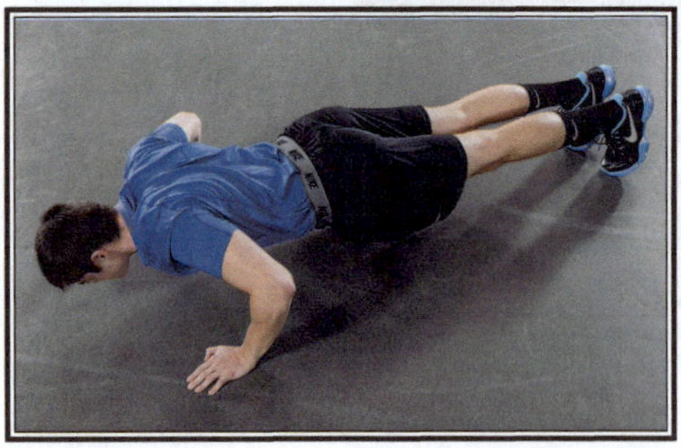

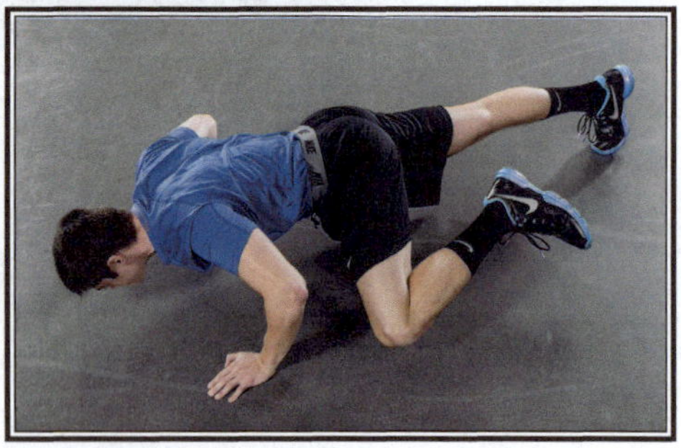

第 8 章

肩胛胸壁训练

为了解稳定肩胛骨的重要性，必须首先知道肩胛骨是如何运作的。因为肩胛骨的特殊位置，它们附着在胸腔后侧，肩胛骨可以涉及每个方向上的运动。从根本上来说，它们可以在3个维度上运作，可以进行前倾和后倾。肩胛骨能够以一种旋转力度更大的方式移动，进行内旋、外旋、上回旋和下回旋。最后，通过与其他17块肌肉的力偶和协同关系，肩胛骨可以上提和下抑。

令人惊奇的是，尽管肩胛骨能够如此自如地活动，它真正的骨质接触点却只有肩锁关节（AC）和一些韧带。然而，由于这些接触点和解剖位置，肩胛骨组成盂肱关节的一半，成为肩部的基础。因此，任何肩胛骨功能的失误或者在适当的姿势中肩胛骨缺乏稳定性，都会对肩关节带来严重的直接后果。大量问题都是来自盂肱关节的不稳定，其中最严重的包括关节炎、撞击综合征、肩袖肌腱炎、肌腱末端病或撕裂，以及各种盂唇损伤。

要知道，肩胛骨应该拥有自如移动至正确位置的能力，并且能够快速且充分地稳定关节，这些要求让本章的练习变得更加重要。要记住，稳定性不仅仅是指保持静态姿势的能力，还有在面对变化时关节系统控制自身的能力。以下所有练习可能涉及大块肌肉的运动，譬如，三角肌带动运动，但是在任何时候保持肩胛骨正确的位置和在这些位置中稳定的能力对每项活动来说都至关重要。这再一次印证了局部稳定肌训练应先于整体运动肌训练，以及稳定性先于力量和最后的爆发力训练的观点。

接下来的练习列表列出本章中每项练习的益处、难度水平和所需设备。基础练习用米黄色突出显示，并用蓝色表示其难度递增的练习。另外，基础训练在文中也用蓝色标题标注出来。

肩胛胸壁稳定性练习列表

练习项目	具体益处 （见第5章）	难度水平			设备
		简单	中等	困难	
俯卧肩胛平面练习（Y）：地面	❺	X			
俯卧肩胛平面练习（Y）：斜凳	❷❺	X			斜凳
俯卧肩胛平面练习（Y）：稳定球	❶❺		X		稳定球
俯卧肩部外展练习（T）：地面	❺	X			
俯卧肩部外展练习（T）：斜凳	❷❺	X			斜凳
俯卧肩部外展练习（T）：稳定球	❶❺		X		稳定球
俯卧肩胛骨收缩和下压（A）：地面	❺	X			
俯卧肩胛骨收缩和下压（A）：斜凳	❷❺	X			斜凳
俯卧肩胛骨收缩和下压（A）：稳定球	❶❺		X		稳定球
俯卧肩胛胸壁组合运动（YTA）：地面	❺⓲	X			
俯卧肩胛胸壁组合运动（YTA）：斜凳	❷❺⓲	X			斜凳
俯卧肩胛胸壁组合运动（YTA）：稳定球	❶❺⓲		X		稳定球

俯卧肩胛平面练习（Y）

地面

运动步骤

1.脸朝地面，趴在地面上（俯卧），双脚并拢。

2.双臂向外伸展，形成一个 Y 形。双手必须呈中立姿势（大拇指向上），这至关重要。

3.在整个练习期间保持下颌内收（想一想双下巴的情形），避免头下沉（颈椎伸直，头部既不前倾也不后仰）。保持胸部贴靠于地面，肩胛骨收缩和下压。

4.从地面上向上抬起双臂，形成一个 Y 形。

5.然后放下双臂，回到起始姿势。

6.重复练习预定的次数。

注意事项

1.整个练习期间，保持肩胛骨收缩和下压。

2.避免头部前倾。不要向上肢高位的相反方向伸展头部和颈部。

3.尽量高且舒适地抬起双臂，而且没有产生额外的身体代偿性运动。

具体益处

❺

■俯卧肩胛平面练习（Y）■
斜凳

动作修正

1. 脸朝下，俯卧在斜凳上。双腿伸直，双脚稳固地放于地面。

2. 在整个练习期间保持下颌内收（想一想双下巴的情形），避免头下沉（颈椎伸直，头部既不前倾也不后仰）。保持胸部贴靠斜凳，肩胛骨收缩和下压。

3. 从斜凳上抬起双臂，形成一个 Y 形。

4. 最后，双臂下落至起始姿势。

具体益处 ❷ ❺

■俯卧肩胛平面练习（Y）■
稳定球

动作修正

1. 脸朝下，俯卧在一个稳定球上。双腿伸直，双脚稳固地放于地面。

2. 在整个练习期间保持下颌内收（想一想双下巴的情形），避免头下沉（颈椎伸直，头部既不前倾也不后仰）。保持胸部贴靠稳定球，肩胛骨收缩和下压。

3. 从稳定球上抬起双臂，形成一个 Y 形。

4. 最后，双臂下落至起始姿势。

具体益处 ❶ ❺

俯卧肩部外展练习（T）

地面

运动步骤

1. 脸朝地面俯卧，双脚并拢。

2. 双臂向外延伸，形成一个 T 形（手臂与身体成 90 度角，手掌向下）。手的位置至关重要。

3. 在整个练习期间保持下颌内收（想一想双下巴的情形），避免头下沉（颈椎伸直，头部既不前倾也不后仰）。保持胸部贴靠地面，肩胛骨收缩和下压。

4. 从地面上举起双臂，形成一个 T 形。

5. 最后，下落双臂至起始姿势。

6. 重复练习预定的次数。

注意事项

1. 整个练习期间，保持肩胛骨收缩和下压。

2. 上肢高位和伸展，双臂向内扩展（肩胛骨相互挤压）。

3. 避免头部前倾。不要向上肢高位的相反方向伸展头部和颈部。

4. 尽量高且舒适地抬起双臂，而且不产生额外的身体代偿性运动。

具体益处
❺

■俯卧肩部外展练习（T）■
斜凳

动作修正

1. 脸朝下，俯卧在斜凳上。双腿伸直，双脚稳固地放于地面。

2. 在整个练习期间保持下颌内收（想一想双下巴的情形），避免头下沉（颈椎伸直，头部既不前倾也不后仰）。保持胸部贴靠斜凳，肩胛骨收缩和下压。

3. 从斜凳上抬起双臂，形成一个 T 形。

4. 最后，双臂下落至起始姿势。

具体益处 ❷ ❺

■俯卧肩部外展练习（T）■
稳定球

动作修正

1. 脸朝下俯卧在稳定球上。双腿伸直，双脚稳固于地面。

2. 在整个练习期间保持下颌内收（想一想双下巴的情形），避免头下沉（颈椎伸直，头部既不前倾也不后仰）。保持胸部贴靠稳定球，肩胛骨收缩和下压。

3. 从稳定球上抬起双臂，形成一个 T 形。

4. 最后，双臂下落至起始姿势。

具有益处 ❶ ❺

俯卧肩胛骨收缩和下压（A）
地面

运动步骤

1. 脸朝地面趴下（俯卧），双脚并拢。

2. 双臂伸直，位于身体两侧，形成一个字母 A 的形状。练习开始时，手掌朝下。

3. 在整个练习期间保持下颌内收（想一想双下巴的情形），避免头下沉（颈椎伸直，头部既不前倾也不后仰）。保持胸部贴靠地面，肩胛骨收缩和下压。

4. 双臂从地面上抬起。在上举的过程中，从肩部外旋双臂，使大拇指向外竖起来，肘关节伸直。

5. 最后，双臂下落至起始姿势。

6. 重复练习预定次数。

注意事项

1. 整个运动期间，保持肩胛骨收缩和下压。

2. 尽量高且舒适地抬起双臂，而且不产生额外的身体代偿性运动。

具体益处

❺

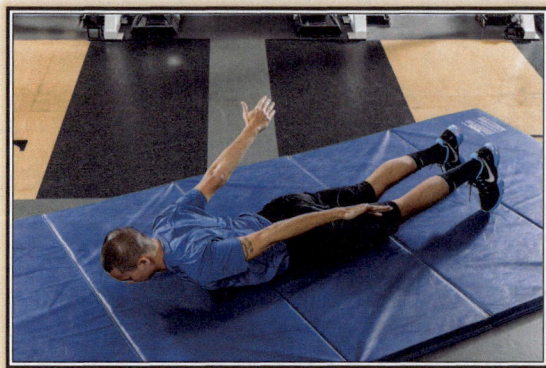

▪ 俯卧肩胛骨收缩和下压（A）▪
斜凳

动作修正

1. 脸朝下俯卧在斜凳上。双腿伸直，双脚稳固于地面。

2. 在整个练习期间保持下颌内收（想一想双下巴的情形），避免头下沉（颈椎伸直，头部既不前倾也不后仰）。保持胸部贴靠斜凳，肩胛骨收缩和下压。

3. 双臂从地面上抬起。在上举的过程中，从肩部外旋双臂，使大拇指向外竖起来，肘关节伸直。

4. 最后，双臂下落至起始姿势。

具体益处 ❷ ❺

▪ 俯卧肩胛骨收缩和下压（A）▪
稳定球

动作修正

1. 脸朝下俯卧在稳定球上。双腿伸直，双脚稳固于地面。

2. 在整个练习期间保持下颌内收（想一想双下巴的情形），避免头下沉（颈椎伸直，头部既不前倾也不后仰）。保持胸部贴靠稳定球，肩胛骨收缩和下压。

3. 双臂从地面上抬起。在上举的过程中，从肩部外旋双臂，使大拇指向外竖起来，肘关节伸直。

4. 最后，双臂下落至起始姿势。

具体益处 ❶ ❺

俯卧肩胛胸壁组合运动（YTA）

地面

运动步骤

1. 脸朝地面趴下（俯卧），双脚并拢。

2. 双臂向外伸展，形成一个 Y 形。双手一定保持中立姿势（拇指朝上）。这一点至关重要。

3. 在整个练习期间保持下颌内收（想一想双下巴的情形），避免头下沉（颈椎伸直，头部既不前倾也不后仰）。保持胸部贴靠地面，肩胛骨收缩和下压。

4. 开始做了部分动作。首先，从地面上抬起双臂，形成一个 Y 形。双臂下落至起始姿势。

5. 然后，立刻改变双臂位置，使双臂形成一个 T 形（手臂与身体成 90 度角，手掌向下）。从地面上抬起双臂，形成一个 T 形。双臂下落至起始姿势。

6. 再一次迅速改变双臂姿势，使其形成一个 A 形（双臂伸直，位于身体两侧，手掌向下）。从地面上抬起双臂，保持双臂外展和肩胛骨内收。在上举手臂期间，从肩部外旋双臂，使大拇指向外竖起，肘关节伸直。

7. 最后，回到起始姿势（Y 形）。

8. 重复练习预定的次数。

注意事项

1. 在整个运动期间，保持肩胛骨的收缩和下压。

2. 尽量高且舒适地抬起双臂，不要使身体产生代偿性运动。

具体益处

❺ ⓲

■俯卧肩胛胸壁组合运动（YTA）■
斜凳

动作修正

1. 脸朝下俯卧在斜凳上。双腿伸直，双脚稳固于地面。

2. 在整个练习期间保持下颌内收（想一想双下巴的情形），避免头下沉（颈椎伸直，头部既不前倾也不后仰）。保持胸部贴靠斜凳，肩胛骨收缩和下压。

3. 按照"俯卧肩甲胸壁组合运动（YTA）：地面"中的描述进行练习。

具体益处 ❷ ❺ ⓲

■俯卧肩胛胸壁组合运动（YTA）■
稳定球

动作修正

1. 脸朝下俯卧在稳定球上。双腿伸直，双脚稳固于地面。

2. 在整个练习期间保持下颌内收（想一想双下巴的情形），避免头下沉（颈椎伸直，头部既不前倾也不后仰）。保持胸部贴靠稳定球，肩胛骨收缩和下压。

3. 按照"俯卧肩甲胸壁组合运动（YTA）：地面"中的描述进行练习。

具体益处 ❶ ❺ ⓲

第 9 章

腰椎 - 骨盆 - 髋关节复合体训练

你 可能很难找到没有把腰椎-骨盆-髋关节复合体（LPHC）简单地概括为"核心部位"的教练、训练师或理疗师。有29块肌肉附着在这个部位。核心的重要性，不论从稳定性还是活动性的角度来看，都已被人们所证实。没有肌肉长度-张力之间的有效关系以及与LPHC深层稳定肌和外部运动肌之间的协同关系有关的力偶特性，实现有效的运动力学几乎是不可能的。

假设运动员有一个积极的功能评估结果（在第18章将进一步探讨），该运动员可以免受肌肉失衡或背部疼痛所导致的大量限制，那么他或许可以开始LPHC训练计划。为了建立和保持动态控制力，从骨盆到脊柱，最后到头部，所有部位保持中立位是至关重要的。整个核心动力链上的任何不稳定都将降低功能性表现。同样地，因为核心稳定肌主要是 I 型氧化纤维，所有的训练必须相对地针对所强调的主要身体系统进行刺激。因此，在接下来的训练计划设计中，将保持肌张力的时间作为重要

考虑因素。肌肉耐力以及最终延长的核心平衡能力将促进脊柱长时间持续的稳定，以实现高水平的运动表现，且不必担心因疲惫而导致身体功能障碍。身体功能障碍无疑会导致运动表现的降低，还可能造成代偿性运动损伤。

在执行这个训练计划中（或者任何你所选择的练习）所描述的练习时，要一直针对相关的生理系统和身体结构所固有的活动需求进行训练。训练计划应该是综合、全面的，而且逐渐增加难度，从确定脊柱中立和动态的姿势控制所必需的简单的核心部位收缩开始，到复杂的、具有挑战性的、多平面的负重运动模式。一直要强调的是，质量胜过数量；绝对不要为了额外的负重、重复次数或组数而牺牲正确的姿势和活动。

下面的练习列表列出本章中每项练习的益处、难度水平，以及所需设备。基础练习用米黄色突出显示，并用蓝色表示难度递增的练习。另外，基础训练在文中也用蓝色标题标注出来。

腰椎–骨盆–髋关节复合体稳定性训练列表

练习项目	具体益处（见第 5 章）	难度水平			设备
		简单	中等	困难	
地面桥式	[12]	X			
地面桥式：阻力带	[5][17]	X			小型阻力带
地面桥式：药球	[5][17]	X			药球
单侧桥式	[9]		X		网球
稳定球桥式	[1]	X			稳定球
稳定球桥式：阻力带	[1][5][17]	X			稳定球，小型阻力带
稳定球桥式：药球	[1][5][17]	X			稳定球，药球
稳定球单腿桥式	[1][9]		X		稳定球
稳定球提髋	[1][3]	X			稳定球
稳定球单腿提髋	[1][3][9]		X		稳定球
核心部位基础下蹲系列进阶 1：囚徒深蹲	[12]	X			
核心部位基础下蹲系列进阶 2：过顶深蹲	[12]	X			扫柄、PVC 管
单腿平衡训练	[9]	X			
单腿平衡和触地	[4][5][9][12][18][24]	X			

地面桥式

运动步骤

1. 脸朝上躺于地面（仰卧），双膝屈曲。双脚平放于地面，脚趾略微指向内侧。双手放在髋部。

2. 同时收缩臀肌和核心部位。

3. 平稳地抬起髋部离开地面。直到完全伸展，但是不要过度伸展（不要使腰椎过度拱起）。

4. 所有的接触点包括地面上的双脚（脚趾略微向内）、双肩和头后部。

5. 缓慢落下髋部至地面，回到起始姿势。

6. 按照预先确定的次数或时间重复练习。

注意事项

1. 避免头部和颈部承受过度的压力。将大部分重量作用于双肩。

2. 如果感觉腘绳肌上部或下背部过度紧绷，回到起始处，重新调整姿势后再尝试。如果过度紧绷感或疼痛持续，那么终止这个练习和其他所有练习。

具体益处

12

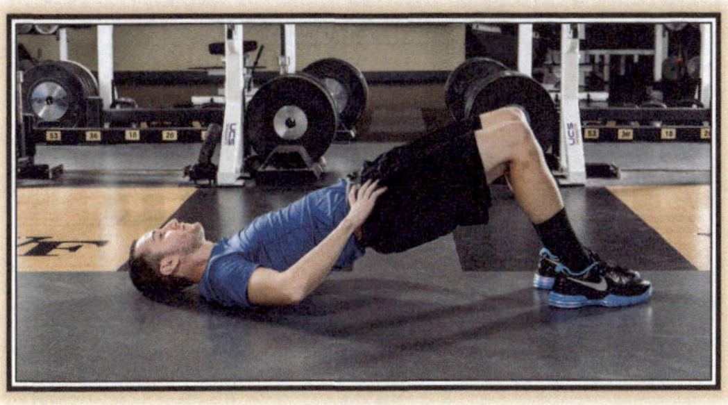

地面桥式

阻力带

动作修正

1. 脸朝上躺于地面，把一根阻力带套在略微高于膝盖的大腿处。

2. 遵循“地面桥式”中所描述的步骤，然后结合臀部外展肌的协同收缩，使双膝向旁侧对抗阻力带。

具体益处 5 17

提示

双膝一定不要向内靠拢，避免形成外翻足（膝内扣）姿势。

选择一根适合你目前力量水平的阻力带。绝对不要为了增加阻力而牺牲正确的练习方式。逐渐增加负荷正体现了渐进性原则。

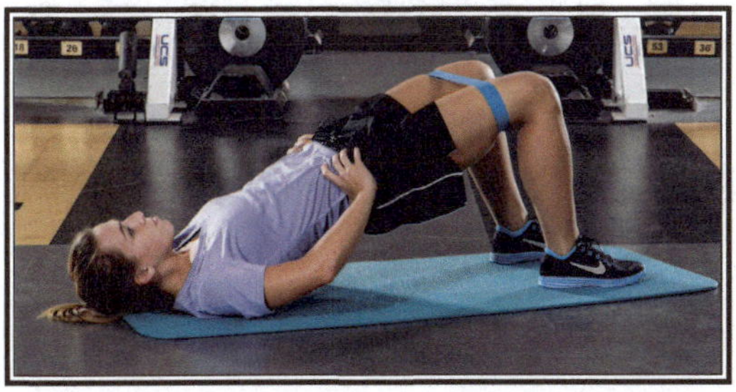

地面桥式

药球

动作修正

1. 脸朝上躺于地面，把一个药球放在两膝之间。

2. 遵循“地面桥式”所描述的步骤，然后结合髋部内收肌的协同收缩，有力地向内挤压球。

具体益处 [5] [17]

提示

双膝一定不要向内靠拢，避免形成外翻足（膝内扣）姿势。

根据你目前的力量水平选择对抗阻力。绝对不要为了增加阻力而牺牲正确的练习方式。逐渐增加负荷正体现出渐进性原则。

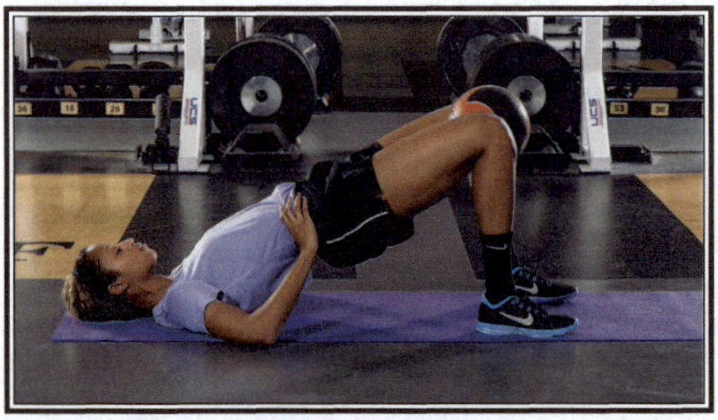

单侧桥式

动作修正

1. 脸朝上躺于地面，一只膝盖向胸部拉动。

2. 双手扶住膝盖下部，保持膝关节屈曲；整个练习都保持这个姿势。如果感觉任何不适或有膝盖问题（尤其是髌腱问题），不要如图所示从膝盖顶端拉动，而是把双手放在膝盖后侧，以此拉动大腿的腘绳肌。

3. 根据预先确定的次数或时间重复练习。

具体益处 [9]

提示

在图中，我们在大腿和胸腔之间使用了一个网球，这给维持正确的身体力学提高了衡量标准，但是这个练习也可以不使用网球。整个练习期间，一定要注意适当的身体姿势和位置。

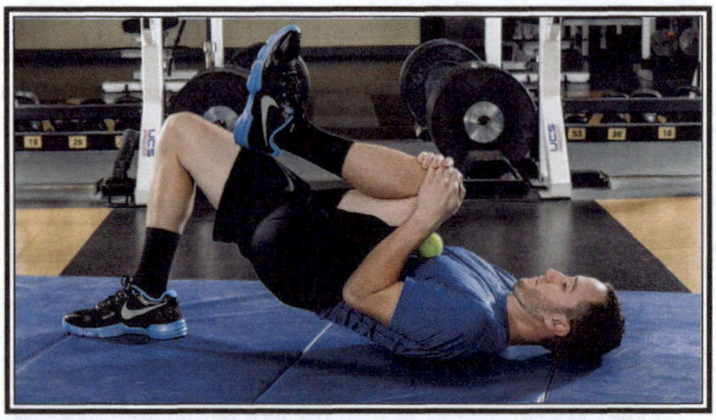

以下运用稳定球进行的桥式练习通过结合负荷、重复次数、组数和练习时间等常见变量，可以起到额外的强化作用。譬如，双臂或双腿位置的变化将改变质心，然后进一步增加这个练习或其他练习的适应性难度。再比如，双手放在髋部，那么练习相当简单。然而，当肢体向远离身体中间线的不同方向移开时，这样不太起眼的改变会使简单的练习逐渐增加难度。

以下变式使一个相对简单的练习逐渐变得更加具有挑战性。

1. 双臂在不同平面内外展。
2. 对称和不对称的手臂姿势。
3. 握住负重器材。
4. 抓住扔过来的球。
5. 推、拉橡胶阻力带。
6. 伙伴协助完成干扰动作。

▪稳定球桥式▪

动作修正

1. 脸朝上躺在稳定球上，双肩和头部支撑在稳定球上，下背部和髋部朝地面悬垂（但是不要接触地面）。

2. 接触点只有地面上的双脚（脚趾略微朝向内侧），以及稳定球上的双肩和头部后侧。

3. 平稳地抬起髋部，远离地面，直到完全伸展，但是不要过度伸展（避免腰椎拱起）。在顶端位置时，双膝应屈曲 90 度，躯干与地面平行。

具体益处 ❶

▪稳定球桥式▪
阻力带

动作修正

1. 从站立姿势开始，把一根阻力带套在略微高于双膝的大腿处。

2. 遵循"稳定球桥式"中的步骤，另外，协同收缩髋部外展肌，使双膝向旁侧对抗阻力带。

具体益处 ❶ ❺ ⓱

提示

双膝一定不要向内靠拢，避免形成外翻足（膝内扣）姿势。

根据你目前的力量水平，选择合适的阻力进行练习。不要为了增加练习阻力而牺牲正确的技能。逐渐增加负荷正体现了渐进式原则。

稳定球桥式

药球

动作修正

1. 脸朝上躺于一个稳定球上，双脚和头部支撑在稳定球上，下腰背和髋部朝地面悬垂（但是不要接触地面），然后把一个药球放在双膝之间。

2. 遵循“稳定球桥式”中的步骤，结合协同收缩髋部内收肌，有力地向内挤压球。

具体益处 1 5 17

稳定球单腿桥式

动作修正

1. 脸朝上躺于一个稳定球上（仰卧），双肩和头部支撑在球上，下腰背和髋部向地面悬垂（但是没有接触地面）。

2. 平稳地抬起髋部，远离地面，直到完全伸展，但是不要过度伸展（避免腰椎过度拱起）。在顶端位置时，双膝应屈曲 90 度，躯干与地面平行。

3. 在顶端位置，伸展一条腿，直到其与地面大约平行。在这个姿势下，接触点只有地面上的一只脚和稳定球上的双肩和头部后侧。

4. 最后把腿放回地面，继续用同侧腿或另一条腿进行练习。

具体益处 1 9

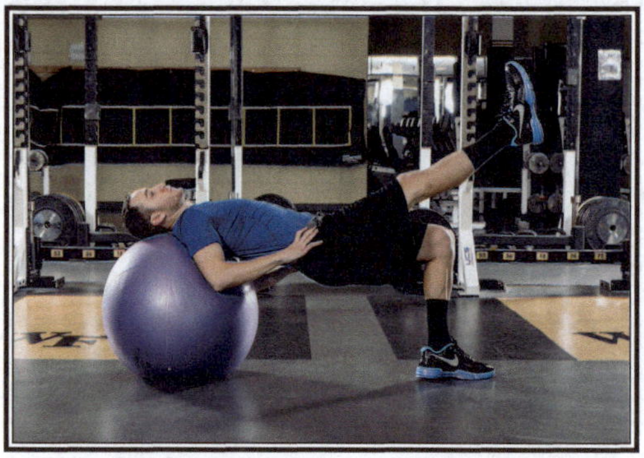

稳定球提髋

运动步骤

1. 脸朝上躺于地面，双膝屈曲，脚跟直接放在稳定球的上端，脚趾指向天花板（踝背屈），双手放在髋部。

2. 收紧臀肌和核心部位。

3. 平稳地抬起髋部，远离地面，直到完全伸展，但不是过度伸展（避免腰椎过度拱起）。双膝、双臀和双肩呈直线。在向上抬起髋部的姿势中，双膝应屈曲 90 度。

4. 在顶端位置，双膝应屈曲 90 度，此时接触点只有稳定球上端的双脚脚跟和地面上的双肩和头部后侧。

5. 最后，缓慢下落髋部至地面，回到起始姿势。

6. 按照预先确定的次数或时间重复练习。

注意事项

1. 避免头部和颈部承受过度的压力。保持大部分重量位于双肩。

2. 如果大腿腘绳肌上端或下背部感觉过度紧绷，回到起始处，调整姿势后再试。如果过度紧绷没有消失，那么终止该训练。

3. 对新手来说，这样一个具有挑战性的练习。手臂的姿势对整个身体的平衡和最终的练习成功与否有着巨大的影响。以下是逐渐增加稳定性难度的几个例子。

（a）为了获得最大的稳定性，外展手臂放在地面，与身体垂直，双手掌心向下。

（b）把双臂放在身体两侧，且双掌向下，最后手掌向上，这样获得的稳定程度稍微小一些。

（c）更具有挑战性的方式就是保持双臂完全离开地面。

具体益处

❶ ❸

■稳定球单腿提髋 ■

动作修正

1. 以"稳定球提髋"中的起始姿势开始。抬起一条腿，完全离开球面。整个练习期间，该侧髋关节将始终保持屈曲。

2. 平稳地抬起髋部，远离地面，直到完全伸展，但不要过度伸展（避免腰椎过度拱起）。（脚位于球上的一侧）膝盖、髋部和肩部呈一条直线。在向上的姿势中，膝盖（脚位于球上）应屈曲 90 度。

3. 在向上的姿势中，接触点只有稳定球上的一只脚，以及地面上的双肩和头部后侧。抬起的腿保持悬空，髋关节屈曲。

具体益处 ❶ ❸ ❾

提示

这个练习的极度不稳定性将极大地挑战运动员的本体感觉能力，使其更加充分地发展本体感受反应能力。注意关注"稳定球提髋"中提到的所有有关平衡的建议。

核心部位基础下蹲系列

进阶 1：囚徒深蹲

运动步骤

1. 直立，肩胛收缩。双脚分开，略微比肩宽。双脚平行，脚趾指向前方。

2. 双手放在头后。肘部向后侧拉动，挺胸。

3. 整个练习期间，骨盆保持中立或略微前倾。避免骨盆过度前倾。

4. 收缩核心部位，向下深蹲。同时收缩下腰背、臀肌、股四头肌、腘绳肌和小腿，始终保持骨盆中立或略微前倾。身体作为一个整体进行运动。

5. 最后回到起始姿势，重复练习预先确定的次数。

注意事项

1. 如果用正确的方法和监督方式进行练习，深蹲练习会成为安全且有效的全身力量训练方式。另外，研究结果强有力地显示，深蹲对连续的代偿模式有极大的抑制作用，尤其是对于膝盖损伤和慢性背部疼痛。正如面对任何新的训练一样，永远要注意一些变量（例如，疲劳、不正确的方式、早已存在的结构异常），这些会影响这个多关节的全身练习的效果和安全性。

2. 当大腿到达与地面的平行线，或者平行线稍向下时，停止向下运动。

3. 臀部应舒适地位于脚跟上或脚跟后面，使膝盖位于脚中间线正上方。

4. 在回到起始姿势时，身体作为一个整体移动。下半身移动不要先于上半身，反之亦然。

5. 在下蹲过程中，一定要确保重力合理分配，略微抬起大脚趾（但是避免重量完全位于脚跟）。

具体益处

[12]

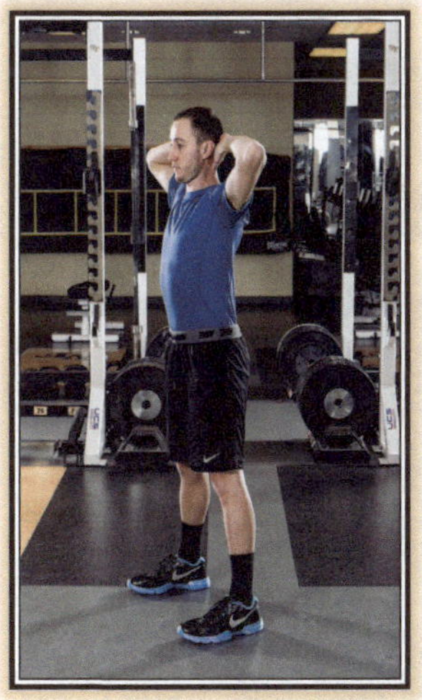

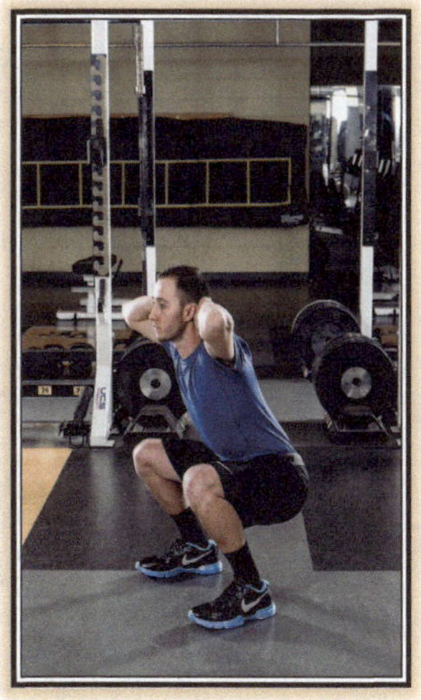

核心部位基础下蹲系列

进阶 2：过顶深蹲

动作修正

1. 直立，肩胛收缩。双脚分开，略微比肩宽，双脚平行，脚趾指向前方。

2. 用上手抓握一根轻型长棍（或者扫帚柄、PVC 管），上举长棍过头顶。如果可以，把长棍保持在头部稍后侧的位置。双手应舒适地分开，呈一个“Y”形。

3. 收缩核心部位，向下深蹲。整个练习中，上举长棍过头顶，肘部保持锁住。

具体益处 12

单腿平衡训练

运动步骤

1. 站立，肩胛收缩。双脚平行放于地面，脚趾指向前方。双手放在髋部。

2. 收缩核心部位，屈曲髋关节和膝关节，进入大约 3/4 半蹲。运动员的力量和关节活动范围决定下蹲深度。

3. 抬起一只脚，离开地面，质心转移到支撑点（支撑脚）的上方。

4. 按照预先确定的时间，保持下蹲姿势，维持身体平衡和控制。

5. 最后回到起始姿势，在另一条腿上重复。

注意事项

1. 保持下颌内收（想一想双下巴的情形），避免头部下沉（头既不前倾也不后仰，保持颈椎伸直）。

2. 在整个练习期间，抬起脚的脚趾保持指向上方（背屈）。

具体益处

9

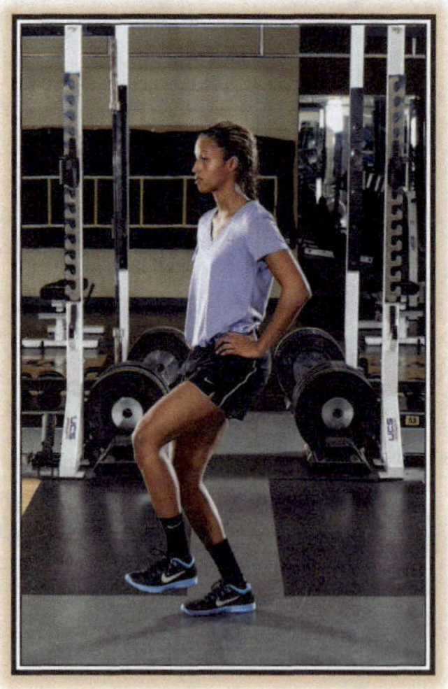

单腿平衡和触地

动作修正

1. 从 3/4 半蹲开始，单腿半站立姿势，如同前面的“单腿平衡训练”中所描述的。

2. 保持平衡，用悬空腿向前延伸，用该侧脚触地。

3. 然后回到中立位置。

4. 保持平衡，用相同的腿向旁侧延伸出去，不要失去平衡或出现代偿姿势。然后触地。

5. 回到中立位置。

6. 最后，打开髋部，向你侧后方延伸腿部（横断面）。脚触地后，回到中立的起始姿势（注意，这个运动会给支撑腿的关节带来扭转力，所以必须谨慎）。继续用同一条腿练习预定的重复次数或时间。

7. 在另一条腿上重复。

具体益处 [4] [5] [9] [12] [18] [20]

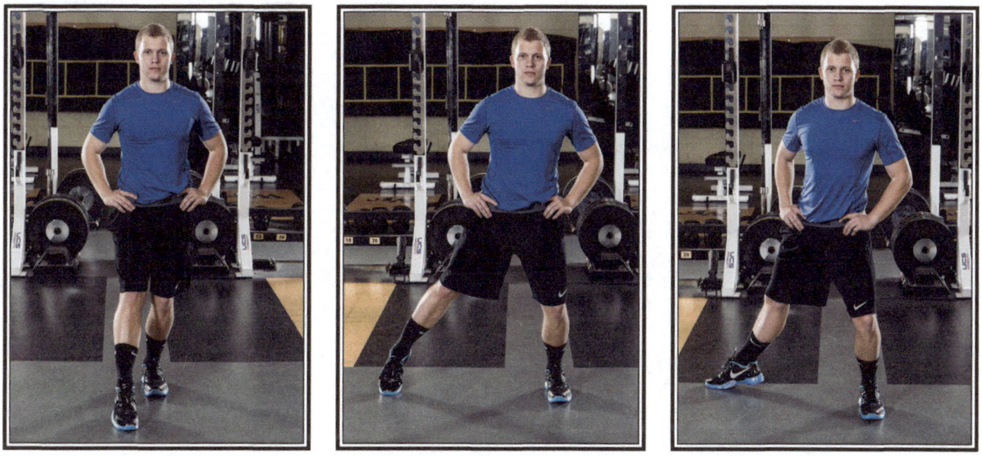

第三部分

核心力量训练

核心稳定性对运动能力来说无疑是一个关键的组成部分。也就是说，克服巨大外界阻力的能力，比如运动中遇到的阻力，在核心稳定性形成后变得越来越重要。

正如我们在简介和第 3 章中所提及的，身体运动输出的能力受到运动表现训练模式的每层水平的影响，高水平的稳定性、力量和爆发力按照训练循序渐进地得到实现。这些运动品质没有哪个是单独实现的，而是相互之间协同作用的结果。因此，区别不在于这些运动品质单独的能力大小，而是彼此组合形成的有效性能。这些变量每一个都同样重要，所以必须根据各自的需要以同等的关注进行相应的训练。身体只有在稳定的前提下才能产生足够的力量，只有以力量为平台才会产生高水平的爆发力。如果某一个部位缺乏等效训练，或者被完全忽视，运动表现能力将无法释放其潜能。

这就是许多运动员所忽视的环节。他们通常拥有绝佳的单项技能，例如，致命的正手击球、16 英尺（约 4.88 米）的跳投，或者强有力的接球能力。但如果一个运动员无法接触到球，就没人能看见他强大的正手击球；如果一个运动员无法躲开防守者，他就无法进行跳跃投篮；如果接球手无法甩掉侧卫，那么传球将被中途拦截。为了充分发展运动技能，一个完整的训练理念必须包括身体方面所有的变量。可以对较强的技能方面给予较少关注，对有限制的部位应给予更多重视。然而，在某一个具体方面你拥有绝佳技能并不意味着对其完全忽

视。其实，当你继续发展自身优势时，你的其他较弱的环节也会同样受益。

力量与力的关系

几乎每一项体育运动都需要运动员应对外力，这些外力会对运动表现产生积极或消极的影响。应对外力的情况可能像两个摔跤手搏斗一样显眼，或者像游泳者对抗水中产生的阻力一样不易看见。

从力的产生和降低的角度及在许多情况下站在安全角度而言，英式橄榄球这类撞击型的运动就是可以肉眼观察到的需要核心力量的绝佳例子（力的吸收）。在比赛的过程中，核心部位的主要功能就是不断有效地重新分配地面反作用力。在开阔的球场上，不可避免地会发生猛烈的拦截抢断，这需要核心部位大约在几毫秒之内进行功能转换。在相互碰撞时，外力冲撞身体的速度可能具有势不可挡的危险性。身体不仅需要非常稳固以承受这样猛烈的撞击，而且需要足够强大以对抗冲击、吸收冲击，以及在理想情况下摆脱阻截球员。

力量在所有体育运动中无所不在，而且不必增加肌肉大小就能体现其影响力。力量在越野赛跑或马拉松赛跑这类比赛中至关重要，这类项目需要强大的耐力，同时要求较低的体重。可以从两个方面清楚地理解这一点：肌肉力量和肌肉耐力。

1. 肌肉力量是由肌肉对抗阻力时可以发挥

出的最大力。

2. 肌肉耐力是指肌肉在长时间里进行收缩和反复输出力的能力。

正如我们所尽力展示的，功能性力量可以从许多方面进行定义。但是，随着我们继续讨论力量在运动表现方面的重要作用，绝对不应忽视这样的事实：在核心力量方面，我们主要是在讲对抗不同的大量外力，尤其是贯穿脊柱的外力的能力。这种方式往往与训练四肢的基本目的相对，四肢力量训练增加的力量通常会通过产生运动的方式展现出来。这个原则非常重要，且值得反复运用。

递增负荷

通过人体生理系统的适应性可以获得力量。为了产生积极的适应力，这些身体系统必须逐渐增加挑战难度。递增负荷是一个已经存在多年的理念，而且是正确的。它应该成为每项力量和体能训练的明确目标。美国运动医学会（the American College of Sports Medicine）这样定义递增负荷训练："逐渐增加训练中身体所承受的压力。"

本书第二部分的稳定性练习的目的在于，通过控制各种变量，例如增加运动的时间，或者改变身体姿势以增加整体难度，以此把运动员的训练从简单的基础活动提升到更具有挑战性的训练活动。

虽然作为基础这种方式很有效，但是长时间静态保持姿势并不是过度运动。因此，一旦脊柱稳定性提高，必须进行有效的整合。这种循序渐进的方法能够促进核心肌肉功能的平衡发展，并且随着时间的推移，帮助整个人体动力链进行发展。在稳定性训练上花费过多的时间，试图使练习更加具有挑战性，是一种主流的训练错误。如果某个情况对运动赛事来说不切实际，那么它就不应该成为训练内容的一部分。通常在体育比赛中，几乎没有时间让你

有意识地做出反应和回应，一切都在瞬间发生。训练应该是针对体育比赛所固有的能量系统和运动模式的，而且最好是采用在比赛中所运用到的具体姿势。

递增负荷训练的理念同样适用于核心训练，在这样的训练中，不仅身体姿势将得到改变，设备角度的大小也会改变，实际负重也系统地增加，以进一步提高挑战，从而努力实现理想目标。本书第三部分中的练习就是以控制运动和对抗外力为特点的。

手动施加外界阻力

提供外界阻力可以是在杠铃上增加300磅（约136千克）的负重进行深蹲这样的明显的方式，也可以是在膝盖周围套上一根阻力带进行滑步这样的细微的方式。在设备有限的情况下，或者你仅仅是想改变常规的外部刺激，训练中进行一定干扰的方式可以给习惯的负重练习提供一个要求非常高的额外负荷。手动干扰多年来一直运用在康复训练中。不同于原始活动的预期目标，我们的目的是实现对活动中突然干扰的本能反应。

图1　平板支撑中施加干扰

干扰可以是任何意想不到的外力或运动，它挑战或改变身体内稳态、平衡能力或身体控

制力。例如，随着时间的推进，直臂平板支撑，甚至是上下肢都放在不稳定设备上进行平板支撑，最终也会变得不那么困难，或许你会开始质疑是否应该继续练习。即使是在不稳定设备上进行练习，你也将很快变得适应，找到平衡点，并且很可能长时间地保持毫不动摇的直线式平板支撑。此时，如果教练或队友在你的周围轻推、轻拍或者拖拽一下，你会本能地做出细微调整以保持平衡（见第 130 页的图 1）。根据干扰强度，调整可能很简单，就像用最小的力吸收轻拍动作一样，也可能像改变重心一样剧烈。

研究显示，涉及干扰方法的训练可以扩大向关节和肌肉传递的本体感觉信号的强度。这些简单的方法将增强身体空间意识的敏锐反应，提高协调能力，以及增加全身的控制力。这些反过来将提升自信和运动表现，并且有可能降低受伤概率或其严重性。

图 2　直臂平板复合移动

与干扰方法及其预期的神经纠正反应力密切相关的是反应时间和随后的运动反应能力的提高，这在所有主要的运动性能中是一个极其重要的方面。有意识或无意识地识别刺激的能力，有效且快速地对刺激做出反应是高水平运动表现的一个最重要的特征。"他失误了。""他反应慢。""他不够稳定。"这些是观察员的常见评论。一些运动员通常可以和世界顶级的运动员一起做出反应，但是缺乏具体如何应对的神经传递。换句话说，你知道你负责盯防的队员打算向你的右侧突破，但是你无法让身体足够快地朝那个方向移动，从而拦截他。

反应能力涉及所有感官，包括听觉（例如本能地对旁边的教练的指令做出反应）和视觉（例如用眼神做出一个假动作，甩开防守队员进行投篮）。我们把干扰方法和其他复杂性任务以及各种反应类型的技能运用到训练的所有方面，从悬挂屈膝折叠练习中用棍子拨动训练者，到站在波速球上，在教练的轻推后背干扰下练习罚篮。

复合训练通常被误认为是干扰训练。这两种训练的区别在于，结合干扰的动作是出乎意料的，且产生的反应在于保持整个身体的控制力。然而在复合训练中，运动是预先确定的，而且通常其力量、负重和拉力持续不变。例如，健身房里的运动员可能进行直臂平板支撑的变式，同时教练把一根较大的阻力带系在运动员腰间（见第本页的图 2）。平板支撑的动作是保持不变的；不同在于，教练在旁侧拉动阻力带。运动员由于已经提前获知运动模式，所以在训练中他能够根据这些进行反馈，收紧核心部位的旋转肌群以对抗拉力，努力保持身体按原计划的姿势呈一条直线（直臂平板支撑）。因此，在不稳定设备上进行平板支撑这个相对简单的动作，由于我们创造了一个复合训练而变得更加具有挑战性，同时避免了肌肉分离训练，而是进行全身练习。这类训练略带一些危险性，但是具有提高适应能力的潜力，并且可以在相同的训练时间里获得更多成就。

在年轻人或未经训练的人身上，有时提高强度水平的能力几乎是无限的。这是因为这些低训龄的人适应窗口大。强度水平的快速提升也得益于神经系统与肌肉系统的连接速度加快，使整个系统更加有效地运转。对于那些训练有素且训练时间很长的人来说，适应窗口往往略小。前面提及的新手几乎可以在任何时间进行任何活动，而且依然实现积极的效果。退役运动员必须在他们的训练选择、重复次数和组数上更有条理和准确。

作为一名运动员，必须了解你的训练水平处于什么位置，然后适当地挑战自己。使用第 18 章中的测试给予你指导。清楚地了解你目前的能力有助于创建一个合理的核心训练计划，实现基础力量的最优化。

第 10 章

抗伸展训练

有些物理治疗师最大的谬误之一就是认为，通过简单的手动控制身体进行独特模式的运动后，身体就能够适应这个模式并在赛场上精确使用。这种想法是有悖事实的。认知在任何新习得的运动模式的保留和运用上起着至关重要的作用。如果运动员完全了解新的模式，还有新模式的目的、方法以及运用，那么随着练习的进行，他们将能够在体育比赛中运用新的模式。运动员在实现要求更高和更全面的运动技巧之前，必须展现出技能发展的基本能力。换句话说，在你学会跑步之前必须学会如何行走。优秀运动员身上的一个常见特点是拥有不可思议的流畅运动的能力和高效率的目的性。这种能力只有在运动员能够保持力量和爆发力所需的动态姿势的稳定性的前提下才有可能实现。

假设姿势扭曲模式受到控制，现在运动员训练计划应在核心稳定的基础上转向力量的运用训练。但善意的理疗师和健身专家常常为了加快测试训练效果，在没有首先建立支撑力量所需的核心基础的前提下开展自己的力量和爆发力训练理念。在接下来的章节中，我们从核心功能的角度来解决这些与运动表现有关的、不可或缺的力量变量。

本章介绍复合练习。复合练习是指围绕多种速度和负重，在多平面中进行的包含多种运动模式的练习。

下面的练习列表列出本章中每项练习的益处、难度水平，以及所需设备。基础练习用蓝色突出显示，并用红色表示其难度递增的练习。另外，基础训练在文中也用红色标题标注。

抗伸展力量练习列表

练习项目	具体益处（见第 5 章）	难度水平			设备
		简单	中等	困难	
阻力带肘部平板支撑：阻力带行走	❼⓫⓬⓱		X		阻力带 / 绳索
阻力带直臂平板支撑练习：肩部水平推举	❾⓬⓱		X		阻力带 / 绳索
阻力带直臂平板支撑练习：肩部水平推举，髋关节屈曲	❾⓫⓬⓱		X		阻力带 / 绳索
阻力带平板支撑练习：肩部水平推举，髋部伸展	❹❾⓫⓬⓱		X		阻力带 / 绳索
前滚练习：稳定球，跪姿	❶❷❼⓬		X		稳定球
前滚练习：滑动车，跪姿	❶❼⓬		X		滑动车
前滚练习：腹肌轮，跪姿	❶❼⓬			X	腹肌轮
前滚练习：悬吊上肢，跪姿	❷❻❼⓬			X	悬吊训练师
前滚练习：滑板，跪姿	❶❼⓬⓳			X	滑板
前滚练习：杠铃，跪姿	❼⓬⓱			X	杠铃
前滚练习：滑动车，双腿伸展	❶⓬			X	滑动车
前滚练习：腹肌轮，双腿伸展	❶⓬			X	腹肌轮
前滚练习：悬吊上肢，双腿伸展	❷❻⓬			X	悬吊训练设备
前滚练习：滑板，双腿伸展	❶⓬⓳			X	滑板
前滚练习：杠铃，双腿伸展	⓬⓱			X	杠铃
滑动车行走训练	❶❼❾		X		滑动车
稳定球肘部平板支撑：前后滚动	❶❷❼⓬㉔		X		稳定球
稳定球直臂平板支撑：前后滚动	❶❷❼⓬㉔		X		稳定球
稳定球肘部平板支撑：搅拌动作	❶❷❼⓬㉔		X		稳定球
稳定球直臂平板支撑：搅拌动作	❶❷❼⓬㉔		X		稳定球
滑板训练：肘部支撑锯式练习	❶❽⓬⓳		X		滑板
滑板训练：直臂支撑锯式练习	❶❽⓬⓳		X		滑板
登山训练：滑板	❶❹❽❾⓬⓳		X		滑板
登山训练：滑板，不稳定上肢	❶❷❹❽❾⓬⓳			X	不稳定设备 *，滑板
登山训练：滑板，双侧屈膝折叠	❶❽⓬⓳			X	滑板
登山训练：滑板，双侧屈膝折叠环绕	❶❽⓬⓳㉔			X	滑板

* 可以使用的不稳定设备有很多，包括厚泡沫垫、晃动板、平衡板、靠垫或稳定球。

续表

练习项目	具体益处（见第5章）	难度水平			设备
		简单	中等	困难	
登山训练：滑板，单腿	❶❹❽⓬⓳			X	滑板
登山训练：滑板，直膝折叠	❶❽⓬⓳			X	滑板
登山训练：滑板，直膝折叠，左和右	❶❽⓬⓳㉔			X	滑板
登山训练：滑板，折叠，登山运动，俯卧撑	❶❽⓬⓳㉔			X	滑板
登山训练：稳定球，阻力带	❶❷❹❽⓬⓱			X	稳定球，阻力带
登山训练：悬吊下肢	❹❻❽⓬			X	悬吊训练设备
登山训练：悬吊下肢，双侧屈膝折叠	❻❽⓬			X	悬吊训练设备
登山训练：悬吊下肢，双侧屈膝折叠：中，右，中，左，中	❻❽⓬㉔			X	悬吊训练设备
登山训练：不稳定上肢，悬吊下肢，双侧屈膝折叠	❶❷❻❽⓬			X	悬吊训练设备，不稳定设备
登山训练：稳定球上不稳定上肢，悬吊下肢，双侧屈膝折叠	❶❷❻❽⓬			X	悬吊训练设备，稳定球
登山训练：滑板，同时外展和内收	❶❺⓬⓳			X	滑板
登山训练：滑板，交替外展和内收	❶❺⓬⓳			X	滑板
登山训练：滑板，同时外展和内收加俯卧撑	❶❺⓬⓲⓳㉔			X	滑板
登山训练：滑板，外展和内收加直膝折叠和俯卧撑	❶❺❽⓬⓲⓳㉔			X	滑板
俯卧撑	⓬	X			
俯卧撑：髋部伸展	❹⓬	X			
俯卧撑：交替外展和内收	❺⓬	X			
俯卧撑：健身箱，不对称训练	⓬	X			加高平台 **
俯卧撑：不稳定上肢，药球，不对称训练	❶⓬		X		药球
俯卧撑：不稳定上肢，药球滚动	❶❼❾⓬⓮⓱⓲		X		药球
俯卧撑：药球，不稳定上肢，上肢移动	❶❼⓬		X		药球
俯卧撑：不稳定下肢，药球	❶❸⓬		X		药球

** 可以用作加高平台的选择很多，包括箱子、长凳、椅子或台阶。

续表

练习项目	具体益处 （见第 5 章）	难度水平			设备
		简单	中等	困难	
俯卧撑：不稳定上下肢，药球	❶⓬			X	3 个药球
俯卧撑：不稳定下肢，窄距，药球	❶⓬			X	药球，不稳定设备
俯卧撑：不稳定下肢，复合训练	❶❷❼⓬⓲			X	加高平台，不稳定设备
俯卧撑：抬高手臂，直膝折叠复合训练	❷❽⓬⓲		X		加高平台
俯卧撑：悬吊上肢	❷❻⓬		X		悬吊训练设备
俯卧撑：悬吊下肢	❸❻⓬		X		悬吊训练设备
俯卧撑：悬吊下肢，上下健身箱	❸❻❼⓬⓲			X	加高平台，悬吊训练设备
俯卧撑：悬吊上肢和不稳定下肢	❶❷❸❻⓬			X	不稳定设备，悬吊训练设备
俯卧撑：悬吊下肢，复合训练	❶❸❻⓬⓱⓲			X	悬吊训练设备，2 个哑铃
悬挂抬膝（后仰）	⓬⓰⓱			X	单杠
反向悬挂屈膝到直腿	⓬⓰⓱			X	单杠
悬挂胫骨触碰	⓬⓰⓱			X	单杠
悬挂直腿折叠引体向上	⓬⓰⓱			X	单杠
悬挂直腿到屈膝	⓬⓰⓱			X	单杠
悬挂直腿到屈膝：双膝夹住药球	⓬⓰⓱			X	单杠，药球
悬挂直腿到屈膝：脚踝夹住药球	⓬⓰⓱			X	单杠，药球
悬挂直腿到屈膝：阻力带	⓬⓰⓱			X	单杠，阻力带
悬挂 L 系列训练：交替直腿至 L 姿势	❹⓫⓬⓰⓱			X	单杠
悬挂 L 系列训练：直腿至 L 及返回	⓬⓰⓱			X	单杠
悬挂 L 系列训练：L 至屈膝折叠再回到 L	⓬⓰⓱			X	单杠
悬挂 L 系列训练：L 至单杠触脚踝再回到 L	⓬⓰⓱			X	单杠
悬挂 L 系列训练：外展和内收	❺⓬⓰⓱			X	单杠
悬挂 L 系列训练：等长 L 引体向上	⓬⓰⓱⓲			X	单杠

阻力带肘部平板支撑

阻力带行走

运动步骤

1. 脸朝下趴于地面（俯卧），双脚并拢。（如果需要额外的稳定，双脚略微分开。）

2. 在你的后面离地面 1~2 英尺（0.3~0.6 米）高的位置稳固地系上一条阻力带（或橡胶带、绳索、弹力绳等其他阻力设备）。

3. 每只手握住一根阻力带（或绳索、弹力绳等）。上半身的重量位于前臂，双脚和脚趾向胫骨方向背屈。

4. 锁定双膝，收紧臀肌并收缩核心部位。上提身体，接触点只有地面上的双脚前脚掌和脚趾，以及肘部和前臂。

5. 继续收缩核心部位，保持身体呈直线。肘部和前臂对抗阻力带向前移动。根据运动员的力量情况、所使用的阻力带以及阻力带的拉伸收缩情况，移动的距离可能是各不相同的。

6. 保持相同的动态可控姿势，向后移动，回到起始姿势。按照预先确定的次数或时间重复练习。

注意事项

1. 整个练习期间，保持核心部位收紧（耳部、肩部、髋部、膝盖和脚踝呈一条直线，身体中段没有拱起、下沉或旋转）。

2. 按照身体可控的速度进行移动，且不牺牲正确的练习方式。

具体益处

[7] [11] [12] [17]

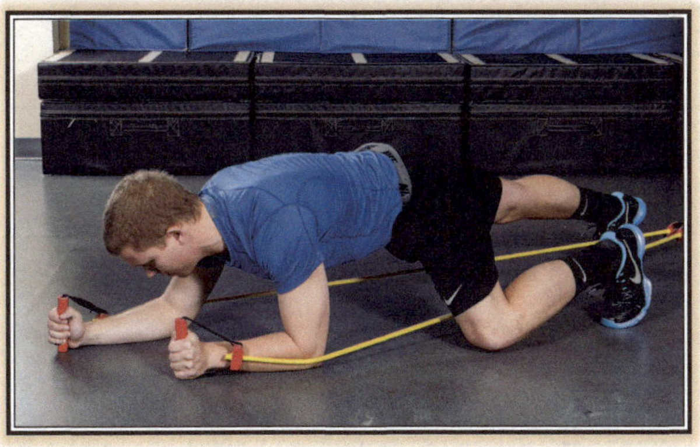

■阻力带直臂平板支撑练习■
肩部水平推举

动作修正

1. 在开始时，把一只手放在肩部正下方的地面上，手臂与地面垂直。

2. 在你的后面离地面1~2英尺（0.3~0.6米）高的位置稳固地系上一根阻力装备（橡胶带、绳索、弹力管或其他阻力设备）。用没有接触地面的手握住阻力带或把手。

3. 锁定双膝，收紧臀肌和核心部位。上提身体，接触地面的只有双脚的前脚掌和脚趾以及一只手。整个练习期间，保持核心部位收紧（耳部、肩部、髋部、膝盖和脚踝呈一条直线，身体中段没有拱起、下沉或旋转）。

4. 手掌向上，抬起上侧的手和阻力带至该侧肩部正下方。

5. 然后上举过头顶；进行该动作时，手掌转成掌心向下的姿势。推举时上举过头顶，手臂与地面平行（因为身体呈平板支撑的姿势）。

6. 最后回到起始姿势。

具体益处 **9** **12** **17**

提示

一定保持身体呈直线。在身体呈三点支撑姿势的时候，身体为了平衡，有向反面转动或旋转的倾向。整个运动期间，避免身体转动，尽力保持髋部水平。

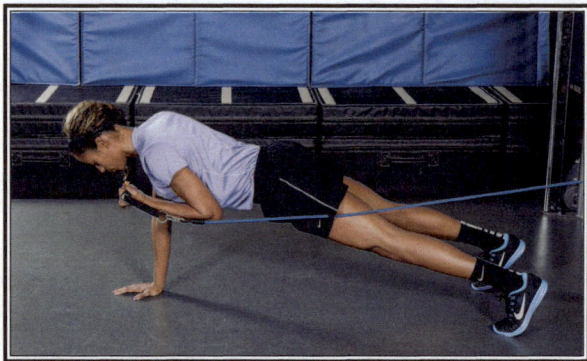

阻力带直臂平板支撑练习
肩部水平推举，髋关节屈曲

动作修正

1. 左手放在肩部正下方的地面上，该侧手臂与地面垂直。

2. 在你的后面离地面 1~2 英尺（0.3~0.6 米）高的位置稳固地系上一根阻力装备（橡胶带、绳索、弹力管或其他阻力设备）。用右手握住阻力带或把手。

3. 锁定双膝，收紧臀肌和核心部位。上提身体，接触地面的只有双脚的前脚掌和脚趾以及一只手。整个练习期间，保持核心部位收紧（耳部、肩部、髋部、膝盖和脚踝呈一条直线，身体中段没有拱起、下沉或旋转）。

4. 伸展左侧（对侧）髋部，抬起该侧腿，离开地面。

5. 掌心向上，抬起右手和阻力带至右肩部正下方。

6. 屈曲左侧髋关节，把躯干下侧的左膝盖向胸部拉动，同时右手上举过头顶（与地面平行）。在推举的过程中，右手转成掌心向下的姿势。

7. 保持身体关节对齐。避免为了协助膝盖移动而弓背。

8. 最后回到起始姿势。

具体益处 9 11 12 17

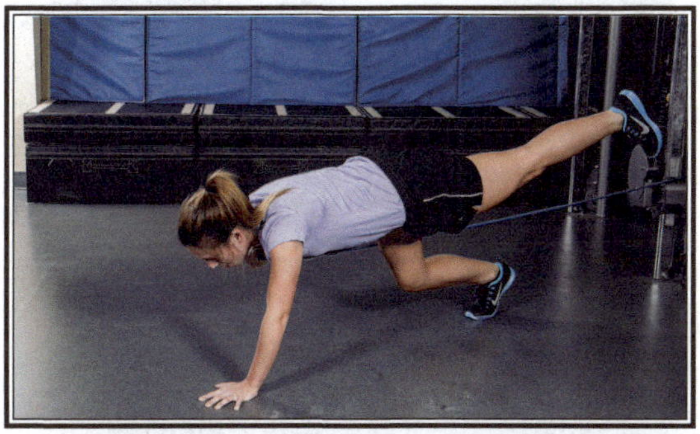

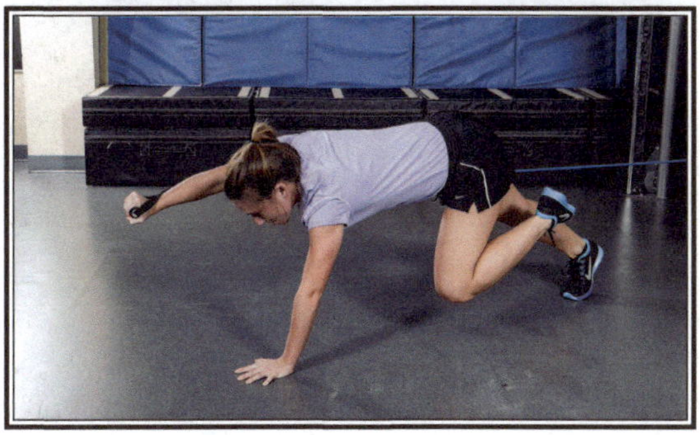

■阻力带平板支撑练习■
肩部水平推举，髋部伸展

动作修正

1. 采用前面练习中所描述的起始姿势，与之稍有不同的是先抬起的是左手，以及右腿朝胸部移动。

2. 将躯干下侧的右腿（对侧）朝胸部移动。手掌向上，抬起左手和阻力带，至左侧肩膀正下方。

3. 然后向后上方伸展左侧髋部，同时推举左手过头顶（与地面平行）。现在右腿和左臂都与地面平行。

4. 在推举过程中，手转成掌心向下的姿势。

5. 保持身体呈正确的姿势。避免为了协助膝盖向后回到起始姿势而弓背。

6. 回到起始姿势。

具体益处 [4] [9] [11] [12] [17]

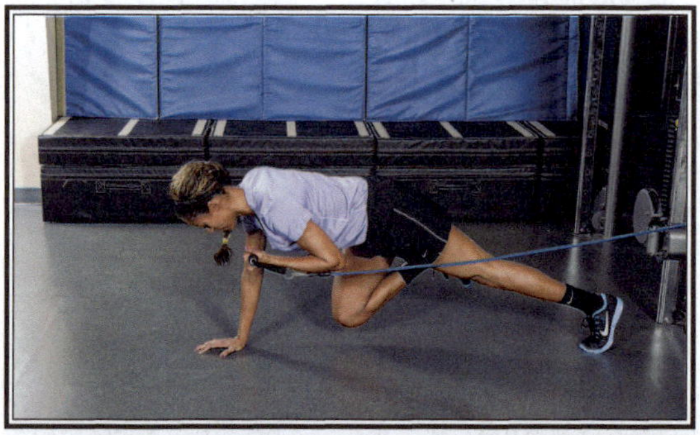

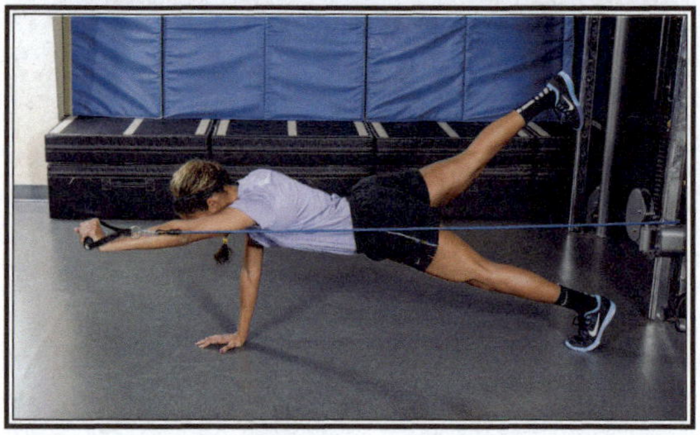

前滚练习

稳定球，跪姿

运动步骤

1. 双膝跪在地面上，稳定球位于身体正前方。

2. 把双手和前臂放在稳定球上端。

3. 上提身体，接触点只有地面上的双膝、两脚的前脚掌和脚趾。为了脊柱稳定，收缩核心部位。

4. 平稳地向前伸展肘部、肩部、髋部和双膝。随着球向前移动，前臂应在稳定球上端滚动。

5. 在保持脊柱稳定且相对挺直的同时，尽量向前推出，骨盆角度保持中立。

6. 回撤动作，向后滚动球，回到起始姿势。

7. 按照预先确定的次数重复练习。

注意事项

1. 在整个练习期间，收缩腹部并收紧臀肌。

2. 在整个练习期间，保持稳固的核心部位（耳部、肩部、髋部、膝盖和脚踝呈一条直线）。

3. 避免过度的骨盆前倾（腰椎拱起或过度伸展）。整个练习期间，保持骨盆位置中立。

具体益处

1 2 7 12

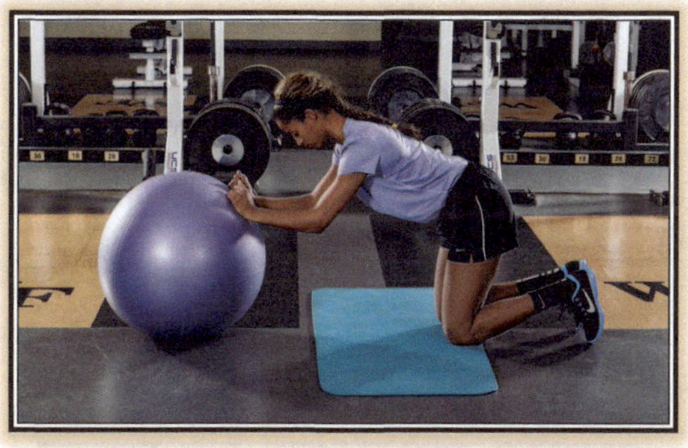

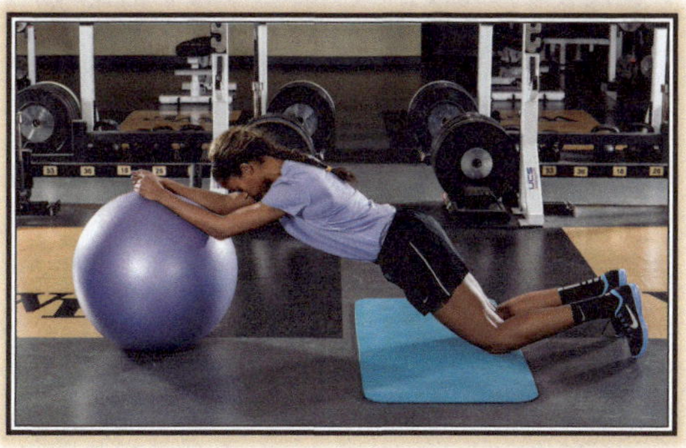

前滚练习
滑动车，跪姿

动作修正

采用“前滚练习：稳定球，跪姿”中的起始姿势。动作相同；唯一不同的是，使用的不是稳定球，而是滑动车。

具体益处 ❶ ❼ ⓬

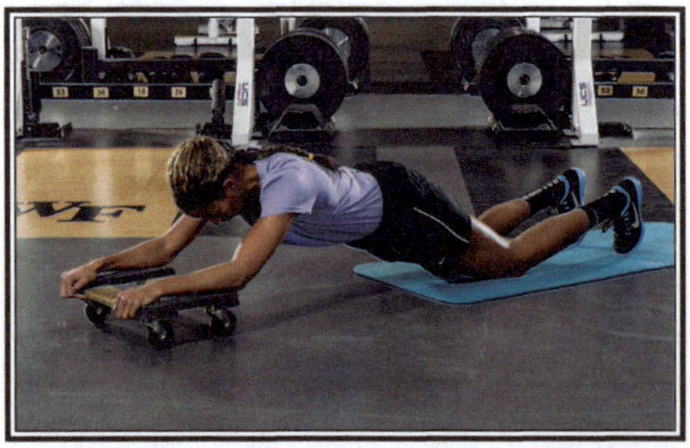

前滚练习
腹肌轮，跪姿

动作修正

采用“前滚练习：滑动车，跪姿”中的起始姿势。动作相同；唯一不同的是，采用腹肌轮而不是滑动车。

具体益处 ❶ ❼ ⓬

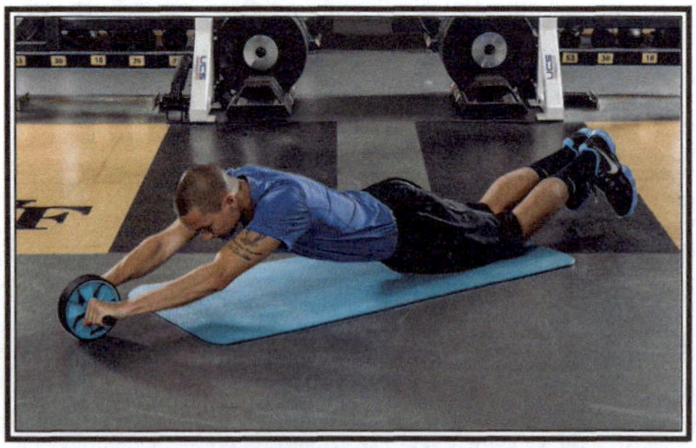

前滚练习
悬吊上肢，跪姿

动作修正

1. 双膝跪在地面上，悬吊设备的带子位于体前。手把的高度和脚的位置决定所需负荷量和练习难度。

2. 双手握住手把，支撑身体，只有双膝、前脚掌和脚趾位于地面。脊柱稳定，保持相对挺直的姿势，骨盆处于中立位。

3. 在保持脊柱相对挺直的同时，尽量向前推出双手。

4. 撤回动作，回到起始姿势。

具体益处 ❷ ❻ ❼ ⓬

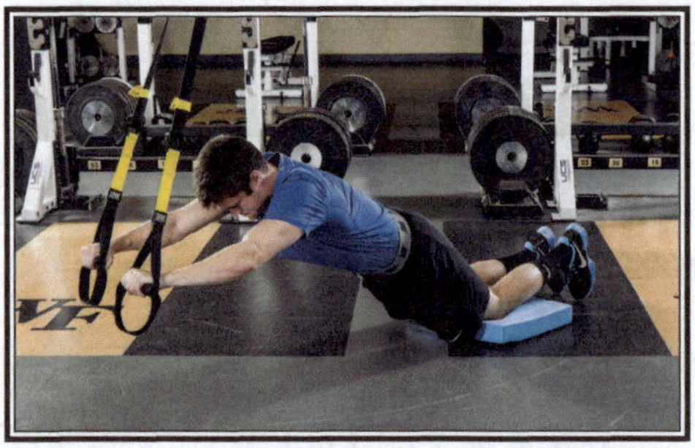

前滚练习
滑板，跪姿

动作修正

1. 跪在地面上，小心地把双手放在双肩正下方的滑板上，双臂与地面垂直。接触点只有地面上的双膝、双脚的前脚掌和脚趾。

2. 平稳地将双脚、髋部和膝盖向前伸展。保持脊柱稳定和相对挺直的同时，尽量向前方推进。

3. 撤回动作，回到起始姿势。

具体益处 ❶ ❼ ⓬ ⓳

前滚练习
杠铃，跪姿

动作修正

采用“前滚练习：腹肌轮，跪姿”中的起始姿势。动作相同，唯一不同的是，使用杠铃而不是腹肌轮。双手分开，略微比肩宽，握住杠铃。

具体益处 ❼ ⓬ ⓱

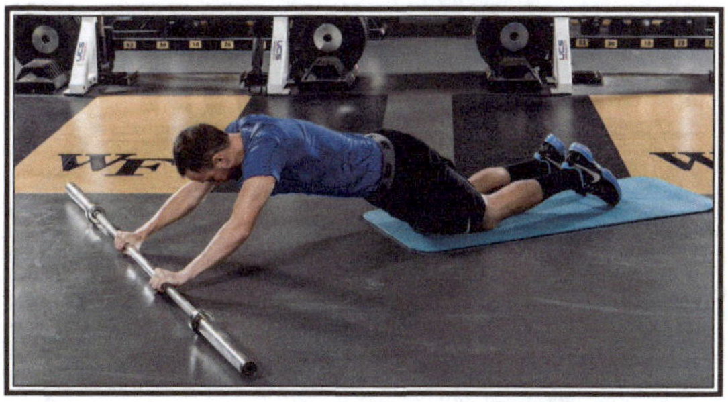

前滚练习
滑动车，双腿伸展

动作修正

1. 双膝跪在地面，滑动车位于体前。前臂放在滑动车上。

2. 伸展双腿。只有双脚的前脚掌和脚趾位于地面。

3. 尽量向前推进。稳定脊柱；整个运动期间，保持脊柱相对挺直和骨盆角度的中立。

4. 撤回动作，回到起始姿势。

具体益处 ❶ ⓬

前滚练习
腹肌轮，双腿伸展

动作修正

采用“前滚练习：滑动车，双腿伸展”中所描述的起始姿势。动作相同，唯一不同的是，使用腹肌轮而不是滑动车。

具体益处 1 12

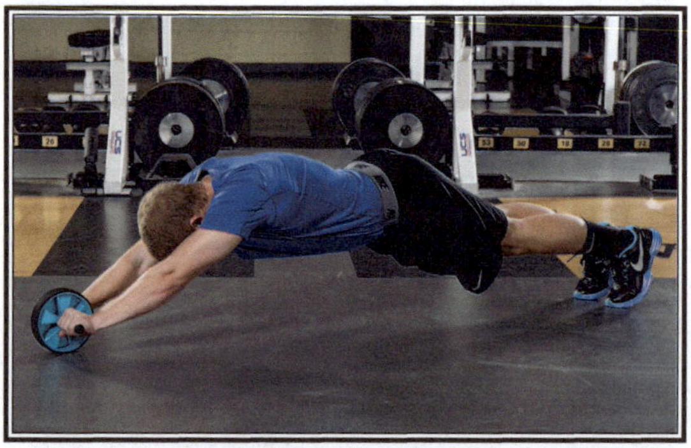

前滚练习
悬吊上肢，双腿伸展

动作修正

1. 双膝跪在地面上，悬吊设备的带子位于体前。手把的高度和脚的位置决定所需负荷量和练习难度。

2. 伸展双腿，只有双脚的前脚掌和脚趾接触地面。

3. 尽量向前推进。稳定脊柱；整个练习期间，保持相对挺直的姿势，以及中立的骨盆角度。

具体益处 2 6 12

前滚练习
滑板，双腿伸展

动作修正

1. 双膝跪在地面上。双手分别放在双肩正下方的滑板上，双臂与地面垂直。

2. 伸展双腿。只有双脚的前脚掌和脚趾接触地面。

3. 尽量向前推进。稳定脊柱；整个练习期间，保持相对挺直的姿势，以及中立的骨盆角度。

4. 撤回动作，回到起始姿势。

具体益处 1 12 19

前滚练习
杠铃，双腿伸展

动作修正

1. 采用“前滚练习：腹肌轮，双腿伸展”中的起始姿势。

2. 动作相同；唯一不同的是，使用杠铃而非腹肌轮。双手分开，略微比肩宽，握住杠铃。

具体益处 ⑫ ⑰

滑动车行走训练

动作修正

1. 双脚放在滑动车上端，双膝着地。

2. 利用伸直的双臂支撑上半身的重量，脚趾朝胫骨方向拉动。

3. 以一种可控的方式抬起左手，将其稳固地放在你的前侧。

4. 用右手重复该动作，从而使身体向前移动。

5. 继续向前“行走”，直至预期距离。

具体益处 ❶ ❼ ❾

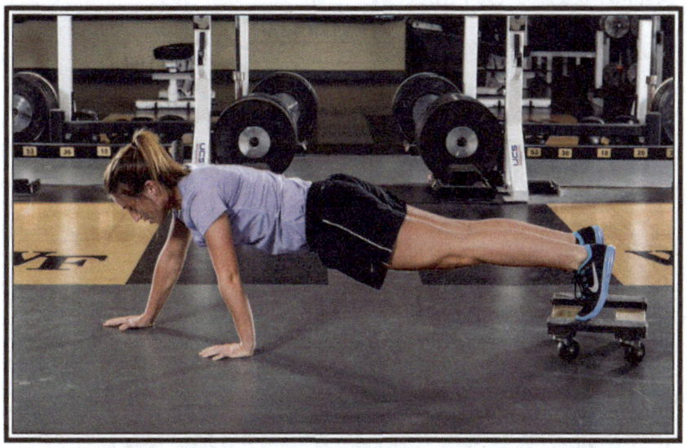

稳定球肘部平板支撑

前后滚动

运动步骤

1. 脸朝向稳定球，肘部放在稳定球上。双脚并拢，脚踝背屈。

2. 上提身体，接触点只有地面上双脚的前脚掌和脚趾，以及稳定球两侧的手腕和前臂。上半身的重量位于前臂上。

3. 在这个练习期间，收紧核心部位，保持身体呈一条直线（耳部、肩部、髋部、膝盖和脚踝在一条直线上）。

4. 动作始于肩部，平稳地向前推动身体，而不失去身体正确的姿势或受力。滚动的距离根据运动员的力量、稳定性和舒适度水平而确定。

5. 保持脊柱稳定，拉动球回到起始姿势。大部分的活动发生在肩胛带。

6. 按照预先确定的次数或时间重复练习。

注意事项

1. 稳定在极大程度上依据脚的位置而决定。在练习期间，双脚并拢（或者单脚着地）时保持稳定性比双脚分开时更困难，双脚分开提供更宽的支撑根基。

2. 稳定球的高度，以及因此形成的身体角度也会影响练习难度。

具体益处

❶❷❼⓬㉔

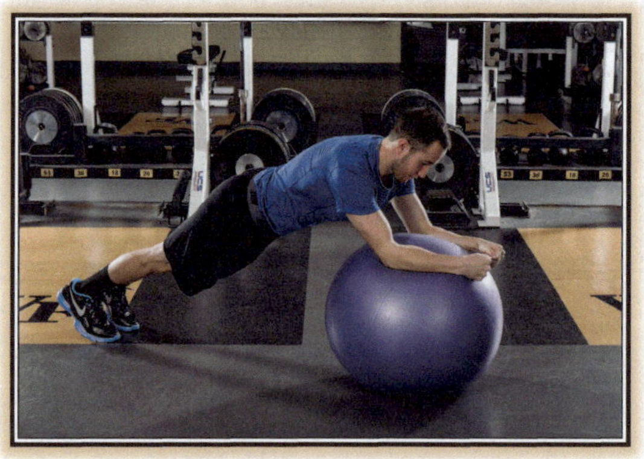

▪稳定球直臂平板支撑▪

前后滚动

动作修正

1. 双手放在稳定球上，伸直手臂。双手放在双肩正下方，手臂与地面垂直。

2. 上提身体，接触点只有地面上的双脚的前脚掌和脚趾，以及球上的双手。

3. 遵循“稳定球肘部平板支撑：前后滚动”中所描述的步骤进行运动。

具体益处 ❶❷❼⓬㉔

稳定球肘部平板支撑

搅拌动作

动作修正

1. 采用“稳定球肘部平板支撑：前后滚动”中所描述的起始姿势。

2. 运动起始于双肩，在不失去正确身体姿势的前提下，平稳地把球向前尽量推进，然后肘部在球上做环形移动。

3. 保持脊柱稳定，继续向一个方向环形移动，主要是肩胛带的活动。环形大小根据运动员的力量、稳定性和舒适度来决定。

4. 按照预先确定的次数或时间朝一个方向重复练习，然后在另一侧重复。

具体益处 ❶ ❷ ❼ ⓬ ㉔

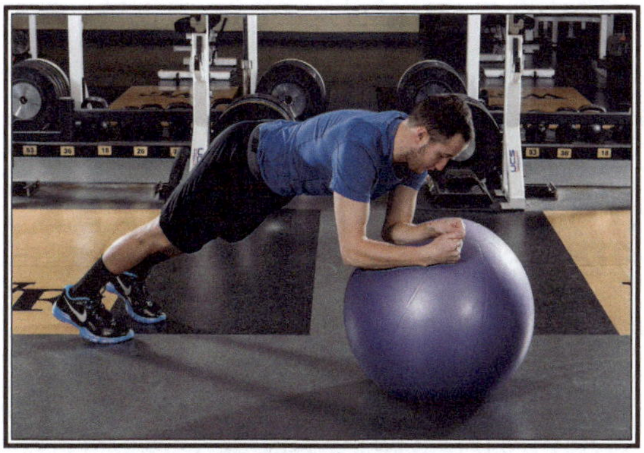

稳定球直臂平板支撑

搅拌动作

动作修正

1. 采取“稳定球直臂平板支撑：前后滚动”中所描述的起始姿势。

2. 上提身体，接触点只有地面上的双脚的前脚掌和脚趾，以及球上的双手。

3. 然后遵循“稳定球肘部平板支撑：搅拌动作”中的步骤练习。

具体益处 ❶ ❷ ❼ ⓬㉔

提示

为了获得额外的控制力或者体验不同难度，尝试不同的手的位置。例如，手指指向前方时，难度更大；指向侧边的地面时，控制力更大。要意识到个人的稳定能力和控制力，绝对不要使关节或身体部位进入会导致损伤的姿势。

滑板训练

肘部支撑锯式练习

运动步骤

1. 双膝位于一个滑板上。双前臂放在滑板外缘的前侧地面上。

2. 上提身体，脚趾朝胫骨方向拉动。

3. 向后推，使脚趾沿着滑板向后滑动，伸展肩部和髋部。

4. 保持脊柱相对挺直的前提下尽可能远地向后滑动。

5. 然后向前拉，回到起始姿势。

6. 按照预先确定的次数进行重复练习。

注意事项

1. 整个练习期间，收紧核心部位并收缩臀肌。

2. 保持核心部位稳固，身体中段没有拱起、下沉或旋转。

具体益处

[1] [8] [12] [19]

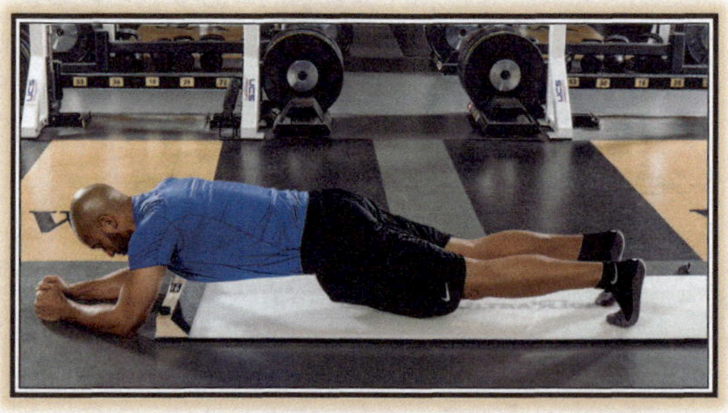

滑板训练

直臂支撑锯式练习

动作修正

1. 双手放在靠近滑板一端的前侧地面，双臂与地面垂直。

2. 随着双臂伸直，身体上提，脚趾朝胫骨方向拉动。然后遵循“滑板训练：肘部支撑锯式练习”中的步骤练习。

具体益处 [1] [8] [12] [19]

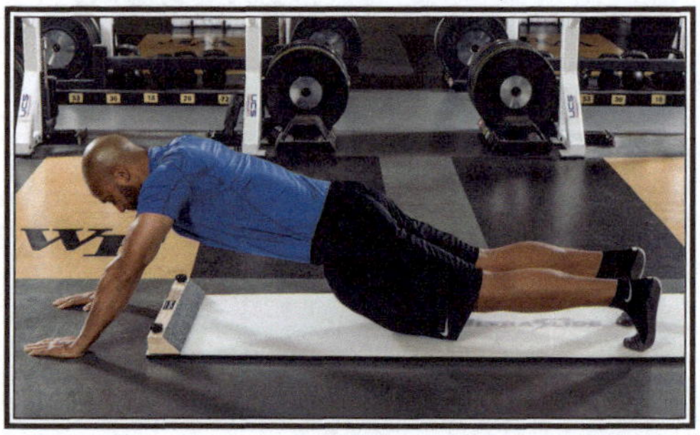

登山训练

滑板

运动步骤

1. 双手放在靠近滑板一端的前侧地面，双臂与地面垂直。

2. 双脚位于滑板上，把双脚的前脚掌和脚趾朝胫骨方向拉动。

3. 身体呈直臂平板支撑的姿势（耳部、肩部、髋部、膝盖和脚踝呈一条直线）。

4. 保持脊柱相对挺直，骨盆位置中立。向前滑动一只脚，到躯干下方。在膝盖朝胸部移动的时候，对侧膝盖保持伸直。

5. 然后向后伸展屈曲的膝盖和该侧髋关节，同时向前滑动另一侧的腿至躯干下侧（膝盖靠近胸部）。

6. 继续，双腿交换，重复练习预先确定的次数或时间。

注意事项

1. 收紧核心部位，避免耸肩。

2. 保持核心部位稳固，且身体中段没有拱起、下沉或转动。

具体益处

1 4 8 9 12 19

■登山训练■
滑板，不稳定上肢

动作修正

1. 双手放在稳定球（或类似的器材）上，稳定球位于靠近滑板的一 端的前侧地面上。双臂伸直，差不多与地面垂直（稳定球的大小决定垂直度）。

2. 双脚的前脚掌和脚趾位于滑板上。

3. 然后遵循“登山训练：滑板”中的步骤进行练习。

具体益处 1 2 4 8 9 12 19

提示

为了获得额外的控制力或者体验不同难度，尝试不同的手的位置。例如，手指指向前方时，难度更大；指向侧边的地面时，控制力更大。要意识到个人的稳定能力和控制力，绝对不要使关节或身体部位进入会导致损伤的姿势。

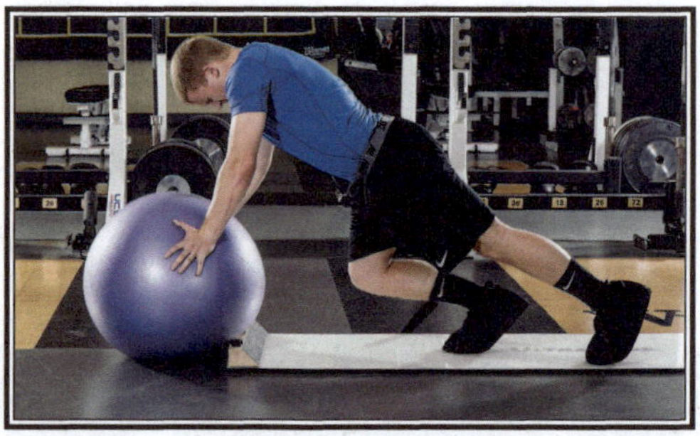

■登山训练■
滑板，双侧屈膝折叠

动作修正

1. 采用“登山训练：滑板”中的直臂平板支撑作为起始姿势。

2. 保持脊柱相对挺直、骨盆中立的位置。双脚向前滑动至躯干下方。双膝同时向胸部收拢。

3. 最后向后伸展双膝和髋部，回到起始姿势。

具体益处 1 8 12 19

提示

自然的髋部抬起将有助于膝盖向胸部收拢，但是尽可能保持髋部处于低位。在挑战髋部、膝盖和脚踝活动范围时，尽力保持腰椎的挺直和稳定。

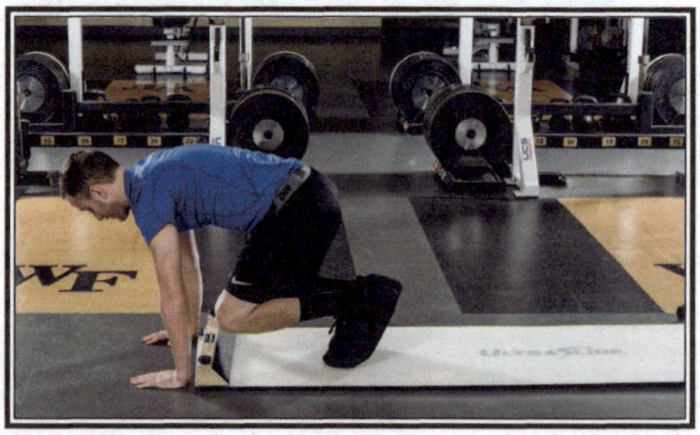

■登山训练■
滑板，双侧屈膝折叠环绕

动作修正

1. 采用“登山训练：滑板”中的直臂平板支撑作为起始姿势。

2. 这个动作与“登山训练：滑板，双侧屈膝折叠”一样，但是增加了下半身，尤其是双脚的环绕动作。

3. 继续顺时针方向练习预先确定的次数或时间，然后逆时针重复练习。

具体益处 [1] [8] [12] [19] [24]

■登山训练■
滑板，单腿

动作修正

1. 采用“登山训练：滑板”中的直臂平板支撑作为起始姿势。双脚放在滑板上。

2. 除了使用单腿进行练习，这个动作与“登山训练：滑板，双侧屈膝折叠”训练一样。

3. 保持一侧腿离开滑板，该侧的膝盖和髋关节屈曲（向上靠近胸部）。

4. 继续按照预先确定的次数或时间重复练习，然后换另一条腿重复进行。

具体益处 [1] [4] [8] [12] [19]

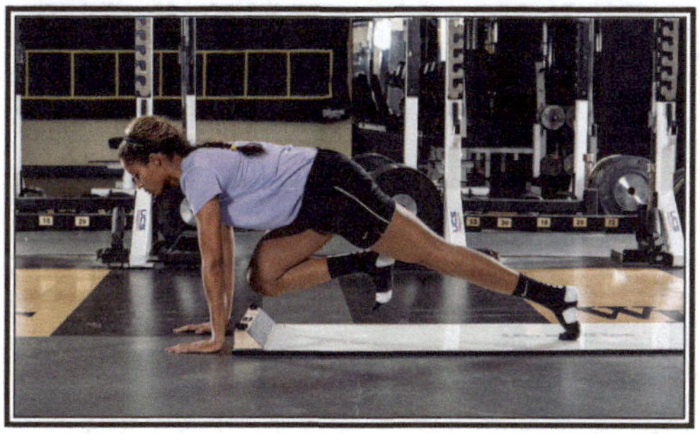

■登山训练■
滑板，直膝折叠

动作修正

1. 采用“登山训练：滑板”中的直臂平板支撑作为起始姿势。双脚放在滑板上。

2. 脊柱保持相对挺直，锁定双膝，收紧核心部位，屈曲髋部，同时把双脚向前面的双手方向滑动（屈体）。

3. 达到最大屈曲限度后（运动员的屈体高度各有不同），以可控的方式向后滑动双脚，回到起始姿势。

具体益处 ❶ ❽ ⓬ ⓳

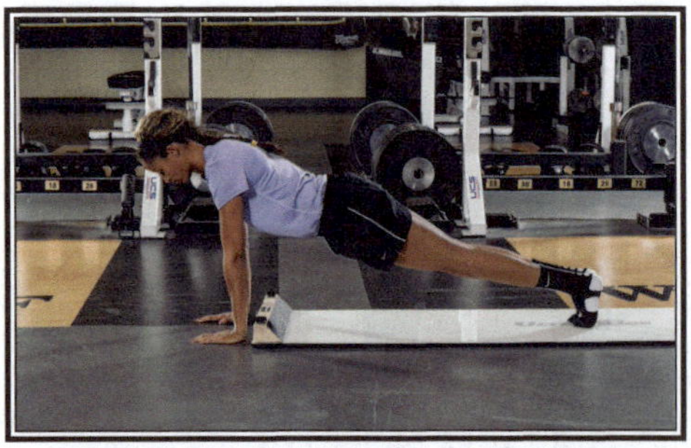

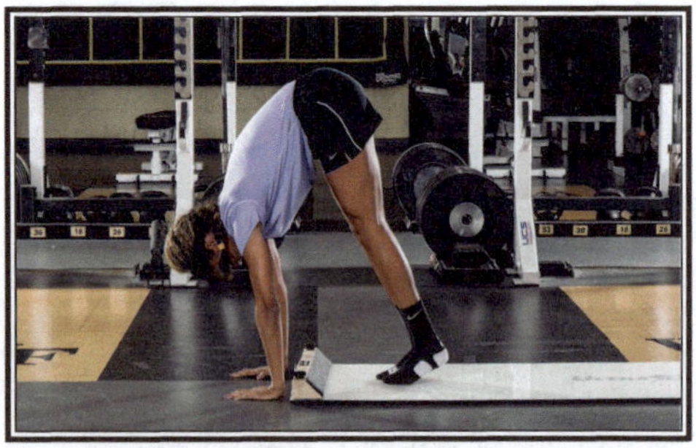

■登山训练■
滑板，直膝折叠，左和右

动作修正

1. 采用“登山训练：滑板”中的直臂平板支撑作为起始姿势。

2. 这个动作与“登山训练：滑板，直膝折叠”相同，只是增加了一个变动的运动模式。

3. 从滑板最左侧的位置开始滑动双脚，进入屈体姿势。然后，不是回到滑板左侧时的起始姿势，而是回到滑板最右侧。

4. 在右侧重复最大程度的屈体姿势（运动员之间屈体高度各有不同）；然后，以可控制的方式向后滑动双脚，回到起始姿势（左侧）。

具体益处 ❶ ❽ ⓬ ⓳ ㉔

■登山训练■
滑板，折叠，登山运动，俯卧撑

动作修正

1. 采用“登山训练：滑板”中的直臂平板支撑作为起始姿势。双脚放在滑板上。

2. 这是一种复合训练，过程如下。

（a）直膝折叠，然后回到起始姿势。

（b）左侧登山运动，然后右侧。

（c）在起始姿势（中立位置），进行俯卧撑。

具体益处 ❶ ❽ ⓬ ⓳ ㉔

提示

这只是多种复合训练中的一个可能会运用到的例子。多些创意，发展属于自己的训练。

■登山训练■
稳定球，阻力带

动作修正

1. 把两根阻力带系在一个固定物上，弹力带的另一端系在脚踝或脚上。双手放在稳定球（或类似的器材）上，双臂伸直，差不多与地面垂直（球的大小决定垂直度）。

2. 身体呈直臂平板支撑（耳部、肩部、髋部和脚踝在一条直线上）姿势，骨盆保持中立，然后向躯干下方抬起一只脚。膝盖向胸部移动，同时，另一侧的膝盖保持伸直。

3. 最后，伸直屈曲的膝盖和髋关节，回到起始姿势。交换腿继续练习。

具体益处 [1] [2] [4] [8] [12] [17]

提示

为了获得额外的控制力或者体验不同难度，尝试不同的手的位置。例如，手指指向前方时，难度更大；指向侧边的地面时，控制力更大。要意识到个人的稳定能力和控制力，绝对不要使关节或身体部位进入会导致损伤的姿势。

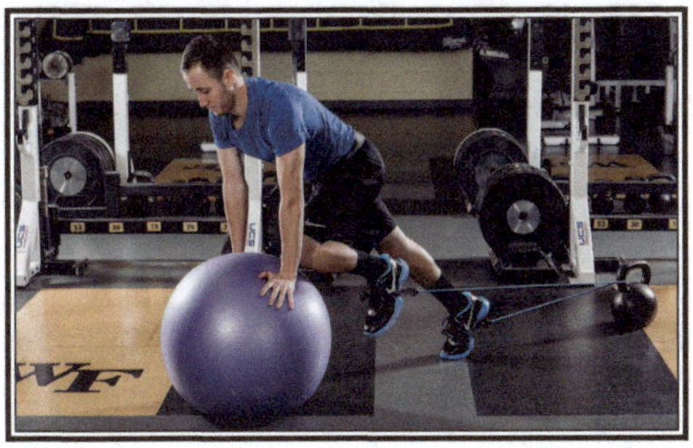

■登山训练■
悬吊下肢

动作修正

1. 双膝跪在地面上，悬吊设备的带子（或把手）悬挂在你的身后。

2. 用带子系牢双脚（这可能需要一个伙伴的帮助）。手柄的高度，以及手和脚的位置决定练习负荷和难度。

3. 保持正确的身体力线（耳部、肩部、髋部、膝盖和脚踝呈一条直线，身体中段没有拱起或下沉）。髋部不要下沉（骨盆不应朝地面下垂）或拱起（骨盆和臀部不应朝天花板方向拱起）。

4. 收紧核心部位，然后拉动一个膝盖至躯干下侧。在膝盖朝胸部移动时，另一条腿保持伸直。

5. 最后，向后伸展屈曲的膝盖和髋关节，回到起始姿势，同时向前移动另一侧的直腿至躯干下方（膝盖朝向胸部）。

6. 继续这样，双腿交换进行练习。

具体益处 [4] [6] [8] [12]

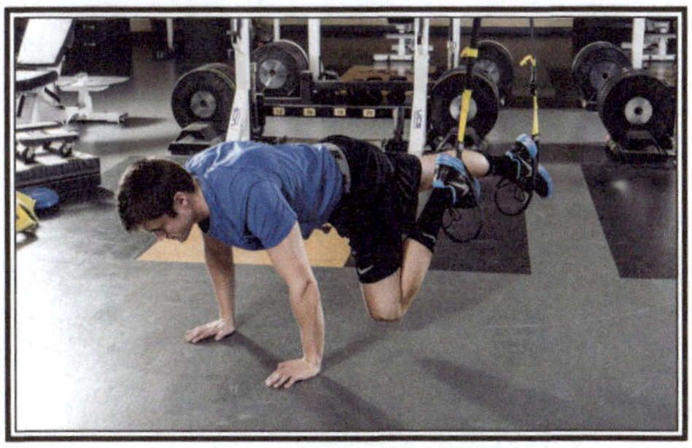

登山训练
悬吊下肢，双侧屈膝折叠

动作修正

1. 采用“登山训练：悬吊下肢”中的起始姿势。

2. 保持脊柱相对挺直，骨盆位置中立，以及向上至躯干下方拉动双膝。双膝同时向胸部卷起。

3. 然后向后伸直屈曲的膝盖和髋部，回到起始姿势，耳部、肩部、髋部、膝盖和脚踝再一次形成直线。

具体益处 [6] [8] [12]

提示

自然的髋部抬起将有助于膝盖向胸部收拢，但是尽可能保持髋部处于低位。在挑战髋部、膝盖和脚踝活动范围时，尽力保持腰椎的挺直和稳定。

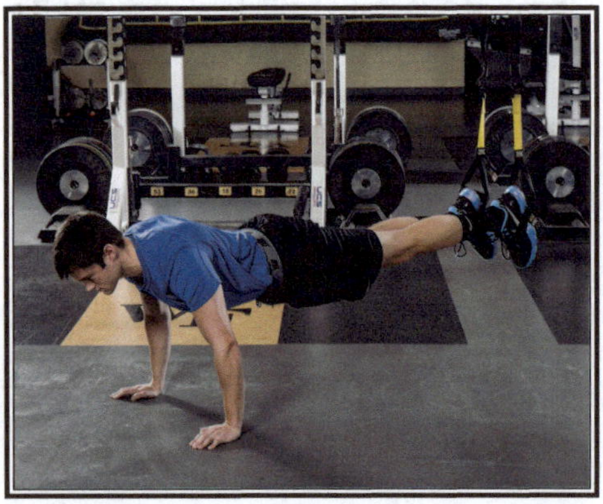

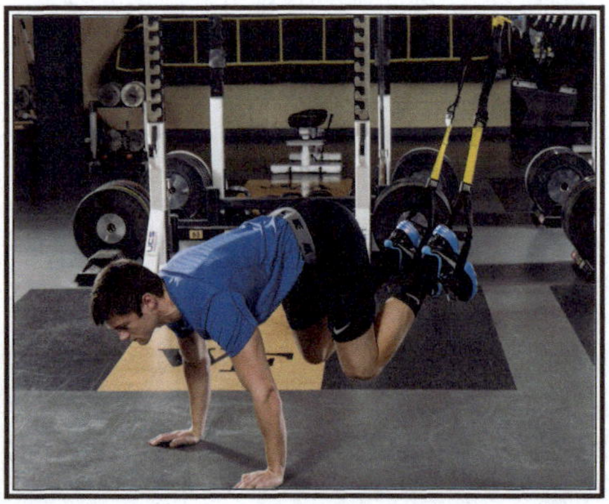

登山训练
悬吊下肢，双侧屈膝折叠：中，右，中，左，中

动作修正

1. 采用“登山训练：悬吊下肢”的起始姿势。

2. 保持脊柱相对挺直，骨盆位置中立，向上拉动双膝至躯干下方。双膝同时屈曲，向胸部折叠。

3. 进行以下的运动模式。

（a）双膝折叠至身体中间。

（b）向后移动至右侧。

（c）双膝折叠至身体中间。

（d）向后移动，回到中间位置。

（e）双膝折叠至身体中间。

（f）向后移动至左侧。

（g）双膝折叠至身体中间。

（h）向后回到中间位置（起始姿势）。

具体益处 [6] [8] [12] [24]

提示

自然的髋部抬起将有助于膝盖向胸部收拢，但是尽可能保持髋部处于低位。在挑战髋部、膝盖和脚踝活动范围时，尽力保持腰椎的挺直和稳定。

登山训练
不稳定上肢，悬吊下肢，双侧屈膝折叠

动作修正

1. 双手分别放在双肩正下方的地面上，以提供稳定。同时，双脚稳固地放在垂直于地面的悬吊带上。

2. 双脚稳固于悬吊带后，在他人的协助下把双手放在不稳定设备上(波速球、平衡板等)。设备与悬吊带（应与地面垂直）之间的距离应适当，这个距离由运动员的身高决定，而且应该能够保证手臂尽量垂直于地面。双臂应伸直，尽量接近与地面垂直（双臂相对于地面的角度取决于不稳定设备的大小以及悬吊带的长度）。

3. 髋部不要下沉（骨盆不应向地面方向下垂）或者拱起（骨盆和臀部不应向天花板方向拱起）。

4. 保持脊柱相对挺直和骨盆位置中立，双膝拉动至躯干下方。双膝同时屈曲，向胸部方向折叠。

具体益处 1 2 6 8 12

提示

注意个人的稳定能力和控制力，绝对不要使关节或身体部位进入会导致损伤的姿势。

登山训练
稳定球上不稳定上肢，悬吊下肢，双侧屈膝折叠

动作修正

1. 采用“登山训练：不稳定上肢，悬吊下肢，双侧屈膝折叠”中所描述的起始姿势。

2. 这个动作与之前的训练相同。

具体益处 1 2 6 8 12

提示

为了获得额外的控制力或者体验不同难度，尝试不同的手的位置。例如，手指指向前方时难度更大；指向侧边的地面时，控制力更大。要意识到个人的稳定能力和控制力，绝对不要使关节或身体部位进入会导致损伤的姿势。

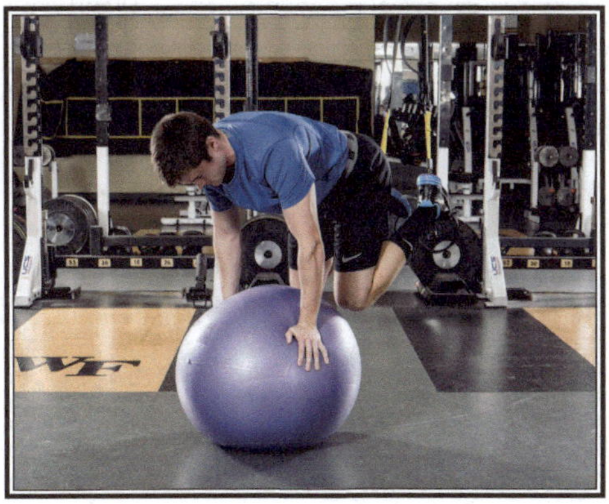

登山训练

滑板，同时外展和内收

运动步骤

1. 双手放在滑板长侧面的前方地面上，双臂与地面垂直。双手到滑板的距离由运动员的双脚到肩部的距离决定。

2. 首先，双脚并拢，放在滑板中间位置，脚趾向胫骨方向背屈。

3. 核心部位收紧，身体呈直线平板支撑（耳部、肩部、髋部、膝盖和脚踝在一条直线上）。

4. 保持脊柱相对挺直和骨盆位置中立，双脚脚踝分开至舒适的距离（外展）。

5. 双脚同时滑动至起始姿势，回到身体中间线的位置（内收）。

6. 按照预先确定的次数或时间重复练习。

注意事项

保持核心部位收紧和稳固（身体中段没有拱起、下沉或转动）。髋部不要下沉（骨盆不应向地面方向下垂）或者拱起（骨盆和臀部不应向天花板方向拱起）。

具体益处

❶❺⓬⓳

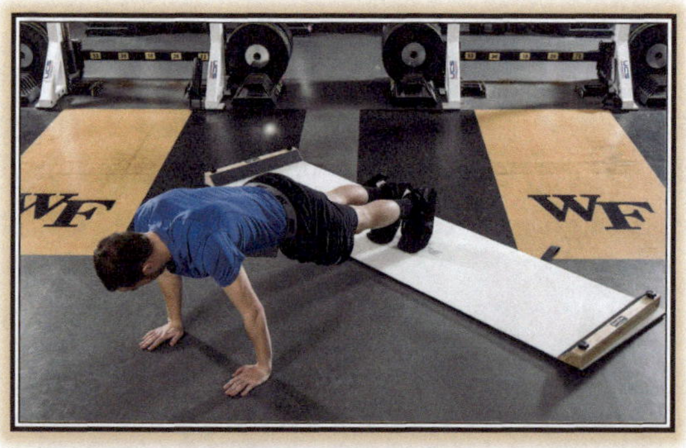

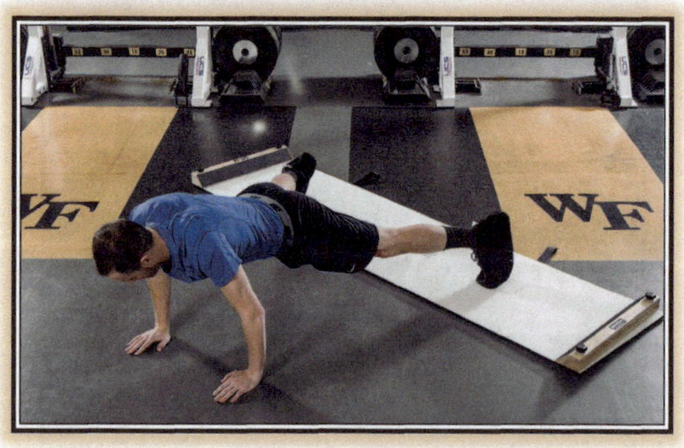

登山训练
滑板，交替外展和内收

动作修正

1. 采用“登山训练：滑板，同时外展和内收”中所描述的起始姿势。

2. 外展右腿，然后双脚在滑板中间并拢，回到中立位置（内收）。

3. 外展左腿，然后双脚在滑板中间并拢，回到中立位置（内收）。

具体益处 [1] [5] [12] [19]

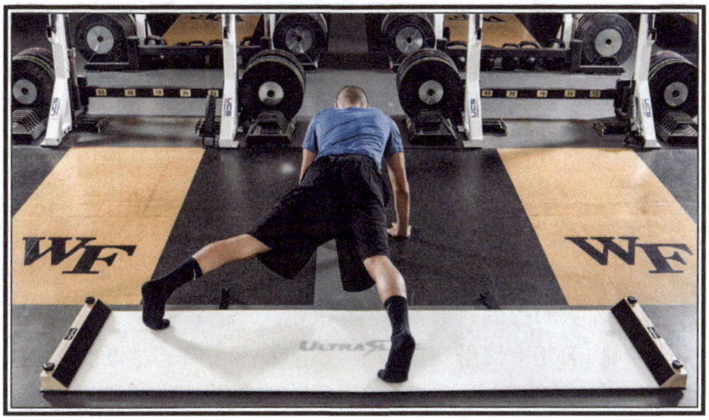

登山训练
滑板，同时外展和内收加俯卧撑

动作修正

1. 采用“登山训练：滑板，同时外展和内收”中所描述的起始姿势。

2. 遵循“登山训练：滑板，同时外展和内收”中的步骤，但是在每一次身体外展后回到中立位置（起始姿势）时，增加一次俯卧撑。

具体益处 [1] [5] [12] [18] [19] [24]

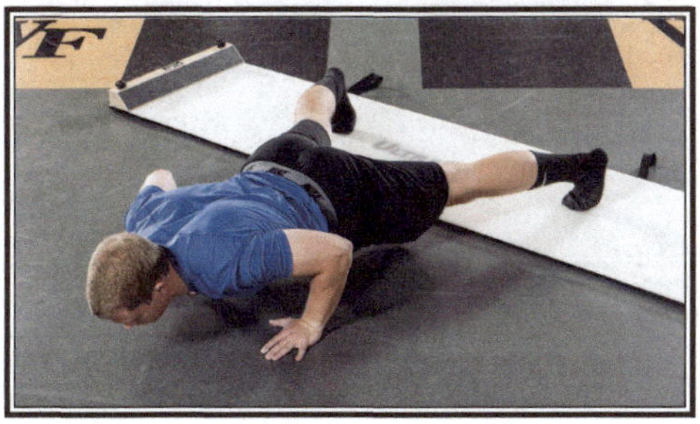

登山训练
滑板，外展和内收加直膝折叠和俯卧撑

动作修正

1. 采用“登山训练：滑板，同时外展和内收”中所描述的起始姿势。

2. 收紧核心部位。这是一种复合训练，过程如下。

（a）双腿向外分开伸直（外展），然后回到中立位置（内收）。

（b）臀部向上进入直膝折叠，然后回到起始姿势。

（c）在起始姿势进行一次俯卧撑。

具体益处 [1] [5] [8] [12] [18] [19] [24]

提示

这只是你可能会运用到的一个例子。多些创意，发展属于自己的训练。

俯卧撑

运动步骤

1. 俯卧姿势（脸朝下），双手分别放在双肩正下方的地面上。双脚并拢，但是如果需要增加平衡，双脚可以分开，以提供舒适度和稳定性（尤其对下面的高级俯卧撑变式而言）。

2. 上提身体，接触点只有地面上的双脚的前脚掌和脚趾，以及双手。收紧核心部位，保持身体呈直线（耳部、肩部、髋部、膝盖和脚踝在一条直线上）。在起始姿势，双臂与地面垂直。

3. 可控地下降身体至某点，确保自己能够完全控制脊柱（向下姿势）。对一些人来说，肘部稍微屈曲就会打破对姿势的控制；而其他人可能会很舒适地下降到胸部几乎接触地面的高度，且保持脊柱完全稳定。通常肘部屈曲 90 度就足够了。

4. 向上撑起，回到起点（中立）姿势。

5. 重复进行预先确定的次数。

注意事项

1. 双手与双肩的相对位置会起到巨大的积极适应作用。进行窄握俯卧撑，有时甚至是双手相互触碰，这对肱三头肌的刺激最大，为该肌肉提供更多的益处。另一方面，双手分开较宽将需要整个胸部和肩部（三角肌）更多的运动单元募集。同样地，手的位置也会影响俯卧撑的效率。然而，这是一个具有个性化的变量，主要根据个人的舒适度来决定。有些运动员喜欢保持指尖略微向内，然而其他运动员喜欢指尖指向外侧。只要手腕的、肘部和肩部的关节没有受到威胁，手的位置就可以按照个人喜好决定。

2. 避免肩部过度前伸。

3. 避免头部前倾姿势。不要向与肩胛骨收缩相反的方向伸展头部和颈部。

4. 保持身体呈直线。髋部不要下沉（骨盆不应朝地面下垂）或拱起（骨盆和臀部不应向天花板方向拱起）。

具体益处

⑫

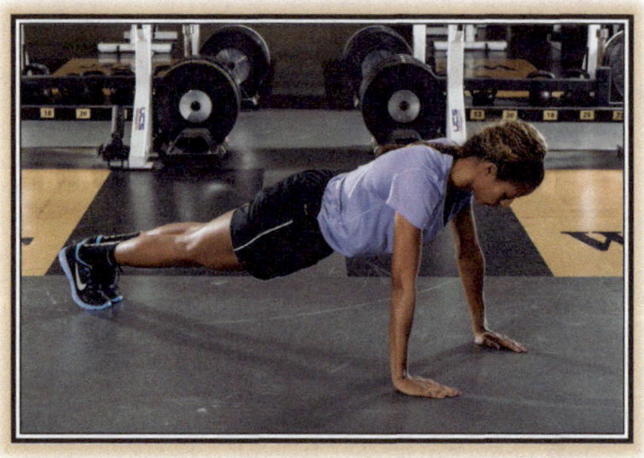

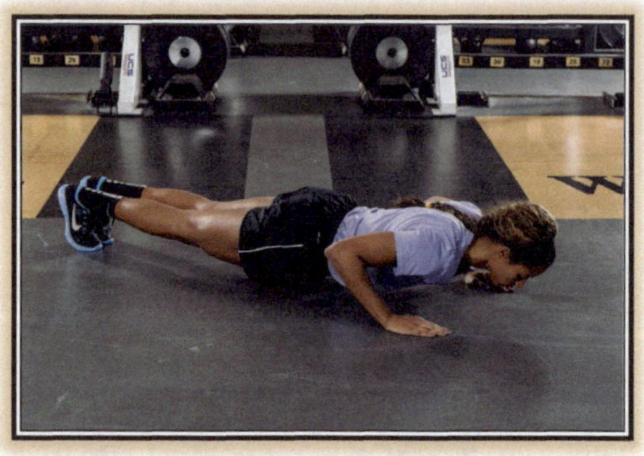

■俯卧撑■
髋部伸展

动作修正

1.采用"俯卧撑"中的起始（中立）姿势。向上伸展一条腿的髋关节；避免过度伸展。保持与地面接触的腿与该侧身体其他部位呈一条直线（耳部、肩部、髋部、膝盖和脚踝在一条直线上）。

2.下降身体；然后用力推地面，回到起始姿势，整个练习期间保持髋关节伸展。

3.继续用同侧的腿保持髋关节伸展，完成练习，或在每次重复结束后交换对侧进行伸展。

具体益处 ❹ ⓲

■俯卧撑■
交替外展和内收

动作修正

1.采用"俯卧撑"中的起始（中立）姿势。

2.收紧核心部位，下降身体。外展右侧腿。然后用力推地面，进入直臂姿势。

3.内收右腿，回到起始姿势。

4.用另一侧的腿重复练习；下降身体，外展左腿，然后用力推地，进入直臂姿势；内收左腿，回到起始姿势。

具体益处 ❺ ⓲

俯卧撑

健身箱，不对称训练

动作修正

1. 身体的一侧靠近一个健身箱或者其他凸起、稳固的器材。

2. 采取“俯卧撑”中的中立起始姿势，但是右手放在健身箱上，左手放在地面上。

3. 上提身体，接触点只有地面上的双脚的前脚掌和脚趾、地面上的左手，还有健身箱上的右手。

4. 一只手置于健身箱上，另一只手置于地面上。这个是一个简单的俯卧撑练习，其他所有变量保持不变。

具体益处 [12]

提示

注意评估关节的稳定性和舒适度，尤其是手腕。健身箱上的手腕可能高度紧张。保持良好的判断。

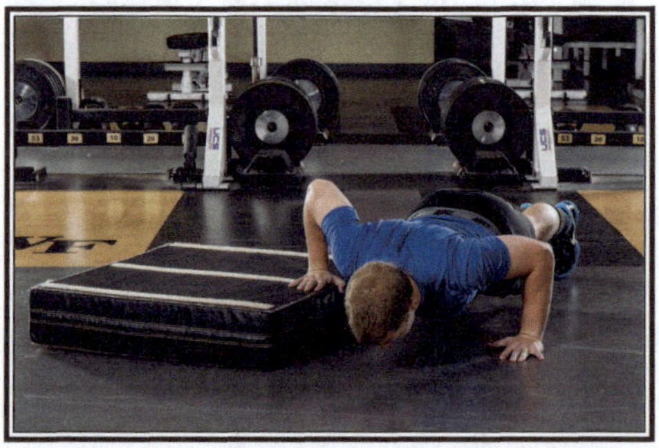

俯卧撑

不稳定上肢，药球，不对称训练

动作修正

1. 身体靠近一个相对实心的药球。球的重量有助于控制练习。右手放在球上，左手放在地面上。

2. 上提身体，接触点只有地面上双脚的前脚掌、脚趾，地面上的左手，还有球上的右手。

3. 一只手置于球上，另一只手置于地面上。这是一个简单的俯卧撑练习。

具体益处 [1] [12]

提示

注意药球不稳定的特性；只有对本体感受能力很有自信，才能尝试这个练习。可能需要一个陪练，以防球不受控制地移动。

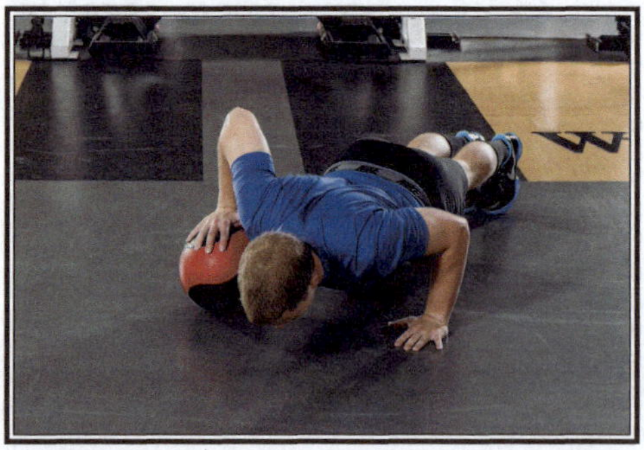

俯卧撑

不稳定上肢，药球滚动

动作修正

1. 采用“俯卧撑：不稳定上肢，药球，不对称训练”中的起始（中立）姿势，且身体呈直线。

2. 上提身体，接触点只有地面上的双脚的前脚掌、脚趾，以及左手，还有球上的右手。

3. 收紧核心部位，保持身体呈直线；降低身体，进入低位姿势。

4. 用力推地面，回到起始姿势，就在这个姿势，运动员的重量转移到左手和左臂上（地面）。此时，把球从右手滚动到左手。随着球从右侧滚动到左侧，右手放于地面；身体的重量从左侧转移到右侧，并且左手离开地面位于球上。左手放在球上端，进行另外一个俯卧撑。

5. 最后回到起始姿势（球从左手滚动到右手）。

具体益处 ❶ ❼ ❾ ⓬ ⓮ ⓱ ⓲

提示

这是一个具有挑战性的训练。建议有一名陪练在场。

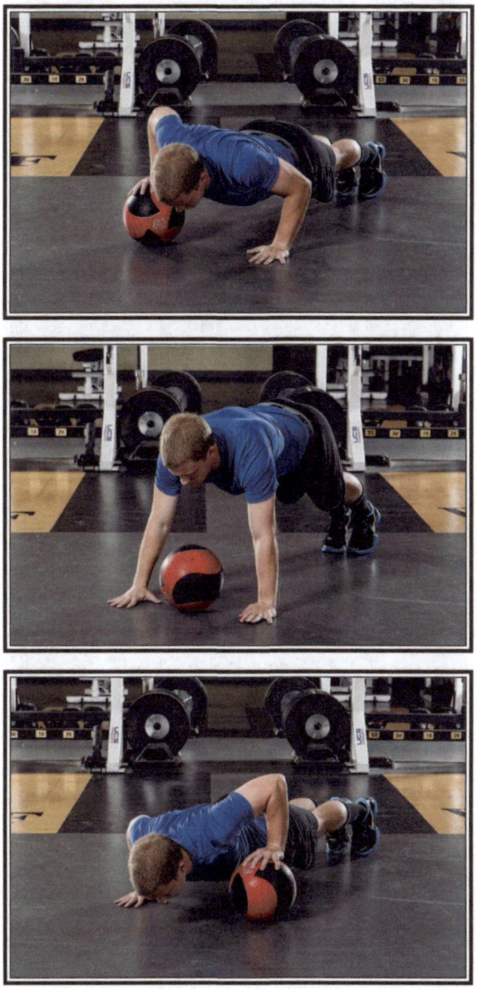

俯卧撑

药球，不稳定上肢，上肢移动

动作修正

1. 采用“俯卧撑：不稳定上肢，药球滚动”中的起始（中立）姿势，且身体呈直线。

2. 收紧核心部位，保持身体呈直线；降低身体至低位姿势。

3. 用力推地面，回到起始姿势。左手从地面移动至球上，放在右手旁。然后小心地抬起右手，离开球面，放到球右侧的地面上；同时，身体重量转移到右手，然后迅速地进行一个俯卧撑。

4. 把右手从地面撤回，放到球上的左手旁。然后左手从球上移动至球左侧的地面上，同时身体重量转移到左侧。

具体益处 1 7 12

提示

这会是一个充满挑战的训练。建议有一名陪练在场。

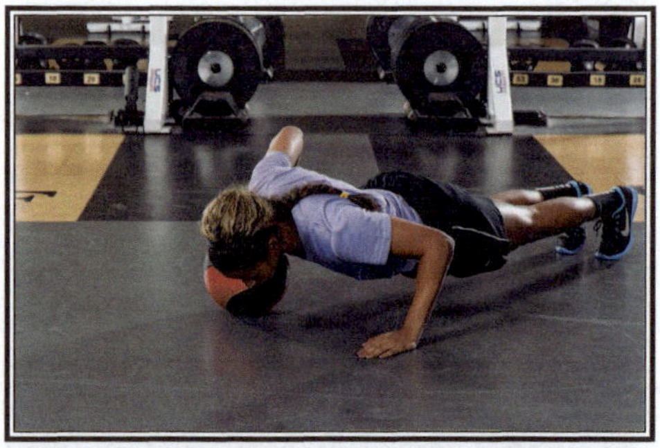

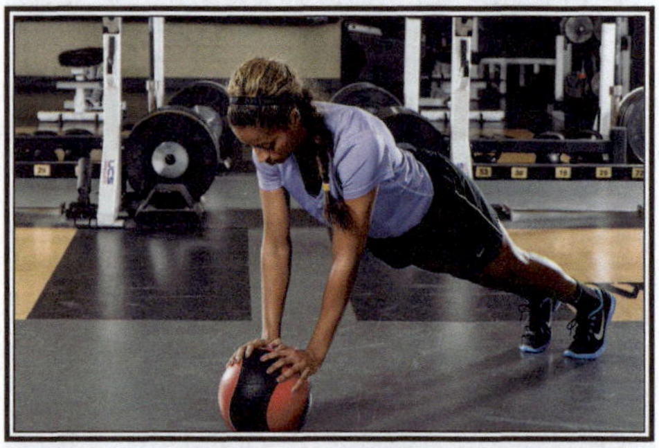

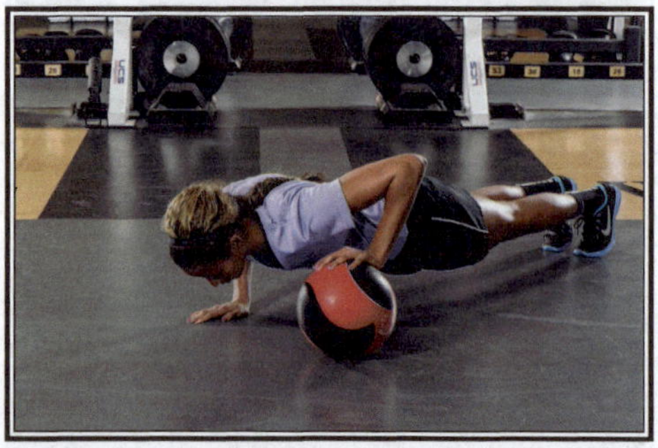

俯卧撑

不稳定下肢，药球

动作修正

1. 脸朝地面，在大约与胫骨水平的位置放一个药球。采取“俯卧撑”中的中立直臂平板支撑作为起始姿势。

2. 从这个姿势开始，你可以选择靠自己慢慢将下肢移动到球上，或者让陪练帮助你完成。球最初应该位于胫骨位置。双臂向前“行走”，将球移动至脚踝，或者脚趾接触球面。接触点只有球上的胫骨、脚踝，或者前脚掌和脚趾，以及地面上的双手。

3. 下肢位于球上，进行俯卧撑，同时保持平衡。膝盖或髋部不要下沉。避免肩胛骨过度收缩。

具体益处 ❶ ❸ ⓬

提示

难度递增的训练如下。

1. 胫骨接触球。
2. 脚踝接触球。
3. 前脚掌和脚趾接触球。

另外，你可以使用其他不稳定设备代替球。

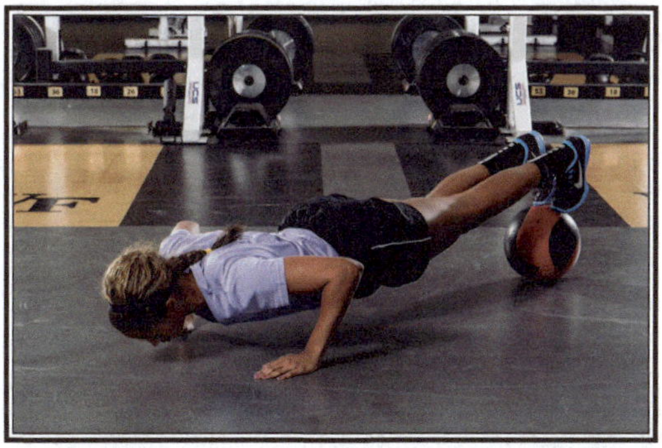

■俯卧撑■
不稳定上下肢，药球

动作修正

1. 将药球放在胫骨水平位置的地面上。两只手旁各一个药球。采取“俯卧撑”中的直臂平板支撑的中立姿势作为起始姿势。

2. 接触到球面的方式很多。我们发现，陪练的协助是进入到起始姿势最佳的方式。如果没有陪练协助，先尝试使下半身接触球面（胫骨、脚踝，或者前脚掌和脚趾接触球面），然后双手移动到两个球上。接触点分别是药球上的下肢（胫骨、脚踝，或者前脚掌和脚趾）和双手。

3. 进行一次俯卧撑，保持平衡。建议限制下降幅度，直到力量和舒适度水平得到提高。

4. 膝盖或髋部不要下沉。避免过度的肩胛收缩。

具体益处 [1] [12]

注意事项

这是一个较难的训练，在初期需要额外的稳定或预防措施。尝试以下几种训练之一，或者进行组合训练。

1. 使用质地较软的球。这样的球不会到处滚动，因此更具有稳定性。

2. 一只手放在球上，另一只手放在地面上。

3. 一只脚放在球上，另一只脚放在地面上。

4. 双手放在球上，双脚放在相对稳定（不是完全稳定）的平面上。

难度递增的训练如下。

1. 胫骨接触球。

2. 脚踝接触球。

3. 前脚掌和脚趾接触球。

另外，你可以使用其他不稳定设备代替球。

这是一个具有挑战性的训练，应该用最大的关注进行练习。如果你的力量和本体感受能力不算优秀，不要尝试这个练习。

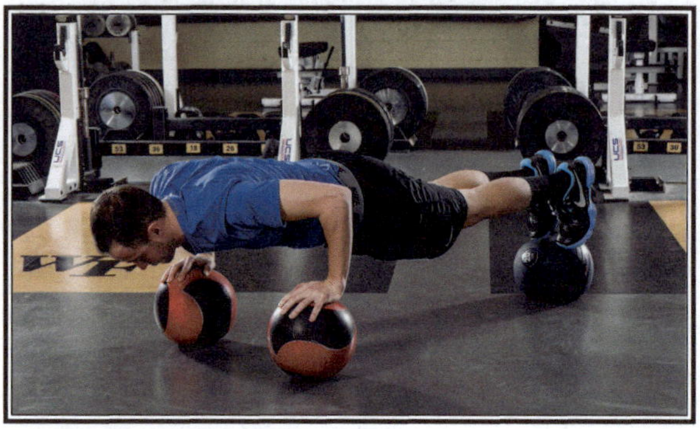

俯卧撑

不稳定下肢，窄距，药球

动作修正

1. 双手放在一个药球上。双脚靠拢，放在一个适度不稳定的器材上（例如，厚泡沫板、平衡板、枕头等）。如果这个动作太有挑战性，为了增加稳定性，尝试双腿分开，双脚放在各自的不稳定设备上。

2. 用力推起身体，进入直臂平板支撑；接触点只有不稳定设备上的前脚掌和脚趾，以及药球上的双手。

3. 支撑身体，保持身体动态稳定；进行窄距俯卧撑。在运动期间，身体不要下沉或耸肩。

具体益处 [1] [12]

提示

为了获得额外的控制力或者体验不同难度，尝试不同的手的位置。例如，手指指向前方时难度更大，指向侧边的地面时控制力更大。要意识到个人的稳定能力和控制力，绝对不要使关节或身体部位进入会导致损伤的姿势。

起始阶段，运动员或许只能简单地在起始姿势保持平衡。随着本体感受舒适度的发展，逐渐进步到完整的俯卧撑。

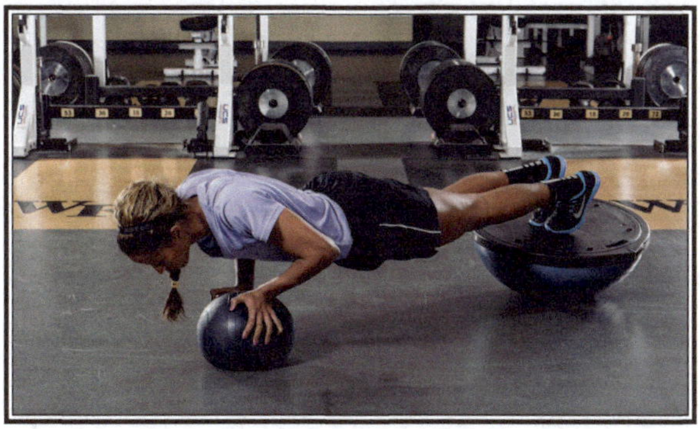

■俯卧撑■

不稳定下肢，复合训练

动作修正

1. 脸朝地面（俯卧），上半身位于一个加高平台（健身箱、长凳或台阶）旁边。上半身的重量位于肘部和前臂，上臂与地面垂直。

2. 收紧核心部位，锁定膝盖，收紧臀肌，双脚背屈，并把胫骨、脚踝，或者前脚掌和脚趾放在不稳定设备上。

3. 上提身体，接触点只有不稳定设备上的胫骨、脚踝，或者前脚掌和脚趾，以及地面上的肘部和前臂。

4. 复合训练如下。

（a）进行肘部平板支撑，然后进入直臂平板支撑。

（b）进行一个常规的俯卧撑，然后双手“行走”至加高平台上。

（c）在健身箱上进行俯卧撑，然后从上面“行走”至地面。

（d）进行一个常规俯卧撑，然后缓慢落下前臂，回到起始的肘部平板支撑姿势。

（e）进行一个肘部平板支撑。

（f）按照预先确定的次数来回练习，身体保持呈直线（耳部、肩部、髋部、膝盖和脚踝在一条直线上）。上下一次为一个重复。

具体益处 ❶ ❷ ❼ ⓬ ⓲

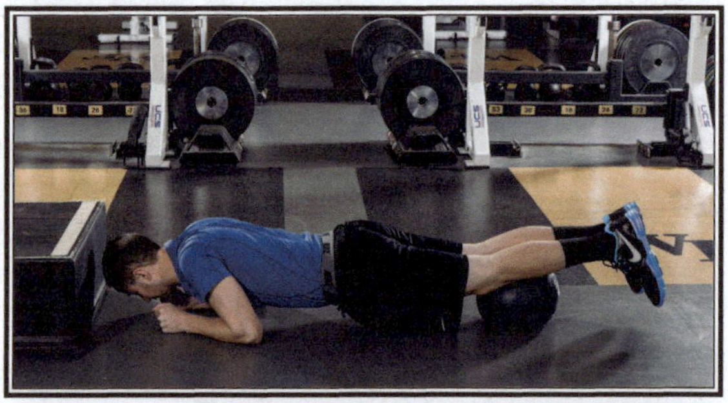

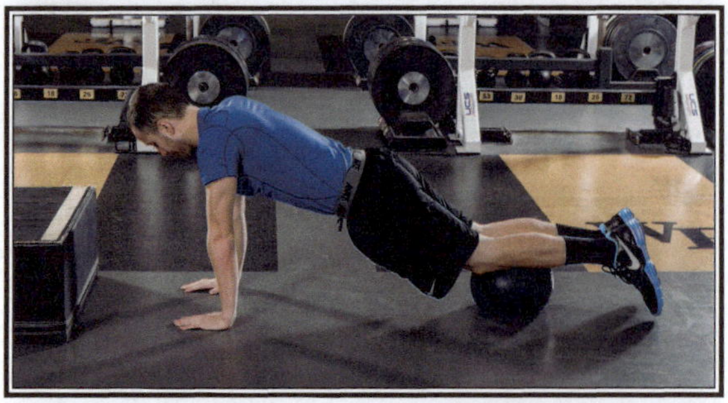

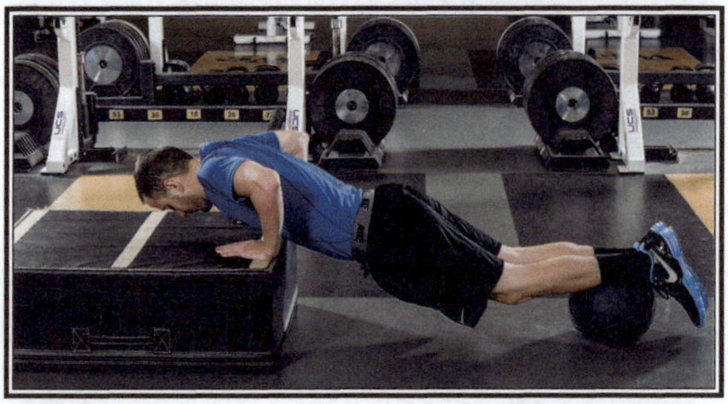

俯卧撑
抬高手臂，直膝折叠复合训练

动作修正

1. 脸朝地面（俯卧），双手放在加高平台上面或靠近加高平台的边缘。双手位于双肩正下方，双臂与地面垂直。

2. 收紧核心部位，锁定双膝，收紧臀肌。上提身体，接触点只有地面上的双脚的前脚掌和脚趾，以及加高平台上的双手。

3. 复合训练如下。

（a）进行健身箱俯卧撑。

（b）采取直臂平板支撑（双手放在加高平台上），双手向后移动，屈曲髋关节和脚踝（双膝保持笔直）。

（c）进行折叠式俯卧撑。小心地向加高平台下降上半身，直到头部快要接触平台表面，然后推动双臂，双臂伸直，锁住肘关节。

（d）双臂移动，回到起始姿势。

（e）身体抬起再放回到起始姿势为一轮，或一次完整的重复。

具体益处 ❷ ❽ ⓬ ⓲

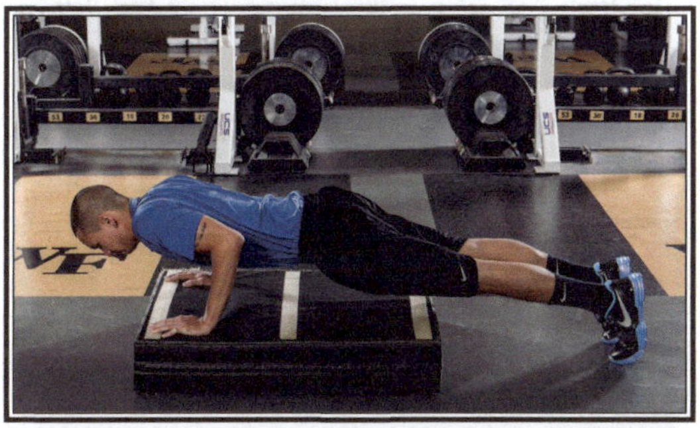

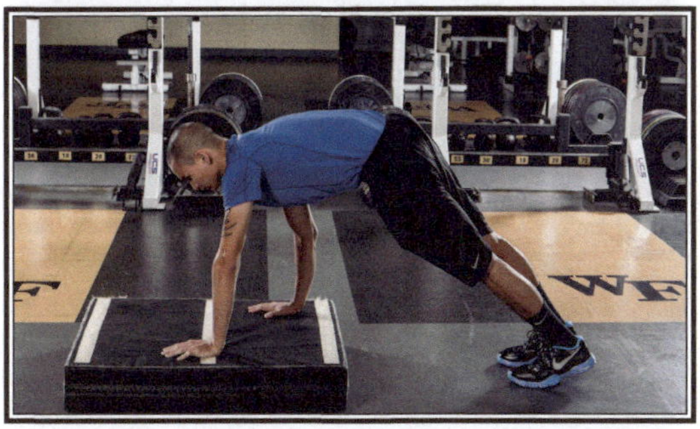

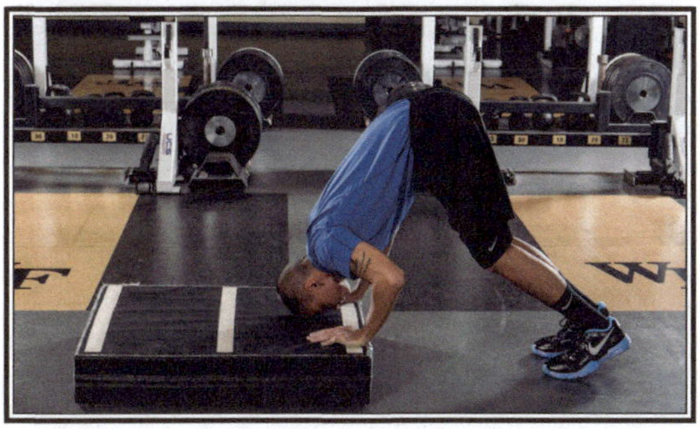

■俯卧撑■
悬吊上肢

动作修正

1. 双手握住悬吊带把手或带子。双臂伸直，肘部相对稳定。

2. 腹部有力收紧，身体呈直线（耳部、肩部、髋部、膝盖和脚踝呈直线，身体中段没有拱起或下沉）。只有双脚前脚掌和脚趾接触地面。保持这个姿势。

3. 注意力集中，可控地下落身体至低位姿势。

4. 最后用力撑起，回到起始姿势。

具体益处 ❷ ❻ ⓬

提示

身体下降的程度由全身的力量和动态稳定身体的能力决定。同样地，双手能伸展多远直接取决于运动员稳定肩胛带的能力，这因人而异。在大多数情况下，双手距离越宽，越困难。但也并非总是如此。

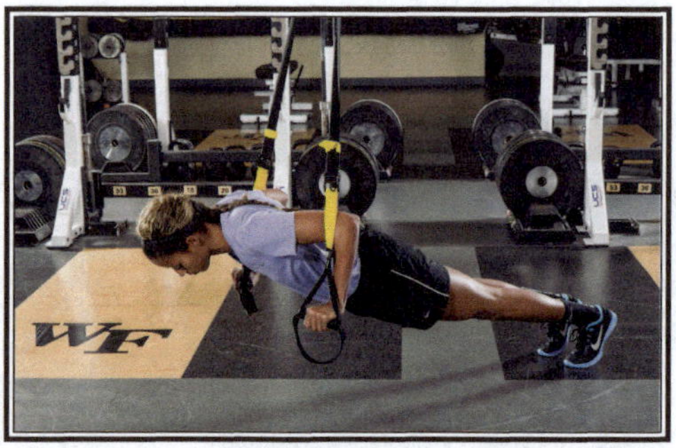

■俯卧撑■
悬吊下肢

动作修正

1. 双手放在双肩正下方的地面上，双臂伸直，与地面垂直。

2. 双脚稳定地放在悬吊把手或带子上。这最初可能需要陪练的协助。

3. 有力地收紧腹部，身体保持直线（耳部、肩部、髋部、膝盖和脚踝呈直线，身体中段没有拱起或下沉）。保持这个姿势。只有双手接触地面。

4. 保持身体姿势稳固，然后缓慢地下降身体至低位姿势。

5. 最后用力推动，回到起始姿势。

具体益处 ❸ ❻ ⓬

俯卧撑
悬吊下肢，上下健身箱

动作修正

1. 双手放在双肩正下方的地面上，靠近健身箱的边缘。

2. 保持身体姿势稳固（没有下沉或耸肩），抬起一只手离开地面，放在健身箱上。然后另一只手做相同动作。

3. 保持这个姿势 1~2 秒的时间，然后反向执行动作，一次从健身箱上下移一只手，回到起始姿势。

4. 上下一次为一个完整的重复。

具体益处 ❸ ❻ ❼ ⓬ ⓲

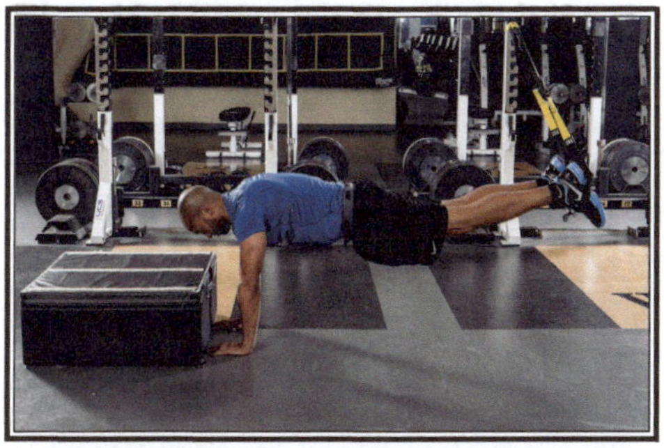

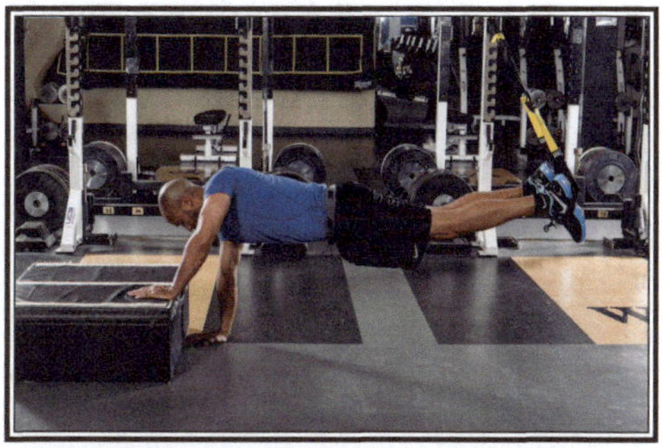

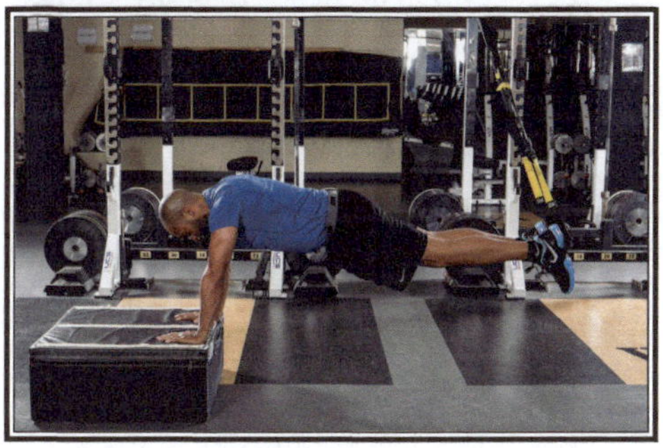

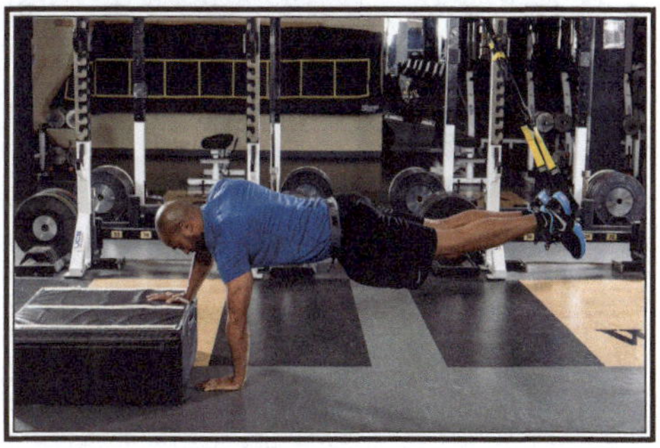

▪俯卧撑▪
悬吊上肢和不稳定下肢

动作修正

1. 双手握住悬吊带或把手。双臂伸直，肘部相对稳固。

2. 双脚放在稳定球上或者适度不稳定设备，例如厚泡沫板、平衡板或枕头上。注意，如果使用稳定球，悬吊带把手的高度应该根据你的力量和球的大小进行调节。作为俯卧撑的规律，把手越高，练习越容易；把手越低，双脚抬得越高，练习就越有挑战性。

3. 有力收紧腹部，身体呈直线（耳部、肩部、髋部、膝盖和脚踝在一条直线上，身体中段没有拱起或下沉）。练习期间保持这个姿势。接触点只有不稳定设备上的前脚掌和脚趾，以及把手上的双手。

4. 可控地下降身体至低位姿势。

5. 最后用力推动，回到起始姿势。

具体益处 ❶ ❷ ❸ ❻ ⓬

▪俯卧撑▪
悬吊下肢，复合训练

动作修正

1. 采取"俯卧撑：悬吊下肢"中所描述的起始姿势。当双脚稳定，且双臂伸直与身体垂直时，悬吊带的把手高度应该能使身体与地面平行。

2. 每只手中握一个哑铃；双手握住哑铃放在地面，位于双肩正下方。

3. 收紧核心，锁住膝盖，紧缩臀肌，且双脚背屈；避免身体中段下沉或耸肩。接触点只有悬吊带或悬吊把手上双脚的前脚掌和脚趾，以及地面上握着哑铃的双手。

4. 复合训练如下。

（a）进行一个正常的俯卧撑。

（b）在直臂平板支撑的时候，进行双臂后拉练习。首先，将右手和右手上的哑铃从地面向腋窝拉动。右手和哑铃回到地面；左手做重复动作。抬起一只手离开地面将导致支撑基础不对称，因此对抵抗旋转力的平衡能力是一个挑战。

（c）保持脊柱相对挺直和骨盆位置中立，拉动双脚至躯干下方。双膝向胸部靠近；髋部会自然向上抬起以适应膝盖触胸，但是努力保持髋部尽量向下。这将有助于保持骨关节，尤其是腰椎力线，以及保持动态稳定，同时对髋、膝、踝的活动范围提出挑战。

（d）这个向上的姿势保持 1~2 秒；然后可控地伸直屈曲的双膝和髋关节，回到起始姿势。

（e）按照预先确定的次数重复（a）至（d）的步骤。

具体益处 ❶ ❸ ❻ ⓬ ⓱ ⓲

悬挂抬膝（后仰）

运动步骤

1. 双手握住单杠。整个练习期间保持收缩肩胛。避免头部前倾！

2. 上提双膝至 90-90 度姿势（90-90 度姿势是指髋关节和膝关节都屈曲至 90 度）。上腿（大腿）与地面平行，在整个练习期间，不要使大腿低于这个位置。

3. 骨盆首先处于中立位置，略带一点前倾。以可控的方式向后倾斜骨盆，向后上方抬起弯曲的双腿。

4. 缓慢将双腿放下，回到起始姿势，大腿不能低于与地面平行的位置。注意，你的骨盆同样应该回到稍微前倾的位置。

5. 按照预先确定的次数重复练习。

6. 完成后，小心地伸直四肢，然后落到地面。

注意事项

1. 在这个练习期间，避免腰椎过度后凸。

2. 抓握单杠的选择有很多种，从窄到宽，从正手抓握到反手抓握，从肘部屈曲到伸直手臂。不变的是肩胛骨的收缩和稳定。

具体益处

12 16 17

提示

这里列出的所有注意事项和建议在以下所有的悬挂练习中都适用。

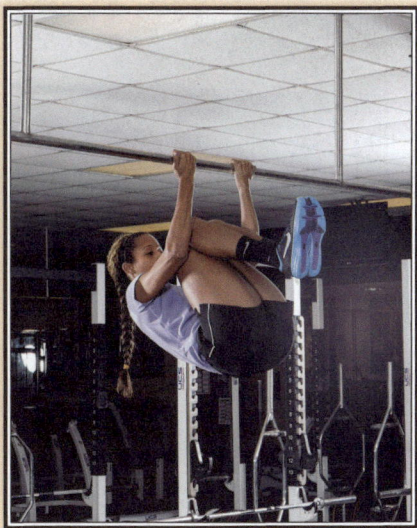

■反向悬挂屈膝到直腿■

动作修正

1. 握住单杠，向后上方抬起双腿。这是起始姿势。

2. 伸直双腿，指向天花板。这个动作类似于撑杆跳高运动员把腿伸向横杆时身体呈倒立姿势（几乎颠倒）。

3. 以缓慢、可控的方式屈曲双膝，然后下落双腿，回到起始姿势。

具体益处 [12] [16] [17]

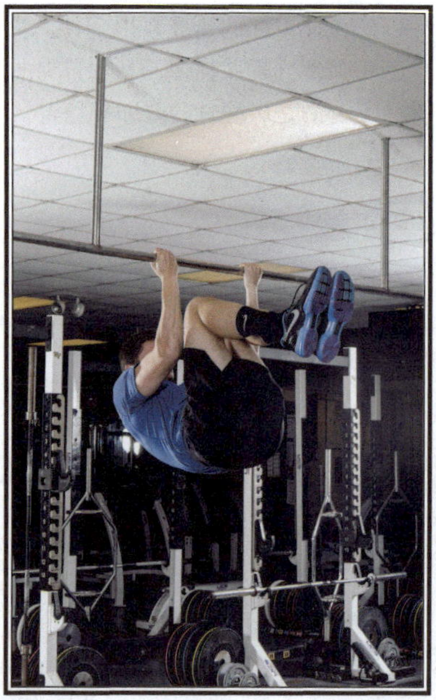

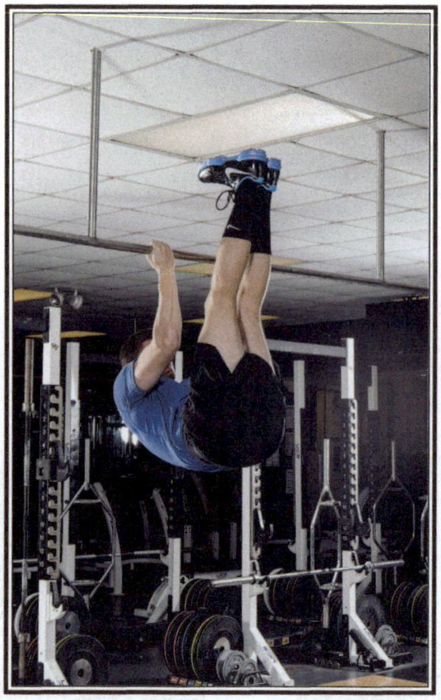

悬挂胫骨触碰

动作修正

1. 双手握住单杠，略微上提身体，使肩胛骨收缩。

2. 收紧核心，收缩腹部和屈髋肌，双腿伸直，向天花板方向抬起。

3. 胫骨触碰单杠。

4. 以缓慢、可控的方式下落两腿，回到悬挂起始姿势。

具体益处 [12] [16] [17]

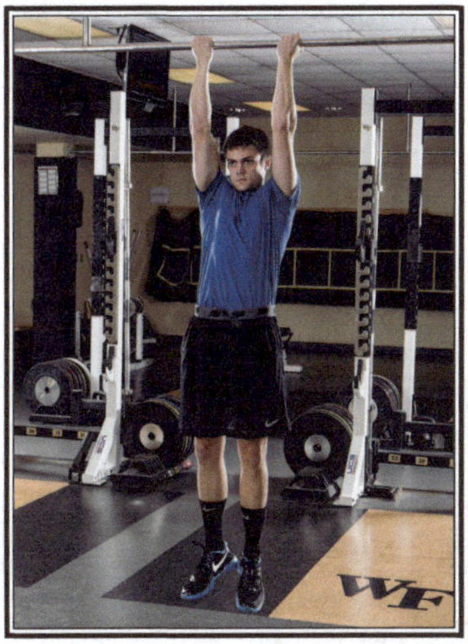

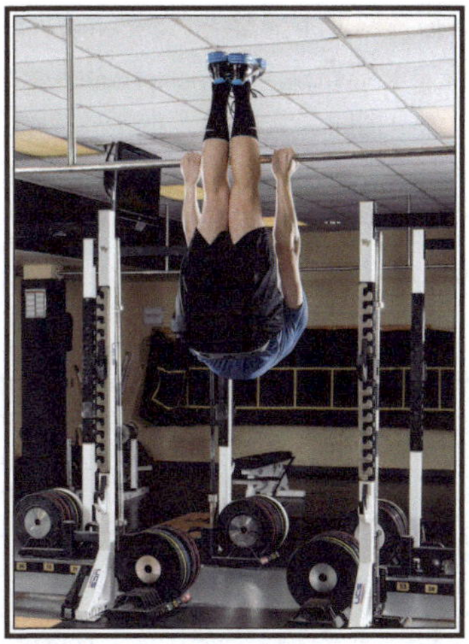

悬挂直腿折叠引体向上

动作修正

1. 采用“悬挂胫骨触碰”中的姿势。

2. 保持胫骨触碰单杠，身体呈直腿折叠姿势。

3. 然后在直腿折叠的姿势下，进行一个倒立的引起向上，向单杠方向抬起胸部（肩胛骨收缩）。

4. 缓慢下落身体，回到起始姿势。

具体益处 [12] [16] [17]

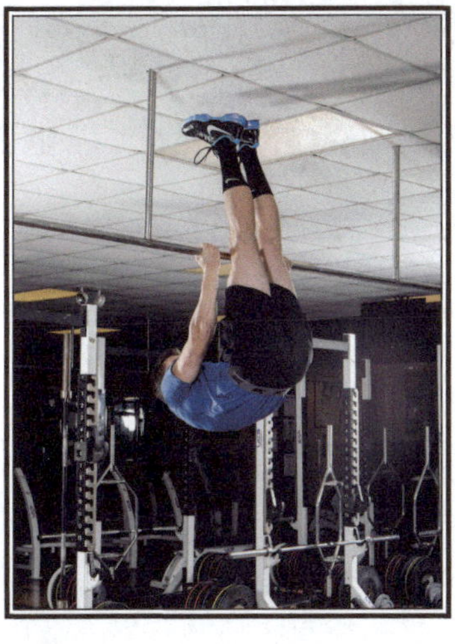

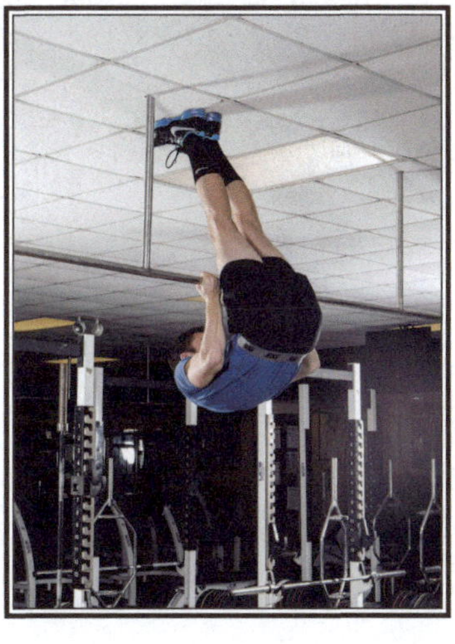

悬挂直腿到屈膝

运动步骤

1. 双手握住单杠，悬挂身体，双腿悬挂在地面以上（整个身体与地面垂直）。收缩肩胛骨，在整个练习期间保持这个动作。避免头部前倾。

2. 上提双膝，使下半身呈 90-90 度的姿势（髋关节和膝关节都屈曲 90 度）。大腿与地面平行，整个练习期间，大腿不要低于这个位置。骨盆处于中立位置，且略微前倾。

3. 缓慢地下落双腿，回到悬挂起始姿势。

4. 按照预先确定的次数重复练习。

注意事项

1. 在整个练习期间，注意避免腰椎过度后凸，这一点很重要。

2. 抓握单杠的方式有很多种，从窄到宽，从正手抓握到反手抓握，从肘部屈曲到手臂伸直。不变的是肩胛骨的收缩和稳定。

具体益处

12 16 17

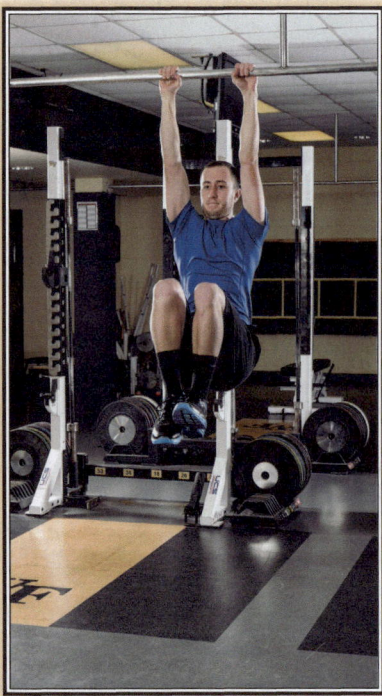

■悬挂直腿到屈膝■
双膝夹住药球

动作修正

1. 采用"悬挂直腿到屈膝"的起始姿势。

2. 在双膝间放一个药球（或者提供相似的阻力）。运用髋部内收肌稳定地夹住球。（注意，除非你是太阳马戏团的成员，当你正处于悬挂姿势的时候，很可能需要一位陪练，帮忙把球放在双腿之间。）

3. 收紧核心部位，屈曲髋关节和双膝，然后大腿进入 90-90 度姿势。将药球保持在双腿之间。

4. 下落双腿，回到起始姿势。整个练习期间，不要失去对药球的控制。如果球开始下滑，让陪练再一次把球放在双膝之间，然后继续完成剩余的次数。

具体益处 ⑫ ⑯ ⑰

■悬挂直腿到屈膝■
脚踝夹住药球

动作修正

采用"悬挂直腿到屈膝，双膝夹住药球"的起始姿势。但这次是，把球稳定在双脚踝之间，进行相同的训练。

具体益处 ⑫ ⑯ ⑰

提示

把阻力设备（药球或类似设备）放在离轴点（髋关节）远一些的位置，会给关节施加更多辅助压力，这增加了这个练习的危险因素。

■悬挂直腿到屈膝■
阻力带

动作修正

1. 采用"悬挂直腿到屈膝"中的起始姿势。

2. 让陪练把阻力带缠绕在你背屈的双脚周围。最好是用橡胶带，但是跳绳、拉伸带，或其他类似的东西也可以；然而，你的陪练需要在整个活动范围期间监控阻力带的稳固程度。

3. 收紧核心部位，屈曲髋关节和膝盖，上提双腿至 90-90 度姿势。

4. 整个训练期间，陪练需要从后面施加阻力，然后根据观察和运动员的身体反馈调整阻力带的拉力。

5. 小心地下落双腿，回到起始姿势。

具体益处 ⑫ ⑯ ⑰

提示

对一些人来说，阻力带可能需要双层缠绕在脚踝上以确保稳固。然而，脚踝背屈力量强的人并不需要双层缠绕。

悬挂 L 系列训练

交替直腿至 L 姿势

运动步骤

1. 双手握住单杠，或者如图所示，用带子套在手臂上。悬挂至双腿直立于地面上方（整个身体与地面垂直）。

2. 收缩肩胛骨，且在整个练习期间保持这个姿势。避免头部前倾！骨盆处于中立位置，略微前倾。

3. 收紧整个核心部位，抬起右腿，与地面平行。左腿保持悬吊于地面正上方。保持耳部、肩部及左侧的髋部、膝盖和脚踝呈一条直线。

4. 缓慢下落右腿，回到起始姿势；换左腿重复练习。

5. 按照预先确定的次数或时间重复练习。

注意事项

1. 根据你的柔韧性决定腿抬高的程度。如果缺乏必要的腰椎和骨盆活动性，却试图抬起腿到高于你能力范围的程度，你将产生不适当的骨盆后倾，形成代偿运动。

2. 如果你是抓握单杠而不是带子，抓握有很多种不同选择，从宽握到窄握，从正手到反手，从肘部屈曲到手臂伸直。不变的是肩胛骨的收缩和稳定。

具体益处

[4] [11] [12] [16] [17]

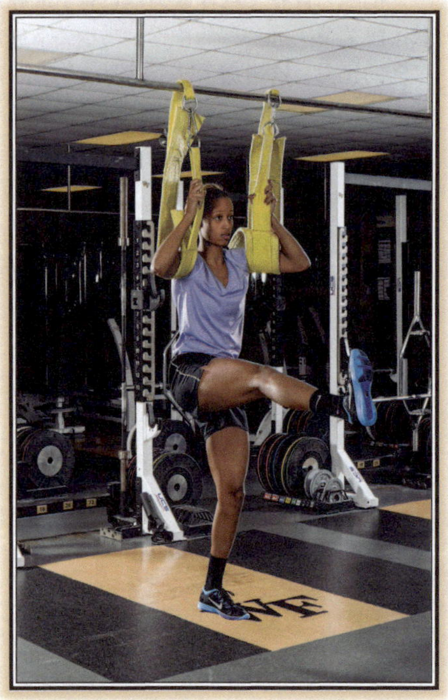

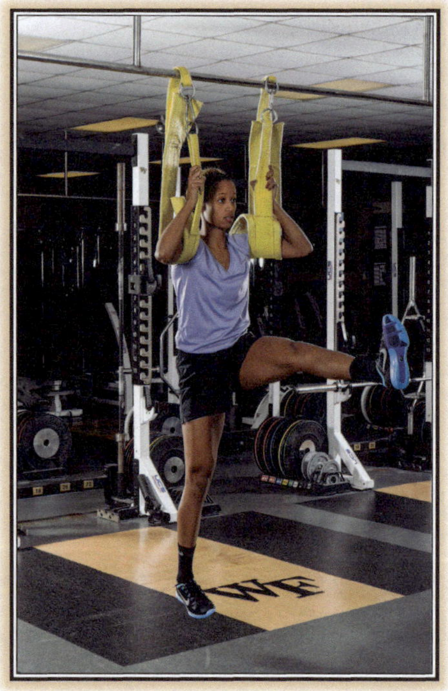

悬挂 L 系列训练
直腿至 L 姿势及返回

动作修正

1. 采用“悬挂 L 系列训练：交替直腿至 L 姿势”中相同的起始姿势。

2. 收紧核心部位，屈曲双髋，双腿伸直，从垂直于地面到平行于地面，形成 L 姿势。

3. 缓慢地下落双腿，回到起始姿势。

具体益处 [12] [16] [17]

提示

控制骨盆的前倾和后倾，可以帮助限制悬挂训练中经常出现的“晃动”。

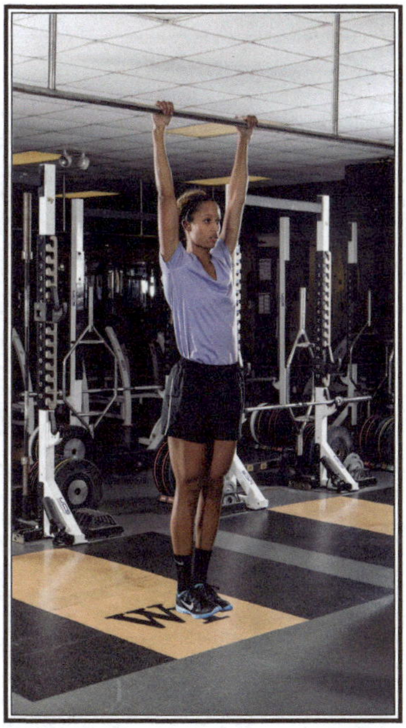

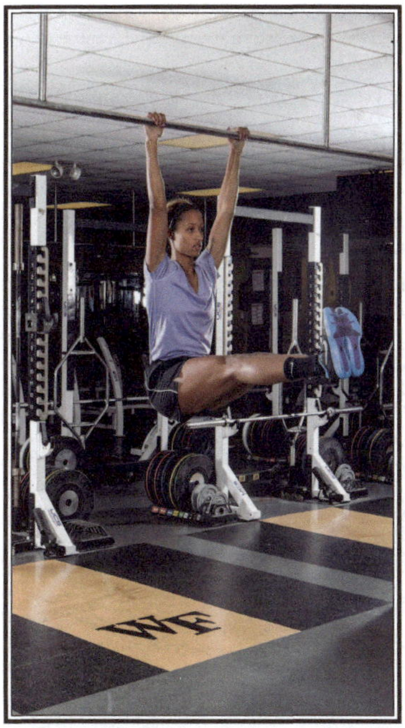

■悬挂 L 系列训练■
L 姿势至屈膝折叠再回到 L 姿势

动作修正

1. 采用"悬挂 L 系列训练：交替直腿至 L 姿势"中相同的起始姿势。骨盆处于中立位置，且略微前倾。

2. 收紧核心部位，抬起双腿至 L 姿势。在练习期间保持 L 姿势（练习的任何时候，不要让双腿下落，回到悬吊直立的状态）。

3. 然后从 L 姿势，向躯干拉动双膝。双膝屈曲，骨盆略微后倾。然后伸直双膝，回到 L 姿势。

4. L 姿势至屈膝再到 L 姿势算作一次练习。

具体益处 12 16 17

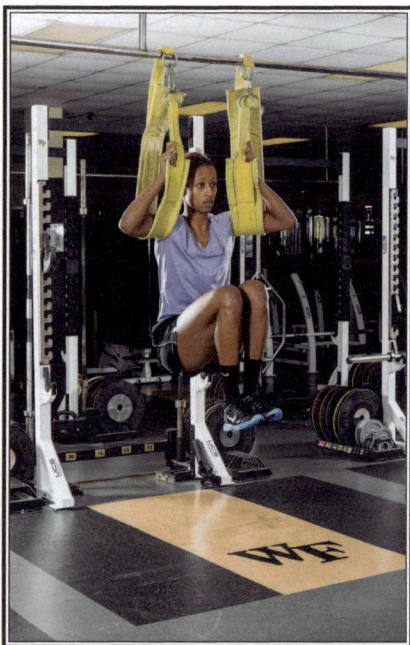

▪悬挂 L 系列训练▪
L 姿势至单杠触脚踝再回到 L 姿势

动作修正

1. 采用"悬挂 L 系列训练：L 姿势至屈膝折叠再回到 L 姿势"中相同的起始姿势。

2. 收紧核心部位，抬起双腿至 L 姿势。在练习期间保持 L 姿势（练习的任何时候，不要让双腿下落，回到悬吊直立的状态）。

3. 从 L 姿势，屈曲髋关节，抬起伸直的腿，直到脚踝触碰到单杠。

4. 缓慢下落双直腿，回到 L 姿势。

5. 从 L 姿势到触脚踝再到 L 姿势算作一次练习。

具体益处 **12 16 17**

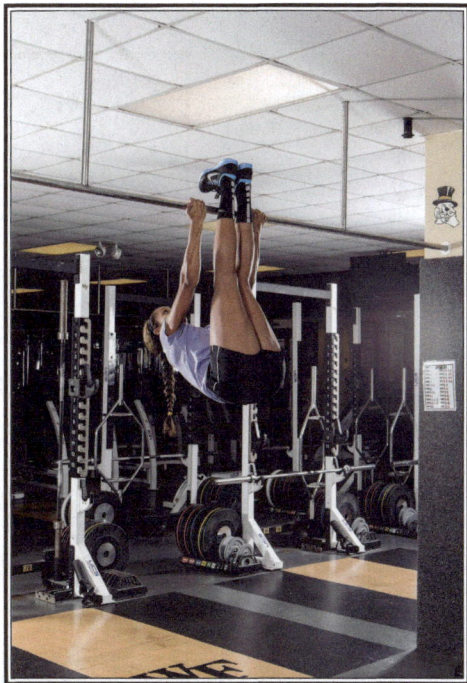

▪悬挂 L 系列训练▪
外展和内收

动作修正

1. 采用"悬挂 L 系列训练：交替直腿至 L 姿势"中相同的起始姿势。

2. 从 L 姿势开始，收紧核心部位，尽量宽地展开双腿（外展），同时保持悬挂的 L 姿势。

3. 内收双腿，回到 L 姿势。

具体益处 **5 12 16 17**

■悬挂 L 系列训练■
等长 L 姿势引体向上

动作修正

1. 采用"悬挂 L 系列训练：交替直腿至 L 姿势"中相同的起始姿势。

2. 双臂相对伸直，同时保持肩胛骨收缩。（注意：肘部略微屈曲可能是必要的，屈曲程度由你的力量水平决定）。

3. 从 L 姿势开始，收紧核心部位。如果你使用单杠进行悬吊，那就进行一次引体向上；如果使用的是图中所示的带子，那就尽力把自己拉向带子中，且保持正确姿势。

具体益处 ⑫ ⑯ ⑰ ⑱

提示

在保持直臂的时候，避免肩部半脱位。肘部略微屈曲对避免肩部过度下沉是必要的。

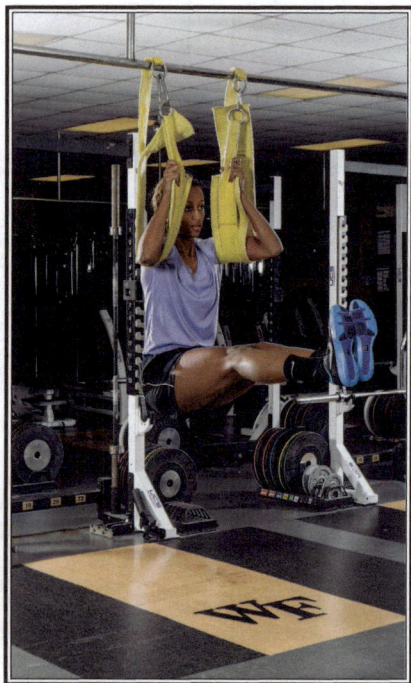

第 11 章

抗旋转训练

在读到本章开始部分时，你应该已经对自己的核心部位的动态稳定性感到满意了，且准备继续向前，进一步提高核心肌肉的整体力量。在提高运动表现的多种变量中，关于姿势控制和动态平衡能力的重要性已经做出论证。如果不是首先以骨关节的稳定性提高作为基础，许多运动员就会出现错误。仅仅是在训练中加入过多的屈曲、伸展和旋转方面的向心收缩，这些练习会促进主要运动肌的募集，但通常是以牺牲深层稳定肌的敏感度为代价的。这会导致大量问题，包括运动表现低于最佳水平，并增加受伤风险。决定何时从稳定性训练到力量训练，最终到力量和爆发力训练，是以身体功能性进阶为依据，而不是以耐受疼痛的能力和练就6块腹肌引发的成就感为依据的。

任何合适的核心训练都应该至少考虑以下几个参数：频率、强度、时间、平衡、本体感受、负荷考虑、运动节奏、运动范围，以及运动平面。运动能够概括为在一个平面内或者三个平面中的任意几个平面的组合下发生（见图 11.1）。

额状面的运动发生在前后轴上，假想一下，就如同把身体分为前、后两部分，以便进行外展和内收、侧屈，以及翻转/反转运动（如侧弓步）。

矢状面的运动发生在冠状轴上，把身体分为左、右两个部分，以屈曲/伸展动作为代表（如深蹲）。最后是与本章最切题的横断面运动。横断面运动是纵向轴上的运动，把身体分为上、下两部分，主要涉及内旋/外旋、左右旋转，以及水平外展/内收。

通常，当我们说到平面运动时，我们谈论的只是身体的粗大运动模式；然而，当我们从大范围的运动到有限关节的活动，再观察抗旋转训练背后的原理时，记得从完整性上来看待身体，但是抗旋转训练主要讨论的不是旋转L1~L5，而是训练身体在T1~T12范围内旋转。这符合我们与生俱来的生理解剖特征，有利于建立肩部和髋部之间的分离，从而启动拉长-缩短周期，并增加我们力量传导的能力。

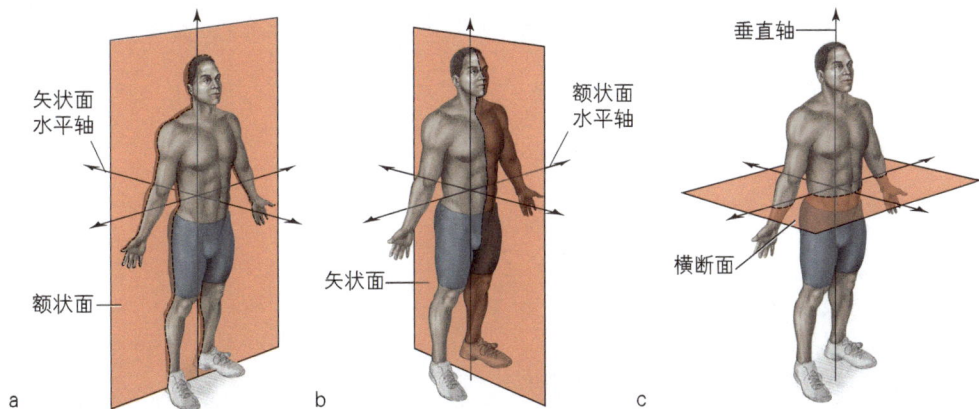

矢状面
水平轴

额状面
水平轴

垂直轴

额状面

矢状面

横断面

a　　　　　　　b　　　　　　　c

图 11.1　3 个运动平面：a.额状面；b.矢状面；c.横断面

当胸部的力量能够建立在腰椎稳定性的基础上时，运动员的发挥就可以更加接近他或她的运动潜能。帝国大厦不是建立在沙滩上的。没有底部的地基，巨大建筑不可能实现。从运动角度来说，潜能的大小直接与你的核心根基有关。

和第 9 章一样，本章也包括复合训练。一项复合训练是多层面的练习，通常涉及多个运动平面内的大量运动模式，包括各种速度和负重选择。

以下练习列表中列出本章中练习的具体益处、难度水平，以及所需设备。基本练习用蓝色突出显示，并用红色表示其中难度递增的练习。另外，基础训练在文中也用红色标题标注。

抗旋转力量练习列表

练习项目	具体益处（见第 5 章）	难度水平			设备
		简单	中等	困难	
雨刮训练	⑫		X		
雨刮训练变式	⑤⑫		X		
雨刮训练：浅打水式运动	⑤⑫		X		
直臂平板支撑复合训练 1：过顶下拉	⑨⑫⑰		X		绳索设备或阻力带 / 缆绳
直臂平板支撑复合训练 2：直臂上举（矢状面外展）	⑤⑨⑫⑰		X		绳索设备或阻力带 / 缆绳
直臂平板支撑复合训练 3：侧拉	⑨⑫⑰		X		绳索设备或阻力带 / 缆绳
直臂平板支撑复合训练 4：侧拉，肘部伸展	⑨⑫⑰		X		绳索设备或阻力带 / 缆绳
直臂平板支撑复合训练 5：侧拉三角肌飞鸟	⑨⑫⑰		X		绳索设备或阻力带 / 缆绳
俯卧撑复合训练：后三角肌锻炼	⑤⑨⑫⑬⑰⑱㉔		X		2 个哑铃
手撑滑板训练：单臂过顶伸展	⑦⑨⑫⑲㉔	X			滑板
手撑滑板训练：全身伸展，双手交替画圈	⑫⑲㉔			X	滑板
手撑滑板训练：全身伸展，双手同时画圈	⑫⑲㉔			X	滑板
手撑滑板训练：外展和内收	⑤⑫⑲㉔			X	滑板
滑板脚撑练习：侧交叉	④⑨⑫⑲㉔		X		滑板
滑板脚撑练习：侧交叉加俯卧撑	④⑨⑫⑱⑲㉔		X		滑板
滑板脚撑练习：拉动沙袋	⑤⑨⑫⑰⑱⑲			X	滑板，沙袋
滑板脚撑练习：拉动沙袋，外展和内收	⑤⑨⑫⑰⑱⑲			X	滑板，沙袋
滑板脚撑练习：拉动沙袋，登山练习	④⑤⑨⑫⑰⑱⑲			X	滑板，沙袋
肘部侧平板支撑：划船运动	⑨⑫⑬⑰		X		带把手的绳索设备
直臂侧平板支撑：划船运动	⑨⑫⑬⑰		X		带把手的绳索设备
肘部侧平板支撑：划船运动，双脚抬高	③⑨⑫⑬⑰		X		带把手的绳索设备，加高平台 **
直臂侧平板支撑：划船运动，双脚抬高	③⑨⑫⑬⑰		X		带把手的绳索设备，加高平台

* 可以使用的不稳定设备有很多，包括厚泡沫垫、平衡板、平衡盘、枕头或稳定球。

** 可以用作加高平台的选择有很多，包括箱子、长凳、椅子或台阶。

续表

练习项目	具体益处（见第 5 章）	难度水平			设备
		简单	中等	困难	
肘部侧平板支撑：划船运动，不稳定上肢	❶❾⓬⓭⓱		X		带有把手的绳索设备，不稳定设备
直臂侧平板支撑：划船运动，不稳定上肢	❶❾⓬⓭⓱		X		带有把手的绳索设备，不稳定设备
肘部侧平板支撑：划船运动，不稳定下肢	❶❾⓬⓭⓱（如果使用稳定球，还有❸）		X		带有把手的绳索设备，不稳定设备
直臂侧平板支撑：划船运动，不稳定下肢	❶❾⓬⓭⓱（如果使用稳定球，还有❸）		X		带有把手的绳索设备，不稳定设备
侧向抗阻前推－等长进阶 1：半跪姿	⓬⓱㉔		X		带有缆绳或把手的绳索设备，或芯杆
侧向抗阻前推－等长进阶 2：高跪姿	⓬⓱㉔		X		带有缆绳或把手的绳索设备，或芯杆
侧向抗阻前推－等长进阶 3：站姿	⓬⓱㉔		X		带有缆绳或把手的绳索设备，或芯杆
侧向抗阻前推－等长进阶 4：分腿站姿	⓬⓱⓲㉔			X	带有缆绳或把手的绳索设备，或芯杆
侧向抗阻前推－等长进阶 5：弓步站姿	⓬⓱⓲㉔			X	带有缆绳或把手的绳索设备，或芯杆
侧向阻力水平前推进阶 1：半跪姿	⓬⓱㉔		X		带有缆绳或把手的绳索设备，或芯杆
侧向阻力水平前推进阶 2：高跪姿	⓬⓱㉔		X		带有缆绳或把手的绳索设备，或芯杆
侧向阻力水平前推进阶 3：站姿	⓬⓱㉔		X		带有缆绳或把手的绳索设备，或芯杆
侧向阻力水平前推进阶 4：分腿站姿	⓬⓱⓲㉔			X	带有缆绳或把手的绳索设备，或芯杆
侧向阻力水平前推进阶 5：弓步站姿	⓬⓱⓲㉔			X	带有缆绳或把手的绳索设备，或芯杆
绳索下砍进阶 1：半跪姿	⓬⓱㉔		X		带有缆绳或把手的绳索设备，或芯杆
绳索下砍进阶 2：高跪姿	⓬⓱㉔		X		带有缆绳或把手的绳索设备，或芯杆
绳索下砍进阶 3：站姿	⓬⓱㉔		X		带有缆绳或把手的绳索设备，或芯杆
绳索下砍进阶 4：分腿站姿	⓬⓱⓲㉔			X	带有缆绳或把手的绳索设备，或芯杆
绳索下砍进阶 5：弓步站姿	⓬⓱⓲㉔			X	带有缆绳或把手的绳索设备，或芯杆
上提绳索训练进阶 1：半跪姿	⓬⓱㉔		X		带有缆绳或把手的绳索设备，或芯杆
上提绳索训练进阶 2：高跪姿	⓬⓱㉔		X		带有缆绳或把手的绳索设备，或芯杆
上提绳索训练进阶 3：站姿	⓬⓱㉔		X		带有缆绳或把手的绳索设备，或芯杆
上提绳索训练进阶 4：分腿站姿	⓬⓱⓲㉔			X	带有缆绳或把手的绳索设备，或芯杆

续表

练习项目	具体益处（见第 5 章）	难度水平			设备
		简单	中等	困难	
上提绳索训练进阶 5：弓步站姿	12 17 18 24			X	带有缆绳或把手的绳索设备，或芯杆
抗旋转前推训练进阶 1：半跪姿	12 17 24		X		带有缆绳或把手的绳索设备，或芯杆
抗旋转前推训练进阶 2：高跪姿	12 17 24		X		带有缆绳或把手的绳索设备，或芯杆
抗旋转前推训练进阶 3：站姿	12 17 24		X		带有缆绳或把手的绳索设备，或芯杆
抗旋转前推训练进阶 4：分腿站姿	12 17 18 24			X	带有缆绳或把手的绳索设备，或芯杆
抗旋转前推训练进阶 5：弓步站姿	12 17 18 24			X	带有缆绳或把手的绳索设备，或芯杆
绳索推拉训练进阶 1：半跪姿	9 12 17 24		X		带有把手的绳索设备
绳索推拉训练进阶 2：高跪姿	9 12 17 24		X		带有把手的绳索设备
绳索推拉训练进阶 3：站姿	9 12 17 24		X		带有把手的绳索设备
绳索推拉训练进阶 4：分腿站姿	9 12 17 18 24			X	带有把手的绳索设备
绳索推拉训练进阶 5：弓步站姿	9 12 17 18 24			X	带有把手的绳索设备
炮筒旋转训练	12 17 24		X		杠铃片，杠铃
炮筒旋转训练：使用把手	12 17 24		X		杠铃片，带把手的杠铃
炮筒旋转训练：使用把手和负重	12 17 24			X	杠铃片，带有把手的杠铃
稳定球绳索旋转 – 站姿	12 17		X		2 个带有把手的绳索设备，稳定球
悬挂屈膝折叠	12 16 17			X	单杠
悬挂屈膝折叠：L 形伸展	12 16 17			X	单杠
悬挂屈膝折叠：L 形伸展扭转	12 16 17 18 24			X	单杠
悬挂屈膝折叠：向上扭转	12 16 17 18 24			X	单杠
悬挂屈膝折叠：屈膝雨刮练习	12 16 17 18 24			X	单杠
悬挂屈膝折叠：屈膝雨刮加速练习	12 16 17 18 22 23 24			X	单杠
悬挂反向折叠：双腿雨刮动作	12 16 17 18 22 24			X	单杠
悬挂反向折叠：雨刮外展和内收	5 9 12 16 17 18 22 24			X	单杠
悬挂反向折叠：向上扭转（撑杆跳高）	8 12 16 17 18 24			X	单杠
悬挂绕圈	8 11 12 16 17 18			X	单杠
悬挂大步走	8 11 12 16 17 18			X	单杠

雨刮训练

运动步骤

1. 仰卧在地面上的体操垫上，且头部放在垫子上。

2. 髋关节屈曲至 90 度；身体呈 L 形，双腿伸直，指向天花板。

3. 可控、缓慢地向身体的一侧下落双腿（见“注意事项”的第 2 点）。

4. 双腿轻轻触碰地面（或者不用触碰，因为这相当困难），然后立刻抬起双腿，直到与地面垂直。

5. 稍停顿一下，继续向另一侧下落。

6. 按照预先确定的次数重复练习。

注意事项

1. 该练习的难度可以控制在较低水平。例如，如果你把双臂放在地面上，向两侧伸出去，与躯干垂直，你可以利用这个杠杆，以及更大的地面支撑面积来协助控制双腿。同样地，双臂参与性越小（例如，只有手臂接触地面，或者双臂完全离开地面），难度越大。

2. 你也可以通过控制旋转的幅度来控制难度水平。也就是说，不要把双腿完全落至地面，直到你有足够的力量适应这种强度。

具体益处

[12]

提示

尝试这些雨刮训练的变式：

1. 双腿同时落向一侧，一条腿抬起，然后抬起另一条腿，最后，另外一侧重复练习（见下一个练习）。

2. 一条腿下落至一侧，接着下落另一条腿；抬起一条腿，然后抬起另外一条腿。另外一侧重复练习。

3. 一条腿下落至一侧，接着下落另一条腿；双腿同时抬起。另外一侧重复练习。

4. 整个练习期间，双腿进行浅打水式运动。

5. 整个练习期间，双腿进行剪刀式运动。

6. 双腿同时下落至一侧，一条腿抬起，然后抬起另外一条腿。从双腿垂直地面到向地面下落阶段，进行浅打水式运动或者剪刀式运动。然后回到双腿伸直、与地面垂直的姿势，在另外一侧重复进行。

7. 双腿同时向一侧下落，同时在这个姿势屈曲双膝，然后向上回到伸直状态。通过上面提及的任何一种方式把双腿放回到与地面垂直状态。另外一侧重复。

8. 整个练习期间，保持双腿分开；左下，抬起，右下，抬起。

9. 在双腿向上伸直的时候，上提上半身，离开地面，接住陪练向你扔过来的药球，然后扔回。结合双腿进行这样的练习：左下；抬起；右下；抬起；上提身体，接球，扔回；重复。

雨刮训练变式

动作修正

1. 采用“雨刮训练”的起始姿势。

2. 以可控的方式向左缓慢落下伸直的双腿。

3. 轻轻触碰地面（或者不用触碰，因为这相当困难）。

4. 然后只抬起右腿，回到与地面垂直的状态。接着抬起左腿，回到垂直状态（起始姿势）。

5. 停顿一下，另外一侧重复练习。

具体益处 [5] [12]

雨刮训练

浅打水式运动

动作修正

采用与“雨刮训练”相同的起始姿势和运动，然后增加浅打水式运动。浅打水是双腿伸直，在矢状面内分别进行快速的上下移动。例如，双腿进行浅打水式运动的同时向左侧下落，双腿进行浅打水式运动的同时回到中立位置，双腿进行浅打水式运动的同时向右侧下落，双腿进行浅打水式运动的同时回到中立位置。

具体益处 5 12

提示

这个练习也可以进行剪刀式运动：双腿伸直，主要在额状面内快速地进行两侧相对运动。

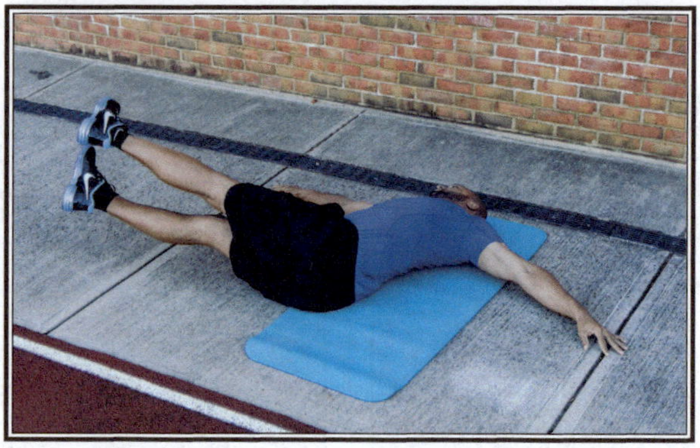

直臂平板支撑

复合训练 1：过顶下拉

运动步骤

1. 把阻力带或绳索系在平板支撑时肩部高度的位置（即，大约垂直于地面的手臂长度）。

2. 采用平板支撑的姿势，头部朝向绳索训练机（或阻力带附着的地方）。左手放在地面上，左臂与地面垂直；右手握住把手。上提身体，接触点只有地面上的双脚的前脚掌、脚趾，以及左手。整个练习期间，保持身体呈直线。

3. 复合训练如下。

（a）采用三点平板支撑的姿势，右臂伸直，掌心向下（手掌朝地面）。右臂应在平板支撑中向前伸直，与身体呈直线。

（b）屈曲肘部，向靠近右侧腋窝位置拉动右手。右手从开始的掌心向下的姿势到终点（腋窝位置）时，旋转到掌心向上。

（c）然后以可控的方式回到起始姿势。

4. 按照预先确定的次数重复练习；另一侧重复。

注意事项

整个练习期间，保持身体呈直线（耳部、肩部、髋部、膝盖，以及脚踝呈直线）。在进行这个动作的时候，避免身体下沉、耸肩，最重要的是避免向缆绳或阻力带那一侧手的方向倾斜。

具体益处

9 **12** **17**

提示

为了增加变化或难度，加入以下这些挑战。

1. 抬起一条腿离开地面，因此在练习期间，只有两个接触点。

2. 在进行拉动缆绳的动作时，抬起的腿可以同时进行膝向胸折叠、髋部后伸和外展、登山式脚触地这几种中的一种或者组合，以及更多种变式。

3. 双脚放在不稳定设备上。

4. 加入干扰方式，例如运动期间轻轻推动运动员，或者在运动员的腰部、脚踝或膝盖上系上阻力带。

直臂平板支撑
复合训练 2：直臂上举（矢状面外展）

动作修正

1. 把阻力带或缆绳系在平板支撑时肩部高度的位置（即，大约垂直于地面的手臂长度）。如果使用橡胶带，你可以用两根橡胶带，一只手握住一根。你可根据下面的步骤，双手交替进行。

2. 采用平板支撑的姿势，头部朝绳索训练机（或阻力带附着的地方）对侧。右手放在地面上，右臂与地面垂直；左手握住把手。上提身体，接触点只有地面上的双脚的前脚掌、脚趾，以及右手。整个练习期间，保持身体呈直线（耳部、肩部、髋部、膝盖及脚踝在一条直线上）。

3. 复合训练如下。

（a）在三点支撑的平衡状态下（双脚和右手着地），保持左臂伸直并向上举起，直至与平板支撑的身体对齐。

（b）放下左臂，回到起始姿势，然后把左手放回地面。

具体益处 ⑤ ⑨ ⑫ ⑰

提示

这个练习可以用水平肩部推举取代水平直臂上举。参见“直臂平板支撑复合训练 1”，以增加难度和多样性。

直臂平板支撑
复合训练 3：侧拉

动作修正

1. 把阻力绳或阻力带系在平板支撑时大约肩部高度的某个位置（即，大约直臂到地面时肩关节的高度）。

2. 采用直臂平板支撑姿势，身体与阻力带方向垂直。左臂伸直支撑地面，与地面垂直。

3. 右手从躯干下侧握住把手，掌心朝上。

4. 上提身体，只有双脚的前脚掌、脚趾，以及左手接触地面。整个练习期间，保持身体呈直线(耳部、肩部、髋部、膝盖及脚踝呈直线)。

5. 复合训练如下。

（a）在三点式平板支撑中，右手从躯干下面握住把手。

（b）屈曲肘部，向右侧腋窝拉动右手。

（c）以可控的方式回到起始姿势。

具体益处 9 12 17

提示

参见“直臂平板支撑复合训练 1”，以增加难度和多样性。

■直臂平板支撑■
复合训练 4：侧拉，肘部伸展

动作修正

1. 准备、起始姿势和动作与“直臂平板支撑复合训练 3”中的一样。

2. 复合训练如下。

（a）在三点式平板支撑中，右臂在躯干下方，右手握住阻力带把手。

（b）屈曲肘部，向右侧腋窝拉动右手。手掌保持朝上，直到右手到达腋窝位置。

（c）到达腋窝位置之后，继续向侧面伸展肘部，直至右臂完全伸直。手掌朝下，手臂与身体垂直。

（d）以可控的方式回到起始姿势。

具体益处 9 12 17

■直臂平板支撑■
复合训练 5：侧拉三角肌飞鸟

动作修正

1. 准备、起始姿势和动作与“直臂平板支撑复合训练 3”中相同。

2. 复合训练如下。

（a）在三点式平板支撑中，右臂在躯干下方，右手握住阻力带把手。

（b）保持一只手臂相对伸直（或者至少锁住肘关节），从左臂下方拉动阻力带，然后继续拉动，进入三角肌后拉，此时右侧手臂完全伸直且与身体垂直。在这个动作结束的时候，手掌朝下。

（c）避免身体扭动。在右手拉动的时候，保持右侧髋关节向下压。左手拉动的时候相仿。

（d）以可控的方式回到起始姿势。

具体益处 ❾ ⓬ ⓱

俯卧撑复合训练；后三角肌锻炼

运动步骤

1. 采取平板支撑的姿势，且左手放在地面上，右手握住一个轻型哑铃，也放在地面上（或者双手各握一个哑铃）。双手放在双肩正下方，双臂与地面垂直。上提身体，双脚的前脚掌、脚趾，以及左手位于地面；右手握住一个哑铃，也放在地面上。整个练习期间，身体保持直线（耳部、肩部、髋部、膝盖及脚踝对齐）。

2. 复合训练如下。

（a）进行一次俯卧撑。

（b）在三点式平板支撑（双脚和左手）中，向前（矢状面）抬起右臂，直至右臂与平板支撑的身体对齐。

（c）手臂回到起始姿势，把右手放回地面，再次获得平衡，然后在接下来的运动之前，再次调整身体（或者不把右手和哑铃放回地面，直接进入下一个动作）。

（d）向旁侧（外展）抬起右臂和哑铃，直到其与地面平行，与身体垂直。

（e）这时候，要么继续进入核心旋转姿势，要么回到核心旋转之前的起始姿势。无论哪种方式，核心旋转的方式如下。

ⓐ 作为一个整体旋转整个平板支撑的身体，直到右臂伸直，指向天花板。

ⓑ 双脚位置保持不变，但是完全旋转到双脚的侧面着地。

ⓒ 身体呈一条直线（耳部、肩部、髋部、膝盖及脚踝对齐）。

ⓓ 右臂与左臂呈一条直线。你应该看起来像一个侧躺的 T。

ⓔ 以可控的方式撤回旋转动作，回到起始姿势。

3. 按照预先确定的次数进行重复练习，然后在另外一侧重复。

注意事项

1. 注意：为了安全考虑，六角哑铃或者边缘是平的哑铃用起来最好，因为它们不易滚动，在地面上进行俯卧撑的时候更加安全。

2. 整个练习期间，保持身体呈直线。在进行练习的时候避免身体下沉、耸肩，更重要的是避免向握着哑铃的手的另一侧倾斜。

3. 也可以每只手握住一个哑铃进行练习，这样可以采用额外的运动模式。例如，你可能用右臂完成一次完整的复合训练后，接着用左臂完成一次完整的练习。或者双臂交替完成综合练习，例如，左臂前举，右臂前举，右臂三角肌平举，左臂三角肌平举，右侧旋转，左侧旋转，俯卧撑，重复。以及如此进行其他更多练习。然而，哑铃的使用使支撑基础变得不是很稳定，所以需要加倍小心。

4. 尝试增加以下运动。

（a）在旋转的姿势进行肩部侧推举（屈曲肘部，然后哑铃朝天花板上举）。

（b）屈曲肘部侧平举。

（c）后拉（哑铃拉向躯干）。

（d）当向天花板旋转手臂的时候，把哑铃留在地面。以这个朝上的姿势，抓握住伙伴向你扔来的球，然后扔回去。

具体益处

[5] [9] [12] [13] [17] [18] [24]

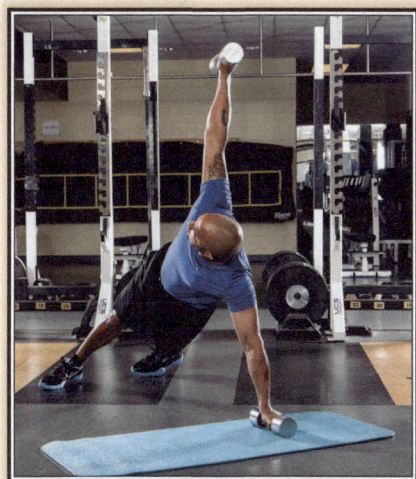

手撑滑板训练
单臂过顶伸展

运动步骤

1. 跪在一个位于滑板一端的垫子（或泡沫垫、折叠毯子等）上。双手戴着手套，小心地放在滑板上。双手位于双肩正下方，双臂垂直于地面。双膝、前脚掌及脚趾放在地面上；双手放在滑板上。

2. 平稳地向前伸展肩部、髋部和膝盖。

3. 左臂和左手向前滑动。髋关节处应略微伸展，右臂略微弯曲，以协助左臂的移动。

4. 拉回左臂，回到起始姿势。

5. 按照预先确定的次数重复练习，在另一侧重复。

注意事项

可以双臂交替进行该训练（即，左臂伸展，返回；右臂伸展，返回。如此重复）。

具体益处

7 **9** **12** **19** **24**

提示

可以增加许多运动模式。创造属于你自己的训练方式，或者尝试以下变式。

1. 在伸展的姿势，手在滑板上滑动成一个圈（先顺时针，后逆时针），然后回到起始姿势。

2. 在画圈的时候，可以用伸展出去的手进行一次小范围的雨刮动作。

3. 伸展左臂；保持伸展动作，右臂在躯干下方向后滑动，然后回到起始姿势。

4. 伸展左臂，伸展右臂，左臂返回，右臂返回，另一侧如此重复。

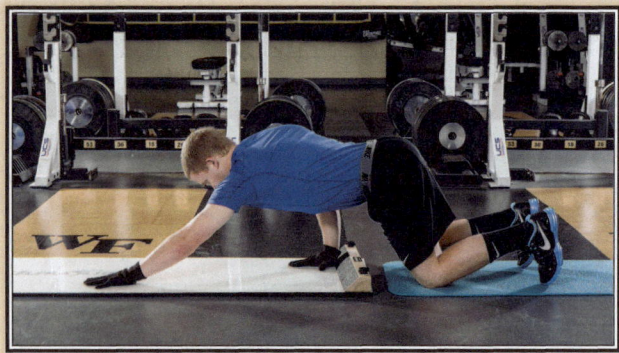

■ 手撑滑板训练 ■
全身伸展，双手交替画圈

动作修正

1. 准备和起始姿势与"手撑滑板训练：单臂过顶伸展"相同，但是膝关节位于滑板外侧的中间位置，身体与滑板垂直。

2. 平稳地向前滑动双臂，髋部和膝盖伸展。（下落的程度由运动员的力量和舒适度决定。初学者可能只需要使双臂向两侧滑动，同时保持双臂相对伸直。）

3. 在这个伸展的姿势中，左手进行一次顺时针画圈；然后停下来，右手进行一次逆时针画圈。

4. 保持全身伸展，每只手按照预先确定的次数进行顺时针和逆时针画圈，然后回到起始姿势。

具体益处 ⑫ ⑲ ㉔

■ 手撑滑板训练 ■
全身伸展，双手同时画圈

动作修正

1. 准备和起始姿势与"手撑滑板训练：单臂过顶伸展"相同，但是膝关节位于滑板外侧的中间位置，身体与滑板垂直。

2. 这个动作与"手撑滑板训练：全身伸展，双手交替画圈"相同，但是在伸展的姿势中，左手进行一次顺时针画圈，同时右手进行一次逆时针画圈。

3. 保持上半身伸展，按照预先确定的次数，每只手都进行顺时针和逆时针的画圈动作，然后回到起始姿势。

具体益处 ⑫ ⑲ ㉔

提示

尝试以下变式。

1. 一侧手画圈后，回到起始姿势。

2. 双手顺时针画圈，双手逆时针画圈。

3. 左手顺时针画圈，同时右手外展和内收；左手逆时针画圈，同时右手外展和内收。另一侧如此重复。

4. 在完全伸展的时候，保持姿势，然后向侧边上提右侧腿（消防栓姿势）；进行手画圈组合运动；回到起始姿势；另一条腿重复。这个练习可能有点风险。注意进行正确的判断。

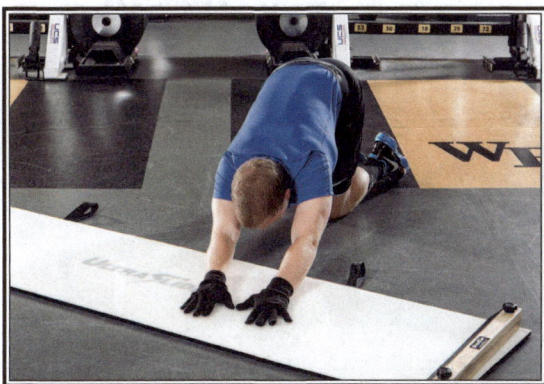

手撑滑板训练
外展和内收

动作修正

1. 准备和起始姿势与“手撑滑板训练：单臂过顶伸展”一样，但是膝关节位于滑板外侧的中间位置，身体与滑板垂直。

2. 从手臂伸直，垂直于地面的姿势开始，缓慢地向旁侧（外展）滑动双手，使身体朝地面下落。

3. 双臂向内拉动（内收）；回到起始姿势。

具体益处 [5] [12] [19] [24]

提示

外展下落的程度由运动员的力量和舒适度决定。初学者可能只需使双臂向两侧略微滑动，同时保持双臂相对伸直。

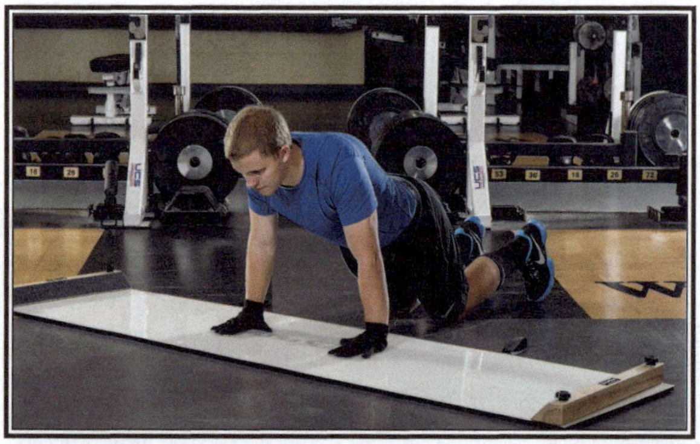

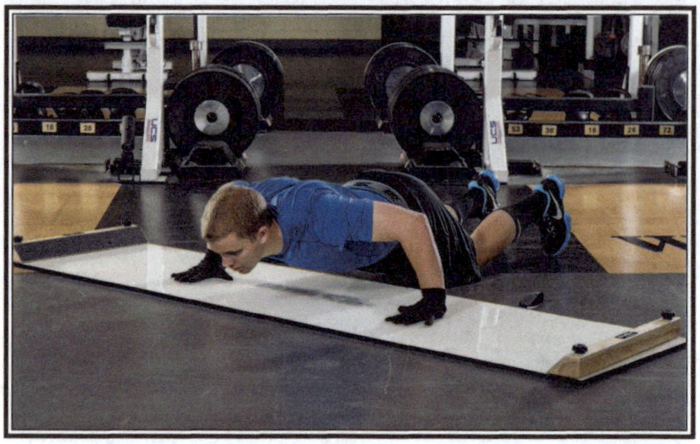

滑板脚撑练习

侧交叉

运动步骤

1. 采用直臂平板支撑的姿势，双臂伸直，与地面垂直。双脚（穿着鞋子或袜子）放在滑板上，分开，与肩同宽。双手放在地面上。

2. 略微屈曲右侧髋关节和膝盖，向左侧直腿的下侧滑动。这就是侧交叉动作。

3. 右腿回到起始姿势，左腿重复。

4. 继续重复既定次数。

注意事项

1. 侧交叉的距离由运动员的力量、舒适度，及全身平衡能力决定。

2. 在练习期间，保持正确的身体姿势。在任何时候，都要避免倾斜、耸肩或扭动。

具体益处

④⑨⑫⑲㉔

提示

可以增加许多运动模式。创造属于你自己的练习，或者尝试以下变式。

1. 每次侧交叉之间进行一次俯卧撑（与下一个练习类似）。

2. 双手各握住一个哑铃。每次侧交叉之间进行一次后拉动作。注意安全。做出正确判断。

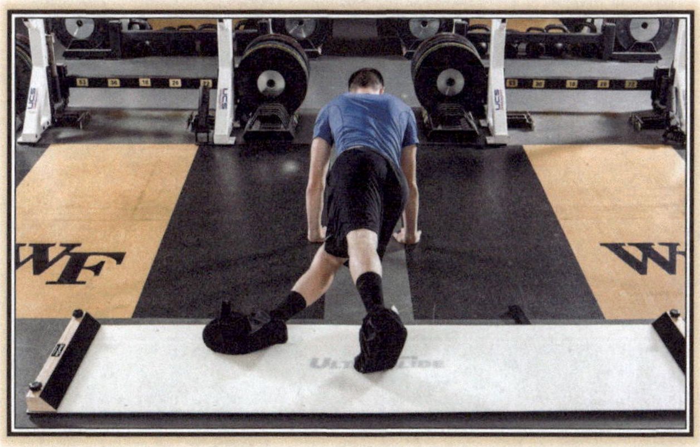

滑板脚撑练习

侧交叉加俯卧撑

动作修正

1. 准备和起始姿势与“滑板脚撑练习：侧交叉”相同。

2. 小心地屈曲右侧髋部和膝盖，右腿滑动到左侧直腿的下方。这就是侧交叉动作。

3. 当处于交叉姿势的时候（右腿交叉放在左腿下方），保持这个姿势，且进行一次俯卧撑。

4. 右腿回到起始姿势，另一侧腿重复练习。

具体益处 ④⑨⑫⑱⑲㉔

滑板脚撑练习

拉动沙袋

运动步骤

1. 采用直臂平板支撑的姿势，双臂与地面垂直。双脚（穿着鞋或袜子）放在滑板上。一个沙袋放在身体右侧的地面上，位于双手和滑板之间。

2. 左手抓握沙袋把手（如果有的话），从右侧向左侧穿过身体中间线，侧向拉动沙袋。

3. 重新调整双手。用右手握住沙袋把手，从左侧向右侧穿过身体中间线，侧向拉动沙袋。

4. 这样来回一次（右至左，左至右）相当于一次重复。按照预定轮数进行重复练习。

注意事项

如果沙袋一侧没有把手，可以使用沙袋顶端的把手。

具体益处

⑤⑨⑫⑰⑱⑲

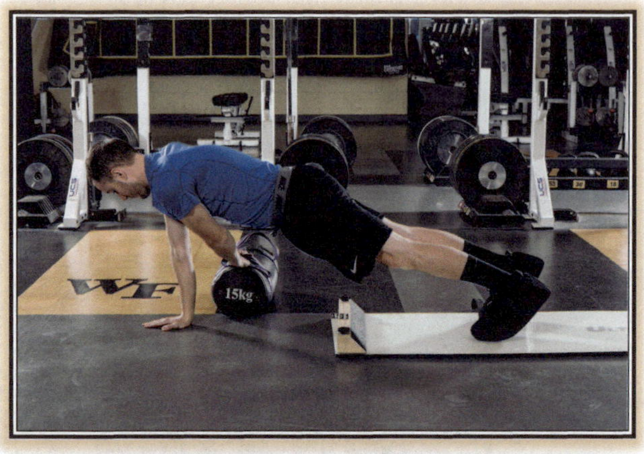

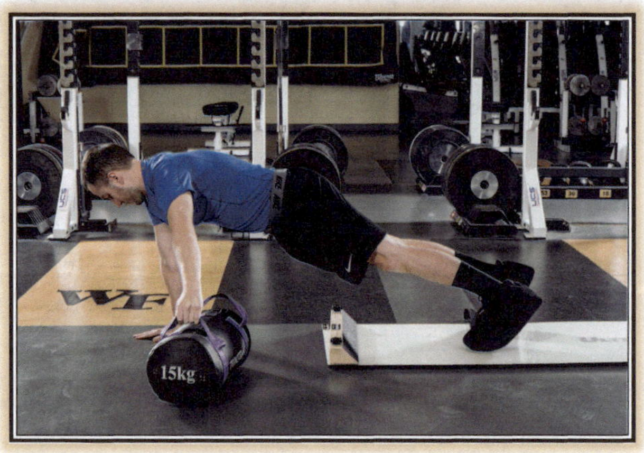

■滑板脚撑练习■
拉动沙袋，外展和内收

动作修正

1. 除了运动员是位于滑板中间，身体与滑板垂直以外，其他准备和起始姿势与“滑板脚撑练习：拉动沙袋”相同。

2. 用右手握住沙袋把手，从左向右穿过身体中间线，侧向拉动沙袋。

3. 调整双手的位置。

4. 此时处于中立的直臂平板支撑，且双脚放在滑板上，把双腿分开（外展）；然后双腿回到中立位置（内收）。

5. 用左手握住沙袋把手，从右向左穿过身体中间线，侧向拉动沙袋。

6. 双手放于地面，此时处于中立的直臂平板支撑，且双脚放在滑板上，把双腿分开（外展）；然后双腿回到中立位置（内收）。

具体益处 5 9 12 17 18 19

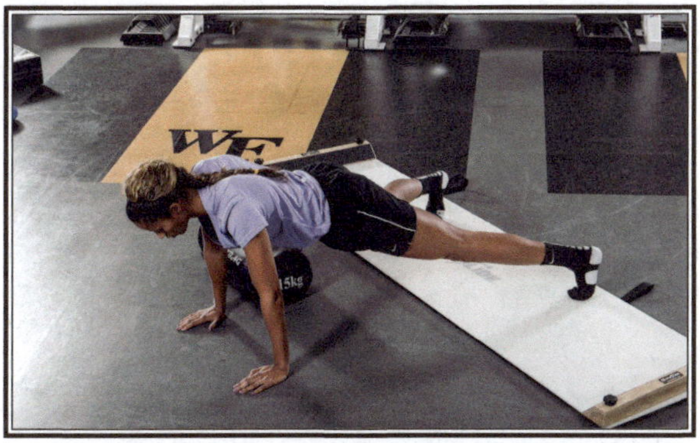

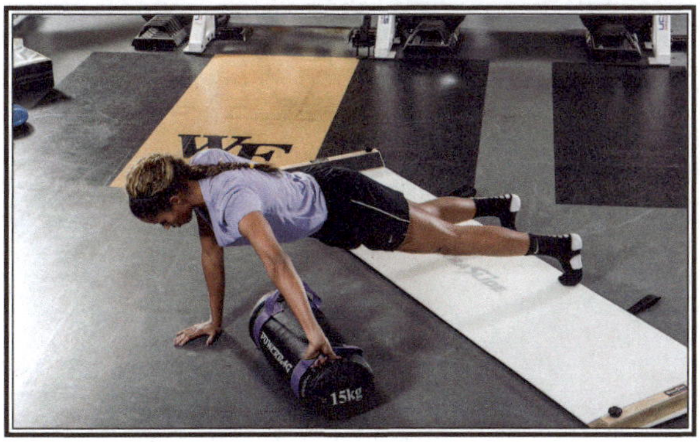

滑板脚撑练习
拉动沙袋，登山练习

动作修正

1. 准备和起始姿势与“滑板脚撑练习：拉动沙袋，外展和内收”相同。

2. 用右手握住沙袋把手，从左向右穿过身体中间线，侧向拉动沙袋。

3. 调整双手的位置。

4. 此时身体处于中立的直臂平板支撑，进行一次登山练习（左膝向前移动至胸部下侧，然后返回；右膝向前移动至胸部下侧，然后返回）。

5. 左手握住沙袋把手，从右向左穿过身体中间线，侧向拉动沙袋。

6. 当身体处于中立的直臂平板支撑时，进行一次登山练习（左膝向前移动至胸部下侧，然后返回；右膝向前移动至胸部下侧，然后返回）。

具体益处 [4] [5] [9] [12] [17] [18] [19]

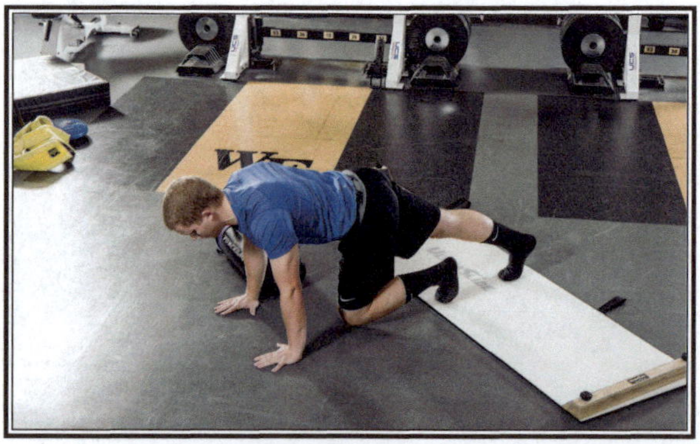

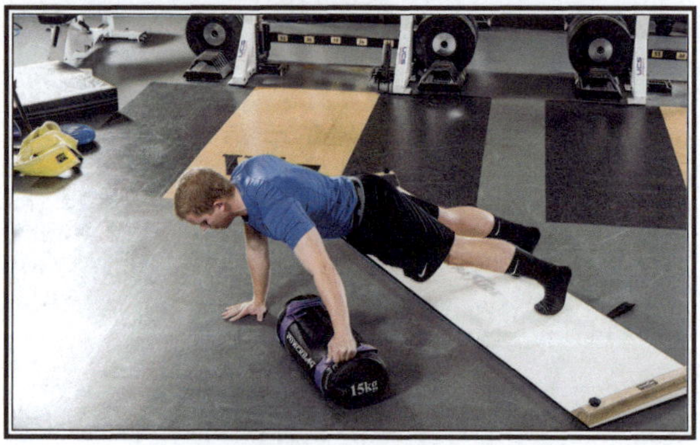

肘部侧平板支撑

划船运动

运动步骤

1. 采用肘部侧平板支撑姿势，身体与绳索垂直。左脚堆叠放在右脚上面。上半身的重量放在右前臂上，右上臂与地面垂直。

2. 在处于肘部侧平板支撑的姿势时，绳索（或橡胶带）固定在胸部高度的位置。

3. 上提身体后，只有右脚侧面（下侧脚）和右肘及前臂接触地面。左手握住绳索把手，左臂与地面平行。

4. 整个练习期间，保持身体呈直线（耳部、肩部、髋部、膝盖及脚踝对齐）。

5. 缩紧左臂的肩胛骨，拉动把手至腋窝处。保持左肘部靠近躯干。练习时，你可以保持掌心始终朝下，也可以在后拉过程中略微旋转，使拇指朝上，掌心半朝上。

6. 以可控的方式回到起始姿势。

7. 按照既定次数重复练习，另一侧重复。

注意事项

1. 整个练习期间，锁住膝盖，收紧臀肌和腹部。

2. 保持身体呈一条直线。进行练习时，避免身体下沉、耸肩，或者向后倾斜（远离拉线方向）。

具体益处

9 **12** **13** **17**

提示

为了增加练习难度或者仅仅增加多样性，尝试加入以下这些挑战。

1. 抬起上侧腿（外展）。

2. 拉动绳索时，可以同时进行上侧腿向胸部移动、髋关节后伸和外展、单脚前后点地，以及其他变式。

3. 把双脚放在不稳定设备上。

4. 运用干扰方式，例如，在运动期间轻轻推动运动员，或者在运动员的腰间、脚踝或膝盖上缠绕一根阻力带。

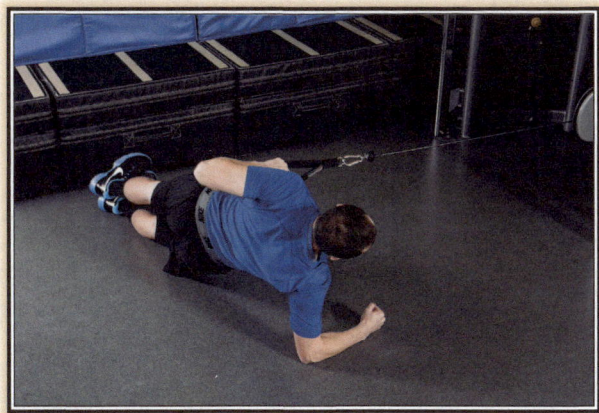

直臂侧平板支撑
划船运动

动作修正

1. 左手放在肩部正下方的地面上，左臂与地面垂直。

2. 处于直臂侧平板支撑的姿势时，将绳索（或橡胶带）固定在胸部高度的位置。

3. 上提身体后，只有左脚（下侧脚）侧面和左手接触地面。

4. 练习动作和注意事项与“肘部侧平板支撑：划船运动”相同。

具体益处 9 12 13 17

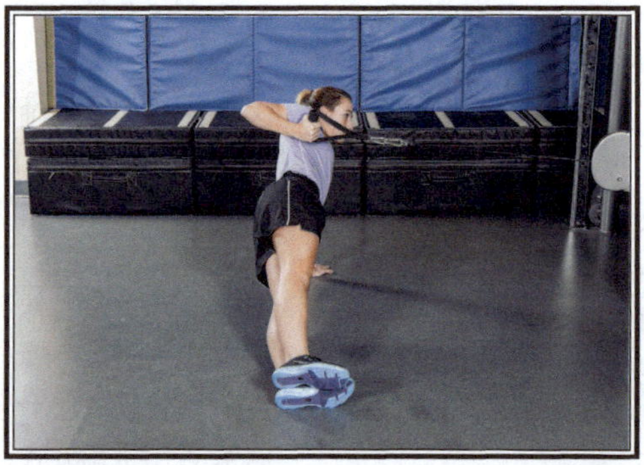

肘部侧平板支撑
划船运动，双脚抬高

动作修正

1. 除了把双脚放在加高平台（健身箱、长椅或台阶）上，起始姿势和动作与“肘部侧平板支撑：划船运动”相同。

2. 上提身体，接触点只有位于加高平台上的左脚（下侧脚）侧面，地面上的左肘和前臂。

3. 动作与“肘部侧平板支撑：划船运动”相同。

具体益处 3 9 12 13 17

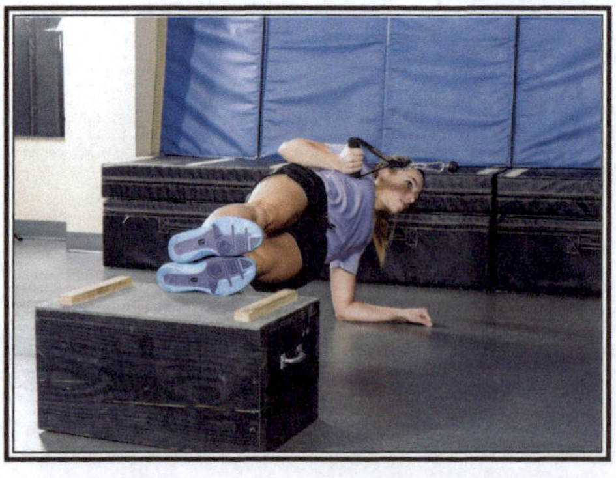

直臂侧平板支撑
划船运动，双脚抬高

动作修正

1. 除了把双脚放在加高平台（健身箱、长椅或台阶）上，起始姿势和动作与“肘部侧平板支撑：划船运动”相同。

2. 上提身体，接触点只有位于加高平台上的左脚侧面（下侧脚）和地面上的左手。

3. 动作与“直臂侧平板支撑：划船运动”相同。

具体益处 3 9 12 13 17

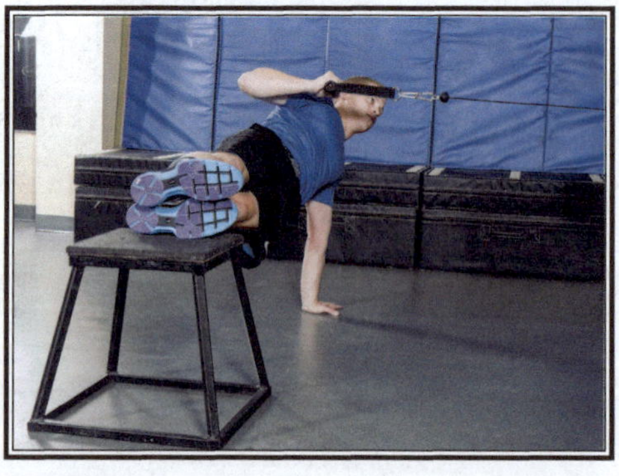

肘部侧平板支撑
划船运动，不稳定上肢

动作修正

1. 除了左臂放在一个适度不稳定的设备，例如平衡板（或泡沫垫、枕头等）上，起始姿势和动作与“肘部侧平板支撑：划船运动”相同。

2. 上提身体，地面上只有左侧脚（下侧脚）的侧面，左侧肘部和前臂位于不稳定设备上。

3. 动作与“肘部侧平板支撑：划船运动”相同。

具体益处 ❶ ❾ ⓬ ⓭ ⓱

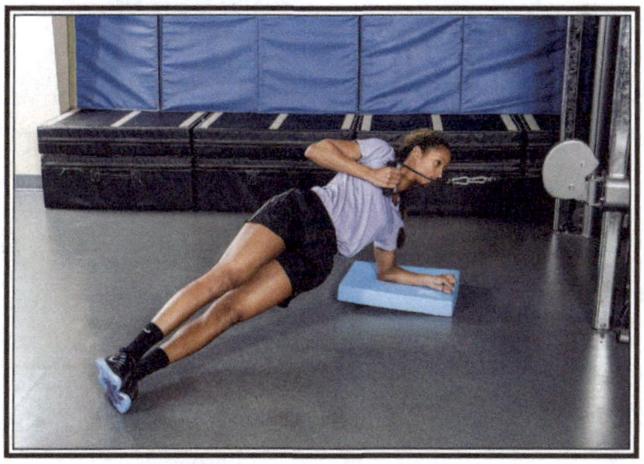

直臂侧平板支撑
划船运动，不稳定上肢

动作修正

1. 除了左手放在一个适度不稳定的设备上，起始姿势和动作与“肘部侧平板支撑：划船运动”相同。

2. 上提身体，地面上只有左侧脚（下侧脚）的侧面，左手位于不稳定设备上。

3. 接下来的动作与“直臂侧平板支撑：划船运动”相同。

具体益处 ❶ ❾ ⓬ ⓭ ⓱

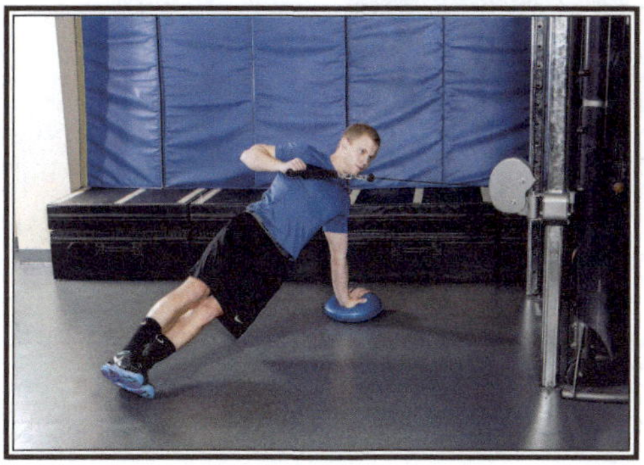

肘部侧平板支撑

划船运动，不稳定下肢

动作修正

1. 除了双脚放在不稳定设备上，起始姿势和动作与“肘部侧平板支撑：划船运动”相同。为了增加挑战，把双脚放在一个稳定球上或上端不平稳的加高平台上。为了安全起见，确保不稳定设备相对安全。

2. 上提身体，不稳定设备上只有左脚（下侧脚）的侧面，地面上只有左肘和前臂。

3. 动作与“肘部侧平板支撑：划船运动”相同。

具体益处 ❶ ❾ ⓬ ⓭ ⓱

如果使用稳定球，益处还有 ❸。

提示

不稳定设备有许多种选择。如果使用稳定球，难度递增练习可以如下。

1. 膝盖侧面放在球上。

2. 胫骨侧面（小腿）放在球上。

3. 脚踝侧面放在球上。

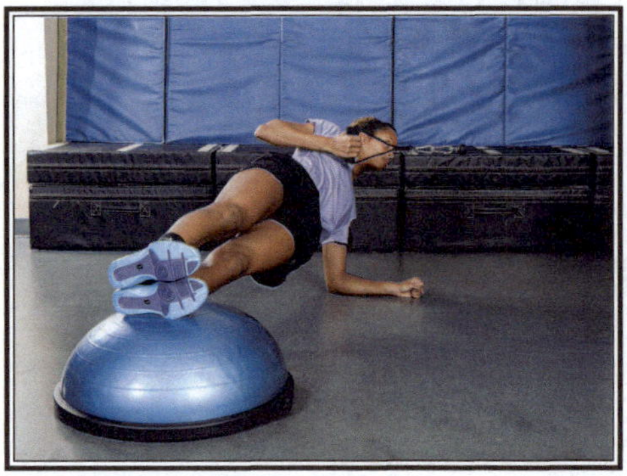

直臂侧平板支撑

划船运动，不稳定下肢

动作修正

1. 起始姿势和动作与“直臂侧平板支撑：划船运动”相同，除了双脚放在不稳定设备上。为了增加挑战，把双脚放在一个稳定球上或上端不平稳的加高平台上。为了安全起见，确保不稳定设备相对安全。

2. 上提身体，不稳定设备上只有左脚（下侧脚）的侧面，地面上只有左肘和前臂。

3. 动作与“直臂侧平板支撑：划船运动”相同。

具体益处 ❶ ❾ ⓬ ⓭ ⓱

如果使用稳定球，益处还有 ❸。

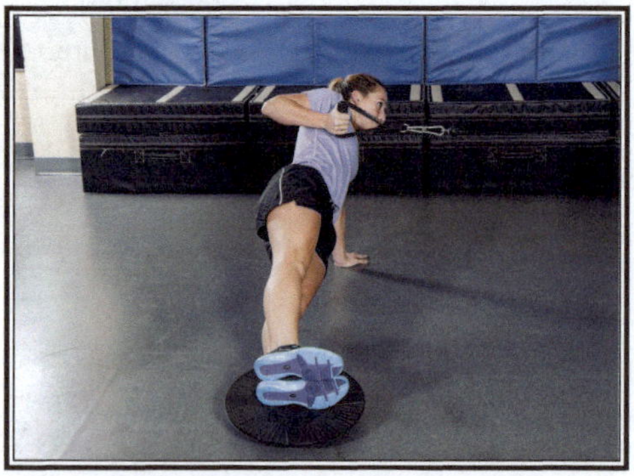

侧向抗阻前推 – 等长

进阶 1：半跪姿

运动步骤

1. 预先把绳索设备安装在处于跪姿时的肩部高度位置。将阻力调整至可以控制的程度。

2. 身体处于与绳索方向垂直的位置，离绳索设备较远的膝盖以 90 度屈曲跪在地面上（为了保护膝盖，使用一个垫子或折叠毛巾）。靠近绳索设备的膝盖同样屈曲 90 度，该脚平放在地面上。

3. 双手握住绳索设备把手，保持在胸部正中间。收紧核心部位，缩紧和下压肩胛骨。避免身体向侧面倾斜或移动髋部。

4. 双臂在体前伸展，同时双手握紧把手。整个练习期间，手臂保持与地面平行。

5. 按照既定时长保持该姿势，另一侧重复。

注意事项

1. 整个练习期间，保持躯干挺直（耳部、肩部、髋部以及地面上的膝盖对齐）。

2. 一直保持肩胛收缩和下压。

3. 保持正确的姿势，不要失去正确的动作技能。绝对不要为了增加阻力或次数而牺牲正确的练习方式。

具体益处

12 **17** **24**

提示

为了增加难度或训练多样性，尝试加入以下这些挑战。

1. 双脚和膝盖放在一个不稳定设备上。

2. 进行一次单臂水平前推。

3. 运用干扰方式，例如，在运动的时候轻轻推动运动员，或者在运动员的腰部、脚踝或膝盖上缠绕一根阻力带。

■侧向抗阻前推 – 等长■
进阶 2：高跪姿

动作修正

准备、绳索设备、动作、注意事项及变化与“侧向抗阻前推 - 等长进阶 1：半跪姿”相同，除了双膝跪在地面上（为了保护膝盖，使用一个垫子或折叠毯子），屈曲 90 度。

具体益处 12 17 24

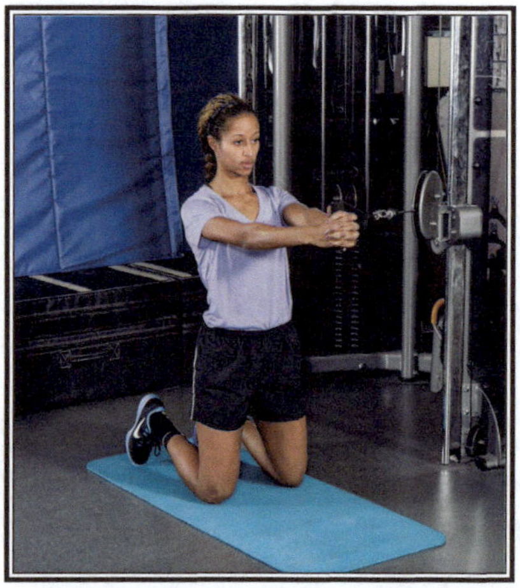

■侧向抗阻前推 – 等长■
进阶 3：站姿

动作修正

1. 提前把绳索设备调整到站立姿势的肩部高度。

2. 动作、注意事项和变式与“侧向抗阻前推 - 等长进阶 1：半跪姿”相同，除了在拉动绳索后略微屈曲髋关节和膝盖。双脚平行，分开，略微比肩宽。整个练习期间，保持站姿和收紧核心部位（耳部、肩部和髋部对齐）。

具体益处 12 17 24

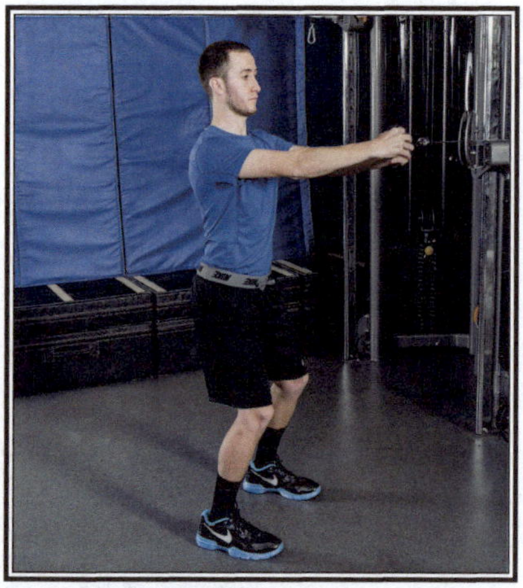

■ 侧向抗阻前推 – 等长 ■
进阶 4：分腿站姿

动作修正

除了拉动绳索的时候双脚交错，一只脚放在另一只脚前面以外，准备、绳索设备、动作、注意事项及变式与"侧向抗阻前推 - 等长进阶3：站姿"相同。靠近绳索设备的脚将处于前方（前脚），另一只脚在后面（后脚）。

具体益处 12 17 18 24

提示

从高度平衡的站姿进入分腿站姿。当试图控制横断面上的外部阻力时，需要在额状面介入更多的稳定能力。

■ 侧向抗阻前推 – 等长 ■
进阶 5：弓步站姿

动作修正

除了拉动绳索的时候双脚交错，一只脚放在另一只脚前面以外，准备、绳索设备、动作、注意事项及变式与"侧向抗阻前推 - 等长进阶3：站姿"相同。最靠近绳索设备的脚将处于前方（前脚），另一只脚在后面（后脚）。而且双膝屈曲90度，后脚的脚掌应着地（脚跟离地）。

具体益处 12 17 18 24

提示

从分腿站姿下降至更具活动性的弓步姿势，对整个生理系统提出了更高的要求，因为下半身和上半身的关节处于完全负荷状态。

侧向阻力水平前推

进阶 1：半跪姿

运动步骤

1. 把绳索设备提前安装在跪姿时的肩部高度。将阻力调整至可以控制的程度。

2. 身体与绳索设备垂直，离设备较远的膝盖屈曲 90 度，支撑在地面上（为了保护膝盖，使用一个垫子或折叠毛巾）。离设备较近的膝盖同样屈曲 90 度，该侧脚平放于地面。

3. 双手握住绳索把手，保持在胸部的正中间位置。

4. 收紧核心部位，不要向旁侧倾斜或移动髋部，向体前推直手臂至肘部锁住。双臂保持与地面平行。

5. 以可控的方式平稳拉动把手，回到胸部位置（起始姿势）。

6. 按照既定次数重复练习，另一侧重复。

注意事项

1. 在整个练习期间，保持躯干笔直（耳部、肩部、髋部及地面上的膝盖对齐）。

2. 保持肩部始终收缩和下压。

3. 保持正确的姿势，不要丢失正确的动作技能。绝对不要为了增加阻力或练习次数而牺牲正确的练习方式。

具体益处

⑫ ⑰ ㉔

提示

来回不断推拉改变了力臂长度，增加了整体难度，为我们提供了一个不断变化的练习。

为了增加难度或多样性，尝试加入以下这些挑战。

1. 把双脚和膝盖放在不稳定设备上。

2. 进行一个单臂水平前推。

3. 运用干扰方法，例如，在运动的时候轻轻推动运动员，或在运动员的腰间、脚踝或膝盖上系一根阻力带。

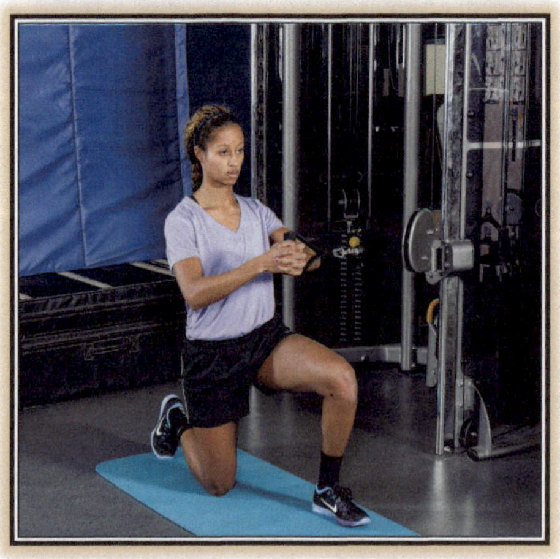

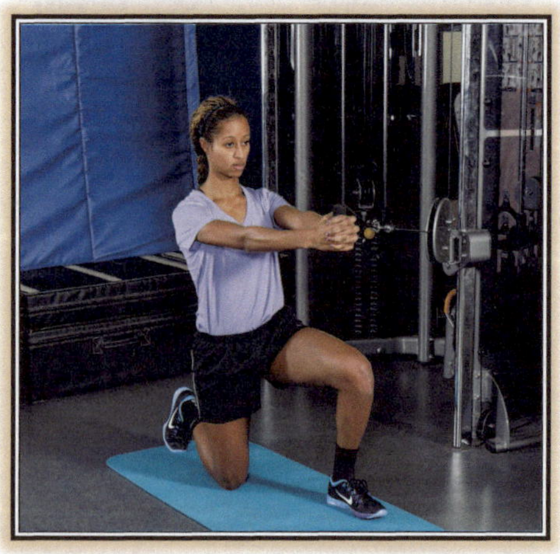

■侧向阻力水平前推■
进阶 2：高跪姿

动作修正

准备、绳索设备、动作、注意事项及变化与“侧向阻力水平前推进阶 1：半跪姿”相同，除了身体处于与绳索垂直的位置，双膝屈曲 90 度跪立于地面上（为了保护膝盖，使用一个垫子或折叠毛巾）。

具体益处 12 17 24

■侧向阻力水平前推■
进阶 3：站姿

动作修正

1. 提前把绳索设备调整到站立时肩部的高度。

2. 除了在拉动绳索的时候，髋关节和膝盖略微屈曲，整个练习期间，保持站立姿势，收紧核心部位（耳部、肩部和髋部对齐）以外，动作、注意事项，及变化与“侧向阻力水平前推进阶 1：半跪姿”相同。

具体益处 12 17 24

■侧向阻力水平前推■
进阶 4：分腿站姿

动作修正

除了在拉动绳索时双脚交错站立，一只脚放在另一只脚前面以外，准备、动作、注意事项，及变式与“侧向阻力水平前推进阶 3：站姿”相同。靠近绳索设备的脚位于前侧（前脚），另一只脚放在后面（后脚）。

具体益处 12 17 18 24

提示

从高度平衡的站姿变为分腿站姿，以在控制横断面外部阻力的同时，对额状面的稳定性提出更高要求。

■侧向阻力水平前推■
进阶 5：弓步站姿

动作修正

除了在拉动绳索时，双脚交错站立，一只脚放在另一只脚前面，靠近绳索设备的脚位于前侧（前脚），另一只脚在后面（后脚），而且双膝都屈曲 90 度，后侧脚的前脚掌着地（脚跟离地）以外，准备、动作、注意事项及变式与“侧向阻力水平前推进阶 3：站姿”相同。

具体益处 12 17 18 24

提示

从分腿站姿下降至更具活动性的弓步姿势，对整个生理系统提出更高的要求，因为下半身和上半身的关节处于完全负荷状态。

绳索下砍

进阶 1：半跪姿

运动步骤

1. 调整绳索设备至最高位置，系上一根杠杆或绳索。将阻力调整至可以控制的程度。

2. 身体在与绳索方向垂直的位置，离绳索设备较远的膝盖屈曲 90 度，膝盖放在地面上（为了保护膝盖，使用一个垫子或折叠毛巾）。离绳索设备较近的膝盖同样屈曲 90 度，脚平放在地面上。

3. 双手尽量分开地抓握杠杆（见“注意事项”）。收紧核心部位，收缩和下压肩胛骨。避免向侧边倾斜或移动髋部。

4. 主要用下侧的手直接向地面拉动杠杆（或绳索）。感觉就像下砍的动作，下侧手向下向后砍动。不要移动或旋转躯干。把杠杆向旁侧的下方推动，双臂横过身体。

5. 以可控的方式平稳拉动杠杆（或绳索）横过身体，然后回到起始姿势。

6. 按照既定次数重复练习，另一侧重复。

注意事项

1. 如果使用杠杆，整个练习期间，双手掌心向下分开握住杠杆。如果使用绳索（即三头肌绳索下拉动作），将环形固定扣拉至整个绳索的一侧。双手掌心还是向下分开握住绳索。整个练习期间，保持绳索紧绷。

2. 在整个练习期间，保持肩部收缩和下压。

3. 保持正确的姿势，不要丢失正确的动作技能。绝对不要为了增加阻力或练习次数而牺牲正确的方式。

4. 动作看起来像划皮划艇。

具体益处

[12] [17] [24]

提示

为了增加难度或多样性，尝试加入以下挑战。

1. 双脚和膝盖放在不稳定设备上。

2. 闭上眼睛。

3. 运用干扰方法，例如，在整个运动期间，轻轻推动运动员，或者在运动员腰间、脚踝或膝盖上系一根阻力带。

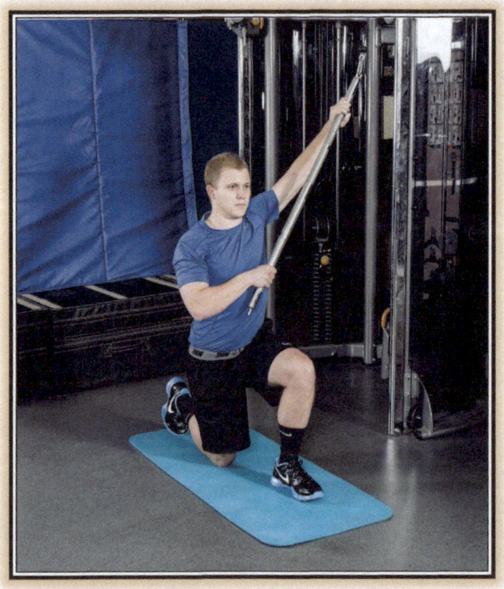

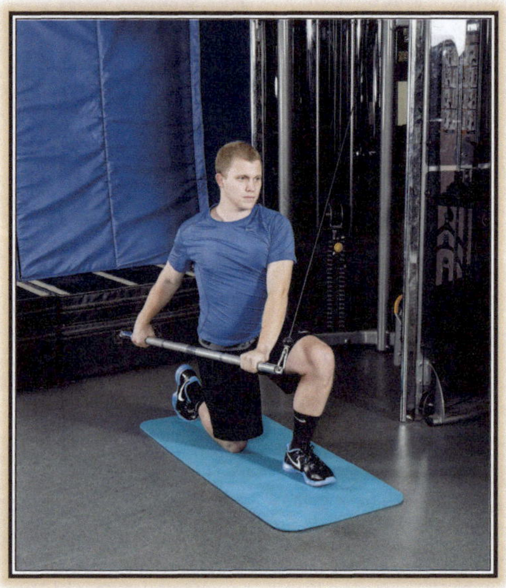

■绳索下砍■

进阶 2：高跪姿

动作修正

除了身体处于与绳索设备拉线垂直的位置，双膝屈曲 90 度，跪立于地面（为了保护膝盖，使用一个垫子或折叠毛巾）以外，准备、绳索、动作、注意事项及变式与“绳索下砍进阶 1：半跪姿”相同。

具体益处 [12] [17] [24]

■绳索下砍■

进阶 3：站姿

动作修正

除了髋部和膝盖略微屈曲，双脚平行，分开，比肩略微宽外，准备、绳索设备、动作、注意事项及变式与“绳索下砍进阶 1：半跪姿”相同。整个练习期间，保持站姿并收紧核心部位（耳部、肩部和髋部对齐）。

具体益处 [12] [17] [24]

■绳索下砍■

进阶 4：分腿站姿

动作修正

除了身体靠近绳索设备，双脚交错，一只脚位于另一只脚前面，而且离绳索设备较近的一只脚（前脚）位于前侧，另一只位于后侧（后脚）外，准备、绳索、动作、注意事项及变式与“绳索下砍进阶 3：站姿”相同。

具体益处 [12] [17] [18] [24]

提示

从高度平衡的站姿进入分腿站姿。当试图控制横断面上的外部阻力时，需要在额状面介入更多的稳定能力。

■绳索下砍■

进阶 5：弓步站姿

动作修正

除了身体靠近绳索设备，双脚交错，一只脚位于另一只脚前面，离绳索设备最近的一只脚（前脚）位于前侧，另一只脚位于后侧（后脚）外，准备、绳索、动作、注意事项及变式与“绳索下砍进阶 3：站姿”相同。

具体益处 [12] [17] [18] [24]

提示

从分腿站姿下降至更具活动性的弓步姿势，对整个生理系统提出了更高的要求，因为下半身和上半身的关节处于完全负荷状态。

上提绳索训练

进阶 1：半跪姿

运动步骤

1. 把绳索设备调整到最低位置，系上一根长杠杆或绳索。将阻力调整至可以控制的程度。

2. 身体与绳索设备拉线垂直，靠近设备的膝盖屈曲 90 度跪在地面上（为了保护膝盖，使用一个垫子或折叠毛巾）。离设备较远的膝盖也屈曲 90 度，使该侧脚平放于地面。

3. 双手尽量分开，握住杠杆或绳索（见“注意事项”）。

4. 收紧核心部位，收缩和下压肩胛骨。避免身体倾斜或髋部移动。

5. 用上侧的手向上拉动杠杆（或绳索）；然后用下侧的手向外推动杠杆。不要移动或旋转躯干。

6. 以可控的方式平稳拉动杠杆（或绳索）横过身体，然后回到起始姿势。

7. 按照既定次数重复练习，另一侧重复。

注意事项

1. 如果使用杠杆，整个练习期间，双手掌心向下，分开握住杠杆。如果使用绳索（即三头肌绳索下拉动作），将环形固定扣拉至整个绳索的一侧。双手掌心还是向下分开握住绳索。整个练习期间，保持绳索紧绷。

2. 在整个练习期间，保持肩部收缩和下压。

3. 保持正确的姿势，不要丢失正确的动作技能。绝对不要为了增加阻力或练习次数而牺牲正确的方式。

具体益处

[12] [17] [24]

提示

为了增加难度或多样性，尝试加入以下挑战。

1. 双脚和膝盖放在不稳定设备上。

2. 闭上眼睛。

3. 运用干扰方法，例如，在整个运动期间，轻轻推动运动员，或者在运动员腰间、脚踝或膝盖上系一根阻力带。

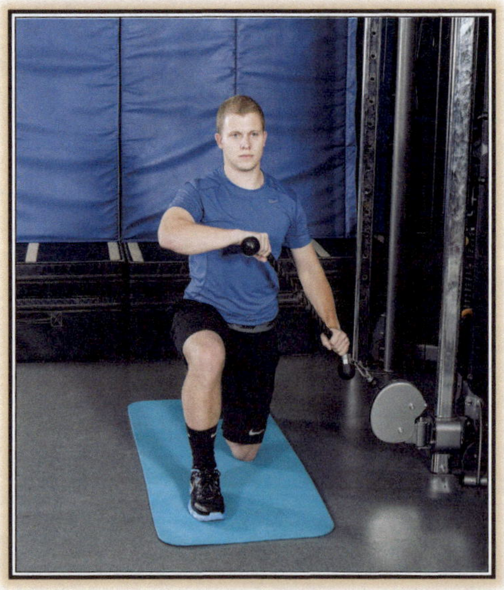

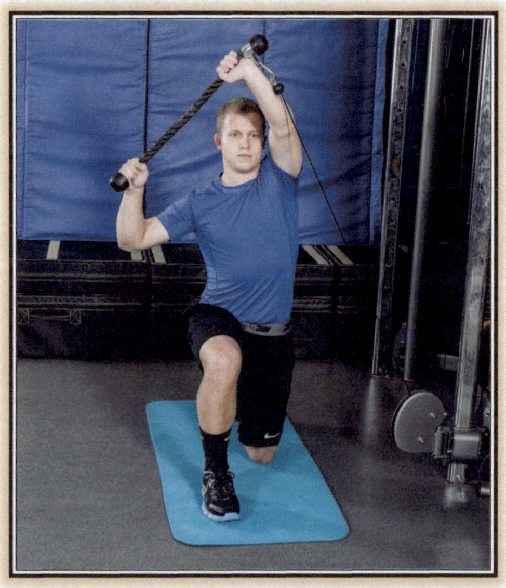

▪ 上提绳索训练 ▪
进阶 2：高跪姿

动作修正

除了身体处于与绳索方向垂直的位置，双膝屈曲 90 度，跪立于地面上（为了保护膝盖，使用一个垫子或折叠毛巾）以外，准备、绳索、动作、注意事项及变式与"上提绳索训练进阶 1：半跪姿"相同。

具体益处 ⑫ ⑰ ㉔

▪ 上提绳索训练 ▪
进阶 3：站姿

动作修正

除了身体靠近绳索设备，且髋部和膝盖略微屈曲，双脚平行，分开，比肩略微宽以外，准备、绳索设备、动作、注意事项及变式与"上提绳索训练进阶 1：半跪姿"相同。整个练习期间，保持站姿并收紧核心部位（耳部、肩部和髋部对齐）。

具体益处 ⑫ ⑰ ㉔

▪ 上提绳索训练 ▪
进阶 4：分腿站姿

动作修正

除了身体靠近绳索设备，双脚交错，一只脚位于另一只脚前面，而且离绳索设备较近的一只脚（前脚）位于前侧，另一只位于后侧（后脚）以外，准备、绳索、动作、注意事项及变式与"上提绳索训练进阶 3：站姿"相同。

具体益处 ⑫ ⑰ ⑱ ㉔

提示

从高度平衡的站姿进入分腿站姿。当试图控制横断面上的外部阻力时，需要在额状面介入更多的稳定能力。

▪ 上提绳索训练 ▪
进阶 5：弓步站姿

动作修正

除了身体靠近绳索设备，双脚交错，一只脚位于另一只脚前面，离绳索设备较近的一只脚（前脚）位于前侧，另一只脚位于后侧（后脚），而且双膝都屈曲 90 度，后侧脚的前脚掌应着地（脚跟离地）以外，准备、绳索设备、动作、注意事项及变式与"上提绳索训练

进阶 3：站姿"相同。

具体益处 ⑫ ⑰ ⑱ ㉔

提示

从分腿站姿下降至更具活动性的弓步姿势，对整个生理系统提出了更高的要求，因为下半身和上半身的关节处于完全负荷状态。

抗旋转前推训练

进阶 1：半跪姿

运动步骤

1. 提前调整绳索至跪姿的肩部高度，在绳索设备上系一根杠杆或绳索。将阻力调整至可以控制的程度。

2. 绳索设备位于身后稍靠侧边的位置，一个膝盖屈曲 90 度，膝盖落地（为了保护膝盖，使用一个垫子或折叠毛巾）。另一个膝盖也屈曲 90 度，使该侧脚平放于地面。

3. 双手尽量分开，握住杠杆或绳索（见“注意事项”）。

4. 收紧核心部位，肩胛骨向后收缩。避免身体向旁侧倾斜或移动髋部。

5. 把杠杆（或绳索）向远离绳索设备柱子的方向拉动；然后把杠杆推动到胸部前方，向前推直手臂。不要移动或旋转躯干。

6. 以可控的方式平稳拉动杠杆（或绳索），向后回到起始姿势。

7. 按照既定次数重复练习，在另一侧重复。

注意事项

1. 如果使用杠杆，整个练习期间，双手掌心向下分开，握住杠杆。如果使用绳索（即三头肌绳索下拉动作），将环形固定扣拉至整个绳索的一侧。双手掌心还是向下分开握住绳索。整个练习期间，保持绳索紧绷。

2. 在整个练习期间，保持肩部收缩和下压。

3. 保持正确的姿势，不要丢失正确的动作技能。绝对不要为了增加阻力或练习次数而牺牲正确的方式。

具体益处

[12] [17] [24]

提示

为了增加难度或多样性，尝试加入以下挑战。

1. 双脚和膝盖放在不稳定设备上。

2. 闭上眼睛。

3. 运用干扰的方法，例如，在整个运动期间，轻轻推动运动员，或者在运动员腰间、脚踝或膝盖上系一根阻力带。

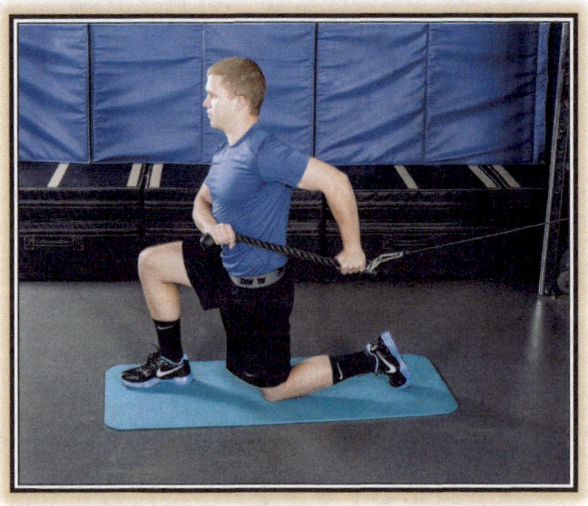

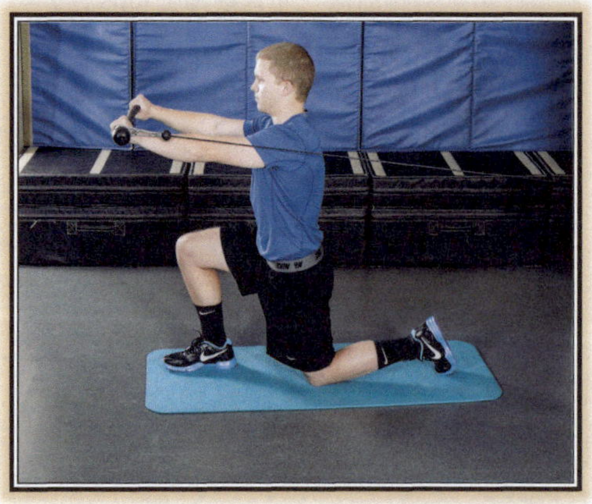

■抗旋转前推训练■
进阶 2：高跪姿

动作修正

除了双膝屈曲 90 度，平放于地面（为了保护膝盖，使用一个垫子或折叠毛巾），准备、绳索设置、动作、注意事项及变式与“抗旋转前推训练进阶 1：半跪姿”相同。

具体益处 [12] [17] [24]

■抗旋转前推训练■
进阶 3：站姿

动作修正

1. 提前调整绳索拉线至站姿的肩部高度。

2. 除了身体是站在绳索设备前面，且髋部和膝盖稍微屈曲，双脚分开略微比肩宽，双脚平行站立外，准备、绳索设置、动作、注意事项及变式与“抗旋转前推训练进阶 1：半跪姿”相同。整个运动期间，保持站姿（耳部、肩部和髋部对齐）并收紧核心部位。

具体益处 [12] [17] [24]

■抗旋转前推训练■
进阶 4：分腿站姿

动作修正

除了站在绳索设备前方，且双脚交错，一只脚位于另一只脚前面外，准备、绳索设置、动作、注意事项及变式与“抗旋转前推训练进阶 3：站姿”相同。

具体益处 [12] [17] [18] [24]

提示

从高度平衡的站姿进入分腿站姿。当试图控制横断面上的外部阻力时，需要在额状面介入更多的稳定能力。

■抗旋转前推训练■
进阶 5：弓步站姿

动作修正

除了站在绳索设备前方，且双脚交错，一只脚位于另一只脚前面，双膝屈曲 90 度，后脚的前脚掌着地（脚跟离地）外，准备、绳索设置、动作、注意事项及变式与“抗旋转前推训练进阶 3：站姿”相同。

具体益处 [12] [17] [18] [24]

提示

从分腿站姿下降至更具活动性的弓步姿势，对整个生理系统提出了更高的要求，因为下半身和上半身的关节处于完全负荷状态。

绳索推拉训练

进阶 1：半跪姿

运动步骤

1. 如果你有相对的两个绳索设备，请将两个绳索设备调整至跪姿的肩部高度。双手握住把手（见"注意事项"）。

2. 面朝一侧的阻力带或绳索附着处，左膝和髋关节屈曲 90 度，左脚平放于地面。右膝盖也屈曲 90 度，平放于地面（为了保护膝盖，使用一个垫子或折叠毛巾）。

3. 整个练习期间，保持身体呈直线（耳部、肩部、髋部及地面上的膝盖对齐）。

4. 右手握住前侧的阻力带或绳索。右臂完全伸展，掌心朝下。

5. 用左手紧握后侧的阻力带或绳索把手。左臂弯曲至肘部指向地面；左掌心朝上，且位于腋窝处（以此开始）。

6. 收紧核心部位，向下收缩肩胛骨。避免向旁侧倾斜或移动髋部。

7. 左臂向前伸直（与地面平行），同时右臂向后拉动。在向前推动的时候，左手从掌心向上的姿势旋转到掌心向下（腋窝处）。相反地，右手从掌心向下翻转到掌心向上（腋窝处）。

8. 以可控的方式平稳地回到起始姿势。

9. 按照既定次数重复练习，另一侧重复。

注意事项

1. 多做几次尝试，以帮助选择合适的负荷。譬如，从自然角度而言，人体的推拉力量是不均衡的，所以向后拉动的重量很可能会大于前推的重量。

2. 整个练习期间，保持正确的姿势，不要丢失正确的动作技能。避免过度旋转。上半身躯干保持固定。绝对不要为了增加阻力或重复次数而牺牲正确的练习方式。

3. 保持双肩收缩和下压。

4. 在拉动的时候，可以将把手拉到腋窝处、髋部，或者两者之间的任何位置。

具体益处

9　**12**　**17**　**24**

提示

为了增加难度或多样性，尝试加入以下挑战。

1. 交换推拉过程中双腿的位置。就是说，不用左腿向前和右臂向后拉动，尝试左腿向前和左臂向后拉动。

2. 进行一次侧向阻力前推和后拉（显然，绳索必须相应地调整位置：与后拉的方向呈 90 度角）。

3. 双脚和双膝放在不稳定设备上。

4. 闭上眼睛。

5. 运用干扰的方式，例如，在运动时轻轻推动运动员，或者在运动员腰间、脚踝或膝盖上系一根阻力带。

绳索推拉训练
进阶 2：高跪姿

动作修正

准备、绳索设置、动作、注意事项及变式与“绳索推拉训练进阶 1：半跪姿”相同，除了双膝屈曲 90 度，平放于地面（为了保护膝盖，使用一个垫子或毛巾）。

具体益处 [9] [12] [17] [24]

提示

这类练习增加了对与维持中立姿势相关的肌肉和神经系统的挑战。

绳索推拉训练
进阶 3：站姿

动作修正

1. 提前调整绳索拉线至站姿的肩部高度。
2. 准备、动作、注意事项及变式与“绳索推拉训练进阶 1：半跪姿”相同，除了面朝一个绳索设备站立，且髋部和膝盖略微屈曲。双脚平行，分开略微比肩宽。整个练习期间，保持站姿和收紧核心部位（耳部、肩部和髋部对齐）。

具体益处 [9] [12] [17] [24]

绳索推拉训练
进阶 4：分腿站姿

动作修正

准备、绳索设置、动作、注意事项及变式与“绳索推拉训练进阶 3：站姿”相同，除了双脚交错站立，一只脚位于另一只脚前。面朝一个绳索设备，左脚在前面。双膝略微屈曲，整个身体的重心位于支撑基础（右脚和左脚）之间，你应处于站立姿态（虽然双脚分开）。

具体益处 [9] [12] [17] [18] [24]

提示

从高度平衡的站姿进入分腿站姿。当试图控制横断面上的外部阻力时，需要在额状面介入更多的稳定能力。

绳索推拉训练
进阶 5：弓步站姿

动作修正

准备、绳索设置、动作、注意事项及变式与“绳索推拉训练进阶 3：站姿”相同，除了双脚交错分开，一只脚位于另一只脚前面，以弓步站立。面朝一个绳索设备，左腿在前面。左膝屈曲 90 度，左脚平放于地面。右腿在后面，右膝屈曲 90 度。后脚的前脚掌着地（脚跟离地）。

具体益处 [9] [12] [17] [18] [24]

提示

从分腿站姿下降至更具活动性的弓步姿势，对整个生理系统提出了更高的要求，因为下半身和上半身的关节处于完全负荷状态。

炮筒旋转训练

运动步骤

1. 把奥林匹克杠铃杆的一端插入一个 45 磅（约 20 千克）重或者更重的杠铃片的中间孔（见"注意事项"）。

2. 双手在齐眼高度的位置有力地握住杠铃杆的另一端。采取站姿，双脚分开比肩宽，屈膝。

3. 收紧核心部位，保持躯干挺直。肩胛骨收缩和下沉，挺胸。

4. 向一侧以弧形转动杠铃杆。终点位置依据个人情况决定。当身体无法对抗旋转阻力的时候，应停止动作。

5. 控制向下的旋转，然后立刻向反方向撤回动作。

6. 按照既定次数继续进行从右至左，再至右的旋转。

注意事项

1. 任何 45 磅（约 20 千克）重或者更重的杠铃片都是足够的。如果用其他物体代替杠铃片，那么该物体应该包括一个坚硬的角（90 度角）。

2. 在进行这个练习时，运用正确的判断。运动员或许发现，在运动时双脚略微旋转会更舒适些。例如，在向左侧旋动杆时，运动员会旋动右脚（后侧脚），就好比挥动高尔夫球杆时脚的动作。

具体益处

12 **17** **24**

炮筒旋转训练
使用把手

动作修正

具体益处 ⑫ ⑰ ㉔

准备、动作和注意事项与“炮筒旋转训练”相同，除了使用一个炮筒把手（特别为炮筒训练设计的）。

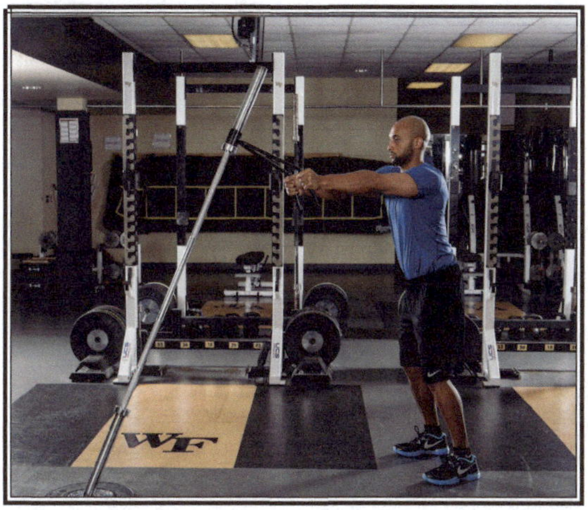

炮筒旋转训练
使用把手和负重

动作修正

具体益处 ⑫ ⑰ ㉔

准备、动作和注意事项与“炮筒旋转训练：使用把手”相同，除了增加一定可控制的负重（注意：你必须一直能够控制炮筒。绝对不要为了增加阻力或重复次数而牺牲正确的练习方式）。

稳定球绳索旋转－站姿

运动步骤

1. 提前调整两条绳索（或者一个功能训练器的两根绳索，或者绳索设备）至胸部高度。如果使用绳索设备，把配重片调整至可控制的阻力水平。

2. 身体位于两个绳索设备之间。

3. 怀抱稳定球（或类似物品，见“注意事项”）位于胸部高度，双臂环绕抱住球，双手握住两个把手。注意，右手握住左把手，左手握住右把手。双臂紧紧环绕稳定球。双膝略微屈曲，以平衡站姿站立。

4. 收紧核心部位，肩胛骨向后收缩和下沉。整个运动期间保持躯干挺直。

5. 收紧旋转肌（主要是腹斜肌），把躯干作为一个整体顺时针（左至右）旋转。避免手臂和肩部活动（见“注意事项”的第 2 点）。

6. 以可控的方式回到起始姿势。再一次强调，控制整个动作，这正是本练习的目的。

7. 按照既定次数重复练习，在另一侧重复练习。

注意事项

1. 绳索旋转可以使用稳定球、重球，或者其他类似设备。

2. 双手、双臂和双肩基本成为绳索的延伸。就是说，所有的旋转动作，不论是向心收缩阶段（主动）还是离心收缩阶段（被动），都是来自核心部位而不是手臂的运动。

3. 运动的感觉应该就像围绕一根从地面到脊柱再延伸到头顶的柱子，进行横断面的旋转动作。

具体益处

[12] [17]

提示

为了增加难度或多样性，尝试加入以下这些挑战。

1. 调整站位姿势（即，半跪姿、高跪姿、分腿站姿、弓步站姿等）。

2. 站立或跪在不稳定设备上。

3. 闭上眼睛。

4. 运用干扰方法，例如在运动时轻轻推动运动员，或者在运动员的腰间、脚踝或膝盖上系一根阻力带。

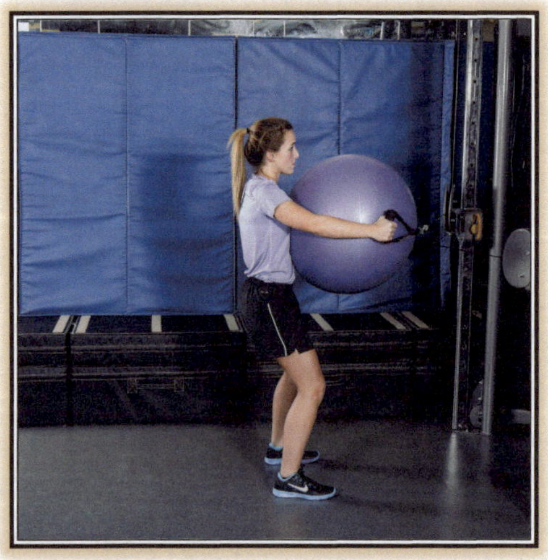

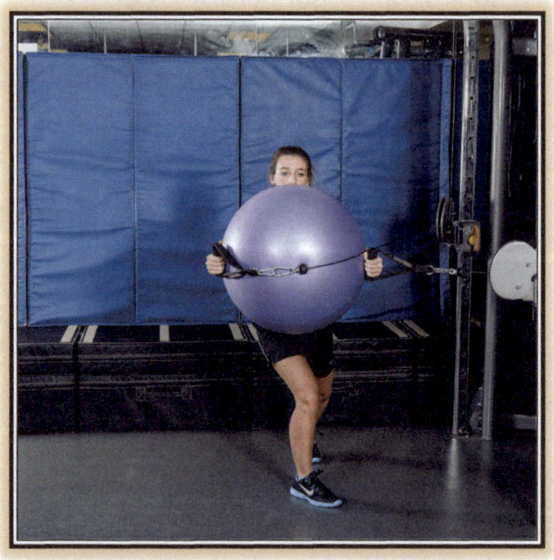

以下悬挂训练是结合了一个悬挂动作的许多种悬挂练习的复合训练。大部分练习在单杠上进行，通常有许多种悬吊的方式可供选择，包括可控悬挂带、绳索、悬挂把手。对于以上器械，你可以采用正握或反握等多种握法。

抓握方式极大地影响练习效率和难度。例如，因为反握涉及更多的肌肉并具有杠杆优势，对某个运动员而言，他可能发现反握相当轻松，而正握就相对困难。另一个运动员也许恰恰相反。我们的建议是，加入各种抓握方式和设备，以促进整个肌肉系统和身体力学的发展。

以下按照从难到易的方式列出抓握和肘部姿势。

* 相对握（掌心相对），肘部弯曲 90 度或小于 90 度。

* 反握，肘部弯曲小于 90 度。

* 反握，肘部弯曲至少为 90 度。

* 反握，双臂完全伸直。

* 正握，肘部弯曲 90 度或小于 90 度。

* 正握，双臂完全伸直。

注意，对大多数运动员来说，窄握比宽握要容易得多。

如果选择直臂（完全伸直），就要避免肩部半脱位。保持肩胛骨收缩和下压。

悬挂屈膝折叠

运动步骤

1. 用反握抓住坚固的单杠，上提身体至肘部屈曲 90 度或大于 90 度（见“注意事项”的第 2 点）。

2. 整个练习期间，保持骨盆中立。控制骨盆前倾和后倾有助于消除身体晃动，晃动妨碍了练习的有效性，并对腰椎下部的结构完整性造成影响。

3. 屈曲髋关节和膝盖至大约 90 度。膝盖屈曲的姿势是起始姿势（也叫折叠姿势）。

4. 伸展髋关节和膝盖，使双腿向下悬吊伸直。

5. 屈曲髋关节和膝盖至 90 度，回到膝盖屈曲的起始姿势。

6. 按照既定次数重复练习。

注意事项

1. 重要的是，在练习中避免腰椎过度后凸。

2. 抓握有许多种不同方式，从宽握到窄握，从反握到正握，以及从屈曲肘部到伸直手臂。不变的是缩紧和稳定肩胛骨。

具体益处

[12] [16] [17]

提示

为了增加难度或多样性，尝试加入以下这些挑战。

1. 伸展双腿时略微扭动：向左，中立，向右；然后重复。

2. 双膝或脚踝之间保持夹住一个药球或类似的负重设备。

3. 在脚踝上缠绕一根阻力带。

4. 运用干扰方法，例如在运动时轻轻推动运动员，或在运动员的腰间、脚踝或膝盖上系一根阻力带。

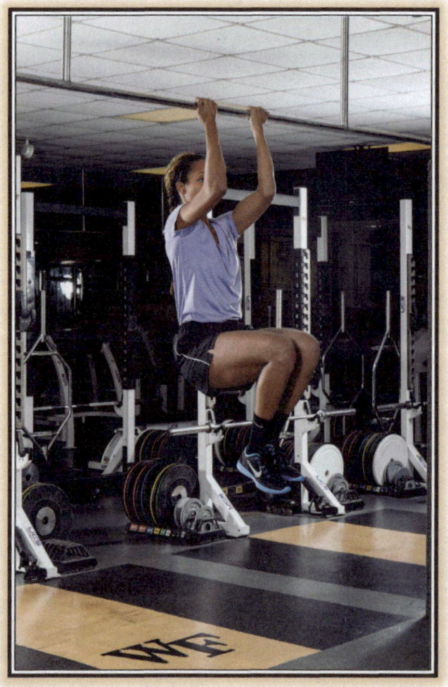

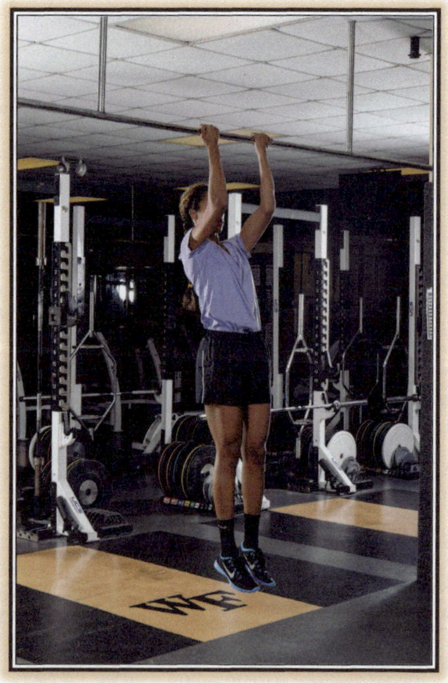

■悬挂屈膝折叠■
L 形伸展

动作修正

1. 准备、姿势和注意事项与"悬挂屈膝折叠"相同。

2. 伸展双膝，双腿向前伸直，与地面平行，形成一个 L 形。

3. 屈曲双膝，回到起始姿势。

具体益处 ⑫ ⑯ ⑰

提示

为了增加难度或多样性，尝试以下挑战。

1. 在 L 姿势时保持一定的时长（等长收缩）。

2. 以不同角度伸展双腿（即，高于平行、平行、低于平行、平行等）。

3. 在双膝或脚踝之间夹住一个药球或类似的负重设备。

4. 在脚踝上缠绕一根阻力带。

5. 运用干扰方法，例如在运动时轻轻推动运动员，或在运动员的腰间、脚踝或膝盖上系一根阻力带。

■悬挂屈膝折叠■
L 形伸展扭转

动作修正

1. 准备、姿势和注意事项与"悬挂屈膝折叠"相同。

2. 在伸展双腿的动作期间增加扭转。从起始姿势开始，伸展双膝，双腿向前伸直，与地面平行，然后回到起始姿势。

3. 接着伸展双膝，向左侧扭转。

4. 然后向正前方伸展双膝，双腿与地面平行。再一次回到起始姿势。

5. 最后，伸展双膝，向右侧扭转。回到起始姿势。

6. 从第 2 步到第 5 步相当于一次完整练习。

具体益处 ⑫ ⑯ ⑰ ⑱ ㉔

■悬挂屈膝折叠■
向上扭转

动作修正

1. 准备、姿势和注意事项与"悬挂屈膝折叠"相同。

2. 从起始姿势开始，双腿向上抬起，同时扭转，试着把左膝向右肘方向移动。练习的有效性其实不是由膝盖触碰肘部来决定的，这仅仅是一个指向目标。

3. 以可控的方式缓慢下落，回到起始姿势，立刻在另一侧重复：右膝盖触碰左肘部。

4. 从第 2 步到第 3 步算作一次练习。

具体益处 ⑫ ⑯ ⑰ ⑱ ㉔

◼悬挂屈膝折叠◼
屈膝雨刮练习

动作修正

1. 准备、姿势和注意事项与"悬挂屈膝折叠"相同。

2. 上体后仰，向胸部抬起双膝。在这个姿势，收紧旋转肌（主要是腹斜肌），向右扭转双腿；然后立刻向左扭转。

3. 回到中立的姿势。

4. 以可控的方式缓慢下落至屈膝起始姿势。

5. 重复第 2 步至第 4 步，但是方向相反：向左扭转，然后立刻向后。

具体益处 ⑫ ⑯ ⑰ ⑱ ㉔

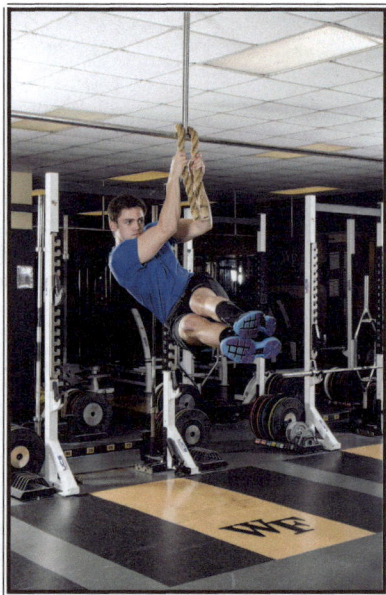

◼悬挂屈膝折叠◼
屈膝雨刮加速练习

动作修正

1. 准备、姿势和注意事项与"悬挂屈膝折叠：屈膝雨刮练习"相同。

2. 动作也相同，除了在进入向上的姿势后，以可控的方式加速进行雨刮动作。换句话说，在不牺牲正确的练习方式或不受伤的情况下，尽量快地扭转。

3. 整个练习期间，不回到起始姿势，而是保持双膝向上的姿势。动作很简单，左、右、左、右，如此重复。

具体益处 ⑫ ⑯ ⑰ ⑱ ㉒ ㉓ ㉔

悬挂反向折叠

双腿雨刮动作

运动步骤

1. 反握一根坚固的单杠。上提身体至肘部弯曲 90 度或大于 90 度（见第 224 页“注意事项”的第 2 点）。整个练习期间，保持骨盆中立倾斜。控制骨盆前倾和后倾有助于消除晃动。身体晃动会影响练习效率并牺牲下腰椎的结构完整性。

2. 双腿从垂直悬挂抬起至倒立的姿势。锁住膝关节，双脚和两条腿伸直，指向天花板。胫骨（小腿）靠近单杠（这根据肘部屈曲的情况决定）。

3. 以可控的方式向在一侧下落双腿。在不低于与地面平行的位置停止向下移动（见“注意事项”的第 5 点）。

4. 撤回动作，上提双腿，回到起始姿势。停顿在倒立屈体的起始姿势，或者直接向另一侧下落双腿。

5. 步骤 3 和步骤 4 算作一次。

6. 按照既定次数重复练习。

注意事项

1. 避免头部前倾。不要向与肩胛骨收缩相反的方向伸展颈部和头部。没错，这个练习很困难。但是向单杠抬起下巴并不会有助于预期运动，而且会导致颈椎被撞击。

2. 对于这个练习，以及本书中的任何练习，你的力量和舒适度决定活动范围。在这个具体的练习中，雨刮练习也许只能进行左右伸直下落几厘米。随着力量和自信的提升，双腿伸直下落幅度会提高。记得让一名观测者在旁边给你提高控制力和运动力学的帮助。在你掌握这个练习之前，绝对不要尝试进入更难的练习。

具体益处

[12] [16] [17] [22] [24]

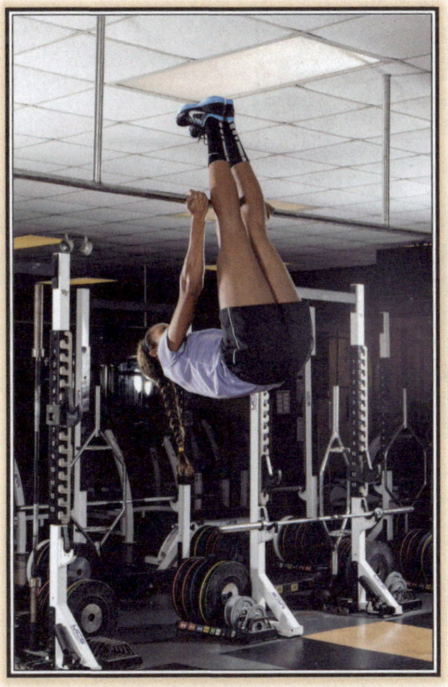

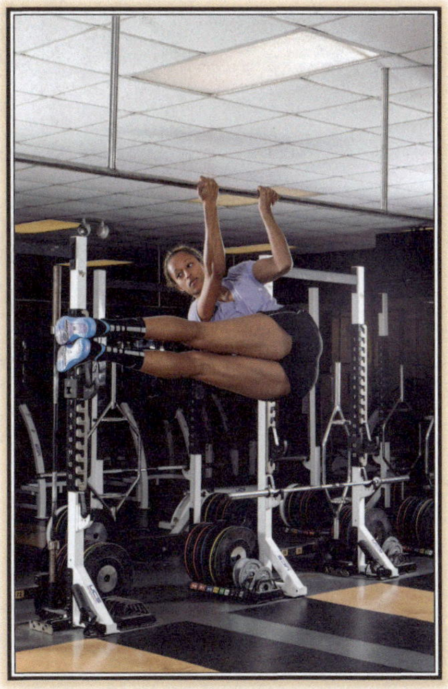

悬挂反向折叠
雨刮外展和内收

动作修正

1. 准备、姿势和注意事项与“悬挂反向折叠：双腿雨刮动作”相同。

2. 从反向屈体的起始姿势开始，右腿向右侧下落。在右腿与地面平行之前停止下落（见初级练习中“注意事项”的第 5 点）。

3. 左腿向右侧下落。

4. 双腿同时回到起始姿势。

5. 然后双腿向另一侧重复练习。

6. 步骤 2 至步骤 5 算作一次。

具体益处

[5] [9] [12] [16] [17] [18] [22] [24]

提示

尝试以下这些外展和内收的变式。

1. 双腿同时向右侧下落，左腿抬起，右腿抬起，双腿同时向左侧下落，右腿抬起，左腿抬起。如此重复。

2. 双腿分开（外展）。双腿向左侧下落；回到中立位置；双腿展开，同时向右侧下落。

3. 双腿外展，右腿向右侧下落；左腿向右侧下落；左腿回到中立位置；右腿回到中立位置（反向折叠的起始姿势）。

4. 双腿向右侧进行浅打水式运动；左腿外展，向上回到起始位置；右腿内收，向上回到起始位置；现在双腿回到起始的反向折叠姿势。向另一侧重复练习。

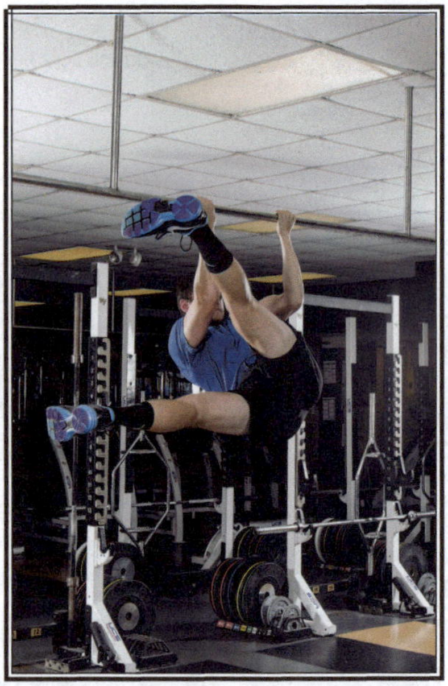

悬挂反向折叠

向上扭转（撑杆跳高）

动作修正

1. 准备、姿势和注意事项与“悬挂反向折叠：双腿雨刮动作”相同。

2. 从起始姿势开始，收缩髋屈肌，向上提起髋部，双腿伸直，指向天花板（确保有足够的室内高度）。同时收缩旋转肌（腹斜肌），向左侧旋转。对于进行过撑杆跳高的人来说，这个动作类似于折叠身体越过横杆的动作。

3. 以可控的方式缓慢下落，回到起始姿势；在另一侧重复练习。

4. 步骤 2 和步骤 3 相当于一次练习。

具体益处 [8] [12] [16] [17] [18] [24]

提示

做这个练习之前，最好是进行扭转姿势的练习，仅仅从反向折叠的起始姿势向天花板方向上提双腿。记住，这个练习和其他所有悬挂练习中，可以运用所有的抓握姿势和肘部屈曲角度。

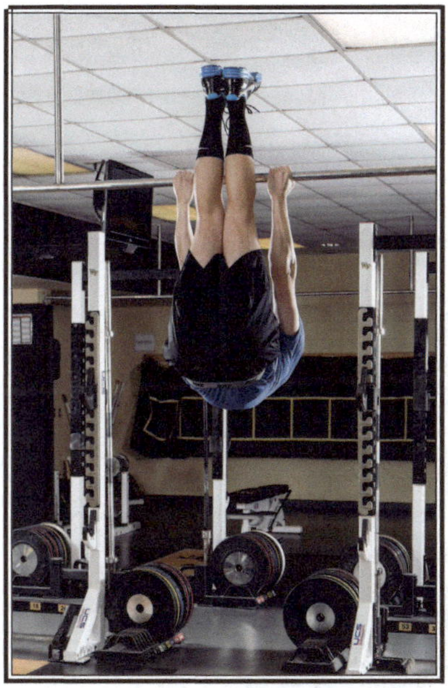

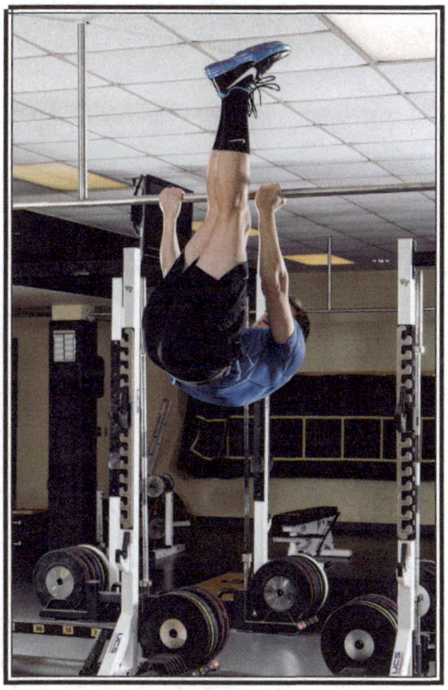

悬挂绕圈

运动步骤

1. 反握一根稳固的单杠（或双臂分别置于一个悬吊带中）。上提身体，使肘部屈曲 90 度或小于 90 度（见第 224 页“注意事项”的第 2 点）。双腿悬吊起来，向地面伸直，背屈双脚。

2. 整个练习期间，保持骨盆中立。控制骨盆前倾和后倾有助于消除晃动。身体晃动会影响练习效率，降低下腰椎的结构完整性。

3. 右膝盖向胸部抬起（至少与大腿同高），与地面平行。右脚向外伸展，进行环绕转动。并不是整条前腿都伸出去，只是足够让腿略微转动即可。

4. 右腿开始向下落的同时抬起左腿，膝盖向胸部运动。

5. 右腿和右脚将越过悬挂的起始中立位置至身体垂直线的稍后方。也就是说，右侧髋关节将略微后伸，好比跑步时腿部的循环运动。

6. 按照既定次数，双腿交替重复练习。

注意事项

为了增加难度或多样性，尝试倒立进行这个练习：双腿指向天花板进行腿部绕圈。

具体益处

[8] [11] [12] [16] [17] [18]

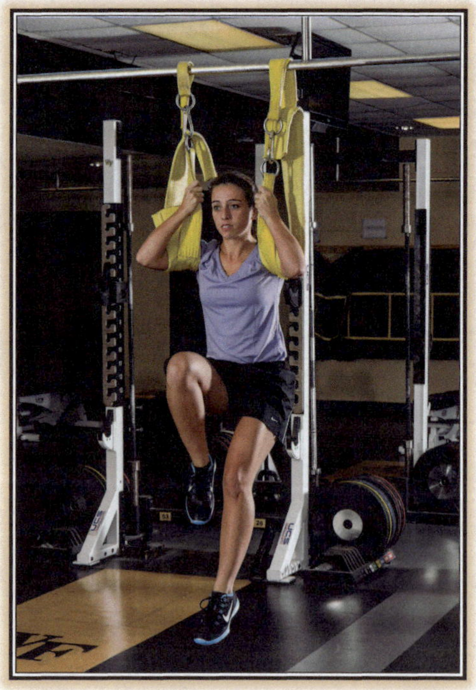

悬挂大步走

运动步骤

1. 反握一根稳固的单杠。上提身体，肘部屈曲 90 度或大于 90 度。整个练习期间保持骨盆中立位。控制骨盆前倾和后倾有助于消除身体晃动。晃动会影响练习效率，降低下腰椎的结构完整性。

2. 上提双腿进入倒立姿势。双膝锁住，双腿伸直，指向天花板。

3. 以可控的方式下落右腿，与地面平行。左腿保持向上伸直。

4. 右腿回到起始姿势，同时左腿下落至与地面平行（原位为垂直）。

5. 第 3 步和第 4 步算作一次练习。

6. 按照既定次数或时间重复练习。

注意事项

为了降低难度或增加多样性，从双腿伸直向下悬挂开始，双腿交替抬起，与地面平行。

具体益处

❽ ⓫ ⓬ ⓰ ⓱ ⓲

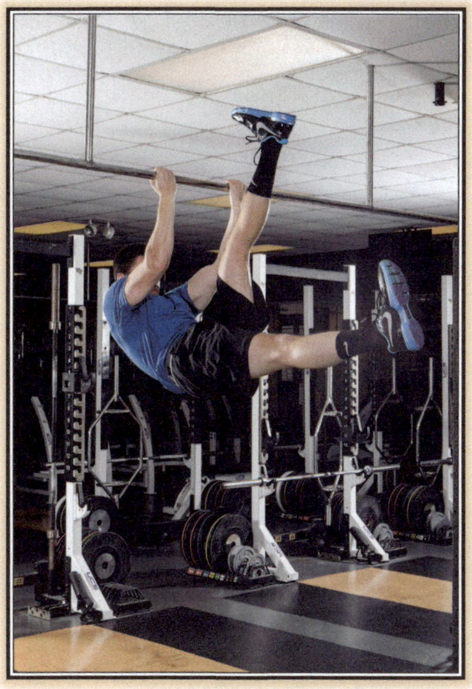

第 12 章

肩胛胸壁训练

肩胛胸壁关节的稳定是上半身所有有效活动的基础。然而，提高稳定性但没有提升力量，只能算作完成一半的拼图。正如我们所强调的，一个关节或关节系统必须稳固地进行正常工作和减少受伤风险。但是，如果这个关节系统没有准备好应对外力——冲击带来的外力，或者地面反作用转移产生的外力——那么会出现糟糕的情况。

篮球、水球、网球、橄榄球、羽毛球及排球是几种涉及越过头顶上方进行运动的体育项目。胸腔和肩胛骨组成的功能带叫作肩胛胸壁关节，对参与涉及头顶上方运动的运动员，肩胛胸壁关节是两个至关重要的关节之一。另外一个重要的关节是盂肱关节，是由肩胛骨和肱骨组成；这两个关节一起形成肩关节复合体。

虽然稳定性很重要，但是通常运动员的肩部损伤是由于肩胛胸壁缺乏力量所导致的。力量缺乏的基本原因是附着在肩胛骨上的各种肌肉之间的力量不平衡。强健的上斜方肌与虚弱无力的中斜方肌和下斜方肌及前锯肌之间存在很大的力量差距，这通常是肩部力量缺乏的主要原因。如果上斜方肌长期过快收缩，且比中斜方肌和下斜方肌及前锯肌的力量大，就会导致异常的肩胛活动。正是这种对称性的缺失，进一步对肩关节复合体的其余部分带来不利的压力，尤其是对盂肱关节的肩袖肌群。

涉及头顶上方运动的运动员通常在他们的训练中过度强调相同的运动训练。以站立位、坐位及上斜俯卧位进行的活动常常锻炼出粗壮的肩部肌肉。直立的训练能够极大地增强上斜方肌的参与，但对中斜方肌和下斜方肌作用很小、会导致肩胛带肌肉失衡和肩胛胸壁功能失调。产生的高度不稳定性将降低功能，反过来对运动表现造成不利影响，在最坏情况下会出现一系列代偿的运动模式。

为了发展肩胛胸壁的力量和恢复动力链，必须实施针对下斜方肌、中斜方肌及前锯肌的训练，且弱化上斜方肌和三角肌复合体的训练。肩胛收缩力量训练应该将注意力集中在动作而不是肌肉上。大多数情况下，这类练习是以俯卧或侧躺的姿势进行的。因此，在上述姿势下，以肩胛收缩力量为目标的训练会解决加强肩胛胸壁结构的潜在的生物力学因素。

肩袖肌群给盂肱关节提供稳定性，只有在强壮和稳固的基础上进行运动才是有效的运动。这个支撑的基础是牢牢地建立在肩胛胸壁结构上的。在站立姿势下，上举过头顶及类似的强化训练不应完全没有；相反，应该进行一些为四肢力量的进一步发展提供基础的整体性练习。

本章中的练习是为了增加肩胛胸壁的力量水平，改善姿势，提高力量总和效率，以及在接触地面（例如，守门员扑救足球）或与其他运动员发生冲撞（例如，橄榄球中的拦截）时保持整个部位的完好无损。和所有核心训练一样，有一个主要的关注点（抗伸展、抗旋转等）。但是身体是一个包罗万象的生理整体，在许多运动中，肩胛胸壁是执行多种任务的主要部位（例如，拉开阻力带与悬挂90-90复合训练相比）。

下面的练习列表列出本章中每个练习的益处、难度水平及所需设备。初级练习用蓝色进行强调标注，其难度递增用红色标注。初级练习在文本中也用红色栏进行标注。

肩胛胸壁力量练习列表

练习项目	具体益处（见第 5 章）	难度水平			设备
		简单	中等	困难	
拉开阻力带	[5][12][17]	X			阻力带
俯卧负重肩胛运动（Y），斜凳	[2][5][12][17]		X		2 个哑铃或杠铃片，斜凳
俯卧负重肩胛运动（Y），稳定球	[1][2][5][12][17]		X		2 个哑铃或杠铃片，稳定球
俯卧负重肩外展（T），斜凳	[5][12][17]		X		2 个哑铃或杠铃片，斜凳
俯卧负重肩外展（T），稳定球	[1][2][5][12][17]		X		2 个哑铃或杠铃片，稳定球
俯卧负重肩胛收缩和下压（A），斜凳	[5][12][17]		X		2 个哑铃或杠铃片，斜凳
俯卧负重肩胛收缩和下压（A），稳定球	[1][2][5][12][17]		X		2 个哑铃或杠铃片，稳定球
俯卧负重肩胛胸壁组合训练（YTA），斜凳	[2][5][12][17][18][24]			X	2 个哑铃或杠铃片，斜凳
俯卧负重肩胛胸壁组合训练（YTA），稳定球	[1][2][5][12][17][18][24]			X	2 个哑铃或杠铃片，稳定球
悬吊俯卧后缩和前伸	[2][6][12]		X		悬吊设备
悬吊仰卧后拉	[2][6][12][16]		X		悬吊设备
悬吊仰卧后拉，单腿抬起	[2][6][12][16]		X		悬吊设备
悬吊仰卧交替屈膝折叠	[2][6][8][11][12][16][18]		X		悬吊设备
悬吊仰卧旋转后拉	[2][6][12][16][18][24]		X		悬吊设备
悬吊后仰引体向上	[12][16][17][18]			X	单杠
悬吊 90-90 药球复合训练	[6][12][16][17][18][24]			X	单杠，沙袋或药球

拉开阻力带

运动步骤

1. 采用运动站姿，双脚分开，略微比肩宽，双脚平行且指向前方。双膝略微屈曲，骨盆处于中立位置。

2. 双臂相对伸直，与地面平行（肩部在矢状面内外展），肘部稳固。双手掌心朝下握住阻力带（也可以掌心相对）。

3. 收紧核心部位；收缩和下压肩胛骨。

4. 双手同时拉动阻力带的两个末端，直至双臂分别向两侧完全伸展（额状面）。

5. 以可控的方式使双臂和双手回到起始姿势。

6. 按照既定次数重复进行。

注意事项

1. 锁住肘部，放松双肩。整个练习期间，保持肩胛骨下压和收缩。

2. 保持下巴向后收，不要让头向前倾。颈椎保持挺直，头部既不前倾也不后仰。

3. 避免头部前倾。避免抬起头部，以及在拉动阻力带时对抗性地前倾颈部。

具体益处

[5] [12] [17]

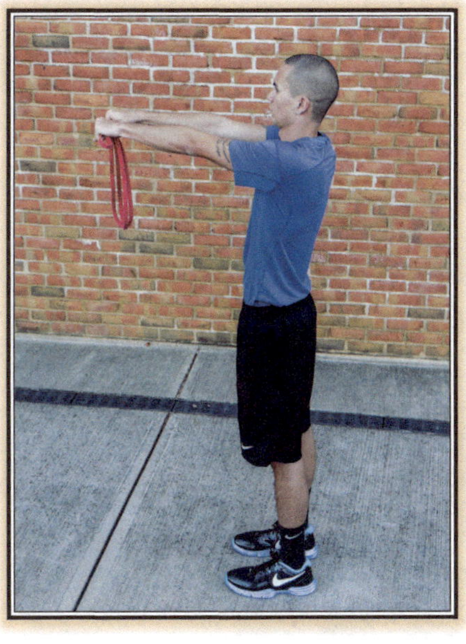

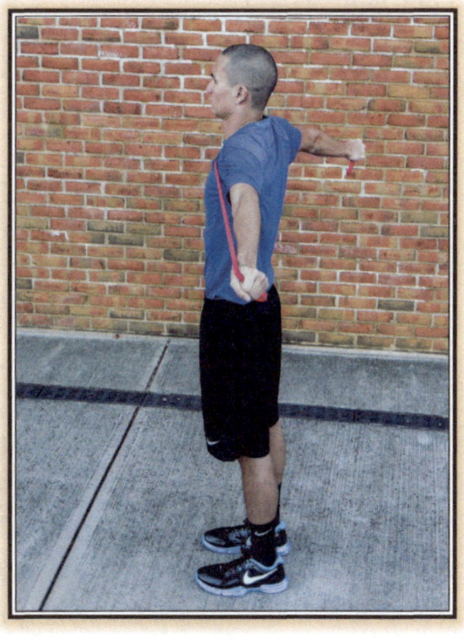

俯卧负重肩胛运动（Y）

斜凳

运动步骤

1. 俯卧在一个斜凳上（脸朝下），双腿伸直，双脚稳定地置于地面。

2. 两只手各握一个哑铃或杠铃片；重量应该是具有挑战性的，但是不应太大而影响正确的练习方式。

3. 伸展双臂，形成一个 Y 形（相对于身体方向）。双手保持中立的大拇指朝上的姿势。这个十分关键。

4. 保持下巴内收（想一想双下巴的情形），避免头部下沉（颈椎伸直，头部既不前倾也不后仰）。整个练习期间，保持胸部靠在斜凳上。

5. 有意识地下压和收缩肩胛骨。

6. 向上抬起双臂，保持大拇指朝上。

7. 最后，双臂下落，回到起始姿势。

8. 按照既定次数重复练习。

注意事项

1. 肩胛骨保持下压和收缩。

2. 避免头部前倾。头部和颈部不要抬起，避免因对抗上肢高位而伸展颈椎。

3. 双臂尽量高地舒适抬起，且身体不要产生额外的代偿运动（伸展手臂的感觉就像上臂向外伸展的同时抬起）。

具体益处

2 **5** **12** **17**

提示

可能的变式包括以下几个。

1. 双臂交替抬起，一次抬起一只手臂。

2. 在斜凳上系上阻力带，双手握住末端。运用拉伸的弹力作为阻力。

3. 每只手握住一个轻型的药球，以便在锻炼肩胛胸壁力量的同时练习抓握力量。

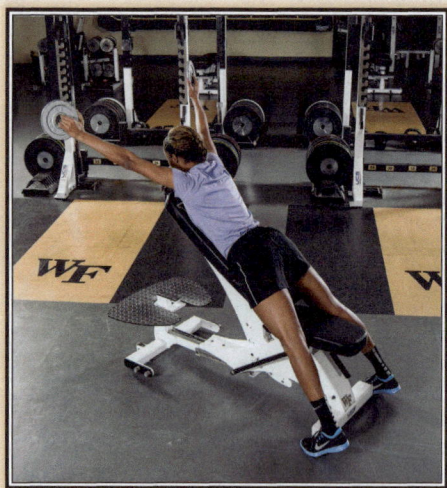

■俯卧负重肩胛运动（Y）■
稳定球

动作修正

1. 俯卧（脸朝下）在稳定球上，双腿伸直，双脚稳定地置于地面。

2. 遵循"俯卧负重肩胛运动（Y）：斜凳"中的步骤。

具体益处 **1** **2** **5** **12** **17**

俯卧负重肩外展（T）

■ 斜凳 ■

运动步骤

1. 俯卧（脸朝下）在斜凳上，双腿伸直，双脚稳定于地面。

2. 每只手握住一个哑铃或杠铃片；重量应该具有挑战性，但不应太重而影响正确的练习方式。

3. 伸展双臂，形成一个 T 形（双臂垂直于躯干）。双掌心朝下。这个非常关键。

4. 下巴保持内收（想一想双下巴），避免头部下沉（颈椎伸直，头部既不前倾也不后仰）。整个练习期间，保持胸部靠在斜凳上。

5. 有意识地下压和收紧肩胛骨。

6. 抬起双臂，保持与身体成 T 形。

7. 最后，双臂下落，回到起始姿势。

8. 按照既定次数重复练习。

注意事项

1. 整个练习期间，保持肩胛骨下压和缩紧。

2. 抬起和伸展双臂，并有意识地向内侧拉回（肩胛骨相互夹紧）。

3. 尽量舒适地抬起双臂，身体不要产生额外的代偿运动。

具体益处

5 **12** **17**

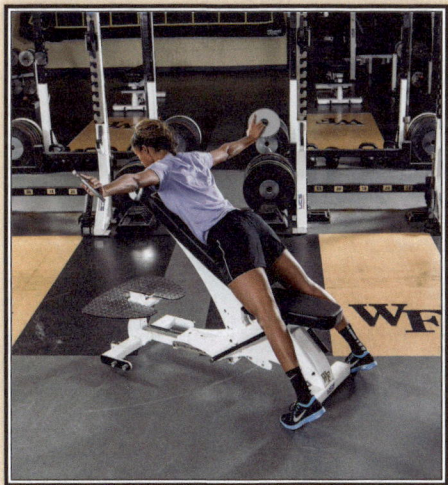

■ 俯卧负重肩外展（T）■
稳定球

动作修正

1. 俯卧（脸朝下）在稳定球上，双腿伸直，双脚稳定地置于地面上。

2. 遵循"俯卧负重肩外展（T）：斜凳"中的步骤。

具体益处 **1** **2** **5** **12** **17**

俯卧负重肩胛收缩和下压（A）

■斜凳■

运动步骤

1. 俯卧（脸朝下）在斜凳上，双腿伸直，双脚稳定地置于地面上。

2. 两只手分别握住一个哑铃或杠铃片；重量应当具有挑战性，但不应太重而影响正确的练习方式。

3. 双臂分别向身体两侧伸展，直到形成 A 形（相对于躯干）。从练习开始，双手掌心朝下。

4. 下巴保持内收（想一想双下巴），避免头部下沉（颈椎伸直，头部既不前倾也不后仰）；在整个练习期间，保持胸部靠在斜凳上。

5. 有意识地收缩和下压肩胛骨。

6. 上肢高位，保持它们与身体成 A 形。

7. 双臂回落到起始姿势。

8. 按照既定次数重复练习。

注意事项

1. 整个练习期间，保持肩胛骨收缩和下压。

2. 尽量舒适地抬起双臂，不要产生额外的身体代偿性运动。

具体益处

❺ ⓬ ⓱

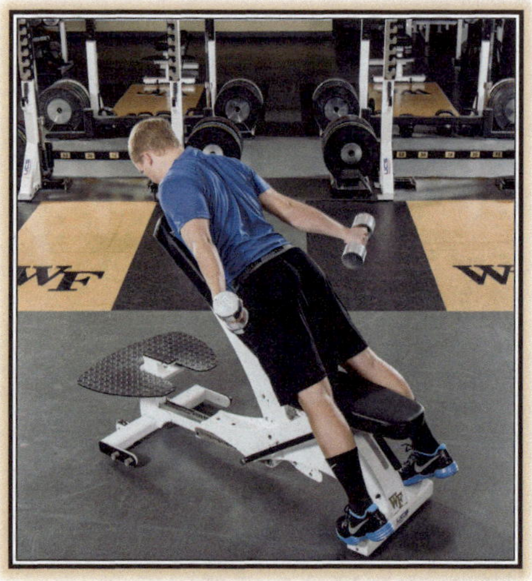

■俯卧负重肩胛收缩和下压（A）■
稳定球

动作修正

1. 俯卧（脸朝下）在稳定球上，双腿伸直，双脚稳定地置于地面上。

2. 遵循“俯卧负重肩胛收缩和下压（T）：斜凳”中的步骤。

具体益处 ❶ ❷ ❺ ⓬ ⓱

俯卧负重肩胛胸壁组合训练（YTA）

斜凳

运动步骤

1. 俯卧（脸朝下）在斜凳上，双腿伸直，双脚稳定在面上。

2. 两只手分别握住一个哑铃或杠铃片；重量应该具有挑战性，但是不应太重而影响正确的练习方式。

3. 双臂伸展，形成一个 Y 形（相对身体方向）。双手保持中立，大拇指朝上，这个非常关键。

4. 下巴保持内收（双下巴），避免头部下沉（颈椎伸直，头部既不前倾也不后仰）；整个练习期间，保持胸部靠在斜凳上。

5. 有意识地收缩和下压肩胛骨。

6. 为了开始这个包含三部分的运动，首先抬起双臂，形成 Y 形。

7. 然后回到起始姿势；立刻再次抬起双臂形成 T 形。掌心朝下（依然重要！）。有意识地收缩和下压肩胛骨。双臂外展，形成“T”形（相对于躯干呈 90 度角）。

8. 双臂下落；然后立刻抬起双臂至 A 形。有意识地收缩和下压肩胛骨，并且抬起双臂。双臂外展，形成 A 形（相对于躯干），掌心朝下（重要！）。在上提手臂期间，双肩外旋，使大拇指指向上方。双臂上提的同时，向外伸展。

9. 最后，双臂下落，然后调整，进入最初的 Y 形。

10. 完成整个组合算做一次重复。按照既定次数重复练习。

注意事项

1. 整个练习期间，保持肩胛骨收缩和下压。

2. 尽量舒适地抬起双臂，身体不要产生额外的代偿运动。

具体益处

2 5 12 17 18 24

俯卧负重肩胛胸壁组合训练（YTA）

稳定球

动作修正

1. 俯卧（脸朝下）在稳定球上，双腿伸直，双脚稳定地置于在地面上。

2. 遵循“俯卧负重肩胛胸壁组合训练（YTA）：斜凳”中的步骤。

具体益处 1 2 5 12 17 18 24

悬吊俯卧后缩和前伸

运动步骤

1. 跪在地面上，双手握住手柄或带子。

2. 收紧核心部位，上提身体，进入悬吊平板支撑姿势（肩部、髋部、膝盖和脚踝对齐）。双脚背屈，只有脚趾和前脚掌接触地面（或凳子、健身箱等）。

3. 后缩和下压肩胛骨，将胸部向地面推动。整个练习期间，保持身体呈直线，双臂伸直。

4. 然后，前伸肩胛骨，但是不要丢失正确的身体力线（髋部没有下沉）。指导提示语："挺胸，含胸"（即，肩胛骨后缩和前伸）。

5. 下巴保持内收（双下巴），避免头部下沉（颈椎伸直，头部既不前倾也不后仰）。

6. 在按照既定次数重复练习的时候，保持身体呈直线。

注意事项

1. 避免肩部半脱位。

2. 避免头部前倾。头部和颈部不要抬起，避免头部向与收缩相对的方向伸展。

具体益处

[2] [6] [12]

提示

根据身体角度的不同，具体益处将会不同（例如，双脚或上半身抬起不同的角度）。

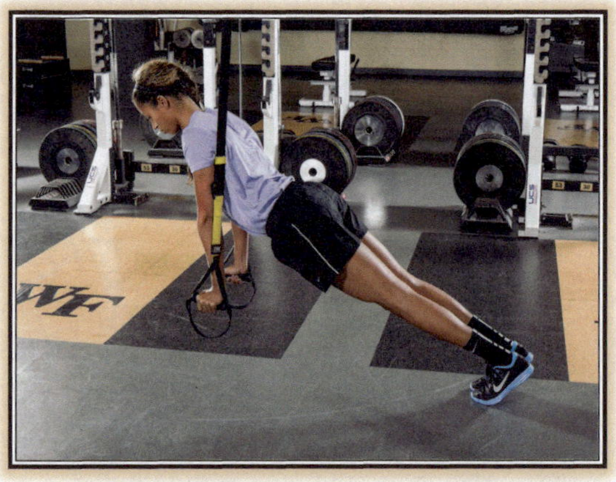

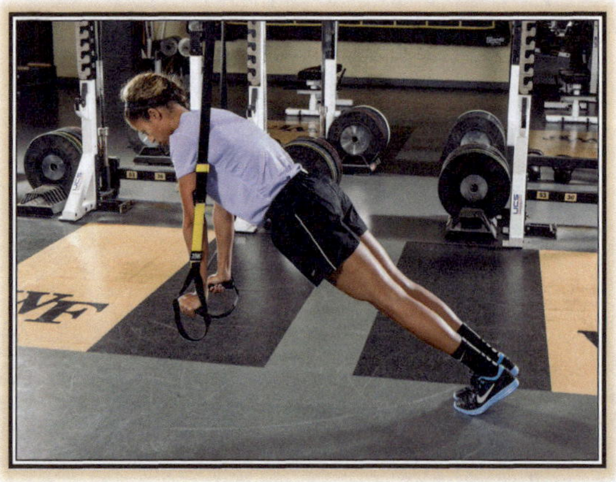

悬吊仰卧后拉

运动步骤

1. 开始时，坐在地面上，双手握住手柄或带子。这个练习可以用 3 种握持方法进行任何组合。

（a）相对握：整个练习中，掌心相对。

（b）正握：整个练习中，掌心朝向脚的方向。

（c）组合：以正握开始，然后在重复练习时用相对握。

2. 收紧核心部位，上提身体，进入悬挂的平板支撑姿势（肩部、髋部、膝盖和脚踝对齐）。双脚背屈，只有脚跟接触地面（或长凳、健身箱等）。

3. 有意识地收缩和下压肩胛骨，整个练习期间，保持这个姿势。

4. 下巴保持内收（双下巴），避免头部下沉（颈椎伸直，头部既不前倾也不后仰）。

5. 收紧后背（专注于中背部和下背部）和肱二头肌，上拉身体，使双手靠近腋窝处。

6. 然后以可控的方式回到起始姿势。

7. 整个练习期间，保持身体呈直线。

注意事项

1. 避免肩部半脱位。

2. 尽量舒适地抬起身体，不要产生额外的身体代偿性运动。

3. 避免头部前倾。头部和颈部不要上提，避免向拉动相对的方向伸展。

具体益处

2 **6** **12** **16**

提示

根据身体角度的不同，具体益处将会不同（例如，双脚或上半身抬起不同的角度）。

■悬吊仰卧后拉■
单腿抬起

动作修正

这个练习与“悬吊仰卧后拉”相同，除了一只脚保持在地面上，另一只下肢高位。整个练习期间，抬起的腿伸直，且该侧髋关节屈曲。整个练习期间，保持身体呈直线。

具体益处 2 6 12 16

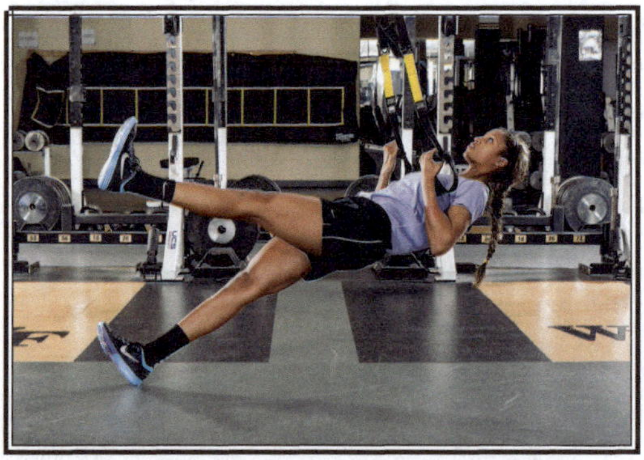

■悬吊仰卧交替屈膝折叠■

动作修正

1. 采用前面“悬吊仰卧后拉”中所描述的姿势，保持身体呈直线。

2. 拉动上半身，使双肘屈曲 90 度。在整个练习期间，手臂锁定在这个角度。

3. 有力地收紧核心部位，屈曲一侧膝盖，向胸部移动；保持一秒，然后回到起始姿势。

4. 继续保持身体呈直线。

5. 屈曲另一侧膝盖，向胸部移动，然后重复练习。

具体益处 2 6 8 11 12 16 18

悬吊仰卧旋转后拉

动作修正

1. 这个练习需要单个把手。根据所使用的设备，你可以握住一个把手、把两个把手作为一个把手使用，或者一个把手与另一个把手交叉以防止打滑。无论选择哪种方式，建议旁边站一位观测者。

2. 如同之前“悬吊仰卧后拉”中所描述的，采取平板支撑的姿势且身体呈直线，脚跟着地。

3. 向上拉动身体并旋转。尽量舒适地向上拉动身体。

4. 在后拉的过程中，双脚朝躯干旋转的反向转动，这样能减少关节力矩压力。

5. 按照既定次数重复练习。在另外一侧重复。

具体益处 [2] [6] [12] [16] [18] [24]

提示

整个练习期间，身体呈仰卧式的平板支撑姿势。在起初阶段，身体的角度接近垂直可以使练习不那么困难。随着力量和舒适度的提升，角度应该更加接近极限，完成这个练习需要更大的力量。

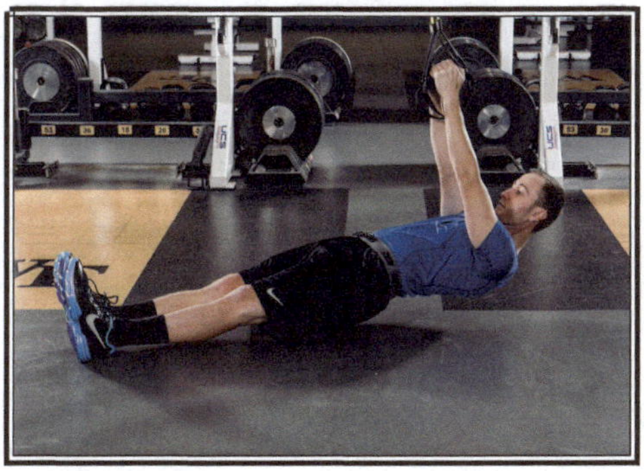

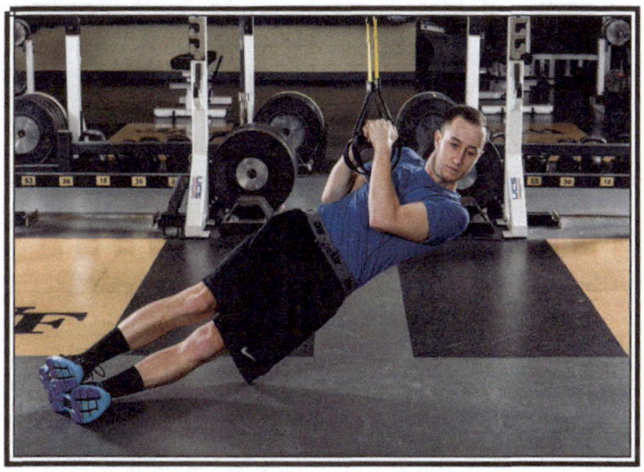

悬吊后仰引体向上

运动步骤

1. 站在一个健身箱上，反握单杠（下图所展示的是使用一根绳子的情况，这种情况下应使用典型的正握）。根据力量水平和舒适度决定双臂是伸直还是弯曲。如果双臂伸直，在悬吊下端，不要让肩部半脱位。

2. 收缩和下压肩胛骨。

3. 收紧核心部位，髋关节，膝盖屈曲90度。在开始时，大腿与地面平行。背屈双脚。骨盆略微前倾。

4. 以可控的方式收缩核心肌肉，然后骨盆向后倾斜。

5. 保持这个姿势，做一次引体向上（下巴靠近单杠）。

6. 回到起始姿势，缓慢下落骨盆，回到前倾姿势。

7. 按照既定次数，连续重复步骤 2 至步骤 6。

注意事项

1. 骨盆的活动是有限的。该动作的感觉应该是骨盆向后转动，然后向前转动。这个转动范围总共为 6~12 英寸（15~30 厘米）。

2. 绝对不要向上猛拉或猛地移动下半身。

3. 旁边可能需要一个观测者。如果有的话，观测者跪在地面上，双手伸出去，在合适的高度为运动员的双脚提供接触点。这样做有两个好处：首先，为运动员在连续重复练习中提供一个视觉和触觉上的参考位置；其次，观测者在运动的初始阶段，在最需要克服惯性的时候提供帮助。如果没有观测者，使用一个健身箱或长凳。如果认为骨盆倾斜不太难，那么观测者可以站在运动员后面以提供协助，把双手放在运动员的上背部或中背部，以协助进行引体向上。

4. 大腿绝对不要下落至低于平行于地面的程度。

具体益处

12　16　17　18

■ 悬吊 90-90 药球复合训练 ■

肌肉的协同作用和中枢神经系统对人体动力链的功能有效性的控制是完整、平衡训练计划的目标。我们的目标是尽可能地避免训练单独的肌肉。因此，以下的训练是多部位的训练（复合训练），结合了许多静态和动态运动，旨在综合训练不同平面的运动，以及各种节奏和运动模式。安全性处于训练计划设计中的最重要位置，我们鼓励你发展属于自己的独特且逐渐增加难度的复合训练。

动作修正

1. 在双膝之间放一个药球（也可以在两侧大腿上各绑一个沙袋，或者在大腿上缠绕一根负重带。

2. 采取"悬吊后仰引体向上"中步骤 1 至步骤 3 的起始姿势。下图所展示的是使用单杠而非绳子的情况。

3. 复合训练动作如下。

（a）以可控的方式收紧核心肌肉，使骨盆向后倾斜，保持这个姿势，做一次引体向上（下巴靠近单杠）。

（b）在向上的姿势中，进行一次"穿玉米"的动作（即，整个体重从左转移到右，然后返回。

（c）下落身体至肘部屈曲 90 度。在这个姿势中，锁住肘部，收紧腹斜肌，向左侧"旋转上提"身体，然后向右侧"旋转上提"身体。

（d）下落，回到起始姿势，按照既定次数重复练习。

具体益处 12 16 17 18 24

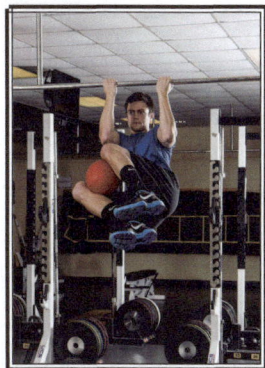

第 13 章

腰椎 – 骨盆 – 髋关节复合体训练

核心部位是由复杂的肌肉网构成的，这些肌肉组织互相交织，穿过躯干，连接着肩部、脊柱和骨盆，形成可以产生所有活动的稳定基础。如果缺乏深层稳定肌的平衡能力，那么核心肌群，尤其是外部运动肌的强大、灵活和自由的活动将受到限制。在运动时，腰椎-骨盆-髋关节复合体（LPHC）的主要功能是在身体支撑的基础上，保持重心的准确定位以维持动态姿势的平衡。如果没有这个至关重要的功能，无疑会使运动表现受限，并提高受伤风险。

LPHC 在产生和发展力量方面起着非常重要的作用。作为整个身体传递力量和爆发力的通道，LPHC 应该得到足够重视。这个综合体影响着身体所做出的每个动作，提供一个动态稳定性的基础，通过这个基础传递爆发力。在同等情况下，更强壮的运动员通常会获得胜利。强化腰椎 - 骨盆 - 髋关节复合体对运动表现有极大的益处。

下面的练习列表列出本章每个练习的具体益处、难度水平及所需设备。基础练习用蓝色突出表示，其难度递增练习用红色标注。基础练习在文本中也用红色的标题标注。

腰椎–骨盆–髋关节复合体力量练习列表

练习项目	具体益处（见第 5 章）	难度水平			设备
		简单	中等	困难	
提髋运动：肩部抬高	⑫⑰	X			加高平台 *
提髋运动：阻力带，肩部抬高	⑤⑫⑰	X			加高平台，小型阻力带
负重提髋运动：阻力带，肩部抬高	⑤⑫⑰		X		一种负重器材，加高平台，小型阻力带
负重提髋运动，肩部抬高	⑫⑰		X		一种负重器材，加高平台
提髋运动，肩部抬高，单腿	④⑫⑰		X		加高平台
负重提髋运动，肩部抬高，单腿	④⑫⑰		X		一种负重器材，加高平台
过顶深蹲系列运动进阶 1：阻力带囚徒深蹲	⑤⑫⑰		X		小型阻力带
过顶深蹲系列运动进阶 2：阻力带过顶深蹲	⑤⑫⑰		X		扫帚柄或 PVC 管，小型阻力带
过顶深蹲系列运动进阶 3：负重过顶深蹲	⑫⑰			X	杠铃
过顶深蹲系列运动进阶 4：阻力带负重过顶深蹲	⑤⑫⑰			X	杠铃，小型阻力带
过顶深蹲系列运动进阶 5：单臂负重过顶深蹲	⑪⑫⑰⑱			X	哑铃或壶铃
过顶深蹲系列运动进阶 6：阻力带单臂负重过顶深蹲	⑤⑪⑫⑰⑱			X	哑铃或壶铃，小型阻力带
相扑深蹲系列运动进阶 1：相扑深蹲	⑫⑰		X		哑铃或壶铃
相扑深蹲系列运动进阶 2：侧向滑步	⑧⑫⑰⑱		X		哑铃或壶铃
相扑深蹲系列运动进阶 3：侧抬腿	⑧⑨⑫⑰⑱㉒㉓		X		哑铃
相扑深蹲系列运动进阶 4：侧滑步和侧抬腿	⑧⑨⑫⑰⑱㉒㉓		X		哑铃
阻力带侧滑步	⑤⑧⑨⑫⑰	X			1~2 根阻力带
阻力带侧滑步：双腿伸直	⑤⑧⑨⑫⑰	X			阻力带
阻力带侧滑步：滑冰运动	⑤⑧⑨⑫⑰㉔	X			阻力带
X 阻力带行走	⑤⑧⑨⑫⑰		X		弹性带

* 使用加高平台有许多种选择，包括健身箱、长凳、椅子或台阶。

提髋运动
肩部抬高

运动步骤

1. 身体与训练椅垂直，仰卧（脸朝上），双肩和颈部（头后侧）完全由训练椅支撑。双膝屈曲，双脚平放于地面。

2. 收紧核心部位，允许髋部向地面下落。注意，根据你的身高或椅子的高度，你的臀部也许不能接触到地面。在地面上放一个矮箱子或一些折叠垫子，可能有助于臀部触地。

3. 从下落臀部开始，有控制地收紧核心部位，然后平稳地向天花板方向提起髋部（即，提髋至与地面平行的位置）。

4. 缓慢地回到下落姿势，然后按照既定次数重复练习。

注意事项

1. 整个练习期间，收紧臀肌和核心部位。

2. 提起髋部，使耳部、肩部、髋部和膝盖呈直线。避免腰椎过度伸展。

3. 如果你感觉大腿腘绳肌或下腰背的任何一点紧绷，就回到起始姿势，然后再进行练习。

4. 绝对不要为了增加重复次数或组数而牺牲正确的练习方式。保持正确的身体力学。

具体益处

🄬 🄱

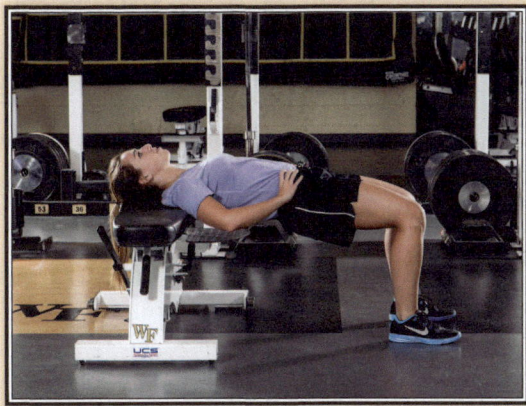

■提髋运动■
阻力带，肩部抬高

动作修正

具体益处 ❺ ⓬ ⓱

准备、起始姿势、动作和注意事项与前面介绍的“提髋运动：肩部抬高”相同，除了在双膝上方缠绕一根阻力带。

■负重提髋运动■
阻力带，肩部抬高

动作修正

具体益处 ❺ ⓬ ⓱

准备、起始姿势、动作和注意事项与“提髋运动：阻力带，肩部抬高”相同，除了在膝盖上缠绕一根阻力带，以及在髋部上面放一个哑铃或杠铃。

■负重提髋运动■
肩部抬高

运动步骤

具体益处 ⓬ ⓱

准备、起始姿势、动作和注意事项与“提髋运动：肩部抬高”相同，除了在髋部前面放一个奥林匹克杠铃片（或类似的器材，比如杠铃、沙袋，或药球）。通常用双手握住负重物是必要的。

◾ 提髋运动 ◾
肩部抬高，单腿

动作修正

准备、起始姿势、动作和注意事项与"提髋运动：肩部抬高"相同，除了一侧膝盖保持屈曲，该侧脚踩地面，同时对侧腿完全伸直。

具体益处 ④ ⑫ ⑰

◾ 负重提髋运动 ◾
肩部抬高，单腿

动作修正

准备、起始姿势、运动和注意事项与"提髋运动：肩部抬高，单腿"相同，除了在髋部前侧放一个奥林匹克杠铃片（或类似的器材，例如杠铃、沙袋或药球）。通常用双手握住负重物是必要的。

具体益处 ④ ⑫ ⑰

下面所展示的训练中，在深蹲运动时抬起双手，放在头后。这对身体提出更高的要求，因为下半身完全屈曲的同时，上半身处于完全伸展的状态。通过许多作用于全身的力偶关系，你现在处于一个最具挑战性的原始运动模式之中。LPHC 必须以最佳状态应对这个以自身体重为负荷的挑战。只有在掌握了相关的准备性训练和初级技能后，才能尝试这样具有挑战性和高危险性的训练，而且记得一直要有观测者在旁边。

过顶深蹲系列运动

进阶 1：阻力带囚徒深蹲

运动步骤

1. 在膝盖正上方的双腿处缠绕一根阻力带。身体站立，且肩胛骨收缩和下压。双脚平行，分开略微比肩宽。有些人或许觉得髋关节略微外旋会更舒适，就是脚趾指向外侧。

2. 双手在头后部轻轻扣住。肘部向后拉动，略微挺胸。

3. 收紧核心部位，向后坐下。第一步的感觉就是臀部向后移动。

4. 当处于深蹲姿势的时候，小腿应与地面垂直。双膝应位于脚踝正上方。

5. 保持对阻力带施加恒定的侧向压力（髋部外展）。不要让阻力带将膝盖向内拉动。

6. 保持核心部位紧缩，回到起始姿势。

7. 按照既定次数重复练习。

注意事项

1. 建议所有的双手头后深蹲训练配有一名观测者。务必谨慎。

2. 不要用双手把头部或颈部向前拉。

3. 当大腿与地面平行时，或略微在平行线以下时，双膝不应超过脚尖。请用余光检查一下！

4. 重量分布应该在脚的后半部分。快速检查重量分布的方法就是在鞋里抬起大脚趾。如果重心太向前，抬起大脚趾会很困难。

5. 确保膝盖不要向内塌陷成内扣的姿势（膝外翻）。双脚尖的略微向外倾斜有助于增加髋外展的感觉，帮助消除双膝间阻力带带来的膝关节内扣倾向。

具体益处

5 **12** **17**

 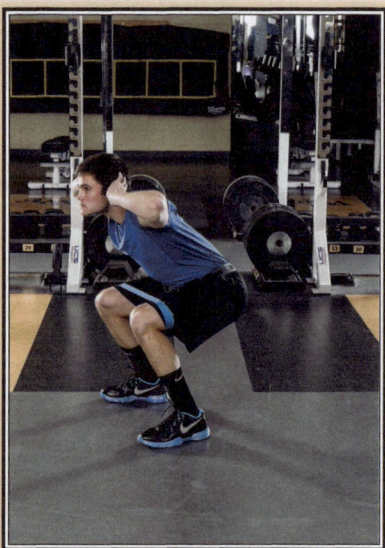

■过顶深蹲系列运动■
进阶 2：阻力带过顶深蹲

动作修正

1. 握住一根轻型长杆，例如扫帚柄或 PVC 管。双手分开，应比肩宽。举起长杆至头顶上方，与躯干形成 Y 形。注意不要向头的后侧推长杆，以防肩部半脱位。

2. 其他姿势、动作和注意事项与“过顶深蹲系列运动进阶 1”相同。

具体益处 ⑤ ⑫ ⑰

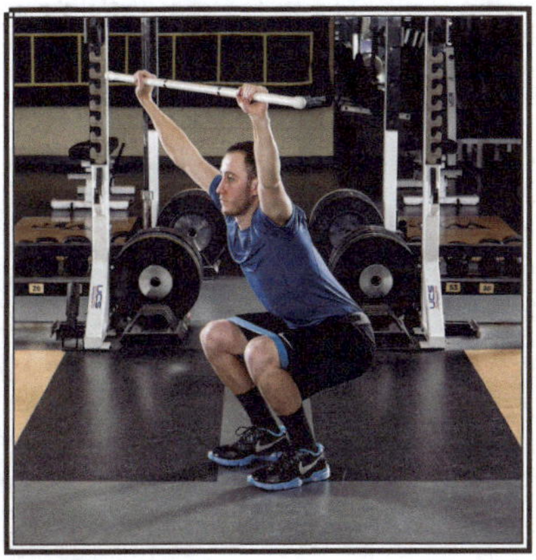

■过顶深蹲系列运动■
进阶 3：负重过顶深蹲

动作修正

准备、起始姿势、动作和注意事项与“过顶深蹲系列运动进阶 2”相同，除了没有缠绕双腿的阻力带，而是把一根杠铃杆举过头顶。

具体益处 ⑫ ⑰

■过顶深蹲系列运动■
进阶 4：阻力带负重过顶深蹲

动作修正

1. 准备、起始姿势、动作和注意事项与“过顶深蹲系列运动进阶 3”相同，除了在膝盖上方的双腿上缠绕一根阻力带。

2. 确保阻力带没有使膝盖内扣。

具体益处 ⑤ ⑫ ⑰

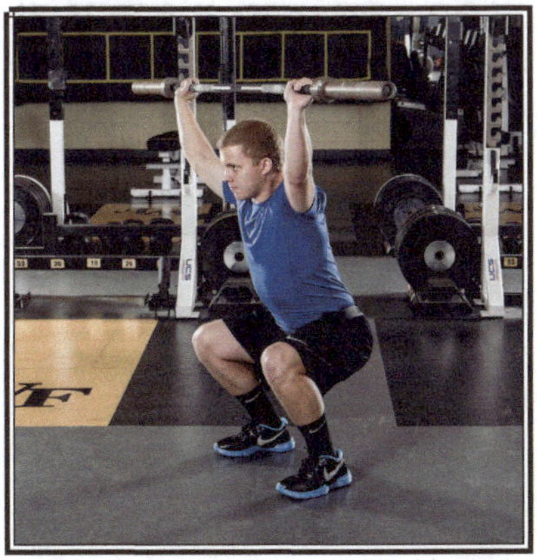

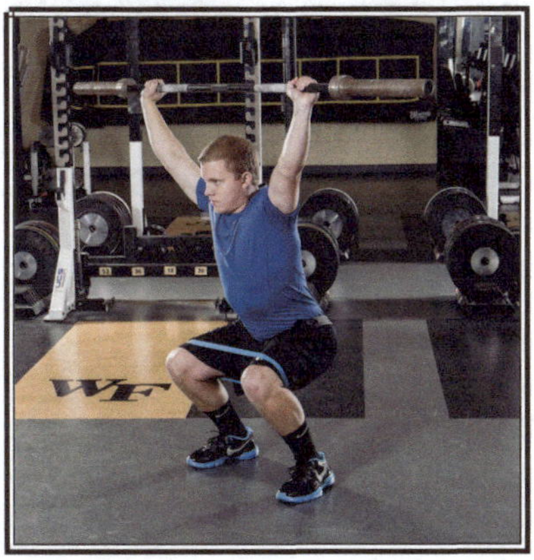

■过顶深蹲系列运动■
进阶5：单臂负重过顶深蹲

动作修正

1. 准备、起始、姿势、动作及注意事项与"过顶深蹲系列运动进阶3"相同，除了使用单侧重物而非杠铃杆作为负重。

2. 握住一个哑铃（或壶铃、沙袋、带有手把的药球）。小心地向头顶正上方举起这个重物。选择一个可以控制的重量，以便不影响正确的运动力学。

具体益处 ⑪ ⑫ ⑰ ⑱

提示

不对称的负重练习给身体带来新的挑战，不仅需要身体产生举起重物的力量，而且为了保持平衡，稳定能力至关重要。需要保持神经肌肉的控制和效率，且不需要任何主要的关节做出代偿运动。

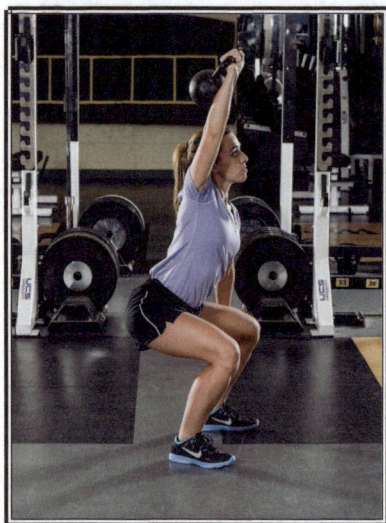

■过顶深蹲系列运动■
进阶6：阻力带单臂负重过顶深蹲

动作修正

1. 准备、起始姿势、动作及注意事项与"过顶深蹲系列运动进阶5"相同，除了在双膝上方的腿上系上一根阻力带。

2. 膝盖不要向内塌陷成膝内扣的姿势（足外翻）。

具体益处 ⑤ ⑪ ⑫ ⑰ ⑱

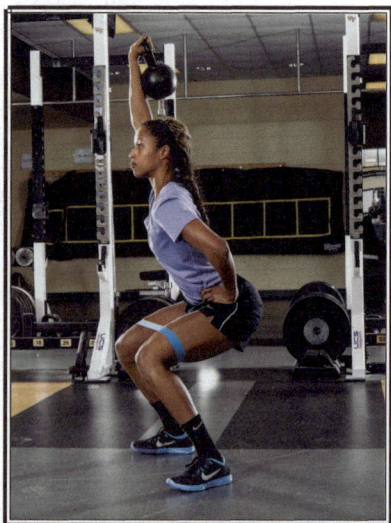

相扑深蹲系列运动

■ 进阶 1：相扑深蹲 ■

运动步骤

1. 采取"防守站姿"，双脚分开，略微向外展开。

2. 握住一个哑铃或类似的器材（如药球、壶铃、杠铃片）。

3. 保持脚分开的站姿，从地面上拿起哑铃，站直。骨盆处于中立位置。双臂向下垂。不要用肩部拉动哑铃，整个练习期间，保持肩胛骨收缩。

4. 收紧核心部位，然后向后下蹲。第一步的感觉就像臀部向后移动。双肩收缩，挺胸。

5. 当处于低位深蹲时，小腿应与地面相对垂直。双膝应位于脚前部的三分之一处上方。

6. 在保持核心部位收紧的同时，回到站立姿势。

7. 按照既定次数重复练习。

注意事项

1. 避免头部前倾。下巴保持内收（双下巴），避免低头（颈椎伸直，头部既不前倾也不后仰）。

2. 确保膝盖没有向内扣（足外翻），尤其是当向上回到起始姿势时。这个倾向可以通过略微的足外展得到消除。

具体益处

12 **17**

 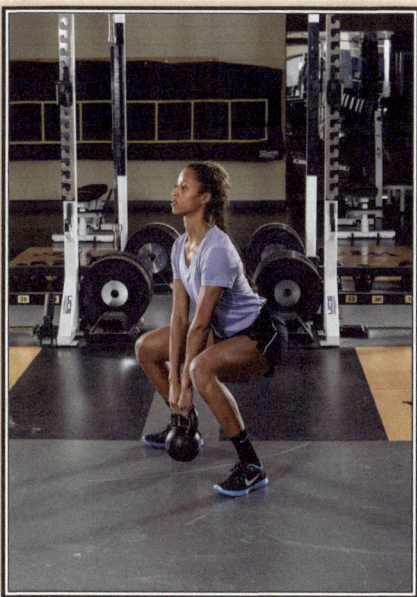

相扑深蹲系列运动
进阶 2：侧向滑步

动作修正

1. 准备、姿势和初始动作与“相扑深蹲系列运动进阶 1”相同。

2. 在低位蹲时，向右侧进行 2 至 4 个滑步。按照下列步骤进行滑步。

（a）抬起右脚，左腿向右侧推动身体。

（b）然后右脚落下至地面，左腿滑移至一定位置，双脚分开的距离与初始相扑深蹲时的距离相同。

（c）重复进行侧步，也是以相扑深蹲姿势结束。

（d）然后向右滑移 2 至 4 步，推起身体进入站姿。

（e）立刻进行反向动作：收紧核心部位，向后下蹲。第一感觉就像臀部后移。

（f）抬起左腿，右腿向左侧推动身体。

3. 一个来回相当于一次练习。按照既定次数重复练习。

具体益处 8 12 17 18

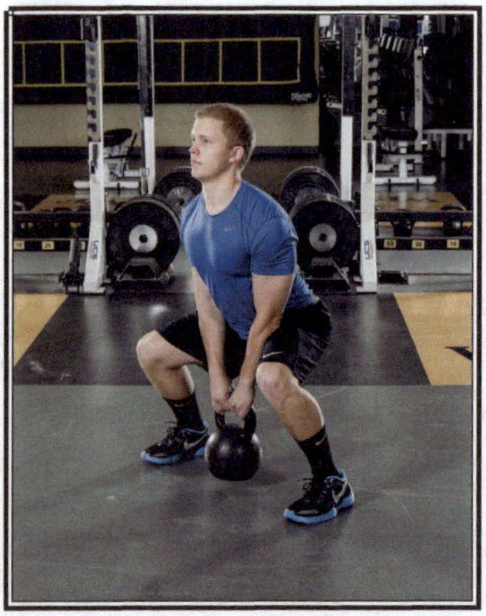

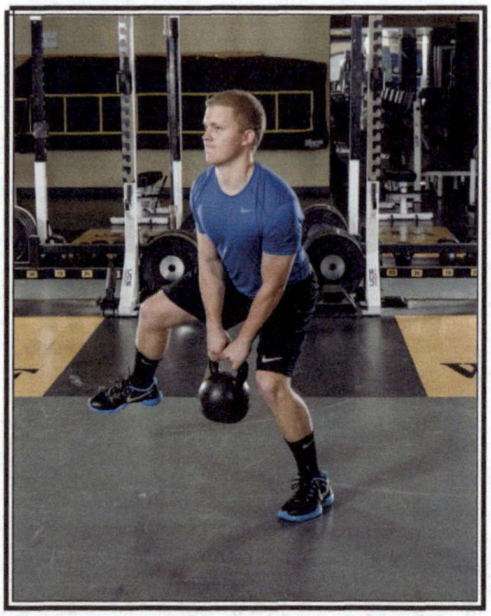

相扑深蹲系列运动
进阶 3：侧抬腿

动作修正

1. 准备、姿势和初始动作与“相扑深蹲系列运动进阶 1”相同。

2. 在低位蹲时，右腿有力地蹬地。

3. 随着向上运动，左脚和左腿离开地面，身体所有的重量转移到右腿。右脚踝、右膝盖和右侧髋关节应呈直线，右腿与地面垂直。为了保持重量分布的平衡，上半身可能略微向右侧倾斜。

4. 此时是这个练习的关键。蹬地起身不是最需要关注的（虽然这个也很重要），但是接下来的动作会产生我们所追求的身体适应性：允许身体重量和哑铃向左侧回落。顺着回落舒适地进入低位蹲。需要注意的是，回落应温柔，以屈曲的脚踝、髋关节和膝盖作为减震器。左腿不要僵硬地下落到地面。

5. 抬起右腿，如此进行练习。

6. 两侧各进行一次蹲起等于一个重复，按照既定组数重复练习。

具体益处 8 9 12 17 18 22 23

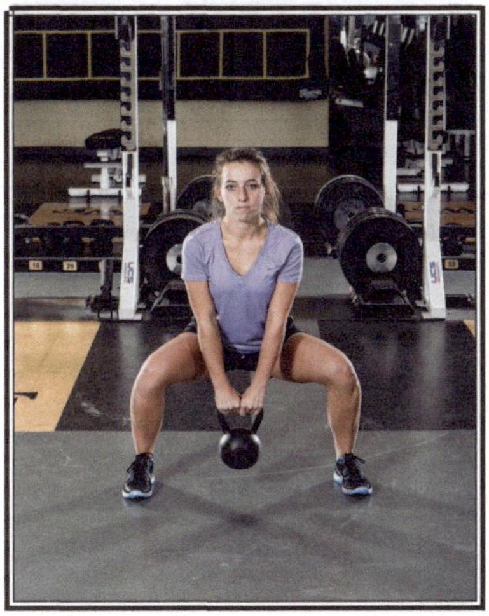

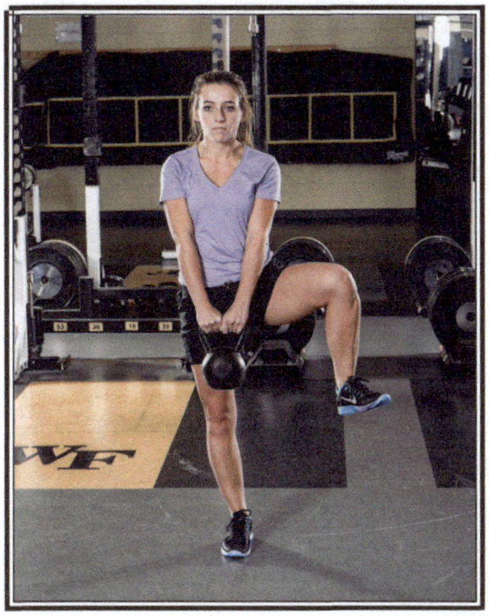

相扑深蹲系列运动

进阶 4：侧滑步和侧抬腿

动作修正

1. 准备、姿势和初始动作与“相扑深蹲系列运动进阶 2”相同，除了在侧滑步后，进行一次“相扑深蹲系列运动进阶 3”中所描述的侧抬腿。

2. 上下一次算作一组练习，按照既定次数重复练习。

具体益处 [8] [9] [12] [17] [18] [22] [23]

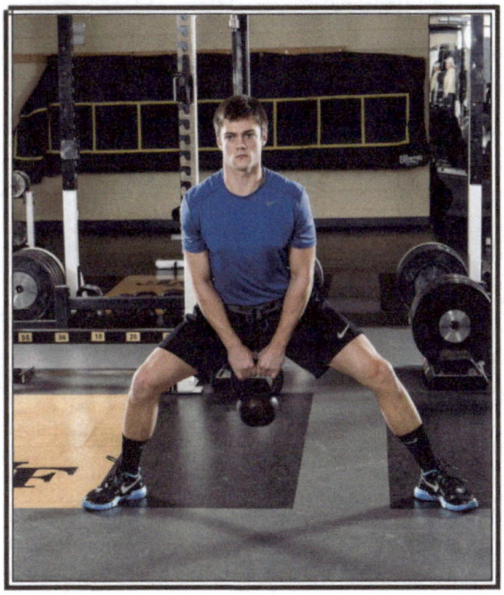

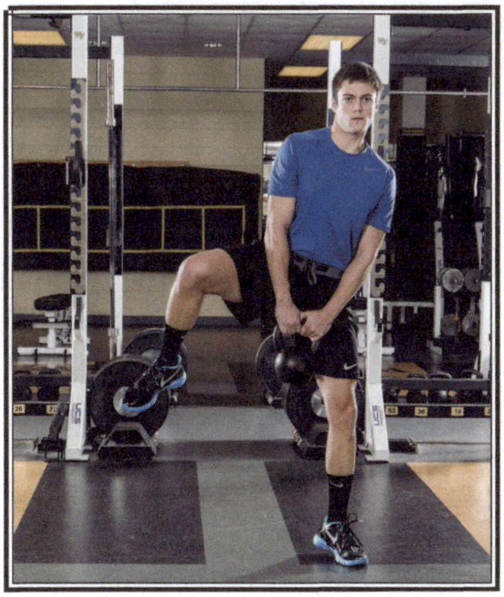

可以选择数百种的阻力带练习模式进行练习。希望以下的练习可以激发你的创造力。如果没有正确使用阻力带，阻力带会带来糟糕的身体力学作用，所以多注意正确的练习方式，以便从中全面获益。

阻力带侧滑步

运动步骤

1. 站直，把一根阻力带缠绕在膝盖上方的腿上，或者缠绕在脚踝上方（两处都缠绕阻力带，以实现最大难度）。双脚分开，略微比肩宽，双脚平行。

2. 收缩和下压肩胛骨。收紧核心部位，双手放在髋部。

3. 略微屈曲髋关节和双膝，下落至运动位置。

4. 抬起左脚和左腿，离开地面几厘米，同时右腿向左侧推动身体。

5. 向左侧滑步之后，左脚落回地面。

6. 抬起右脚，把右脚向左脚方向移动（滑动）（但两脚不应并拢）。保持阻力带的紧绷（不要让阻力带松弛）。现在你回到了起始姿势（姿势和位置）。

7. 继续如此运动：抬起脚、推动、落地和滑步。按照既定次数或距离重复练习。在另一侧重复。

注意事项

1. 整个练习期间，保持正确的姿势。髋关节或上半身没有前后运动。

2. 同时抬起和推动对练习的目的来说至关重要。当做法正确时，在第 4 步和第 5 步没有必要向右侧倾斜来帮助身体向左移动。

3. 身体的重心正好位于支撑基础的双脚之间。所以，再次强调，重心不应向这个基础外倾斜。

具体益处

❺❽❾⓬⓱

提示

有各种变式，包括但不仅限于以下这些。

1. 阻力带缠绕在脚踝周围。

2. 阻力带缠绕在小腿周围。

3. 阻力带缠绕在膝盖上方。

4. 滑动模式 1：滑动 2 步，然后返回 1 步，如此重复。

5. 滑动模式 2：滑动 4 步，然后返回 2 步，如此重复。

6. 右膝内收，右膝外展，左膝内收，左膝外展，然后进行侧滑步，重复练习。

7. 开脚站姿，快速侧向跳（双脚同时离地和落地）。

8. 开脚站姿，快速侧向分腿跳（宽 - 窄 - 宽 - 窄）。

9. 开脚站姿，侧向跳，下肢旋转，上半身保持与移动方向垂直。

10. 保持开脚站姿，向前跳，向后跳，向右侧跳，向前侧跳，向后跳，向右侧跳。继续如此重复。

11. 保持开脚站姿，向前跳，向后跳，侧滑步（或侧向开脚跳）2 步，回 1 步，重复练习。

12. 开脚侧滑步，根据教练指令进行练习。

13. 所有这些阻力带侧滑步训练和变式（以及你所发展出的练习），可以加入扔球，以增加视觉追踪和反应锻炼。

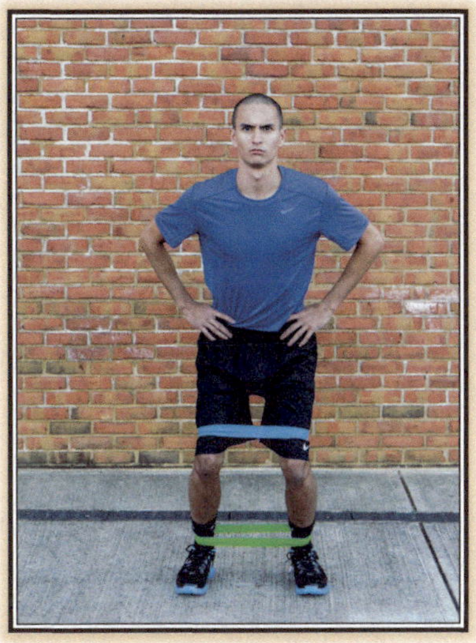

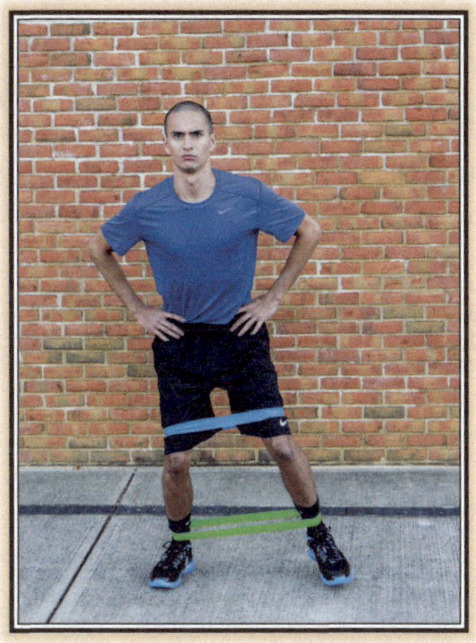

阻力带侧滑步

双腿伸直

动作修正

1. 起始位置、姿势、注意事项及变式与“阻力带侧滑步”相同，除了阻力带是缠绕在膝盖上方，以及双腿在整个练习期间是保持伸直的。右脚脚尖略微向内旋，左脚保持与运动方向垂直。

2. 收紧核心部位，收缩和下压肩胛骨，双手放在髋部。在整个练习期间，保持双腿伸直。

3. 抬起右脚，离开地面几厘米，用左腿向右侧推动身体。推移时不要屈曲膝盖，保持臀肌和髋部周围的肌肉处于运作状态。

4. 用脚跟引导移动（右脚略微内旋，所以右脚的前脚掌首先接触地面，右脚跟的位置相对脚尖更靠右侧）。

5. 左脚向右朝右脚方向抬起和移动（滑动）。保持阻力带的紧绷（不要让阻力带松弛）。此时，你回到了起始位置（姿势和位置）。

6. 继续如此运动：抬起脚、推动、落地和滑步。按照既定次数或距离重复练习。在另一侧重复。

具体益处 5 8 9 12 17

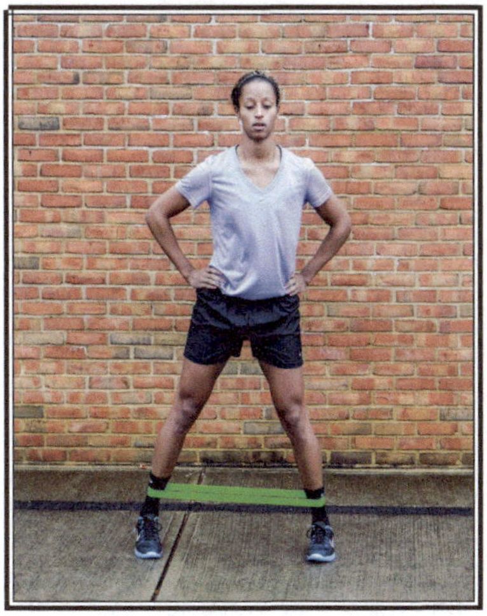

阻力带侧滑步

滑冰运动

动作修正

1. 起始位置、注意事项及变式与“阻力带侧滑步”相同。这个练习也可以把阻力带缠绕在小腿上、膝盖正下方或膝盖正上方进行。双脚分开，略微比肩宽，双脚平行。

2. 收紧核心部位，收缩和下压肩胛骨，双手放在髋部。

3. 上提左脚和左腿，离开地面几厘米。在向左前 45 度方向跨步时，右腿对抗阻力带阻力。

4. 左脚接触地面；保持双脚分开站立 1 秒左右。

5. 把右脚向前移动，轻触左脚踝，然后向右前 45 度方向跨步。右脚踩地，保持双脚分开站立 1 秒左右。

6. 按照既定次数或距离继续进行滑冰运动。

具体益处 [5] [8] [9] [12] [17] [24]

提示

这个练习也可以向后进行。

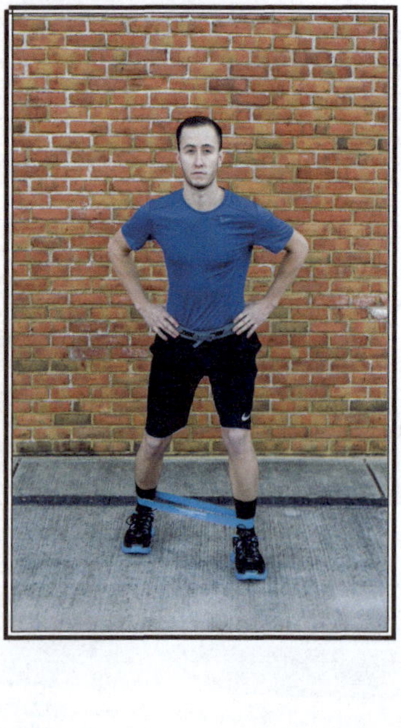

X 阻力带行走

动作修正

1. 踩在一个大号阻力带上。阻力带在体前交叉，双手在髋部和胸部之间的某处握住阻力带（根据所需的紧绷程度）。身体站直，双肩后缩，双脚指向前方。

2. 向旁侧跨步，双膝略微屈曲。

3. 整个练习期间，保持髋部水平，避免来回摆动。

具体益处 [5] [8] [9] [12] [17]

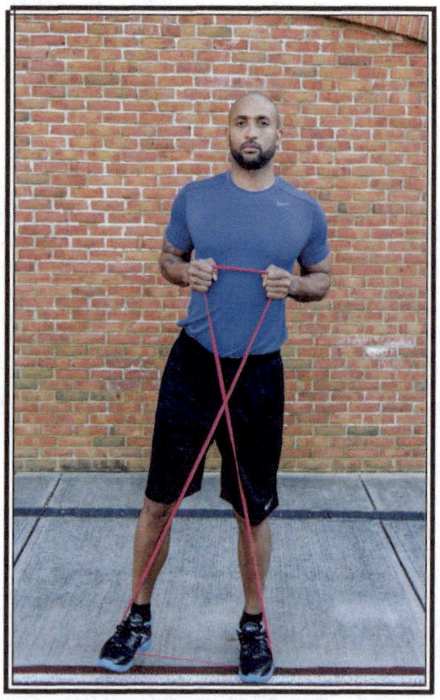

第 14 章

整体核心训练

关于从整体角度锻炼身体，我们已经建立了强有力的论点，以限制（或消除）对肌肉的分离训练。前面已经说过，主要从康复和预防方法的角度来说，肌肉分离训练确实对制定整体的运动发展计划有作用。

然而，把不良表现或损伤恶化归咎于某块单一的肌肉未激活，例如臀中肌，这种说法是荒谬的。从整体功能性角度来说，这并没有减轻有效臀肌的重要性，但它确实表明，在试图为不良表现寻找原因和责任时，某个具体的身体结构的异常通常被认为是原因。事实上，原因也许仅仅是运动员未能发展必要的全身能力，以便有效地完成任务。

整体核心训练是把局部核心训练与完整的运动模式相连接的最后桥梁。许多练习可以归类于整体核心训练，包括深蹲和硬拉，以及各种变式的奥林匹克举重等经典的训练。这些类型的训练通常是综合的，与多任务有关，需要高水平的专注、身体条件和经验。因为这一点，以及可能使用设备的组合，这些训练也会充满乐趣。

假如运动员身体健康，而且评估结果显示没有严重的结构完整性方面的不足，那么训练的选择形式应该是训练整个身体。为了进一步阐明整体训练的观念，我们在本书中列出了大量整体核心训练。这些练习的目的在于对更大范围的身体区域施加更大的压力，从而以剧烈和有效的方式收获更多的核心训练效果。

所有这一切表明，属于这一类型的练习应该被有目地进行选择，而不是因为这些练习看起来比较酷或与众不同，就随意加入一个训练计划中。把这些练习加入到你的训练计划中，应该通过有目的的系统训练。虽然练习是从整体角度设计的，但也并不能包含所有方面；而个别单独训练虽然在许多方面非常有用，但也会错过一到两个对身体整体运动发展非常重要的部位。在组织你的个人训练计划时，我们的建议是加入各种练习，各种练习的组合将实现整体目标。因此，按照你的个性化测试结果和最终表现目标，这个训练计划将与其他所有训练一样，采用相同的周期计划。任何时候，在训练计划中加入新的练习时，都应正确地选择负重。阻力的大小会极大地影响练习的力学作用。从可以控制的阻力开始，然后以此为基础逐渐进阶。再一次强调，绝对不要为了增加练习次数、组数或负重而牺牲正确的练习方式。

以下练习列表列出本章中每项练习的具体益处、难度水平及所需要的设备。初级练习用蓝色强调，其难度递增用红色标注。在文本中，初级练习也用红色的标题进行标注。

整体核心力量练习列表

练习项目	具体益处（见第 5 章）	难度水平			设备
		简单	中等	困难	
双侧农夫行走	[8][12][17]		X		2 个壶铃或哑铃
单侧负重农夫行走	[8][9][10][11][12][17]		X		1 个壶铃或哑铃
双侧服务员行走	[8][10][11][12][17]		X		2 个壶铃或哑铃
单侧负重服务员行走	[8][9][10][11][12][17]		X		壶铃或哑铃
交叉行走	[8][9][10][11][12][17]		X		2 个壶铃或哑铃
土耳其起立	[8][9][11][12][17][18][24]			X	1 个壶铃、哑铃、药球或负重片
分腿姿绳索后拉复合训练 1：哑铃深蹲	[9][11][12][17][18]		X		带把手的绳索设备，1 个壶铃或哑铃
分腿姿绳索后拉复合训练 2：深蹲哑铃过顶推举	[9][11][12][17][18]		X		带把手的绳索设备，1 个壶铃或哑铃
沙袋复合训练 1：波比跳过顶推举	[8][10][11][12][17][18][20][21][22][23]			X	沙袋
沙袋复合训练 2：交叉割草机	[9][11][12][17][18][20][21][22][23][24]			X	沙袋
沙袋复合训练 3：早安式肩扛重物深蹲	[9][12][17][18][20][20][21][22][23]			X	沙袋
沙袋复合训练 4：弓步，推举，环绕世界	[8][9][10][11][12][17][18][20][21][22][23][24]			X	沙袋
沙袋复合训练 5：悬吊俯卧撑，火烈鸟式后拉，过顶推举	[3][4][6][7][8][9][10][11][12][17][18][20][21][22]			X	沙袋，悬吊设备

双侧农夫行走

运动步骤

1. 站在相同重量的负重物（如壶铃或哑铃）中间。

2. 收紧核心部位，向后蹲下。首先进行的活动是髋部向后移动。

3. 收缩和下压肩胛骨。一个不错的教练提示语是"保持挺胸"。

4. 双手握住负重物，收紧核心，回到站立姿势。

5. 握紧重物，以慢速和可控的步伐向前行走。

6. 按照既定次数或距离行走。

注意事项

1. 整个练习期间，保持核心部位收紧。

2. 整个练习期间，保持躯干向上挺直，肩胛骨收缩和下压。

具体益处

8 **12** **17**

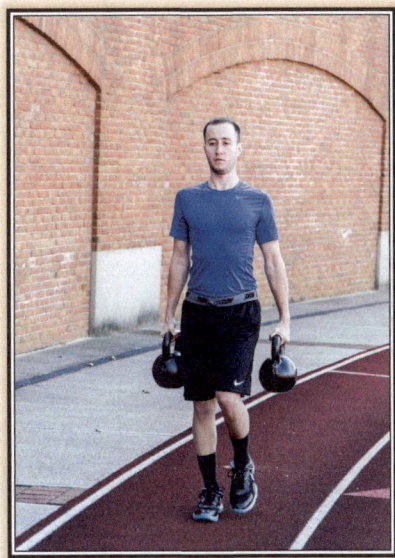

单侧负重农夫行走

动作修正

1. 起始位置、姿势和开始动作与“双侧农夫行走”相同，除了该练习只使用一个重物。

2. 向下深蹲，一只手握住重物。保持核心部位收紧，然后回到站立姿势。

3. 握紧重物，以慢速和可控的步伐向前行走。

具体益处 8 9 10 11 12 17

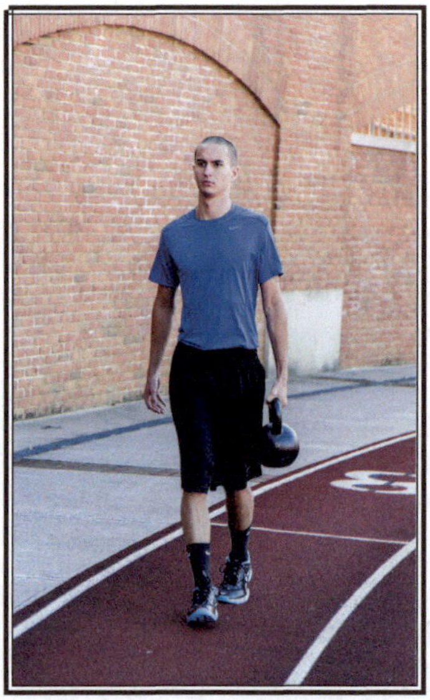

双侧服务员行走

动作修正

1. 初始位置和开始动作与“双侧农夫行走”相同。每只手握住一个重物，然后回到站立姿势。

2. 双臂向头顶上方完全伸直。保持肩胛骨向后下方收紧，不要耸肩。

3. 紧握重物，以慢速和可控的步伐向前行走。

具体益处 8 10 11 12 17

提示

向头顶上方举起重物需要运用强大的核心部位，以保持控制和平衡，以及确保脊柱不会向后伸展。

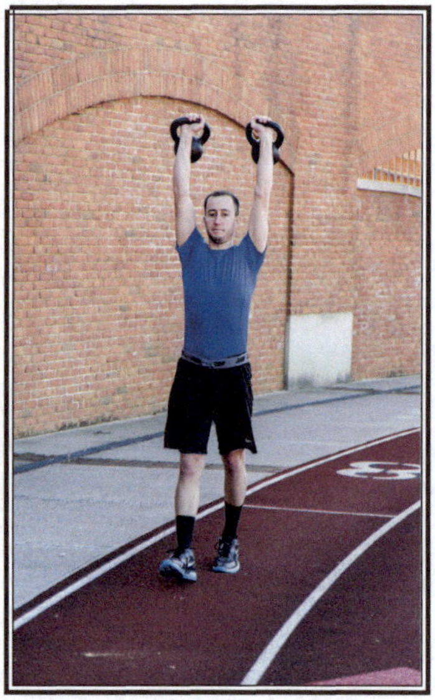

单侧负重服务员行走

动作修正

1. 起始位置和初始动作与“单侧负重农夫走”相同。一只手握住重物，然后回到站立姿势。

2. 一只手臂向头顶上方完全伸直。

3. 紧握重物，以慢速和可控的步伐向前行走。

具体益处 [8] [9] [10] [11] [12] [17]

提示

非对称负重给身体带来新的挑战，不仅需要产生力量移动重物，还需要稳定性，以保持重物的平衡。需要维持神经肌肉的控制和效率，而且任何主要关节处没有产生身体的代偿运动。

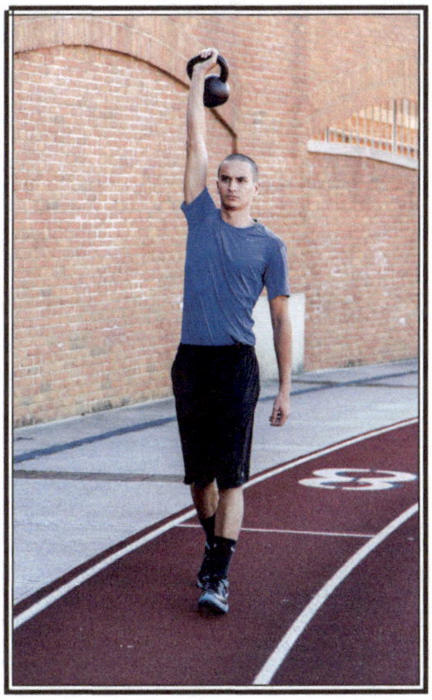

交叉行走

动作修正

1. 起始位置、姿势和初始动作与“双侧农夫行走”相同。每只手握住一个重物，然后回到站立姿势，同时保持核心部位收紧。注意，举过头顶一侧的重物应该比放在身体一旁的重物要轻。

2. 一只手臂向头顶上方伸直，另一只手臂保持在身体旁侧。

3. 手握紧重物，以慢速和可控的步伐向前行走。

具体益处 [8] [9] [10] [11] [12] [17]

提示

这个练习不仅运用到非对称位置，而且还有非对称负重（上举过头顶的重物更重）。这个练习挑战核心部位保持控制和平衡负重的能力，确保腰椎没有后伸，躯干没有朝较重的负重一侧倾斜。应保持神经肌肉的控制和效率，而且任何主要关节处没有产生身体的代偿运动。

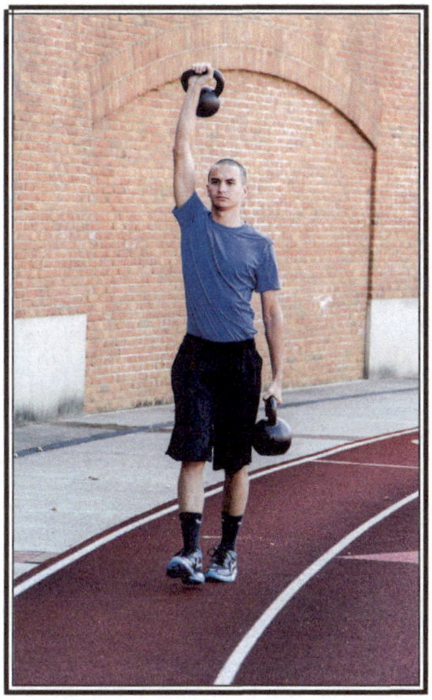

土耳其起立

运动步骤

1. 仰卧在地面上（脸朝上），双腿伸直，把一个药球或其他负重物（如壶铃、哑铃或杠铃片）放在一侧手臂的肱二头肌旁。屈曲双膝，双脚向内拉动。向重物一侧转动身体，用一只手握住重物；然后再转动回来，恢复平躺姿势。（这有助于避免从不舒适的姿势拿起重而发生的肩部问题。）

2. 靠近重物那侧腿保持屈曲，该侧脚平放于地面上；另一侧的腿向外伸直。

3. 握住重物的那侧手臂伸直，放在胸部上方；另一侧的手臂保持平放在地面上，手掌朝下，位于该侧髋部外侧。

4. 保持重物那侧的脚平放于地面，该侧手臂举起重物朝向天花板。身体坐直，另一侧的前臂支撑地面。

5. 平放于地面的脚推地面，髋部完全伸展，离开地面。保持重物朝向天花板，整个身体由一只手和一只脚支撑着，另一条腿向后摆动，进入弓步姿势。

6. 双腿用力推起身体，进入站立姿势，双脚并排。

7. 执行反向练习，一条腿后退一步；双膝屈曲，回到弓步姿势。

8. 重物依然朝向天花板，然后以可控的方式向后倾倒，再一次回到用另一侧的手支撑上半身的姿势。

9. 在髋部伸展的情况下，后面的腿向前摆动，回到原来的前侧位置。然后，躯干轻轻地落回到地面。

10. 举起重物的手臂缓慢地回落到起始位置。

11. 按照既定次数重复练习，在另一侧重复练习。

注意事项

1. 练习期间，保持核心部位收紧。

2. 练习期间，保持肩部收缩和下压，不要耸肩。

具体益处

[8] [9] [11] [12] [17] [18] [24]

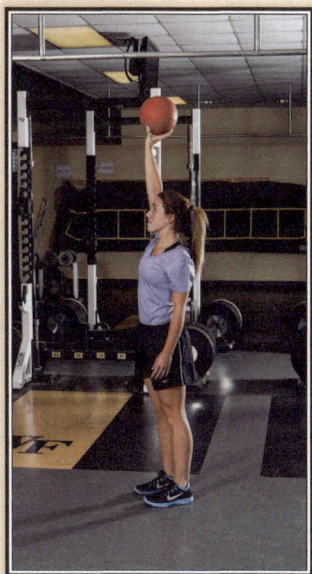

分腿姿绳索后拉复合训练 1

哑铃深蹲

运动步骤

1. 在站立的时候，把绳索设备的把手放置在大约胸部的高度（或略微低一些）。

2. 采取双脚分腿姿，左脚在右脚前侧。双脚都指向前方，与绳索拉线在一条直线上。

3. 采取正握（从手掌朝下开始）方式，用左手握住把手。

4. 另一只手握住一个壶铃或相似的负重物（如哑铃、双耳药球等）。右臂在后侧的右腿前面向下悬垂伸直。

5. 保持肩胛骨的位置中立：挺胸。上半身应位于脚间距离（双脚之间）的正中间，且与地面垂直。耳部、肩部和髋部对齐。

6. 复合训练如下。

（a）左手在向腋窝拉动绳索的同时，身体向下进入低位分腿深蹲姿势。拉动把手的时候，手臂自然外旋（从开始的掌心朝下拉动，到末端时的掌心朝上）。在低位深蹲姿势，后侧的膝盖屈曲至几乎接触地面，前侧腿的小腿与地面垂直。

（b）双腿用力推回到分腿姿态的起始姿势，同时让绳索的阻力拉动左臂回到水平伸展（矢状面外展）、手掌朝下的姿势；务必控制这个动作（不要让绳索猛拉手臂回到起始位置）。

（c）按照既定次数重复练习，另一侧重复。

注意事项

1. 不要让壶铃（或绳索配重片）把肩部拉到过度伸展（半脱位）的状态。

2. 在运动期间，避免旋转上半身和躯干。

3. 绝对不要为了增加阻力、练习重复次数或组数而牺牲正确的练习方式。

具体益处

[9] [11] [12] [17] [18]

提示

为了增加多样性和使练习更具有挑战性，尝试以下选择。

1. 把绳索把手安置在高位，所以绳索是从高到低。

2. 把绳索把手安置在低位，所以绳索是从低到高。

3. 站在与绳索拉线垂直的位置，从侧面拉向胸部。

4. 从正握到反握拉动。

5. 从反握到正握拉动。

6. 相对握法（锤式）。

7. 将把手放置在膝盖高度，进行肱二头肌弯举，而非后拉。

8. 将把手放置在膝盖高度；站在与拉线垂直的位置；用对侧手反握把手（比如，如果左侧肩靠近绳索，那么用右手握住把手）；拉动把手横过身体，向上进入三角肌侧举。

9. 加入干扰方式：在运动员脚踝、膝盖或腰部缠绕一根橡胶带，一个同伴拉动橡胶带。

10. 把前侧脚、后侧脚，或者双脚放在一个不稳定设备上（需要非常谨慎）。

11. 从站立姿势开始，向前弓步，进入分腿姿态。再遵循第 2 至第 6 步，然后再一次回到站立姿势。

分腿姿绳索后拉复合训练 2
深蹲哑铃过顶推举

动作修正

1. 在站立的时候，把绳索设备的把手安置在大约胸部高度。

2. 采取双脚分腿姿态，右脚在左脚前侧。双脚都指向前方，与绳索拉线在一条直线上。

3. 用左手正握（掌心朝下）绳索把手。注意：与之前的练习对比，抓握把手的是前侧腿对侧的手。

4. 用右手在肩关节前部握住一个哑铃（或类似的重物）。掌心向内（朝向身体），右肘部指向地面。

5. 保持肩胛骨位置中立：挺胸。上半身应位于脚间距中间正上方，且上半身与地面垂直。耳部、肩部和髋关节对齐。

6. 复合训练如下。

（a）用左手向腋窝处拉动把手，同时身体向下，进入低位分腿蹲的姿势，并上举哑铃过头顶。在上举的姿势中，哑铃略微位于头后侧。当拉动把手的时候，手臂自然内旋（从开始的掌心朝下，到末端的掌心朝上）。在低位深蹲的姿势，后侧膝盖屈曲，前侧小腿与地面垂直。

（b）腿用力推回到分腿姿态的起始姿势，同时允许绳索阻力拉动左臂回到水平伸展（矢状面外展）、掌心朝下的位置；务必控制这个姿势（不要让绳索猛拉手臂回到起始位置）。使上举的哑铃以可控的方式回落到中立的起始位置。

具体益处 9 11 12 17 18

提示

运用“分腿姿绳索后拉复合训练 1”中的注意事项和变式，但是当重物上举在头顶时需要多加小心。不要在不平稳设备上进行这个复合训练。

沙袋复合训练 1

波比跳过顶上推举

运动步骤

1. 以双脚分开与肩同宽的运动姿态站立。握住沙袋的把手，把沙袋抱在胸前。练习期间，收紧核心部位。

2. 复合训练如下。

（a）有控制地使沙袋向前滚动，同时屈曲脚踝、膝盖和髋部。沙袋继续滚动到地面，且沙袋的把手位于上方，身体在沙袋后方进入深蹲姿势。骨盆应该略微前倾。保持核心部位收紧，头部抬起，眼睛注视前方。双手保持握住沙袋上方的把手。

（b）进行一次波比跳：下半身向后跳动，落地时进入手臂弯曲的俯卧撑姿势，耳部、肩部、肩部、髋部、膝盖和脚踝对齐。

（c）向前跳动，回到之前的姿势，脚踝、膝盖和髋部屈曲，且双手握住沙袋把手。

（d）双手始终握住沙袋，有力地站立起来，同时翻动沙袋回到胸部。

（e）没有停顿地上举沙袋过头顶（从地面起身到上举，是一个连续的过程）。专注于保持控制负荷。负荷应在脚间距离中间的正上方（双脚在地面分开，与肩同宽）。

（f）沙袋回到起始位置。

3. 一次完整的综合练习相当于一次重复。按照既定次数重复练习。

注意事项

可以抓握沙袋把手（用拳头支撑沙袋）进行波比跳，也可以双手松开把手，把双手放在沙袋上面（掌心朝下）。两种方法都要注意手腕。

具体益处

❽ ❿ ⓫ ⓬ ⓱ ⓲ ⓴ ㉑ ㉒ ㉓

提示

为了增加多样性和使练习更具有挑战性，尝试以下变式。

1. 跳动上举（挺举）沙袋过头顶。

2. 在上举沙袋时，使用双脚平行站立或分腿姿态。

3. 有些沙袋没有把手。其他沙袋有各种抓握选择。无论哪种方式，这个练习应该在有适合的可用设备的前提下进行。

4. 在波比跳进入低位姿势期间，增加一次俯卧撑。

5. 在波比跳进入低位姿势期间，增加一次俯卧撑躯干旋转。

6. 在波比跳运动中增加各种登山动作。

7. 在波比跳中增加分腿练习：双脚并拢，双腿分开，双脚再并拢，继续波比跳。

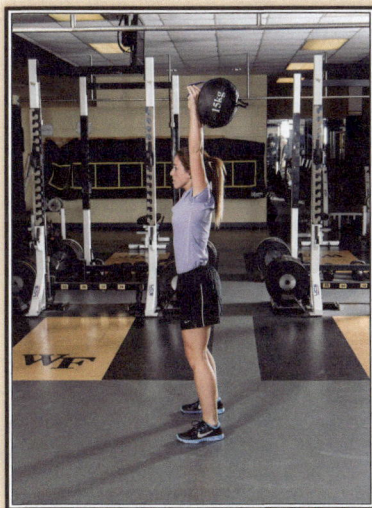

沙袋复合训练 2

交叉割草机

运动步骤

1. 双脚分开，与肩同宽，以运动姿势站立。抓握沙袋把手，把沙袋抱在胸前。练习期间，收紧核心部位。

2. 复合训练如下。

（a）屈曲脚踝、膝盖和髋部；旋转躯干（专注于旋转胸椎而不是旋转腰椎），沙袋横过身体至左侧髋部外侧。在低位姿势时，保持核心收紧，上身躯干与地面相对垂直。双膝保持在双脚正上方（膝盖向前超过双脚）。换句话说，小腿与地面相对垂直。

（b）用双腿发力启动运动，把沙袋向上横过身体，尽量快速地移动。

（c）运动的连续性让沙袋在可控的情况下进行 180 度的翻转，最后轻轻落在右侧肩部。

在沙袋落到肩部时，双膝不要锁紧（脚踝、膝盖和髋部略微屈曲以缓冲重量）。核心部位依然保持收紧。

（d）然后站直，沙袋位于肩部。

（e）现在，略微屈曲脚踝、膝盖和髋部。略微踮起双脚，把沙袋上提离开肩部，以足够的速度翻动，回到起始位置（在胸前抱住）。

3. 按照既定次数重复练习，另一侧重复练习。

注意事项

可以用交替方式做这个练习（即翻动到右肩部，然后翻动到左肩部）。

具体益处

⑨ ⑪ ⑫ ⑰ ⑱ ⑳ ㉑ ㉒ ㉓ ㉔

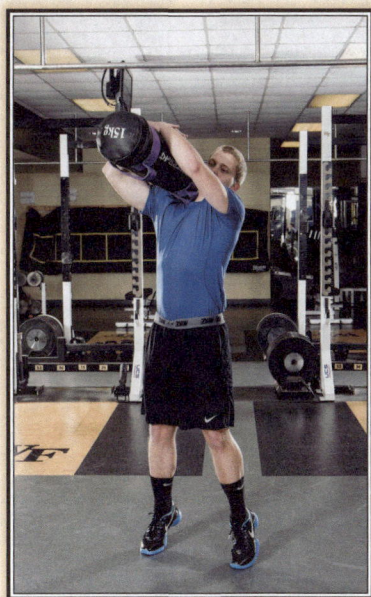

沙袋复合训练 3

早安式肩扛重物深蹲

运动步骤

1. 双手握住一个把手，在胸前抱住沙袋。以双脚分开、比肩略宽的运动姿势站立。练习期间，核心部位保持收紧。

2. 复合训练如下。

（a）略微屈曲脚踝、膝盖和髋部，使沙袋摆动到双腿之间。注意：要多加谨慎。整个练习期间，保持核心部位收紧，而且在尽量快速的同时，绝不要失去对运动的控制。

（b）肌肉协同收缩，加速沙袋运动。运动的连续性让沙袋在可控的情况下进行 180 度的翻转，最后轻轻落在右侧肩部。

（c）沙袋轻轻停靠在右侧肩部后，立刻进行一次深蹲，直至大腿几乎与地面平行。

（d）然后迅速有力地从下蹲回到站立，同时翻动沙袋，回到起始位置（在胸前抱住）。

3. 按照既定次数重复练习，另一侧重复练习。

注意事项

可以用交替的方式做这个练习（即翻动到右肩，然后翻动到左肩）。

具体益处

[9] [12] [17] [18] [20] [21] [22] [23]

沙袋复合训练 4

弓步，推举，环绕世界

运动步骤

1. 屈曲脚踝、膝盖和髋部，下蹲至地面，抓起沙袋把手。在下蹲的姿势，环抱沙袋至胸前。整个过程中，收紧核心部位。

2. 复合训练如下。

（a）迅速有力地站起来，翻动沙袋至胸前。双脚分开比肩略宽，保持运动站立姿势。

（b）在翻动沙袋至胸前以后，立刻向头顶上方推举沙袋。保持对沙袋的控制。沙袋重量应该位于支撑面的正上方（双脚在地面上分开，与肩同宽，作为支撑面）。

（c）然后下落沙袋至头部后侧的肩部（避免把沙袋放在颈部上面）。

（d）左腿向前进入弓步；然后左腿蹬地，回到之前提到的站立起始姿势，此时双脚分开与肩同宽，身体位于双脚中间的正上方。不要在这个姿势上停顿，而是继续用左腿立刻进行一次反向弓步（后弓步或保加利亚分腿蹲）。完成后弓步之后，左腿立刻向前蹬地，停留在中立的站姿，双脚保持分开，比肩略宽。

（e）保持运动姿态（脚踝、膝盖和髋部略微屈曲，核心依然收紧）。上提沙袋离开肩部，进行一次环绕动作：收紧核心部位，让沙袋环绕头部（“世界”）。沙袋进行了一次完整的环绕（360 度），从头部后侧开始到头部后侧结束，肘部指向地面。沙袋应该始终紧贴头部，但不接触头部。然后迅速朝另外一个方向旋转一次。以沙袋回落到肩部作为结束。

（f）用另外一侧腿（右腿）进行一次前弓步和后弓步。

（g）再进行一次环绕动作，沙袋依然回到头部后侧，但这次环绕结束后，沙袋不再回落到肩部。

（h）把沙袋向上举过头顶。保持对沙袋的控制。沙袋应处于双脚中间的正上方。

3. 下落沙袋回到胸部，然后放回到地面。注意：不要直接让沙袋从头顶上方降落到地面，而是先落到胸前，屈曲膝盖和髋部，然后下落至地面。整个过程中，保持收紧核心部位。

4. 按照既定次数重复整个复合训练。

注意事项

1. 当沙袋下落至头后侧，停靠在肩部时，避免颈椎的过度前倾（记得头部前倾姿势吗？）。保持肩胛骨收缩和下压，下巴略微向下内收。

2. 这个练习中的任何部分都可以选择或排除。例如，你可能不想练习沙袋上举过头顶，或者如果有肩胛带问题，可能想避免环绕动作。无论哪种情况，整个练习或练习的任何部分，都是非常棒的练习方法。

具体益处

[8] [9] [10] [11] [12] [17] [18] [20] [21] [22] [23] [24]

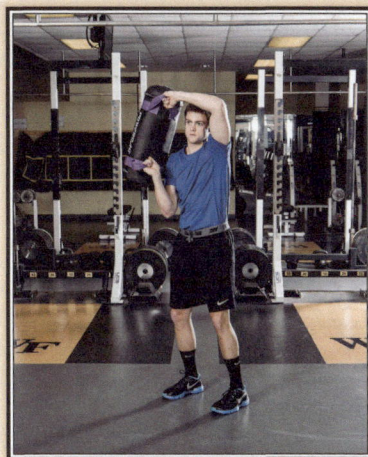

沙袋复合训练 5

悬吊俯卧撑，火烈鸟式后拉，过顶推举

运动步骤

1. 在同伴的帮助下，把一只脚放在悬吊把手（为了便于描述，就让我们说左脚是放在悬吊把手上）。沙袋放在你前侧的地面上。握住沙袋的把手。整个练习过程中，收紧核心部位。

2. 复合训练如下。

（a）右脚抬起，离开地面。大部分体重向前转移，由上半身和手臂支撑。保持身体稳定对齐。在进行俯卧撑 / 平板姿势时，避免身体过度下沉或耸肩。

（b）左脚也抬起，下半身悬空，进行一次俯卧撑。当手臂伸直撑起身体时，平稳地把未悬吊的腿（右腿）向前移动，右脚放到胸部下方的地面上。

（c）依然收紧核心部位，以平稳的动作向后拉动沙袋，同时进入站立姿势。沙袋应翻动至环抱在胸前的位置。在这个姿势，左腿依然位于悬吊设备上，右侧的耳部、肩部、髋部、膝盖和脚踝相对呈直线。向头顶上方推举沙袋。

3. 卸下负重。首先，从头顶下落沙袋至胸部，然后屈曲脚踝、膝盖和髋部，把沙袋放落到地面上。

4. 再一次抬起右腿离开地面，按照既定次数重复练习。另一侧同样重复练习。

注意事项

1. 如果复合训练中的任何部分引起担心，那么应将其从复合练习中取消。或者增加其他不同的练习。这些练习不是固定不变的，可以富有创造性，但安全是前提。

2. 如果你曾经患有任何手腕损伤，应多加注意。在进行俯卧撑的时候，保持手腕关节的稳固。

3. 为了增加多样性和使练习尽可能地具有挑战性，尝试以下选择。

（a）增加一次环绕世界的动作。

（b）增加核心部位旋转的动作（左转，然后右转，之后上举过头顶）。

（c）加入干扰方式（注意安全）。

具体益处

❸ ❹ ❻ ❼ ❽ ❾ ❿ ⓫ ⓬ ⓱ ⓲ ⓴ ㉑ ㉒

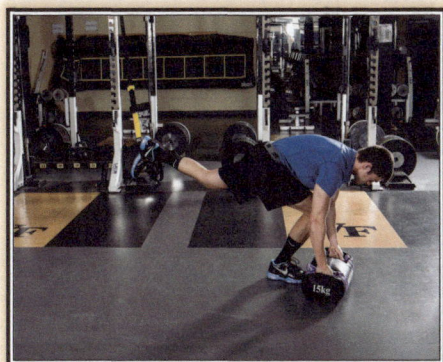

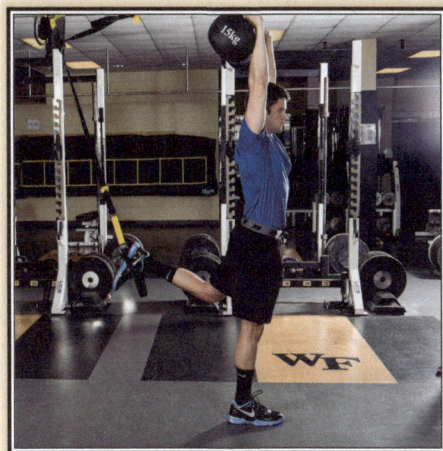

第四部分

核心爆发力训练

至此，我们已经讨论了提高身体整体功能的各种因素。力量、稳定性、本体感受、灵活性及爆发力需要一个全面的训练方式，以使运动表现最大化。最终，你的目标和目的将为设计个性化的功能训练计划做出指导，但是在计划设计之内，有一些因素是保持不变的。必要的各种因素包括多平面活动、抗旋转、动态平衡、加速、减速和包含多种运动模式的复合练习，这些应归并到所有的训练计划中。而且，使用离心（力量减速）、向心（力量产生）及等长（静态）肌肉共同收缩的运动将无疑促进能量的提升，尤其是稳定性、力量和爆发力。在所有的体育运动中，爆发力经常成为主题，是绝佳运动表现的长久标志。

了解爆发力、力量和速度

爆发性的、强有力的、快速的，这些形容词是电视里描绘非凡运动技能的常用形容词。爆发力、力量和速度是非常高级的运动表现变量，这些变量需要敬业的运动员花费无数时间进行锻炼和提高。根据不同情形，这些表达性的术语可以有不同的解释。在核心训练中，全身力量由核心部位控制。核心部位根据个人的需要重组和发出力量。爆发力是力量产生的结果，当有效运用时，会产生令人印象深刻的强大效果。从力量到爆发力，速度是这两者之间的连接。因为大多数运动是在高强度下进行的，所以力量必须以闪电般的速度产生。因此，爆

发力一定是以快速频率运行的。为了达到最佳效果，核心部位一定具有稳定性（见第二部分），以增强力量的输出和减少损伤，并以此抵御各种负荷力量（见第三部分），以及在力量以高速度运行（见第四部分）时也可以实现。

关于力量的使用和爆发力的产生的讨论极其重要，但是我们首先得了解这两方面的结构。物理学中，把力量分解为以下的方程式：

$$力量 = 质量 \times 加速度$$

在体育运动中，质量通常指我们的体重，加速度就是运动速度或速度变化的比率。因此，速度和力量是直接相关的。

现在，我们进一步推算，爆发力可以用数学方程式表达：

$$爆发力 = 力量 \times 速率$$

这再一次说明力量起着主要作用，另外就是速率，因为速率与时间有关，在体育运动中是指重心位置（如身体）的变化速度。因此，在运动中最具有爆发力的运动员是那些最能快速改变位置的运动员。这只有通过出众的力量产生才可能实现。最终，无论数学上如何分解，我们的移动速度（加速度）和实现目的所花费的时间（速率）都与我们的速度有关。

训练核心以提升爆发力

有意思的是，用显微镜观察核心部位，其主要肌肉组织大都是由 I 型纤维（慢肌纤维）

组成的。因此，可以有这样合理的总结：训练核心爆发力是无用的尝试，因为以快速产生高水平力量的能力通常与 II 型纤维（快肌纤维）有关。所以在这里呼吁重新思考应该如何锻炼核心部位。

到目前为止，我们已经表明，应该精心训练核心部位以提高爆发力效率，未必要创造爆发力。这样来解释，核心部位主要的肌肉组织是慢肌纤维也就有一定道理了。这可以使核心部位在大负荷下持续运作，且不会过度疲惫，这正是所有运动员所需要的身体力学特征。核心部位如果在比赛后期出现功能缺失，将会毫无疑问地影响比赛走向，它决定了你是能够成功杀入敌阵投篮命中，还是身体某部位出现结构故障而导致损伤。这两者之间无疑差距明显。

所有体育参与的共同话题是核心部位的适应情况，它以微妙的速度不断变化着。基于这种情况，下一步发展核心部位的合理方法是针对爆发力、速度最大化的训练。这些练习模仿高强度、爆发性运动表现的能量系统和运动力学，类似于比赛中的情况。

通常来说，远端四肢控制着运动力学和你所喜爱的运动中所使用的任何设备，但是近端的核心部位是所有运动的控制中心，核心部位必须不断感受及对施加的刺激做出合适反应。

本体感受和核心部位

到此为止，我们还没有谈论到中枢神经系统（CNS）的重要性及其在健身和所有运动中至关重要的参与性，尤其是中枢神经系统与爆发力的相关性。正如第 4 章中所提到的，用于本体感受的感觉机制包括内耳的前庭器官、肌梭及高尔基腱器官（GTO）。所有关于体内平衡和肌肉骨骼系统的结构完整性的感觉信息都从这些感受机制传递给中枢神经系统。因此，本体感受可以广义地定义为身体在空间环境中移动时对身体位置的一种感知。本体感受和运动感觉经常交替使用，但也有细微区别，这些区别通常是学者、教练和其他人士争议的焦点。从根本上讲，除了掌管内耳平衡，运动感觉就是本体感受。例如，如果一个运动员患有内耳炎，那么本体感受能力会受到影响，但不会影响到运动感觉。

在设计全面综合的训练计划时，应该谨慎地加入各类涉及平衡和身体控制方面的训练，而不考虑感官的差异。在提高运动表现方法方面，不同形式的活动包括不稳定设备、调整、视觉定位、眼手控制及眼脚控制，这些活动将极大地提升全身平衡和肌肉记忆。例如，跳投对经验丰富的篮球运动员来说是自动化的运动，主要因为他们之前进行过成千上万次的投篮。在这个极佳的肌肉记忆帮助下，篮球运动员可以把关注点转移到运动中的其他部分，比如制定策略、应对场上的其他球员、抢篮板球等。

高质量的运动策略是这些感觉机制适当运作的结果。创造一个包含丰富的平衡挑战和需要整个大脑参与的训练环境，例如之前提到的眼手控制、眼脚控制、两手同用及富有创造性的右侧训练可以促进本体感受的功能及运动感觉能力。本体感受器检测肌肉功能的变化，例如，力量、张力、位置、拉伸和外部压力。运动感觉和身体位置不断受到感觉机制的监测，然后把信息传递到中枢神经系统，中枢神经系统可能会做出任何反应。我们的目的是核心部位能够运用爆发力或控制力量，无论是产生力还是减少力，不断对平衡能力提出挑战，最终带来有效运动模式的安全整合并提高运动表现。

与讨论有关的两个主要本体感受器是高尔基腱器官和肌梭。高尔基腱器官位于骨骼肌纤维与肌腱相融合的连接点处（见第 283 页的图 1）。长期以来，人们认为高尔基腱器官帮助保护肌肉免遭意外的过度力量的冲击。现在人们了解到，传递到中枢神经系统的刺激或信息是一种正面的反馈，这个反馈可以通过运动单元反应和相应的肌肉参与引起更大的力量产生。

另一个主要的感受接收器是肌梭（见第4章的图4.1）。肌梭（也称作肌梭内纤维）是锥形的感受机制，平行地排列于肌肉纤维（梭外纤维）之间。当我们讲到肌肉和肌纤维时，通常是指梭外纤维。肌梭也叫作牵张感受器，主要因为它们的功能效果。当一块肌肉的梭外纤维被拉长时，肌梭内纤维易觉察到长度的变化并对变化速度做出反应。然后，它们向中枢神经系统发出信息，中枢神经系统反过来向运动单元发送信息，相应的肌纤维就被拉长，指引完成预期的反应。相反地，当肌肉收缩时，中枢神经系统向肌肉肌腱单元施加压力。因此，位于肌腱连接处的高尔基腱器官感觉到肌肉张力的变化及该变化的速率。来自这些肌肉感受接收器的累积信息，加上从其他感受资源（即前庭、视觉和触觉）处接受的数据，帮助我们决定肌肉、四肢及整个身体的位置，还有变化的发生的速率。

高尔基腱器官和肌梭之间的协作直接影响爆发力。例如，让我们看一看运动员进行简单的有反向双脚跳练习。随着运动员的重心下落，那些跨越脚踝、膝盖、髋部甚至肩部的肌肉和相应的肌腱（显然包含 GTO 感受器）处于快速拉伸（拉长）状态。肌梭感受到长度的变化和变化速度，向运动员的中枢神经系统发出信息。反馈信息发送使拉长的肌梭单元和周围的肌纤维收缩和执行某些动作。在这个例子中，这个动作是一个垂直双脚跳。

这个拉长缩短循环叫作牵张反射或肌伸展反射。曾经认为，爆发力的速度是肌梭感受肌肉拉长到肌肉收缩所需要的传导时间（如，总的神经传导时间通常为40或50微秒）。被误导的教练和训练员，包括我们自己错误地认为，通过训练计划，例如快速伸缩复合练习，我们会看到神经传导速度的变化。

事实上，通过各种方式，例如快速伸缩复合练习，来锻炼拉长-缩短循环能够促进肌梭反应的发展。如果重新审视我们之前提到的例子，在有反向跳跃的下落阶段，一般来讲，小腿、股四头肌、臀肌和前三角肌被拉长（拉伸）。肌梭感受到拉伸，直接向脊柱传递信息。反馈的信息发送给运动单元和相应的梭外纤维，从而降低拉伸速度或停止全部拉伸。在未接受训练的运动员中，中枢神经系统不太确定有多少运动单元参与能够实现所需要的结果。因此，会向中枢神经系统传递越来越多的信息，最后也会有越来越多的运动单元参与中止下落和回撤的动作。

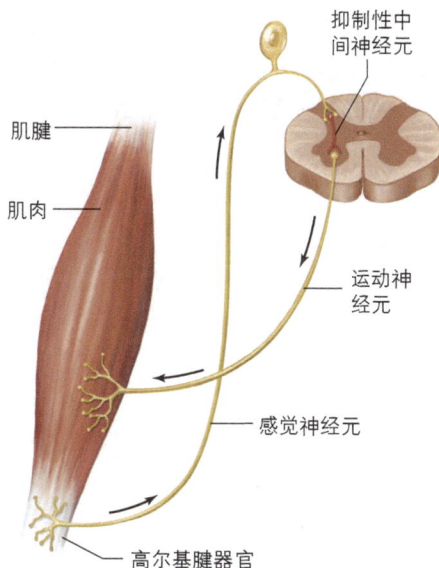

图1 高尔基腱器官

使用快速伸缩复合练习等方式锻炼身体，可以形成肌梭和高尔基腱器官的适应性品质，以便使从中枢神经系统传递回来的信息激活可以利用的一切。换句话说，把尽可能多的运动单元和相应的纤维组合起来中止身体下落，肌肉快速收缩产生更大的行动增强作用。在一定时间内产生更多的力量就能够产生速度和爆发力，这可以对全身肌肉进行训练，包括核心部位。

高尔基腱器官与肌梭协同工作，监控着肌腱单元和相连的关节的结构整体性，这为支持在训练计划中加入平衡训练以促进本体感受能力的提高提供依据。当腰椎 - 骨盆 - 髋关节复合体处于不稳定状态时，来自中枢神经系统的信息将抑制主要活动肌以试图尽量减少结构风险并阻碍动力链功能，或者把主动肌作为结构稳定肌进行运作。这反过来导致协作失调，产生大量的功能稳定性问题，更不用提运动表现障碍了。因此，铭记本体感受和运动感受的重要性，我们的训练计划将对肌肉长度、肌肉长度的变化速度、稳定性、平衡能力及身体控制能力进行改善，以确保肌肉力量和爆发力的进一步发展。拉长 - 缩短循环的敏感性和肌梭反应使这些变量的运用最大化，因此对运动表现有积极的影响。如果你实现了核心部位功能最大化，那么你的运动表现将实现最大化。如果核心部位功能受限，你的运动表现也是如此。

一定得知道连续的训练是至关重要的。一个看起来具有挑战性和令人兴奋的练习可能并不具有功能效果。稳定性必须在提升力量之前得到加强，只有力量提升之后，我们才可以把速度和爆发力相结合。试图用准备不足的核心部位进行接下来章节中的爆发力练习，很容易遇到挫折，包括损伤。这样的训练就好比多年来刚刚开始第一次慢跑的人突然尝试一次竭尽全力的 40 码（约 36.58 米）冲刺跑。很可能会发生不好的事情。

除了考虑科学性，通过有效整合，接下来的练习已经成为我们训练冠军团队的核心内容，是培养世界顶尖运动员的关键所在。

第 15 章

抗伸展训练

速度在体育运动中是最隐蔽的属性之一。然而，同等重要的是调节速度的能力，而非加速度。其实，有人认为减速对运动表现更为重要。有控制地快速减速对最佳运动表现来说是一个被大大低估却极为重要的品质。

通常人们把最大的注意力放在运动员加速的能力上。选秀、首发位置、奖学金及许多其他基于才能的决定都仅仅根据运动员跑得快的能力，最终却常常发现这些运动员在比赛场上是没有能力的人。速度最快的运动员也不总是最有效的运动员。慢得多的羚羊经常能够从地球上最快速的动物猎豹的追逐下逃脱，羚羊不是通过速度战胜猎豹，而是以计谋取胜。这是如何发生的呢？

以足球为例。如果加速度是绝佳运动表现的决定因素，那么，为什么世界顶级的短跑运动员没有主宰这项体育运动？在为不佳运动表现寻找某个原因时，我认识到这是一个过分简化的问题，而且需要考虑更多的变量。跟着足球的这个类比，让我们考虑一下 40 码（约 36.58 米）冲刺跑。在职业足球联赛的许多场比赛中，潜在选秀球员必须进行的一项测试是 40 码（约 36.58 米）冲刺跑，这主要用来测试绝对速度，但也作为和其他球员对比的一种方式。你可能认为速度最快的运动员会是球场上给人印象最深刻的球员，因为他可以快速甩开对手。球探、教练和经理人都是这样认为的，这就是为什么有时数百万美元花在签约一个球员上，却没有考虑他的身体动态功能性。没错，他具有超棒的速度，但是他会控制速度吗？为了了解控制速度的重要性，让我们回到 40 码（约

36.58 米）冲刺跑上来。

* 外接手 1（WR1）以 4.2 秒的速度跑完 40 码（约 36.58 米）。
* 外接手 2（WR2）以 4.8 秒的速度跑完 40 码（约 36.58 米）。

初看起来，许多人会认为 WR1 是一个优秀的运动员，在球场上能够全面压制 WR2。但是，如果 WR1 只能控制他的最快速度的 50%，而 WR2 可以控制 90% 的速度，会如何呢？换句话说，在球场上，如果一场比赛要求 WR1 进行一个简单的变速跑，他必须提前一半的距离进行减速，才能完成 90 度急转弯移动。WR2 将只需提前 10% 的距离进行减速即可做到。因此，WR2 控制绝对速度的比例较高，虽然他的速度相对 WR1 要慢一些。许多书中记载的记录并不是那些速度快的人，而是那些能够高度控制速度的人。WR2 就是这样的运动员。有能力高度控制运动能力的人通常占有主导地位。现在想象一下，如果 WR1 可以控制速度的 90%，那么，这是我们的目标。

高水平控制速度的能力直接与绝佳的减速能力相关联。本章中的练习，虽然强调爆发力和加速度，也需要将注意力放到控制运动的减速（或反向加速）阶段。这种控制能力带来超群的运动表现。这就是为什么塞伦盖蒂平原上吃食最丰富的猎豹不仅需要速度快，还能像最好的羚羊一样变向和躲闪。

以下的练习列表列出本章中练习的具体益处、难度水平和所需设备。基础练习用灰棕色进行突出，其进阶练习用绿色进行标注。在文本中，基础练习也用绿色标题进行标注。

抗伸展爆发力练习列表

练习项目	具体益处（见第 5 章）	难度水平			设备
		简单	中等	困难	
跳箱下落和起跳，上半身	②⑫㉒㉓			X	2 个加高平台 *
直臂平板离地跳起	⑦⑧⑪⑫㉒㉓			X	药球
跪姿过顶扔球	⑫⑭⑮⑰⑳㉑㉒㉓		X		
仰卧过顶扔球复合训练	⑫⑭⑮⑰⑳㉑㉒㉓		X		药球
药球过顶下砸进阶 1：高跪姿	⑫⑭⑮⑰⑳㉑㉒㉓		X		药球
药球过顶下砸进阶 2：站姿	⑫⑭⑮⑰⑳㉑㉒㉓		X		药球
药球过顶下砸进阶 3：高跪姿绕臂	⑫⑭⑮⑰⑳㉑㉒㉓		X		药球
药球过顶下砸进阶 4：站姿绕臂	⑫⑭⑮⑰⑳㉑㉒㉓		X		药球

* 加高平台的选择有许多种，包括健身箱、健身椅、楼梯或台阶。

跳箱下落和起跳，上半身

运动步骤

1. 把两个同样高的垫子或健身箱放在地面它们应有 3~12 英寸（7.6~30 厘米）高，略微比双肩宽。

2. 把双手分别放在两个健身箱的边缘，身体位于两个健身箱之间。

3. 锁定膝盖，收紧臀肌和腹部。

4. 上提身体，只有双脚的前脚掌接触地面。保持身体呈直线（耳部、肩部、髋部、膝盖和脚踝对齐）。

5. 双手同时从垫子上移动到地面，使身体向健身箱之间的地面下落。双手应接触垫子之间的地面，位于双肩的正下方。

6. 然后立刻进行“接触后离开”，迅速有力地“跳起”，回到起始姿势。

7. 按照既定次数重复练习。

注意事项

1. 当双手处于健身箱上的起始位置时，双臂应该略微弯曲，垂落地面。

2. 在下落到地面时，手腕和肘部应该自然屈曲（减震）。不要让锁定的肘部落地。

3. 强调一点：要快速地“跳离”地面。

4. 在前面提及的减速在这个练习中得到最佳的展示。双手一接触地面，运动员在跳回到健身箱之前应尽量缩短双手在地面上的时间（触地时间）。

5. 这个练习对关节有潜在的不适感或损伤。应该进行合理的进阶训练，从较矮的高度逐渐过渡到更具有挑战性的高位。练习前应该先评估风险 / 收益比例，保持正确的判断能力。

具体益处

[2] [12] [22] [23]

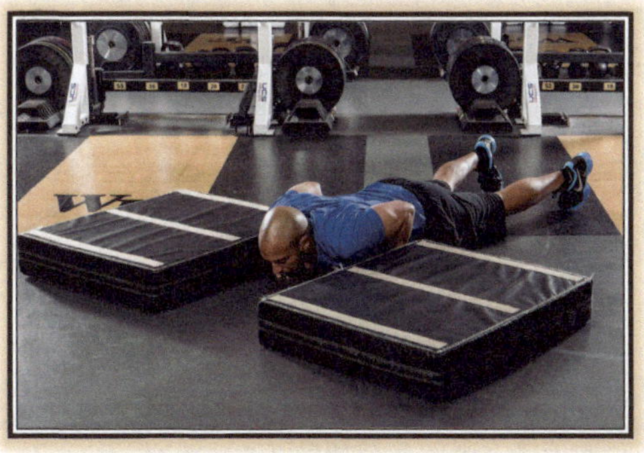

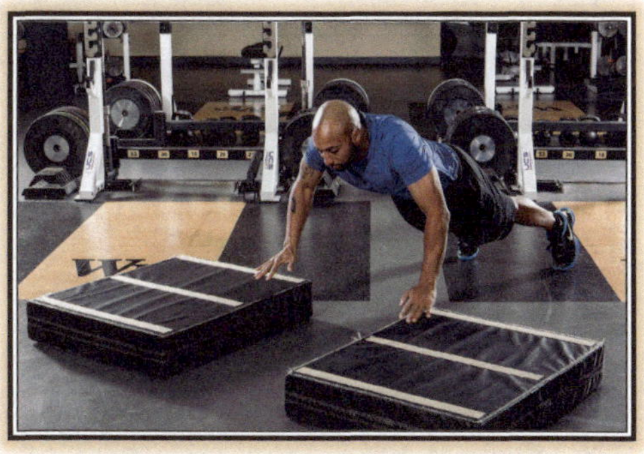

直臂平板离地跳起

动作修正

1. 双手放在双肩正下方的地面上，双臂与地面垂直。

2. 上提身体，接触地面的只有双脚的前脚掌和脚趾。

3. 收紧核心部位，保持整个身体呈直线。

4. 下降身体重心，然后爆发性地向空中跳起（双手和双脚离开地面）。

具体益处 7 8 11 12 22 23

提示

为了增加多样性和使练习更加具有挑战性，尝试以下选择。

1. 跳起并向前移动。
2. 跳起并侧向移动。
3. 双手跳起；双腿跳起。
4. 在跳起之间增加俯卧撑。

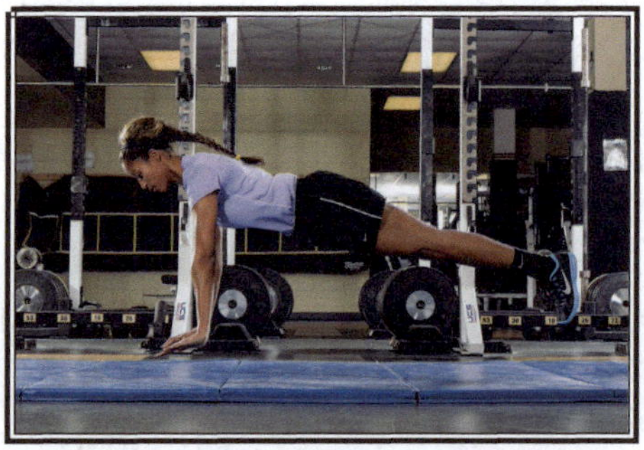

跪姿过顶扔球

运动步骤

1. 跪在离一面实心墙 3 英尺（0.91 米）远的地面上（见“注意事项”的第 1 点）。

2. 握住一个重量合适的药球，上举过头顶。双肘屈曲小于 90 度。

3. 收紧核心部位，保持身体呈直线（耳部、肩部、髋部和膝盖对齐）。

4. 伸展双肘，向墙面上扔球。球应该从头的后侧扔出。也就是说，在双手越过头顶之前扔出去。这可能需要做些练习，但是练习成功之后，将最终对核心部位提出进一步的挑战。

5. 球应该向上扔高，使球反弹之后容易在头顶上方被接住。接住球后，屈曲肘部，然后立刻按照既定次数进行下一次重复练习。

注意事项

1. 与墙之间的距离由运动员目前的力量和药球的弹性决定。

2. 扔球的高度由运动员目前的力量水平和药球的弹性程度决定。如果力量水平较低，那么应该使用较轻的药球。扔球必须足够高，以有助于接下来的接球和扔球。

3. 墙应该是实心墙（混凝土墙、煤渣墙、砖墙、实木墙等）。

4. 为了增加多样性和使练习更具有挑战性，尝试以下选择。

（a）跪在不稳定设备上。

（b）增加和降低药球的重量。

（c）增加重复速度（速率），注意安全。

（d）增加胸椎（脊柱）旋转、下砍或者向伙伴侧扔球（在接到回球后采取上举过头顶扔球动作）等动作。加入这些类型的运动将使练习变得复杂。练习时一定要注意安全，绝对不要牺牲正确的方式。

（e）避免核心部位的过度参与（前屈和后伸）。整个练习保持脊柱稳定。

（f）具体益处 23 中的重力负荷对这个练习和下面的一个练习来说有点用词不当。事实上，橡胶药球具有弹性，因此产生的能量储存在橡胶中，随后与墙面接触时会释放出水平方向的能量，其作用方式与垂直重力负荷相同。

具体益处

⑫ ⑭ ⑮ ⑰ ⑳ ㉑ ㉒ ㉓

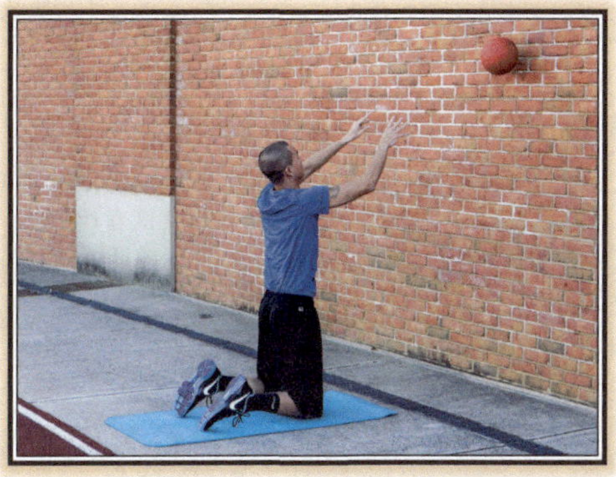

仰卧过顶扔球复合训练

动作修正

1. 坐在离一面实心墙大约 3 英尺（0.91 米）远的地面上，双膝略微屈曲，上身挺直。

2. 从上身直立的姿势开始，双手握住球，放在头后侧的上方。

3. 躯干后落至肩胛骨触地，药球随即触地（球将触碰头后上方）。

4. 然后收紧核心部位，有力地坐起来，向墙面释放出球。不要扔球。由核心部位用力屈曲产生的动力足够让球向墙面加速，而且有足够的力量使球弹回至双手。双手保持在头顶上方。

具体益处

⑫ ⑭ ⑮ ⑰ ⑳ ㉑ ㉒ ㉓

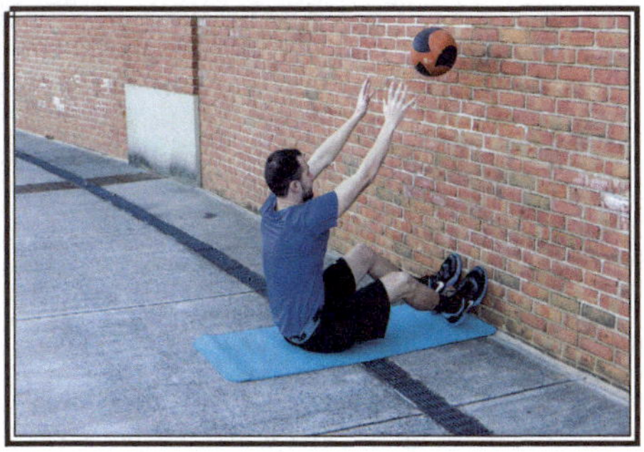

药球过顶下砸

进阶1：高跪姿

运动步骤

1. 双膝屈曲，躯干挺直。

2. 双臂伸展，在头顶上方举起球。

3. 收紧臀肌和腹肌。保持身体呈直线（耳部、肩部、髋部和膝盖对齐）。

4. 双臂加速，尽量用力将药球砸向身体正前方的地面。

5. 整个练习期间，保持正确的姿势；如果必要，略微屈髋。

6. 按照既定次数重复练习。

注意事项

1. 选择一个药球，重量不宜过大，以便扔出去时产生较快的速度，但也要有一定重量，以便提供阻力。

2. 保持正确的姿势。收缩和下压肩胛骨。

3. 控制回弹的速度，使用向回的冲击力协助上举球回到头顶上方。

4. 具体益处23中的重力负荷对这个练习和下面的一个练习来说有点用词不当。事实上，橡胶药球具有弹性，因此产生的能量储存在橡胶中，随后与墙面接触时会释放水平方向的能量，其作用方式与垂直重力负荷相同。

具体益处

[12] [14] [15] [17] [20] [21] [22] [23]

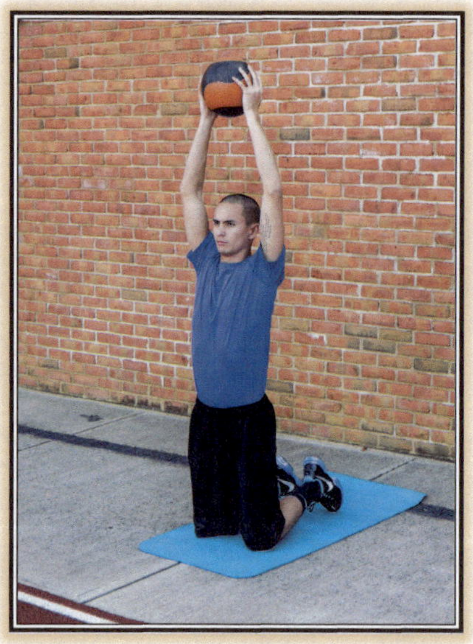

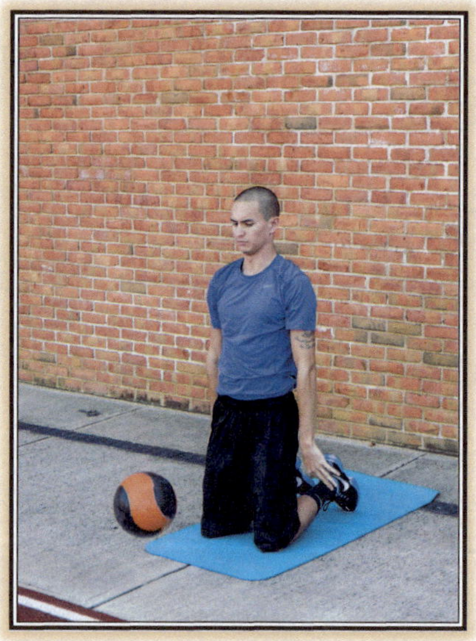

药球过顶下砸

进阶 2：站姿

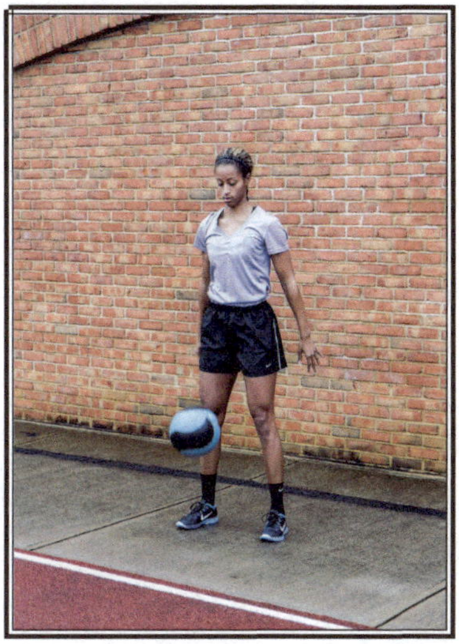

动作修正

1. 站立，双脚分开与髋同宽，双脚平行。略微屈曲膝盖和髋部，呈运动姿态。

2. 伸展双臂，向头顶上方举起药球。

3. 接下来的动作与“药球过顶下砸进阶 1”相同。

具体益处 ⓬ ⓮ ⓯ ⓱ ⓴ ㉑ ㉒ ㉓

■药球过顶下砸■
进阶3：高跪姿绕臂

动作修正

1. 从双膝跪立、躯干挺直开始。

2. 双手握住一个药球，保持在身体中段。

3. 收紧臀肌和腹部。保持身体呈直线（耳部、肩部、髋部和膝盖对齐）。

4. 双手握球向前伸出，环绕到身体一侧，然后以使用大锤的方式向头顶上方举起药球。

5. 双臂加速，尽量用力地向身体正前方的

地面猛砸药球。整个练习期间，保持正确姿势；如果必要，略微屈曲髋部。

6. 然后立刻握球，向身体另一侧绕臂。

具体益处 ⑫ ⑭ ⑮ ⑰ ⑳ ㉑ ㉒ ㉓

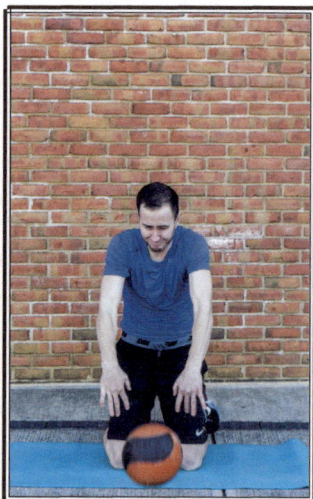

■药球过顶下砸■
进阶4：站姿绕臂

动作修正

1. 站立，双脚分开与髋同宽，双脚平行。略微屈曲膝盖和髋部，呈运动姿态。

2. 双手握住一个药球，保持在身体中段位置。

3. 接下来的动作与"药球过顶下砸进阶3"相同。

4. 然后立刻握球，向身体另一侧重复动作。

具体益处 ⑫ ⑭ ⑮ ⑰ ⑳ ㉑ ㉒ ㉓

第 16 章

抗旋转训练

旋转爆发力是经常被忽视的一个运动品质。仔细观察所有体育运动中的大多数动作，会发现其中的旋转运动模式有着惊人的比例失调。如果我们详细列举出所有完整的运动模式，在观察这些模式的部分内容后，我们会看到大量持续的旋转动作。例如在网球运动中，在一个简单的正手击球动作中，手指、手腕、肘部、肩部、髋部、膝盖和脚趾，所有这些部位都展现出旋转的特性。然而，在向心加速运动进一步的力量产生中存在一个巨大的限制因素，就是潜意识里担心无法控制（减速）旋转动作。结果，一个运动员可能在执行旋转动作时非常擅长加快速度，但是他或许担心无法安全地减速进而可能引发损伤，以至于无法充分加速。旋转动作可以发生在具体的一个关节或全身（多关节）。无论怎样，身体拥有各种机制，能够去感受和控制因增加速度而产生的潜在风险与益处。

遵循训练的特殊性原则，以便获得适当的适应性反应能力。进行恰当的训练刺激对取得预期的效果是必要的。例如，核心稳定肌主要是Ⅰ型慢肌纤维。因此，如果稳定性是一个训练目标，或一个具体的练习，那么维持动作 6 秒至 20 秒才能让身体对练习做出最佳反应。总的来说，Ⅱ型肌纤维与快速和有力的肌肉收缩有着密切联系。无论预期的适应性重点是什么，一般Ⅰ型或Ⅱ型纤维，在一组内每一次重复练习持续时间叫作张力时间（爆发式动作，6 秒、20 秒等）。抗旋转和专注爆发力的练习，如同本章所列出的这些练习，有助于运动员更好地了解他们的极限，进一步发展控制爆发式旋转运动的能力。

以下列表列出本章练习的具体益处、难度水平和所需设备。基础练习用灰棕色进行强调，其难度递增练习用绿色标注。在文本中，主要练习也用绿色标题标注。

抗旋转爆发力练习列表

练习项目	具体益处（见第 5 章）	难度水平			设备
		简单	中等	困难	
环绕世界	⓬⓱		X		负重片，沙袋或药球
环绕宇宙	⓬⓱		X		负重片，沙袋或药球
跪姿斜角扔球	❾⓬⓮⓯⓱⓴㉑㉒㉓㉔		X		药球，墙面
坐姿斜角扔球	❾⓬⓮⓯⓱⓴㉑㉒㉓㉔		X		药球，墙面
跪姿反向半旋转抛球	❾⓬⓮⓯⓱⓴㉑㉒㉓		X		药球，墙面
站姿反向半旋转抛球	❾⓬⓮⓯⓱⓴㉑㉒㉓		X		药球，墙面
跪姿反向全旋转抛球	❾⓬⓮⓯⓱⓴㉑㉒㉓		X		药球，墙面
站姿反向全旋转抛球	❾⓬⓮⓯⓱⓴㉑㉒㉓		X		药球，墙面
跪姿顶髋抛球	❾⓫⓬⓮⓯⓱㉑㉒㉓		X		药球，墙面
站姿顶髋抛球	❾⓫⓬⓮⓯⓱㉑㉒㉓		X		药球，墙面
药球下砍砸球进阶 1：半跪姿	❾⓫⓬⓮⓯⓱㉑㉒㉓		X		药球，墙面
药球下砍砸球进阶 2：高跪姿	❾⓫⓬⓮⓯⓱㉑㉒㉓		X		药球，墙面
药球下砍砸球进阶 3：站姿	❾⓫⓬⓮⓯⓱㉑㉒㉓		X		药球，墙面
药球下砍砸球进阶 4：分腿站姿	❾⓫⓬⓮⓯⓱㉑㉒㉓			X	药球，墙面
药球下砍砸球进阶 5：弓步站姿	❾⓫⓬⓮⓯⓱㉑㉒㉓			X	药球，墙面
药球侧向抛进阶 1：半跪姿	❾⓫⓬⓮⓯⓱㉑㉒㉓		X		药球，墙面
药球侧向抛进阶 2：高跪姿	❾⓫⓬⓮⓯⓱㉑㉒㉓		X		药球，墙面
药球侧向抛进阶 3：站姿	❾⓫⓬⓮⓯⓱㉑㉒㉓		X		药球，墙面
药球侧向抛进阶 4：分腿站姿	❾⓫⓬⓮⓯⓱㉑㉒㉓			X	药球，墙面
药球侧向抛进阶 5：弓步站姿	❾⓫⓬⓮⓯⓱㉑㉒㉓			X	药球，墙面

续表

练习项目	具体益处（见第 5 章）	难度水平			设备
		简单	中等	困难	
平行扔药球进阶 1：半跪姿	[9][11][12][14][15][17][21][22][23]		X		药球，墙面
平行扔药球进阶 2：高跪姿	[9][11][12][14][15][17][21][22][23]		X		药球，墙面
平行扔药球进阶 3：站姿	[9][11][12][14][15][17][21][22][23]		X		药球，墙面
平行扔药球进阶 4：分腿站姿	[9][11][12][14][15][17][21][22][23]			X	药球，墙面
平行扔药球进阶 5：弓步站姿	[9][11][12][14][15][17][21][22][23]			X	药球，墙面
药球过顶旋转下砸进阶 1：半跪姿	[9][12][14][15][17][21][22][23]		X		药球
药球过顶旋转下砸进阶 2：分腿站姿	[9][12][14][15][17][21][22][23]			X	药球
药球过顶旋转下砸进阶 3：弓步站姿	[9][12][14][15][17][21][22][23]			X	药球
龙卷风式药球旋转	[9][12][14][15][17][21][22][23]			X	配有绳子的药球，墙面

环绕世界

运动步骤

1.站立，双脚平行，分开略微比肩宽。双膝和髋部略微屈曲，呈运动姿态。

2.双手有力地握住一个药球、杠铃片、哑铃或沙袋（双手握任意一侧把手），放在脸部正前方的位置；双肘部指向地面。

3.收紧核心部位，将沙袋"环绕"头部。沙袋保持靠近头部，但绝对不要触碰头部。

4.握住沙袋，做一次完整的环绕（360度），最后回到脸前侧的位置，双肘部指向地面。

5.然后，立刻朝另一个方向重复练习。

6.先顺时针，然后逆时针，这相当于一次完整的练习。按照既定次数重复练习。

注意事项

1.常见的错误就是让药球或负重物环绕头部一周后，双臂（尤其是双肘）没有完全回到起始位置。换句话说，就是在朝另一侧重复练习之前，运动员的一侧手臂是朝上的。

2.为了增加多样性和使练习具有挑战性，尝试以下选择。

（a）双脚并拢站立。

（b）单腿站立。

（c）双脚站在不稳定设备上。

（d）单腿站在不稳定设备上。

（e）闭眼进行练习。但是要注意安全！绝对不要把重物举在头顶上方，且旁边需要站一位观测者。

具体益处

12 **17**

如果加入任何变式或挑战，将收获更多的益处。

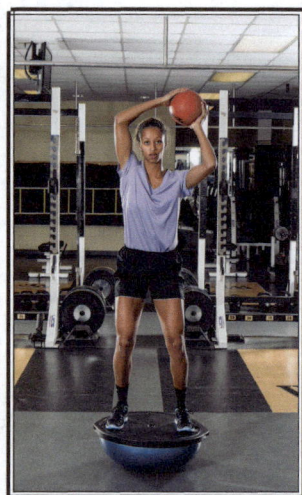

环绕世界的变式，双脚站在不稳定设备上

环绕宇宙

动作修正

遵循“环绕世界”中的步骤，除了以下步骤：

1. 伸展双臂作为开始。根据目前的力量和平衡能力决定伸展距离。

2. 在环绕期间，保持负重物和头部之间有较大的分开距离。换句话说，就是围绕头部环绕一个更大的圈。

3. 先顺时针，然后逆时针环绕，这算作一次完整的练习。

具体益处 [12] [17]

如果加入在“环绕世界”中提到的任何一个变式或挑战，将收获更多的益处。

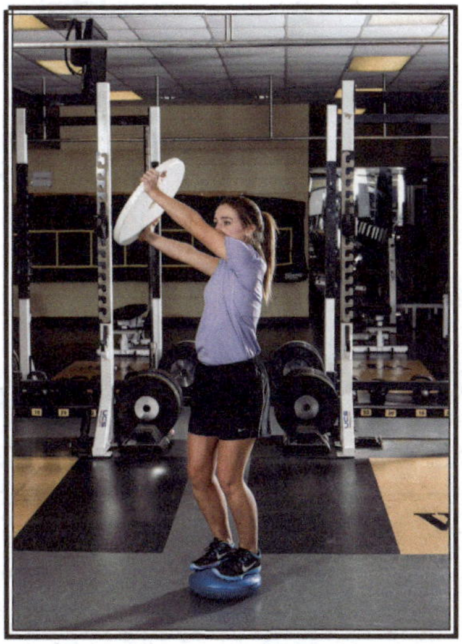

跪姿斜角扔球

运动步骤

1. 脸朝墙面，跪在一个健身垫或泡沫板上。

2. 收紧臀肌和腹肌。整个练习期间，保持身体呈一条直线（耳部、肩部、髋部和膝盖对齐）。

3. 双臂向头顶上方伸展（肘部没有锁定），略微处于身体后侧，双手握住一个橡胶药球，位于左肩上方。用力地向墙面扔球。应该向稍侧方向以倾斜角度扔球，然后在右肩（对侧）上方接住弹回的药球。

4. 在右肩上方握住球，重复扔球动作。

5. 从左肩和右肩上方各完成一次扔球算作一次完整的练习。按照既定次数重复练习。

注意事项

1. 与墙面的距离根据运动员目前的力量和技术水平以及药球的弹性决定。

2. 墙应该是实心墙（水泥墙、煤渣墙、砖墙、实木墙等）。

3. 扔球的高度根据运动员的力量和药球的弹性决定。

4. 避免过度屈曲髋部和膝盖。

5. 具体益处 23 中的重力负荷对这个练习和下面的一个练习来说有点用词不当。事实上，橡胶药球具有弹性，因此产生的能量储存在橡胶中，随后与墙面接触时会释放水平方向的能量，其作用方式与垂直重力负荷相同。

具体益处

[9] [12] [14] [15] [17] [20] [21] [22] [23] [24]

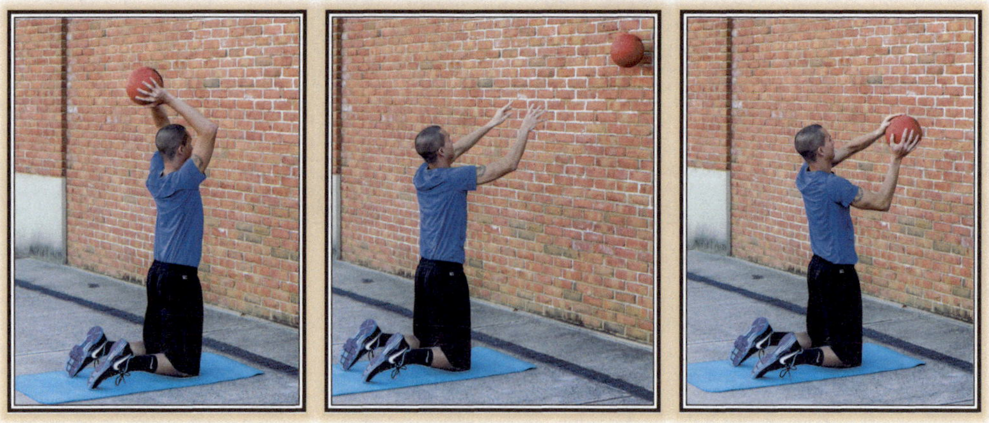

坐姿斜角扔球

运动步骤

1. 从脸朝实心墙坐立开始。双膝屈曲，双脚平放在地面上。

2. 扔球的动作与“跪姿斜角扔球”相同。扔球方向应与墙呈一定角度，然后在右肩（对侧）上方接住弹回的药球。

3. 在接住反弹回来的球时，有控制地向后下落身体，让球触碰该侧肩部上方的地面。

4. 然后立刻对抗旋转力，回到起始位置，同时向墙面释放球。实际上，球是从核心部位发力扔出去的，使手臂扔球的动作最小化。从头部后侧向墙面释放球（或尽量靠近头部）。

具体益处 ⑨ ⑫ ⑭ ⑮ ⑰ ⑳ ㉑ ㉒ ㉓ ㉔

提示

尝试以下变式。

1. 坐立，下肢高位，离开地面，膝盖屈曲成 90 度。

2. 坐在不稳定设备上，双脚离开地面（或垫子），双膝屈曲 90 度。

3. 整组练习中，球从同侧肩部扔出去，然后在另一侧重复。

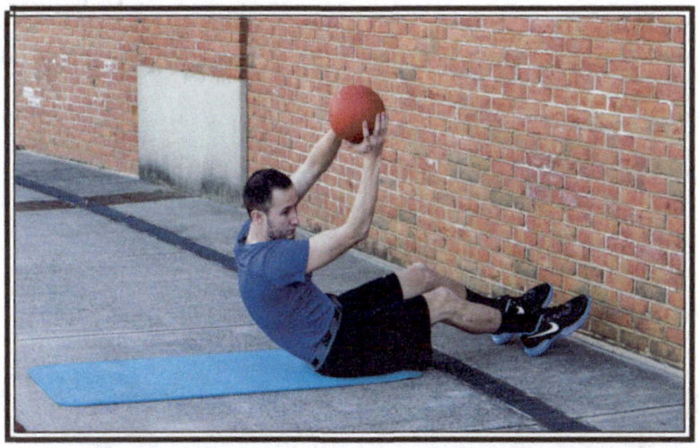

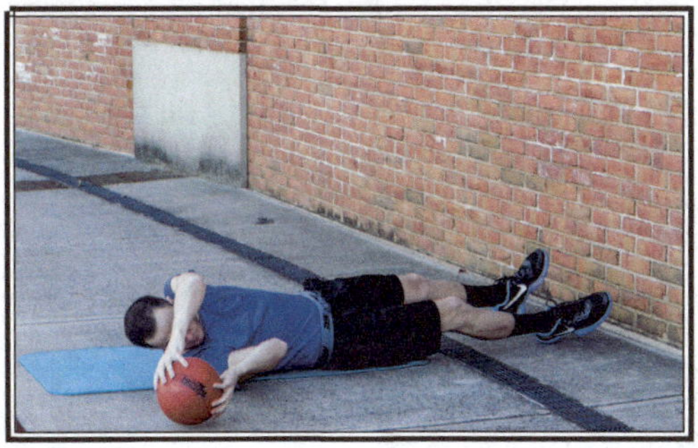

跪姿反向半旋转抛球

运动步骤

1. 背朝墙面，跪在一个垫子或泡沫板上。

2. 收紧臀肌和腹肌。整个练习期间，保持身体呈一条直线（耳部、肩部、髋部和膝盖对齐）。

3. 双手握住一个橡胶药球，双臂向身体正前方伸展（肘部略微屈曲，双臂平行于地面）。

4. 核心部位有力地向左侧旋转，同时向墙面扔球。药球应该被径直抛向墙面，这样可以在最接近释放球的地方接住反弹回来的球。

5. 顺着球的冲力向右侧（朝起始位置）旋转身体。

6. 现在是这个练习的重点！随着髋部和球回到身体中间线，迅速转动髋部回到左侧。这个对抗冲力的快速旋转，能够引起拉长 - 缩短反应。

7. 向左侧按照既定次数重复练习，然后在右侧重复。

注意事项

1. 与墙面的距离根据运动员目前的力量和技术水平以及药球的弹性决定。

2. 墙应该是实心墙（水泥墙、煤渣墙、砖墙、实木墙等）。

3. 扔球的高度根据运动员的力量和药球的弹性决定。

4. 避免过度的髋部和膝盖屈曲。

5. 具体益处 23 中的重力负荷对这个练习和下面的一个练习来说，有点用词不当。事实上，橡胶药球具有弹性，因此产生的能量储存在橡胶中，随后与墙面的接触会释放出水平方向的能量，其作用方式与垂直重力负荷相同。

具体益处

[9] [12] [14] [15] [17] [20] [21] [22] [23]

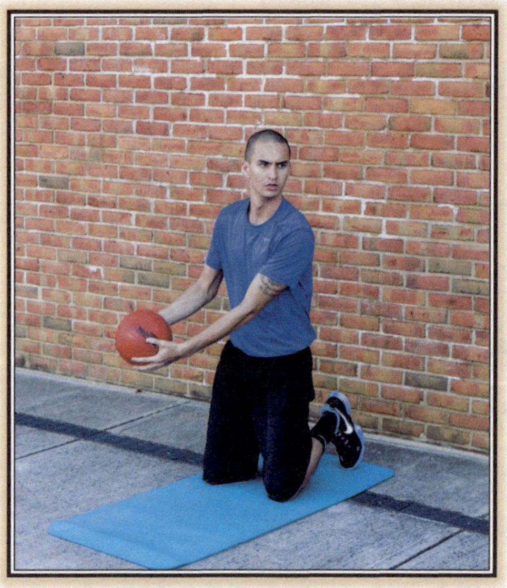

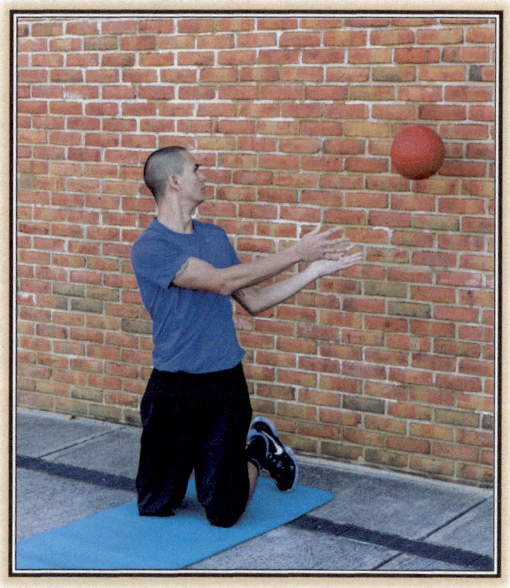

站姿反向半旋转抛球

动作修正

1. 准备和动作与“跪姿反向半旋转抛球”相同，除了是站立，双脚平行且分开，略比肩宽。略微屈曲膝盖和髋部，呈运动姿态。

2. 向左侧完成既定次数。然后在右侧重复。

具体益处 9 12 14 15 17 20 21 22 23

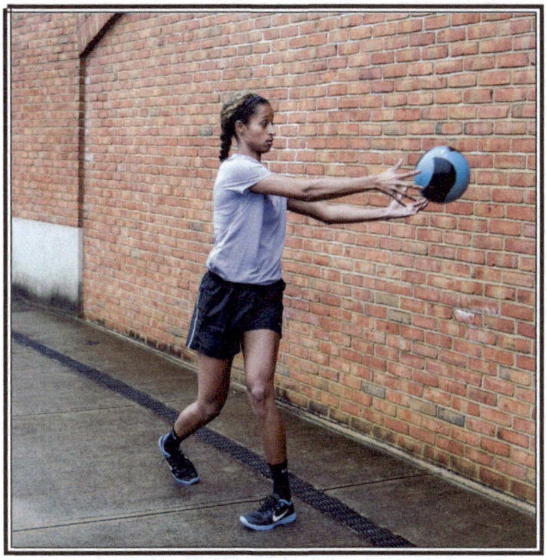

跪姿反向全旋转抛球

动作修正

1. 准备和初始动作与“跪姿反向半旋转抛球”相同。

2. 核心部位有力地向左侧旋转并向墙面扔球。球应该径直扔向墙面，这样反弹回来的球可以在尽量接近释放球的地方被接住（左侧）。

3. 顺着球的反弹冲力，身体向右侧旋转。收紧腹部旋转肌，继续带球向右侧加速旋转。

4. 在右侧时释放球；在右侧接住，反弹回来的球，然后重复向左侧旋转。这个练习中，应该没有任何停顿。

5. 左右一次算作一次完整的练习。按照既定次数或时长重复练习。

具体益处 9 12 14 15 17 20 21 22 23

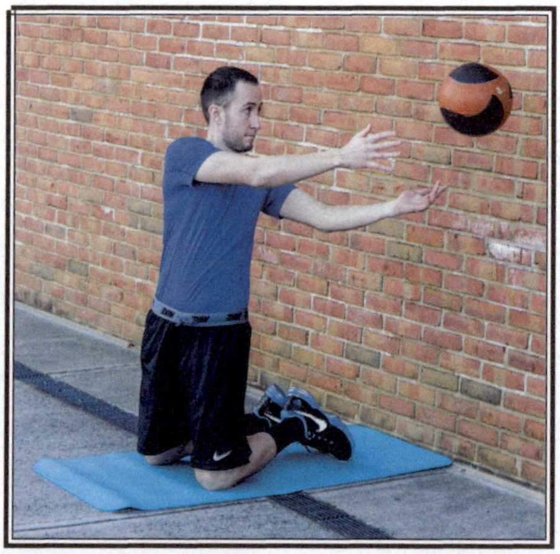

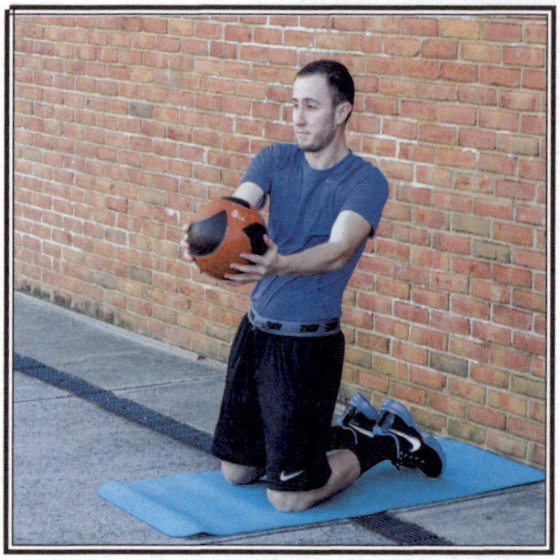

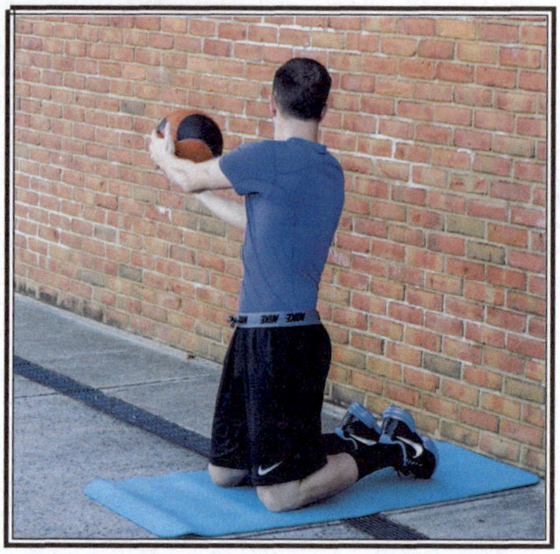

站姿反向全旋转抛球

动作修正

1. 准备和动作与“跪姿反向全旋转抛球”相同，除了身体站立，双脚平行且分开，比肩略宽。略微屈曲膝盖和髋部，呈运动姿态。

2. 左右一次算作一次完整的练习。按照既定次数或时长重复练习。

具体益处 9 12 14 15 17 20 21 22 23

跪姿顶髋抛球

运动步骤

1. 脸朝墙面跪立（双膝着地）。

2. 收紧臀肌和腹部。整个练习期间，保持身体呈一条直线（耳部、肩部、髋部和膝盖对齐）。

3. 双手握住一个橡胶药球，靠近右侧髋部。

4. 用右侧髋部有力地前顶，启动运动。

5. 朝墙面倾斜地释放球，球在大约身体中线位置（身体正前方）接触墙面。

6. 在另一侧髋部（左侧）位置接住弹回的球，顺着药球的反弹冲力，略微向左侧髋部后侧旋转。

7. 来回一次（右侧和左侧）等于一次完整练习。按照既定次数或时长重复练习。

注意事项

1. 与墙面的距离根据运动员目前的力量和技术水平以及药球的弹性来决定。

2. 墙应该是实心墙（水泥墙、煤渣墙、砖墙、实木墙等）。

3. 扔球的高度根据运动员的力量和药球的弹性决定。

4. 虽然手臂和肩部会产生一些动作，但是球应该由髋部推力扔出去，而不是靠手臂。

5. 具体益处 23 中的重力负荷对这个练习和下面的一个练习来说有点用词不当。事实上，橡胶药球具有弹性，因此产生的能量储存在橡胶中，随后与墙面的接触会释放出水平方向的能量，其作用方式与垂直重力负荷相同。

具体益处 9 11 12 14 15 17 21 22 23

 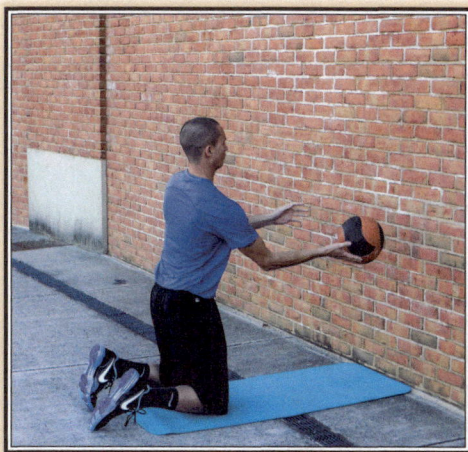

■ 站姿顶髋抛球 ■

动作修正

1. 准备和动作与"跪姿顶髋抛球"相同，除了身体站立，双脚平行站立且分开，与肩同宽。屈曲双膝和髋部，呈运动姿态。

2. 来回一次（左侧和右侧）等于一次完整练习。

具体益处 9 11 12 14 15 17 21 22 23

药球下砍砸球

进阶 1：半跪姿

运动步骤

1. 选择一个药球，重量应适中，既保证训练者可以用力扔出去，又保证可以为训练者提供阻力。

2. 身体左侧朝向墙面，跪在一个健身垫或泡沫板上。左膝盖屈曲，平放在垫子上；右膝盖也屈曲，右脚平放在地面上。右腿位于左腿前面。

3. 收紧臀肌和腹部。整个练习期间，保持身体呈一条直线（耳部、肩部、髋部和膝盖对齐）。

4. 双手握住一个药球，置于身体中段。

5. 向头部右侧上方举起药球。确保球举起的方向就是脚支撑的那一侧。

6. 从右向左以斜角的方向朝墙面下砸药球，确保远离下侧腿。

7. 整个练习期间，保持正确姿势；不要丢失正确的方式，不要旋转躯干。

8. 按照既定组数重复练习；另一侧重复。

注意事项

1. 整个练习期间，收紧核心部位。

2. 保持正确的姿势，肩胛骨向下收缩。

3. 具体益处 23 中的重力负荷对这个练习和下面的一个练习来说有点用词不当。事实上，橡胶药球具有弹性，因此产生的能量储存在橡胶中，随后与墙面的接触会释放出水平方向的能量，其作用方式与垂直重力负荷相同。

具体益处

[9] [11] [12] [14] [15] [17] [21] [22] [23]

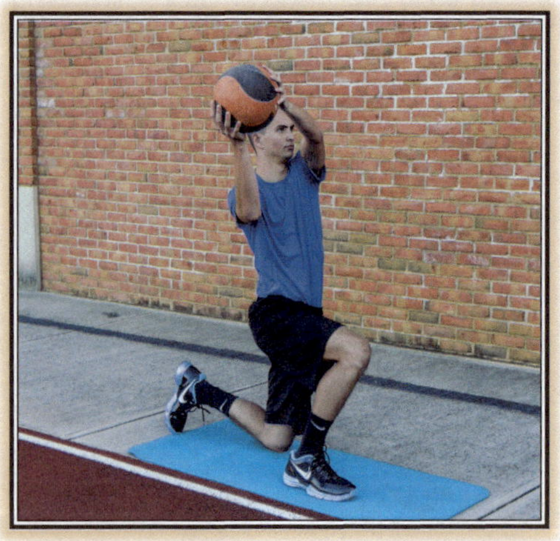

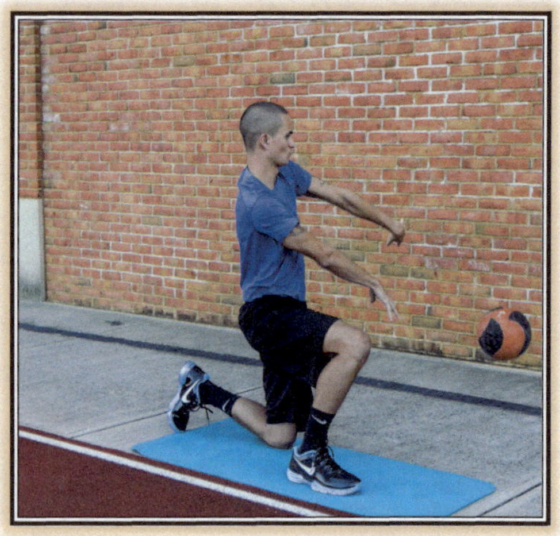

药球下砍砸球

进阶 2：高跪姿

动作修正

准备和动作与“药球下砍砸球进阶 1”相同，除了双膝屈曲跪在垫子上。

具体益处 ⑨ ⑪ ⑫ ⑭ ⑮ ⑰ ㉑ ㉒ ㉓

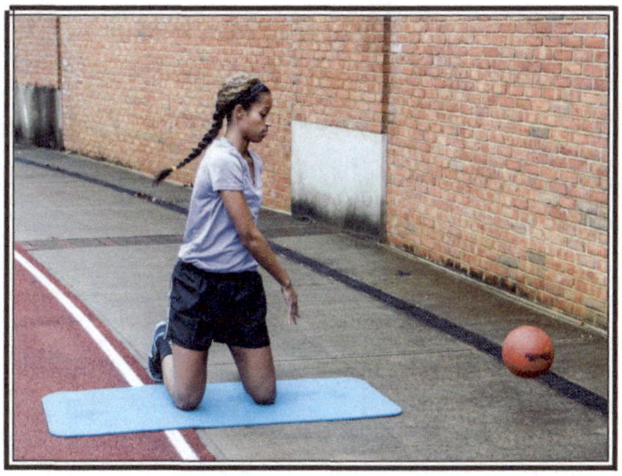

药球下砍砸球

进阶 3：站姿

动作修正

1. 站立，双脚平行站立且分开，略比肩宽。双手握住药球，位于身体中段，髋部和膝盖屈曲，呈运动姿态。

2. 接下来的动作与“药球下砍砸球进阶 1”相同。

具体益处 ⑨ ⑪ ⑫ ⑭ ⑮ ⑰ ㉑ ㉒ ㉓

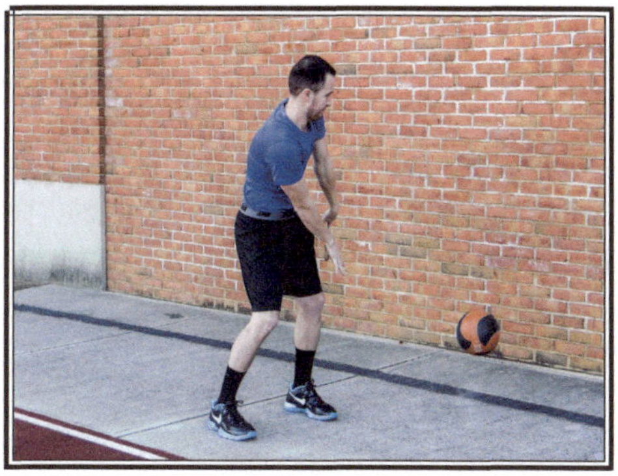

药球下砍砸球

进阶 4：分腿站姿

动作修正

1. 把药球放在身体中段位置，双脚交错分开，一只脚放在另一只脚前侧。

2. 接下来的动作与“药球下砍砸球进阶 1”相同。

具体益处 ⑨ ⑪ ⑫ ⑭ ⑮ ⑰ ㉑ ㉒ ㉓

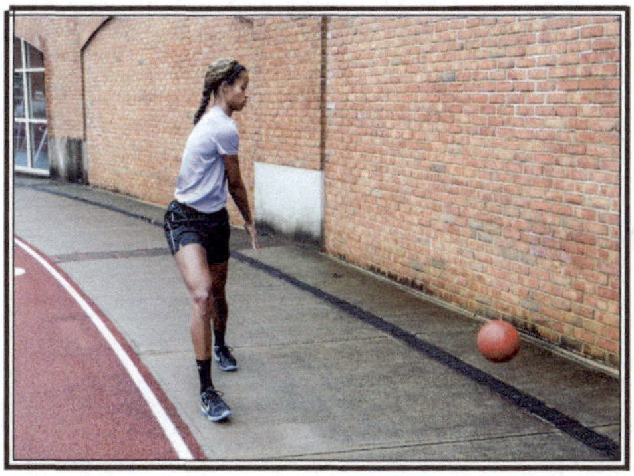

药球下砍砸球

进阶 5：弓步站姿

动作修正

1. 把药球放在身体中段位置，双脚交错分开，一只脚放在另一只脚前侧。收紧核心部位；双膝屈曲成 90 度，后侧脚的前脚掌着地。

2. 接下来的动作与“药球下砍砸球进阶 1”相同。

具体益处 ⑨ ⑪ ⑫ ⑭ ⑮ ⑰ ㉑ ㉒ ㉓

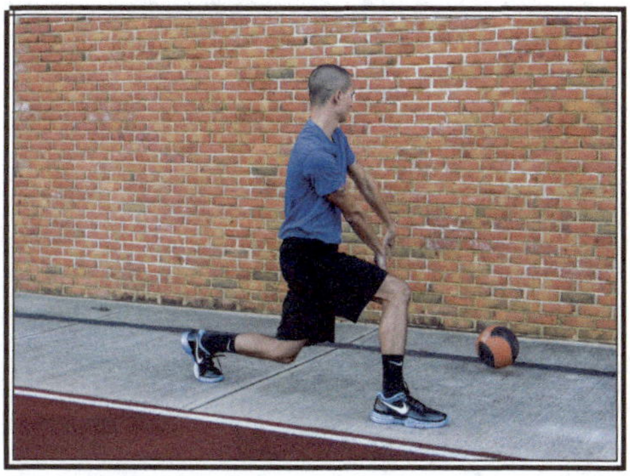

药球侧向抛

进阶 1：半跪姿

运动步骤

1. 选择一个药球，重量应适中，既保证训练者可以用力扔出去，又保证可以为训练者提供阻力。

2. 身体左侧朝向墙面，跪在一个健身垫或泡沫板上。右膝盖屈曲，放在地面上；左膝盖也屈曲，左脚平放于地面。左腿位于右腿前侧。

3. 收紧臀肌和腹部。整个练习期间，保持身体呈一条直线（耳部、肩部、髋部和膝盖对齐）。

4. 双手在身体中段握住一个药球。

5. 双肩（不是下腰背）朝高位膝盖的方向转动，尽量用力，以挥动球棒的方式向墙面扔球。

6. 整个练习期间，保持正确的姿势，不要丢失正确的方式。

7. 控制反弹，按照既定次数重复练习。

8. 换另一侧重复。

注意事项

1. 整个练习期间，保持收紧核心部位。

2. 保持正确的姿势，肩胛骨向下收缩。

3. 具体益处 23 中的重力负荷对这个练习和下面的一个练习来说有点用词不当。事实上，橡胶药球具有弹性，因此产生的能量储存在橡胶中，随后与墙面的接触会释放出水平方向的能量，其作用方式与垂直重力负荷相同。

具体益处

[9] [11] [12] [14] [15] [17] [21] [22] [23]

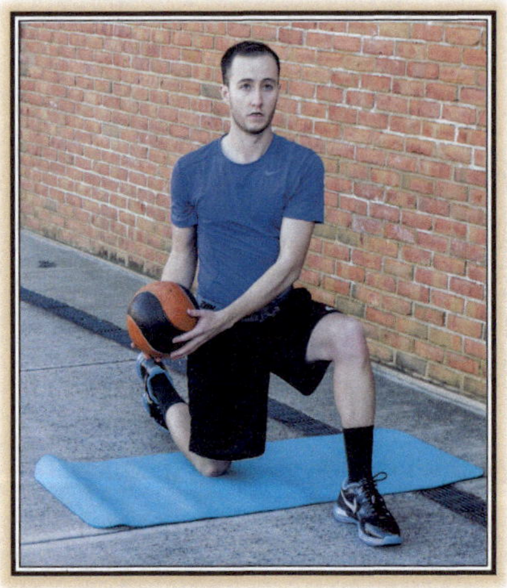

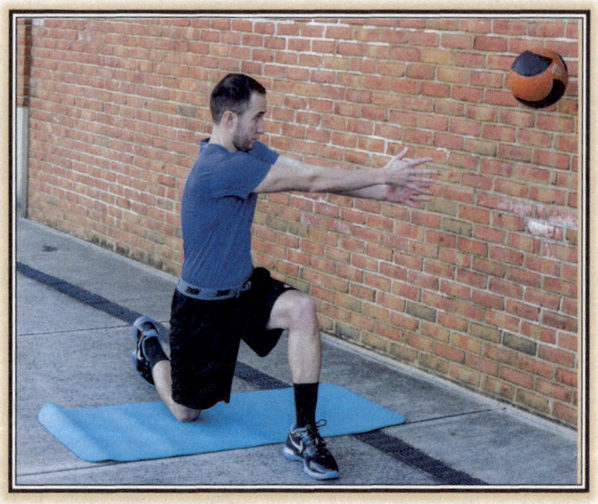

药球侧向抛

进阶 2：高跪姿

动作修正

准备和动作与“药球侧向抛进阶 1”相同，除了双膝屈曲，跪在地面上。

具体益处 [9] [11] [12] [14] [15] [17] [21] [22] [23]

药球侧向抛

进阶 3：站姿

动作修正

1. 身体站立，双脚平行站立且分开，略比肩宽。双手在身体中段握住球，髋部和膝盖屈曲，呈运动姿势。

2. 动作与“药球侧向抛进阶 1”相同。

具体益处 [9] [11] [12] [14] [15] [17] [21] [22] [23]

药球侧向抛

进阶 4：分腿站姿

动作修正

1. 双手在身体中段握住药球，双脚交错站立，一只脚位于另一只脚前面。

2. 接下来的动作与“药球侧向抛进阶 1”相同。

具体益处 [9] [11] [12] [14] [15] [17] [21] [22] [23]

药球侧向抛

进阶 5：弓步姿态

动作修正

1. 双手在身体中段握住药球，双脚交错站立，一只脚位于另一只脚前侧。收紧核心部位，双膝屈曲成 90 度，然后后侧脚的前脚掌着地。

2. 接下来的动作与“药球侧向抛进阶 1”相同。

具体益处 [9] [11] [12] [14] [15] [17] [21] [22] [23]

平行扔药球

进阶 1：半跪姿

运动步骤

1. 脸朝一面墙，跪在一个健身垫或泡沫板上。右膝盖屈曲，跪在垫子上；左膝盖也屈曲，左脚平放于地面。左腿位于右腿前面。

2. 收紧臀肌和腹肌。整个练习期间，保持身体呈一条直线（耳部、肩部、髋部和膝盖对齐）。

3. 双手握住药球，位于右侧髋部。肩部旋转，以网球运动中反手击球的方式尽量用力扔球。

4. 控制球的反弹。

5. 按照既定次数重复练习，然后交换双腿，在另一侧重复。

注意事项

1. 与墙面的距离根据运动员目前的力量和技术水平以及药球的弹性来决定。

2. 墙应该是实心墙（水泥墙、煤渣墙、砖墙、实木墙等）。

3. 扔球的高度根据运动员的力量和药球的弹性决定。

4. 整个练习期间，收紧核心部位。

5. 保持正确的姿势，肩胛骨向下收缩。不要丢失正确的方式。

6. 具体益处 23 中的重力负荷对这个练习和下面的一个练习来说有点用词不当。事实上，橡胶药球具有弹性，因此产生的能量储存在橡胶中，随后与墙面的接触会释放出水平方向的能量，其作用方式与垂直重力负荷相同。

具体益处

9 11 12 14 15 17 21 22 23

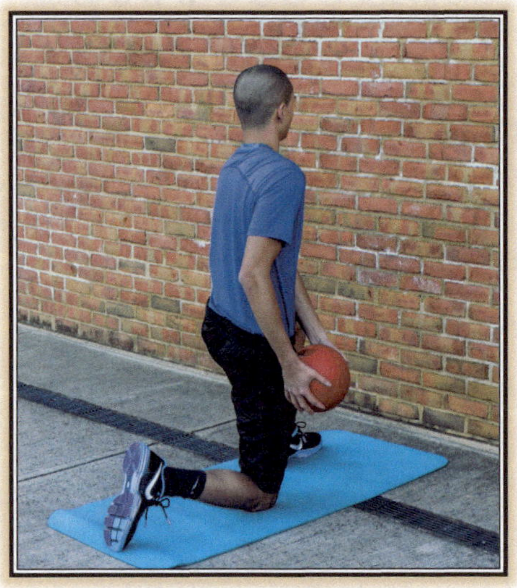

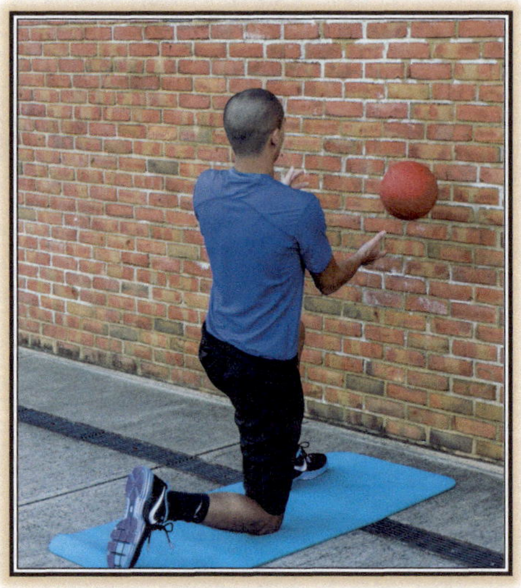

■平行扔药球■

进阶 2：高跪姿

动作修正

准备和动作与"平行扔药球进阶 1"相同，除了双膝跪在地面上。

具体益处 ⑨ ⑪ ⑫ ⑭ ⑮ ⑰㉑ ㉒ ㉓

■平行扔药球■

进阶 3：站姿

动作修正

1. 站立，双脚平行且略微比肩宽。双手握球，位于右侧髋部，髋部和膝盖略微屈曲，呈运动姿态。

2. 接下来的动作与"平行扔药球进阶 1"相同。

具体益处 ⑨ ⑪ ⑫ ⑭ ⑮ ⑰ ㉑ ㉒ ㉓

■平行扔药球■

进阶 4：分腿站姿

动作修正

1. 双手握住药球，位于右侧髋部，双脚交错站立，一只脚位于另一只脚前侧。

2. 接下来的动作与"平行扔药球进阶 1"相同。

具体益处 ⑨ ⑪ ⑫ ⑭ ⑮ ⑰ ㉑ ㉒ ㉓

■平行扔药球■

进阶 5：弓步站姿

动作修正

1. 双手握住药球，位于右侧髋部，双脚交错站立，一只脚位于另一只脚前侧。收紧核心部位，双膝屈曲成 90 度，右侧脚的前脚掌踩地。

2. 接下来的动作与"平行扔药球进阶 1"相同。

具体益处 ⑨ ⑪ ⑫ ⑭ ⑮ ⑰ ㉑ ㉒ ㉓

药球过顶旋转下砸

进阶 1：半跪姿

运动步骤

1. 选择一个药球，重量应适中，既保证训练者可以用力扔出去，又保证可以为训练者提供阻力。

2. 一侧膝盖屈曲，跪在地面上；另一个膝盖屈曲，该侧脚平放于地面。

3. 双手在身体中段握住球。

4. 保持髋部指向前方，从肩部旋转，向低位腿那侧旋转。

5. 上举药球过头顶，然后向空地用力扔。

6. 控制反弹速度，在胸部高度接住球。

7. 旋转回到起始位置。

8. 按照既定次数重复练习，然后在另外一侧重复。

注意事项

1. 整个练习期间，收紧核心部位。

2. 保持正确的姿势，肩胛骨向下收缩。不要失去正确的形式。

3. 具体益处 23 中的重力负荷对这个练习和下面的一个练习来说有点用词不当。事实上，橡胶药球具有弹性，因此产生的能量储存在橡胶中，随后与墙面的接触会释放出水平方向的能量，其作用方式与垂直重力负荷相同。

具体益处

9 **12** **14** **15** **17** **21** **22** **23**

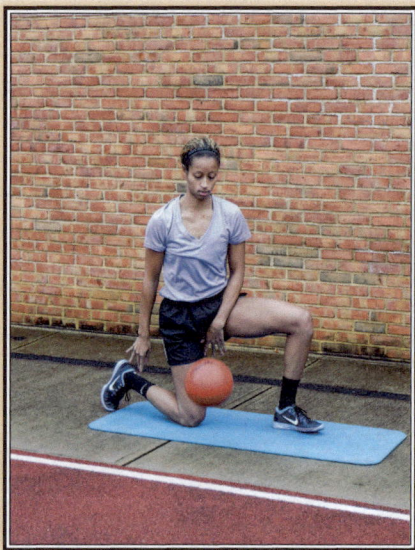

药球过顶旋转下砸

进阶 2：分腿站姿

动作修正

1. 把药球放在身体中段的位置，双脚交错站立，一只脚放在另外一只脚前面。

2. 接下来的动作与“药球过顶旋转下砸进阶 1”相同。

具体益处 9 12 14 15 17 21 22 23

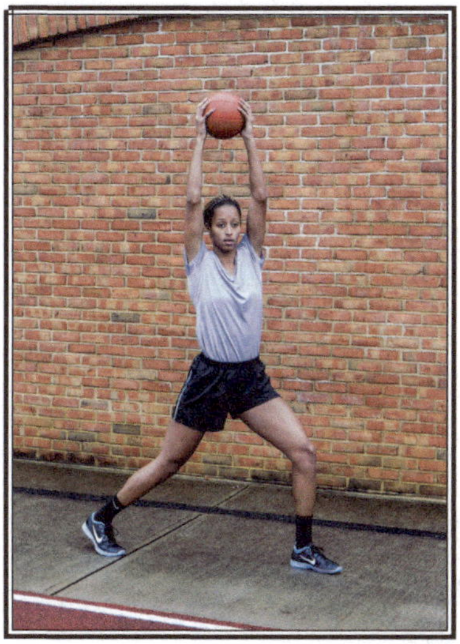

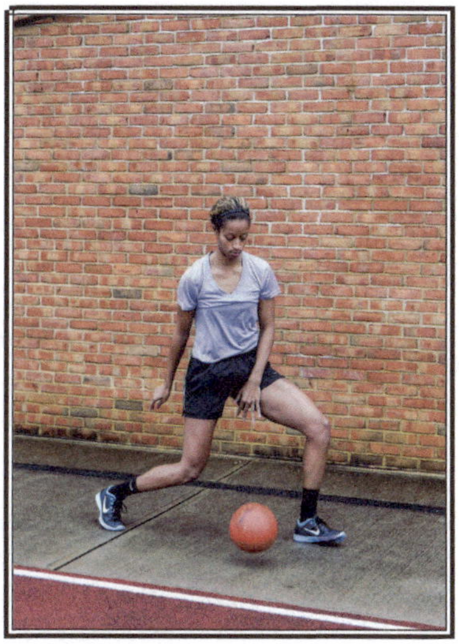

药球过顶旋转下砸

进阶 3：弓步站姿

动作修正

1. 把药球放在身体中段的位置，双脚交错站立，一只脚放在另外一只脚前面。收紧核心部位，双膝屈曲成 90 度，后侧脚的前脚掌着地。

2. 接下来的动作与“药球过顶旋转下砸进阶 1”相同。

具体益处 9 12 14 15 17 21 22 23

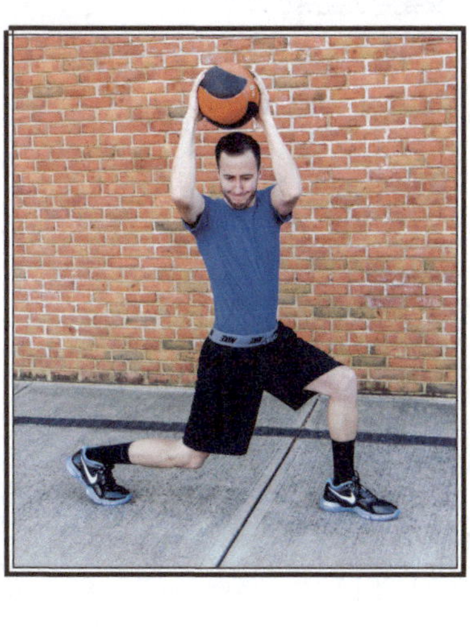

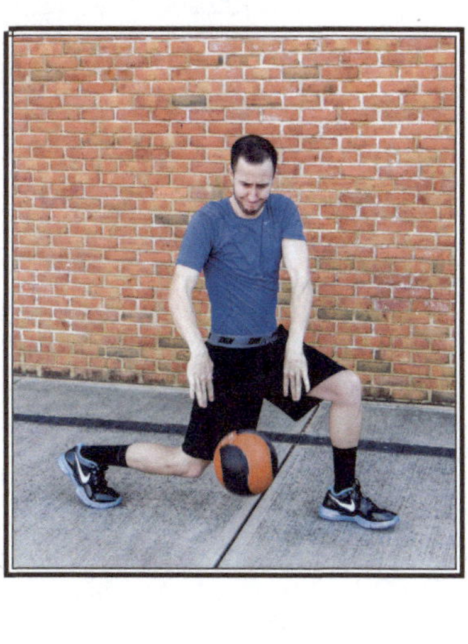

龙卷风式药球旋转

运动步骤

1. 选择一个药球（配有绳子），重量应适中，既保证训练者可以用力扔出去，又保证可以为训练者提供阻力。

2. 站在离一面墙 1 英尺（0.3 米）远的地方，后背朝向墙。髋部和双膝屈曲。双脚平行站立，脚趾指向前方。双手握紧绳子。

3. 从双肩处旋转（不是下腰背），把球往身体一侧的前面猛击。随着运动，髋部略微向后坐，以便对抗冲击，保持平衡。

4. 控制球的反弹，然后向另外一侧的墙面猛击球。

5. 以强有力的、有节奏的方式重复练习既定的次数。

注意事项

1. 收紧核心部位。

2. 保持正确的姿势，肩胛骨向下收缩。不要失去正确的形式。

3. 具体益处 23 中的重力负荷对这个练习和下面的一个练习来说有点用词不当。事实上，橡胶药球具有弹性，因此产生的能量储存在橡胶中，随后与墙面的接触会释放出水平方向的能量，其作用方式与垂直重力负荷相同。

具体益处

[9] [12] [14] [15] [17] [21] [22] [23]

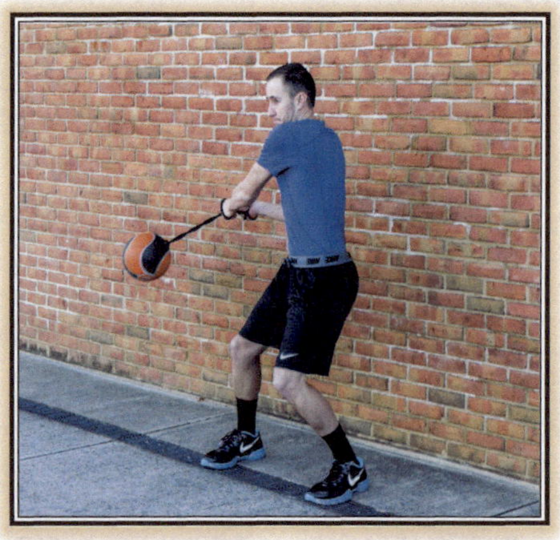

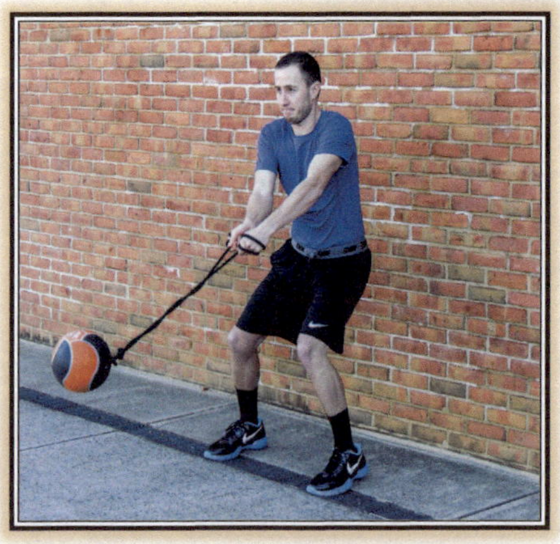

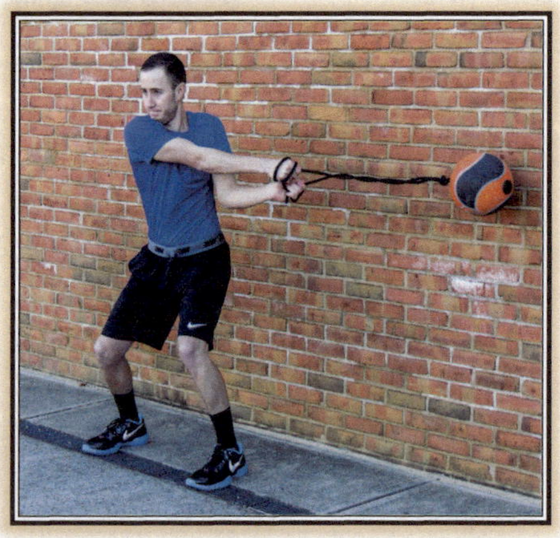

第 17 章

腰椎 – 骨盆 – 髋关节复合体训练

书中倡导了训练腰椎-骨盆-髋关节复合体（LPHC）的许多好处，尤其是在第9章和第13章。现在是时候把关注点放在体育运动中最重要的部分——爆发力了！你不能没有一个强有力的LPHC，这个武器将改变你的运动表现。如何获得优秀的LPHC功能呢？那就是通过精心设计的快速伸缩复合练习。本章是快速伸缩复合练习的一个简单概括，它将引导你在练习姿势、练习选择和布置方面有一个正确方向。

你可以把快速伸缩复合练习当作基础的运动模式。快速伸缩复合练习涉及在平面上跳跃、上下山坡和楼梯、越过障碍物，以及用四肢在健身箱上跳跃，所有这些都涉及大量多平面组合运动。基础动作模式应该是介于原始反射和姿势反射之间的，首先进行基本动作模式的建立，其后几年开始进行动作技能应用模式的建立（运动发展的第三阶段，该阶段对运动表现的发展至关重要）。

但别担心，无论哪个年龄阶段的运动员都可以学习新的运动模式。然而，随着年龄的增长，需要强化认识的重要性。换句话说，对运动员而言，强制性的思维过程对于全面发展和成功运用任何新的动作模式都是必不可少的。所以，告诉你的理疗师，停止边玩手机边用肘部按摩你的臀中肌；从床上起来到操场上去，为发展新的运动技能做一些努力训练。有意识地了解你想要习得的运动模式，会对训练进入下一个水平提供帮助。

本章的训练将在需要用到有控制的爆发性运动技能的练习中有效地运用基础运动模式。而且针对你的需要，这些练习应该作为发展运动模式的一个动力。本章练习应该在半弹性、干净和没有障碍物的平面上进行。避免在凌乱、坚硬和不利于练习的平面上进行练习。

以下练习列表列出本章练习中的具体益处、难度水平和所需设备。基础练习及其进阶练习用淡棕色强调标注。在文本中，基础练习也用绿色的标题进行标注。

腰椎–骨盆–髋关节复合体爆发力练习列表

练习项目	具体益处（见第 5 章）	难度水平			设备
		简单	中等	困难	
交换跳	❹❽❾⓫⓬⓮㉒㉓㉔			X	
滑冰运动	❹❽❾⓫⓬⓮㉒㉓		X		
健身箱单腿跳 – 跳上	❹❽❾⓫㉒㉓		X		加高平台 *
健身箱单腿跳 – 跳下	❹❽❾⓫㉒㉓		X		加高平台
健身箱单腿内侧跳 – 跳上	❹❽❾⓫㉒㉓		X		加高平台
健身箱单腿内侧跳 – 跳下	❹❽❾⓫㉒㉓		X		加高平台
单腿爆发力上台阶	❹❽❾⓫⓬㉒㉓		X		加高平台
交替爆发力上台阶	❹❽❾⓫⓬㉒㉓		X		加高平台

* 加高平台有多种选择，包括健身箱、长凳、台阶或楼梯。

交换跳

运动步骤

1. 用右腿站立，左腿抬起，左膝微屈。

2. 右侧髋部、膝盖和脚踝略微屈曲，快速向前跳跃，用左腿尽量舒适地着地。使用正确的减速机制：用减震的动作方式落地，脚踝、膝盖和髋部进行一个自然的屈曲，以减小脚落地时的冲击。整个练习期间，保持完全正确的姿势。

3. 在脚落地时，身体重量应分布在支撑的腿上。保持这个姿势 1~2 秒（稳定性）。

4. 保持控制姿势，稍微站直身体后，立即快速下落（预拉伸），然后向后弹跳到起始位置，用右腿着地。

5. 向左侧弹跳，用上面提到的正确的减速动作再一次用左腿着地。保持姿势控制，再向旁侧弹跳，回到起始位置。

6. 现在进入很难的部分。遵循前面所述的相同的力学机制（预拉伸和有反向运动），逆时针旋动身体，同时进行交换跳（右腿离地，左腿着地），在起始位置的后侧着地。不需要旋转一个完整的 180 度。只需尽量舒适地旋转，不失去身体感觉、平衡或控制。这个练习比较危险，所以一定要在练习时注意安全。试图用稳固的脚着地（左脚）。在脚着地时，身体应不再顺时针旋转。这将极大地减少脚踝、髋部，尤其是膝盖的扭转力。如果感觉疼痛或不适，停止该练习的这个部分或整个练习。

7. 在刹那间的落地稳定后，旋转跳回到起始位置（顺时针跳，左腿起跳，右腿着地）。在返回跳时也必须注意相同的问题。任何时候感觉到疼痛或不适，应停止该练习的这个部分或整个练习。

8. 向前跳、向旁侧跳和向后方跳相当于一次完整的练习。按照既定次数在同一条腿上重复或双腿交替进行。无论怎样，每条腿重复练习相同的次数。

注意事项

1. 整个练习期间，保持核心部位收紧。

2. 保持正确的姿势；收紧和下压肩胛骨。

3. 弹跳的距离根据运动员目前的力量和协调能力决定。绝对不要为了跳得更远而牺牲正确的练习方式。

4. 关键的是，在进行接下来的一个动作之前脚舒适地落地。完全控制身体需要整个人体动力链的协同努力。像这个练习一样的训练需要有控制的减速、平衡和身体精准度，绝对是针对参与体育运动所需的体能要求进行的训练。这些练习需要减震，极大地促进本体感受意识。

5. 保持膝盖位于支撑脚的正上方。

具体益处

[4] [8] [9] [11] [12] [14] [22] [23] [24]

滑冰运动

动作修正

1. 右腿站立，左腿抬起，左膝微屈。

2. 有力地向左侧弹跳。左腿着地，在落地时屈曲该侧髋部、膝盖和脚踝，以实现减速。

3. 然后跳回到起始位置。

4. 向左跳然后跳回来相当于一次完整练习。按照既定次数以有节奏的方式继续弹跳。

具体益处 ❹❽❾⓫⓬⓮㉒㉓

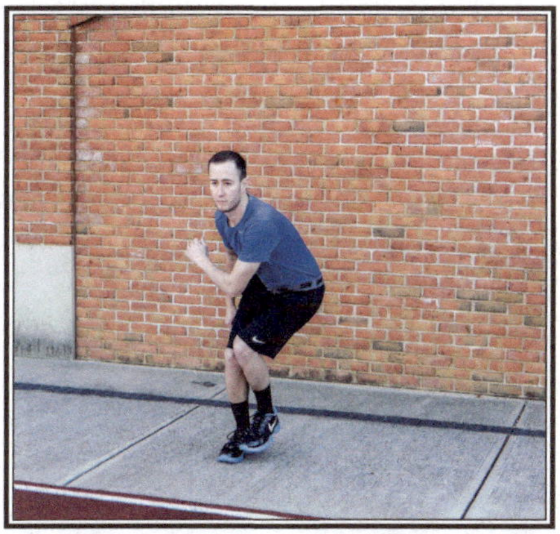

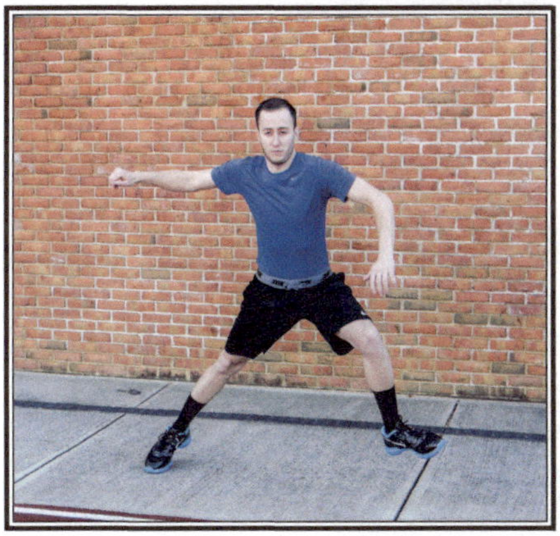

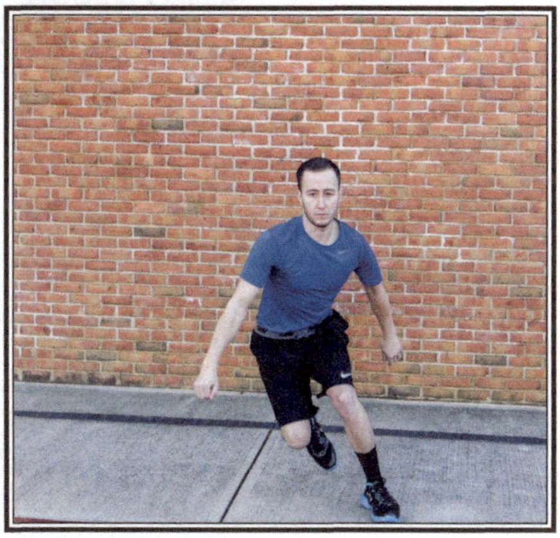

健身箱单脚跳－跳上

运动步骤

1. 左腿站在健身箱或加高平台前面，健身箱或加高平台需要足够高，以便进行一次有质量的跳跃，但也需要够低，以便完成舒适的落地。

2. 左腿用力推地面，单足跳跃到健身箱上面。

3. 左腿落地；落在健身箱上时，通过屈曲髋部、膝盖和脚踝实行合适的减速机制。

4. 整个练习期间，保持姿势正确；落地时不要丢失正确的姿势，或使膝盖向左、向右偏离。

5. 最后，从健身箱上下来，重新开始。

6. 用同侧腿按照既定次数重复练习。在另外一侧重复。

注意事项

1. 整个练习期间，保持核心部位收紧。

2. 保持姿势正确，收缩和下压肩胛骨。

具体益处

④ ⑧ ⑨ ⑪ ㉒ ㉓

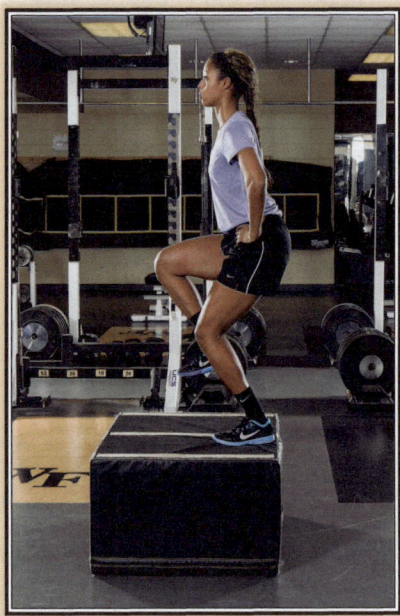

▪健身箱单脚跳－跳下▪

动作修正

1. 右腿站立在健身箱上，靠近健身箱或加高平台的边缘。健身箱或加高平台不要高于15~20 英寸（38~50 厘米）。

2. 从箱子上跳下来，右腿着地。在落地时屈曲髋部、膝盖和脚踝以实行合适的减速机制。

落地时不要丢失正确的姿势，或使膝盖向左、向右偏离。

3. 踏回到箱子上，重新开始。用同侧腿或双腿交替，重复练习既定次数。无论怎样，双腿的重复次数相同。

具体益处

④ ⑧ ⑨ ⑪ ㉒ ㉓

▪ 健身箱单腿内侧跳 – 跳上 ▪

动作修正

1. 站在健身箱或加高平台的旁边。健身箱或加高平台需要足够高以便进行一次有质量的跳跃，但也需要足够低以便舒适地落地。右腿站立，加高平台靠近抬起的左腿。

2. 右腿用力蹬地面，向左侧跳跃到健身箱上。落地时不要失去正确的姿势，或使膝盖向左侧、右侧偏离。

3. 右腿落在健身箱上，在落地的时候通过屈曲髋部、膝盖和脚踝以实行合适的减速机制。

4. 最后从箱子上下来，重新开始。

具体益处 ❹ ❽ ❾ ⑪ ㉒ ㉓

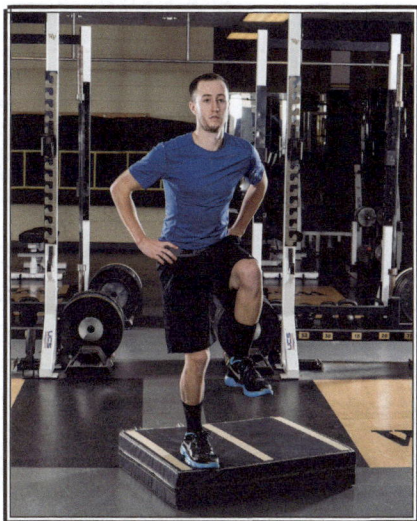

▪ 健身箱单腿内侧跳 – 跳下 ▪

动作修正

1. 右腿站在健身箱上，靠近健身箱或加高平台的边缘。

2. 向左侧从箱子上跳下来。

3. 右腿落地，在落地的时候通过屈曲髋部、膝盖和脚踝以实行合适的减速机制。落地时不要失去正确的姿势，或使膝盖向左侧、右侧偏离。这是练习中最重要的部分！

4. 右腿踏回到健身箱上，重新开始。同侧腿按照既定次数重复练习。在另外一侧重复。

具体益处 ❹ ❽ ❾ ⑪ ㉒ ㉓

单腿爆发力上台阶

动作修正

1. 脸朝长凳(或健身箱),左腿踩在长凳上,右脚在地面上。所选择的高度由运动员的力量和舒适度决定。我们建议,当脚踩在健身箱上时,绝对不要使膝盖屈曲超过 90 度。运动员可以从 3 英寸(约 7.6 厘米)高的箱子开始练习,然后根据力量和舒适度的提高逐渐增加高度。

2. 位于箱子上的左腿用力踩箱子,使身体加速向上升。右腿膝盖快速上提,配合双臂摆动,通过核心区向健身箱上的左脚传递力量。右腿也帮助落地。

3. 左腿落在箱子上;通过屈曲髋部、膝盖和脚踝以及控制右腿和右脚的下落,实行合适的减速机制。

4. 在落地后,立刻回到起始姿势,用同侧腿按照既定次数重复练习。另外一侧腿也如此,重复练习。

具体益处 ④⑧⑨⑪⑫㉒㉓

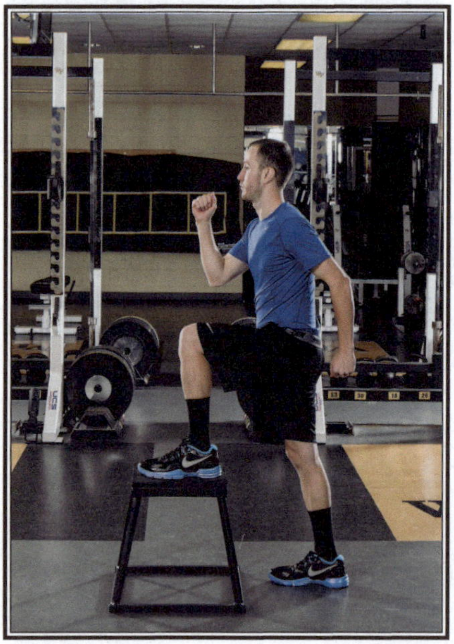

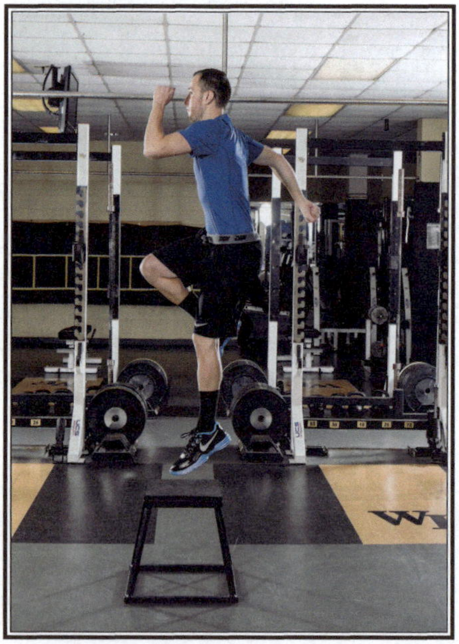

交替爆发力上台阶

动作修正

1. 准备与“单腿爆发力上台阶”相同。

2. 左脚用力踩长凳,左腿向上跳起。右腿和膝盖向天花板方向快速上提。

3. 在空中时,双腿交换,用右腿着陆在长凳上。通过屈曲右侧髋部、膝盖和脚踝以及控制左腿和左脚的下落,实行合适的减速机制。

4. 着陆在长凳上后,立刻调整姿势,重复练习,完成既定次数。

具体益处 ④⑧⑨⑪⑫㉒㉓

第五部分

核心测试与训练方案设计

关于核心测试和训练方案设计，我们已经从历史、解剖、功能和当代的角度提供了大量关于核心的信息。在书的最后部分，我们把内容归总集中，解决关于设计和制定训练方案的问题。

开始训练计划

大多数人在开始一项训练的 3 个月内就放弃了训练。每个人都有自己放弃的理由。必须了解和接受生活方式的变化，否则，你也将成为另一个训练计划的逃避者。一旦开始一项训练计划，每天通过运动燃烧多余的热量，那么你必须在生活中做出一些调整，以适应身体正在经历的变化。譬如，肯定需要更充足的睡眠。疲惫是削弱力量的罪魁祸首，缺乏足够的睡眠将极大地折磨或缓慢地摧毁身体。另外，必须关注日常饮食。身体无疑需要更多高质量的多量元素（蛋白质、脂肪和碳水化合物），以形成高强度训练中所需的能量。

其他领域的综合训练也需要努力顾及。拥有一个强健的核心部位对完整矫健的身体具有战略意义。然而，只有通过努力完成全身力量训练，总体爆发力才会产生，爆发力的传递才会有效。动作效率较低，需要通过移动和柔韧性训练等方式进行改进。每次训练的笔触都将一幅完整的运动训练画卷进行丰富，逐步完成我们所期待的个人杰作。本书旨在让你高度认识到核心部位的重要性，并且制定科学有效的

训练计划。但是正如前文所提到的，核心训练应该成为一项完整训练中的重要部分。

耐心一点。你或许看到有人在健身中取得快速进步，但接着是似乎会永远持续下去的平台期。正是在这些停滞期，许多新手健身爱好者失去热情，进而放弃训练。如果进步停滞不前，可以尝试一些混合训练。改变你的一些习惯。我们希望本书中上百个练习能给你提供多种选择。不要失去信心。可能只需要调整一下目标和训练。你应该调整目标，而不是取消目标。目标对取得进步非常重要。

目标设定是件棘手的事情。成功实现目标通常是目标设定者内在动机的产物。例如，具有高成就动机的人对那些为运动表现的发展提供特定的标准的目标有较好的反应。相比较而言，成就动机低的人对专注熟练的任务反应最好。记住，一定要确定自己的目标。训练师或教练可以就任务的复杂性以及在生理方面能否实现目标给出现实反馈，但你是最了解自己的人。你知道是什么激励着自己，这是最终目标成就的依据所在。

设定目标是一个不断发展的动态过程。有些与目标设定相关的文章会让你只设定一个目标，或者一个非常容易实现的目标。一旦你的目标实现，你就很容易成绩下滑，回到旧习惯。设定的目标应该是可以实现的，能够保持你有计划的训练节奏，并朝着进一步提高的方向发展。随着一个个目标达成，积极地向下一个目标前进，下一个目标应该在之前目标的基础上

逐步提升难度。

那么，什么类型的核心训练是适合的？适合哪些人？我们会用第 18 章的测试来回答这个问题，测试所收集的信息也能为设定具体的目标提供依据。比设定目标更艰巨的是确定从哪里开始训练，尤其是对于那些没有长期锻炼习惯的人。在制定一项计划从哪里开始之前，一定要了解自己目前的核心功能水平。运用第 18 章中的测试作为引导。这些测试将确定你目前的核心部位体能、骨关节稳定性及动态功能的水平。确定的基础测试结果能够帮助你更好地迈出计划的第一步。

定期的再测试有助于监测进步，确认目前的状态。再测试能够保持你处于正确的轨道上，朝着实现身体各个区域最大潜能的方向前进。当你因为受伤、个人问题或其他生活境遇而无法训练时，后续测试也非常有益。训练无论受到什么原因而中断，测试数据将显示出运动表现的衰减。与之前测试得分或者基础测试数据相比较时，最新测试结果将成为决定如何回到训练，以及从哪里开始再次回到训练的一个重要的参考因素。

不要用任性的态度进行训练，不要随意更改和变换你的训练计划。不要只挑选网上某些炫酷的新式动作进行练习。制定一个属于自己的计划，了解你的身体，然后朝着目标努力。

按照计划训练

在确定一个起点后，全面了解我们的整体训练理念对取得训练的成功至关重要。第 19 章和第 20 章将呈现出计划的基础结构。你将学会轻松地运用计划原则和方案设计。撰写本书之时，大多数核心训练方案都是单一的或是受时尚驱动的。要了解，训练不仅是一个无终止的过程，还是一个有高峰期和低谷期的循环发展过程。我们的目的在于向你提供指导和示范，使你在做出关键的训练计划时具有自主权。记住，一定要在对目标和过程有一个充分了解的基础上做出决定，关注你的健康和运动表现目标。

我们生活在一个高度竞争的世界中，都期待超越竞争对手。基于这种情况，第 21 章包含了针对几个流行的体育项目的核心训练方案。这里我们旨在提供一个蓝图，以描述运动项目的特点，以及如何进行训练。

训练你的核心，发展你的核心，适当地展示它的能力，就能够收获与之相关的益处。半途而废和采用错误信息的核心训练时代已经过去了。你必须掌握对自己训练的控制权，为自己负责。我们已经为你提供了所需的所有信息。知识就是力量，知识越多的人在竞争中越优秀。

第 18 章

核心评估方法

在制定核心训练计划之前，无论你是否是一名运动员，一定要确定自己的起点。每一类型的锻炼都应该通过运动员（如果你是一名运动员，则通过你自身）直接的、个性化的生理反馈来进行构建。任何依靠猜测和假设的训练都是不可靠的训练方式。这些测试可以用最少的时间和设备来执行，但是收集的信息在突出运动员的优势和劣势方面有着巨大价值。测试数据将协助评估训练计划的有效性，为目标制定提供支撑，帮助确认健康状况，以及确定我们希望永远不会有机会重新考虑的损伤前基础。

确定基础数据

基础数据就是你目前的力量和健康水平。在开始一项训练计划时，从健壮性的角度来说，你要了解自己所处的水平。通过确定基础数据，你可以量化信息，更好地调整一些重要变量，例如强度、频率、时间和有效的练习形式。与计划有关的适应性可能会出乎意料地可观，也可能是很慢和递增式的，尽管如此，我们始终在进步。无论怎样，没有基础数据作为依据，你将无法实际地评估计划的有效性。同样地，如果出于某些原因（受伤、旅行、赛程进度等），训练被迫中断，你的身体能力会有相应的降低。了解自己的基础数据将显示出你已经掉队多少，以及回到起点还有多远。

本章中我们将呈现一系列的测试，帮助你确定起点。然后你可以开始开发自己的运动潜能。在之前的核心训练计划中显示的技能水平

无法使你逃避这一步骤，我们这里所使用的方法和原则很可能与你之前所使用的十分不同。

一个需要注意的最重要的生理原则是，身体的强壮要建立在基础稳固的前提下。稳定性是所有体育动作的根基。打一个老生常谈但是恰当的比方，"你无法在独木舟上开大炮。"在涉及人体时确实是这样。从观念上来说，这与本书中稳定性先于力量训练，力量训练先于爆发力训练的观点相符合。出于这个考虑，无论你之前的训练经历如何，都不应该以更高级的和动态的训练来开启核心训练计划，例如与爆发力相关的这些练习。

如果测试结果显示你具备有效的、稳定的核心部位，那么可以越过稳定性训练阶段，直接从力量训练开始。然而，必须满足整合爆发力训练进行的前提条件，并且在此过程中，必须做好参与这些锻炼活动的充分准备。另一个决定因素是，在执行训练中展现出良好力学机制的能力。在高难度训练中提高重复次数、组数或增加负重和阻力绝对不应该在牺牲正确练习方式的前提下进行。而且，尽管测试结果显示你完全可以进行力量和爆发力训练，但加入稳定性训练也是非常重要的。世界上最优秀的运动员都会每天进行稳定性练习来持续加强他们的核心稳定性。

我们建议在进入下一阶段之前，每个阶段（稳定性、力量和爆发力）至少投入 4~6 周的时间进行练习。随着核心训练的推进，用相同的测试不断重新评估自己。也就是说，时不时地进行随机测试能够帮助自己获得现场反馈。测试 - 再测试的方法对系统地评估训练中的变

动，以及对从经验和量化角度评估进步是极其重要的。诸如此类的评估受制于许多可能影响结果的变量。因此在再测试的时候，试着尽可能多地限制这些独特变量。可能会影响再测试结果的变量包括但不限于以下 6 个。

* 环境（平面、设备、温度等）。
* 不同的测试人员。
* 饮水状况。
* 能量水平。
* 当日时间。
* 运动员的压力水平。

在测试和重复测试之前，尽一切努力注意所有变量。从有效性的角度来说，确保再测试的条件尽量接近原始的条件是极其重要的。建议使用我们推荐的测试，因为它们是针对具体的训练目标。当目的是测试腰椎稳定性时，去跑上一千米的方式是没有意义的。所有测试一定是具有客观性的。换句话说，无论谁执行这个测试，结果都是可靠的。如果反复在自己身上进行测试，那么你可以十分肯定的是，一致性会普遍存在，尤其是在实践中。

如果你认为这些测试可以准确预测未来受伤的概率、时间或严重性，那就太不负责任了。也就是说，可以仔细检查一些直接与潜在损伤有关的指标。最重要的 3 个指标如下。

* 运动控制水平。
* 伤病史。
* 身体两侧不对称情况。

要更多地了解身体目前的运动表现潜能以及它的功能性是如何与这些变量相关联的，测试是一个最佳方式。例如，如果在抗旋转测试期间，感觉身体某一侧很强壮或更稳定，或在腰椎 - 骨盆 - 髋关节复合体的单侧桥式测试中，某一侧的腿显得更强壮，那么就有明显的身体不对称现象。如果忽视这一点，就会带来问题。简单地说，如果发现身体不对称，必须进行至

少 2 比 1 的双侧训练（例如，受到影响的腿进行 2 组练习，状态不错的腿进行 1 组练习）以解决这个偏差，来恢复对称性。

以下是针对核心部位所强调的每一方面的 2 个完整测试。首先以一个简单的稳定性测试来判定核心部位的基础力量。第 2 个测试增加轻负重，以确定核心部位如何应对额外的刺激。为了从稳定性训练进入到力量训练，建议必须成功地通过这些测试。如果通过了第 1 个测试但在第 2 个测试中失败，就必须坚持进行稳定性训练。这并没有什么疑问。稳定性训练还是会让你感到很困难。

你可能会发现，核心部位具有不同水平的稳定性或力量。如果是这种情况，训练重点将是在增加优势训练之前，进行强化劣势的练习。例如，如果测试数据显示，你在抗伸展运动方面比较强但是在抗旋转运动方面比较弱，那么对整个核心部位都必须进行稳定性训练，直到实现更好的平衡能力。当协同运动能够贯穿训练始终时，核心才能够处于最佳工作状态，而这个状态必须在你发现并纠正核心的限制因素时才能够出现。

对于以下所有的测试，如果在测试期间任何时候感觉疼痛，请立刻停止。

抗伸展测试

抗伸展是一个相当简单的前提，它是配合核心系统主动抗衡使身体向后伸展的外力的基础。一个基本的例子就是肘部平板支撑，这是一个初级维持身体结构力线的练习，可以通过增加负重、时间，以及控制支撑脚间距或运用干扰技术挑战平衡能力，从而使难度逐渐增大。最终，一个人在没有进入躯干伸展状态的前提下，维持平板支撑练习的时间越久，那么这个人的抗伸展能力越强。

抗伸展测试1：肘部平板支撑，20秒

俯卧在地面上,双脚背屈(脚趾朝向胫骨),肘部和前臂位于胸部下方。在你的脊柱上放一根扫帚柄,以确认对称情况。

1. 首先,上提身体离开地面,接触点只有两侧前臂、双脚的前脚掌和弯曲的脚趾。在身体上提之后,身体将进入这样的姿势:上臂与地面垂直,肘部位于肩部正下方,双前臂略向内偏移,使双手位于脸部下方。

2. 收紧核心部位,稳定肩胛骨,锁定双膝,并收缩臀肌。

3. 只有当你的双肩、髋部、双膝和脚踝对齐(身体呈一条直线)时,才能开始计时。保持姿势稳定20秒。

测试失败

如果在20秒内,躯干的任何部分下沉,离开了扫帚柄,或者全身剧烈晃动(关节不稳定),则视为测试失败。在这种情况下,训练计划应从抗伸展的稳定性阶段开始。

测试通过

如果躯干保持与扫帚柄充分接触至少20秒,且没有明显的颤抖(见图18.1),那么就通过了这个测试,可以进入到抗伸展测试2。

图18.1 抗伸展测试1：肘部平板支撑,20秒

抗伸展测试2：肘部平板支撑，60秒

这个测试是简单的通过增加维持时间来增加难度。时间增加到60秒,肌肉收缩时间延长,挑战身体更加努力地对抗下落、进入不良伸展的负面姿势。

再一次,俯卧在地面上,双脚背屈(脚趾朝向胫骨),双手和前臂位于胸部下方。在脊柱上放一根扫帚柄,以确认对称情况。

1. 首先,上提身体离开地面,接触点只有两侧前臂、双脚的前脚掌和弯曲的脚趾。在身体上提之后,身体将进入这样的姿势:上臂与地面垂直,肘部位于肩部正下方,双前臂略向内偏移,使双手位于脸部下方。

2. 收紧核心部位,稳定肩胛骨,锁定双膝,并收缩臀肌。

3. 只有当双肩、髋部、双膝和脚踝对齐(身体呈一条直线)时,才能开始计时。保持姿势稳定60秒。

测试失败

如果在60秒内,躯干的任何部分下沉、离开了扫帚柄,或者全身剧烈晃动(关节不稳定),则视为测试失败。在这种情况下,训练计划应从抗伸展的稳定性阶段开始。

测试通过

如果躯干保持与扫帚柄充分接触至少60秒,且没有明显的颤抖(见图18.1),那么测试通过。可以从抗伸展力量阶段开始训练计划。

抗旋转测试

抗旋转控制力是有效的运动表现中最重要的一个能力。在大多数情况下，运动员用一条腿以螺旋模式进行各种活动（例如，在右手带球上篮时，左腿跳起）。另外，在横断面上的运动是生物力学上不可避免的动作，是所有体育运动中固有的动作，但是经常暴露出身体两侧的不对称性，尤其当运动员被迫进入旋转运动模式的时候。令人担心的是，许多损伤，尤其是非接触性损伤都是在这些旋转类型的动作中发生的。控制好这个关键对减少损伤和提升表现都会大有益处。

抗旋转测试 1：鸟狗式

双膝和双手位于地面上，沿着脊柱在背部放一根扫帚柄。

1. 首先抬起左臂，伸展至与地面平行。
2. 同时抬起右腿，向后伸展，也与地面平行。
3. 抬起的左臂和右腿向身体下方收回，用左肘部去触碰右膝盖。
4. 回到完全伸展的位置，然后重复。
5. 继续用左肘部去触碰右膝盖，重复6次；然后在另外一侧如此重复练习（右臂和左腿伸展，右肘部触碰左膝盖）。

测试失败

如果在测试期间的任何时候，躯干下沉，离开了扫帚柄，扫帚柄滚离背部，或者失去平衡，都视为测试失败。如果发生这些情况中的任何一种，训练计划都应从抗旋转稳定性阶段开始，直到成功完成这2个测试。

测试通过

如果在整个测试期间，躯干保持完全与扫帚柄接触，身体能够维持平衡（见图18.2），则视为测试成功，可以进入抗旋转测试2。

图 18.2　抗旋转测试 1：鸟狗式

抗旋转测试 2：旋转稳定性

这个练习所需要的额外负重和平衡需求来自力臂的延长。这个测试是一个加强版对侧协同收缩的练习，需要力量、稳定性、身体控制，最重要的是集中注意力。一定要记住，这是抗旋转测试，要集中注意力，避免躯干扭动或倾斜。

从俯卧撑的姿势开始，双脚分开，大约与髋同宽，双手位于双肩正下方。锁住双臂，头部略微抬起，眼睛注视前方 3~5 英尺（0.9~1.5 米）远的地面。身体呈直线（即耳部、肩部、髋部、膝盖和脚踝对齐，身体没有下沉或拱起）。沿着脊柱放一根扫帚柄。

1. 当准备好时，双脚静止不动，抬起一只手臂，与地面平行，然后把手臂下落至地面。
2. 每侧手臂重复进行6次练习。

如果身体扭动，髋部下垂，或者双肩下沉，导致扫帚柄滑落，则视为测试失败。而且，如果髋部反复地翻转，导致扫帚柄滚落，或者身体任何部位失去平衡，以及为了维持平衡，将一只脚抬离地面，均视为测试失败。训练应从抗旋转稳定性阶段开始，直到这 2 个测试都通过为止。

测试通过

如果躯干保持完全与扫帚柄接触，且髋部没有翻转或失去平衡（见图 18.3），则测试通过。训练应从抗旋转力量阶段开始。

图 18.3　抗旋转测试 2：旋转稳定性

肩胛胸壁肌肉组织测试

相互交织的肌肉和筋膜形成复杂的网络，结合骨骼系统的结构支撑，在所有功能性运动期间形成一个运动链，促进力量的产生、力的减少及人体动力链的稳定。没有这个完整的协同作用，身体直立的姿势将是不可能完成的。

不幸的是，虽然覆盖在肩胛骨和胸廓区域的肌肉极其复杂，组成一个至关重要的结构成分，但是这些肌肉持续地缺乏锻炼。这意味着，肩胛胸壁肌肉组织因为训练计划和运用中缺乏对它们的关注而不断失去对抗重力的能力。从生物力学上讲，关于姿势控制、呼吸功能、旋转肌群的稳定、盂肱关节定位，以及从下肢到上肢的力量传递等，肩胛胸壁部位都发挥着重要作用。出于这个考虑，且因为该部分整体功能表现的特殊性，评估是至关重要的。

因为该部位组织的视觉隐晦，运动员很少可以看见他努力的结果。换句话说，这些肌肉并不是可以轻易用肉眼看得见的，不像有些肌肉可以进行密集的训练以迎接海滩季。但从稳定性、力量和爆发力的角度来讲，肩胛胸壁肌肉组织是身体肌肉骨骼系统中至关重要的一部分。评估该部分的功能有助于决定控制肩胛的收缩和下压（有时称作夹肩）的能力，以及当静态站立时和在运动中维持姿势的能力。

肩胛胸壁肌肉组织测试 1：拇指向上

从站立姿势开始。身体站直，双臂夹在身体两侧。

1. 闭上眼睛，做一次深呼吸，然后放松。不要改变手腕或双手的位置。

2. 伸展两个大拇指，进入拇指向上的姿势。

3. 然后睁开眼睛，眼睛看向你的双手。

测试失败

如果拇指朝向髋部或者两指相对，则视为测试失败。训练应从肩胛胸壁肌肉组织稳定性阶段开始。

测试通过

如果拇指向前方伸直（见图 18.4），则测试通过。可以进入肩胛胸壁肌肉组织测试 2。

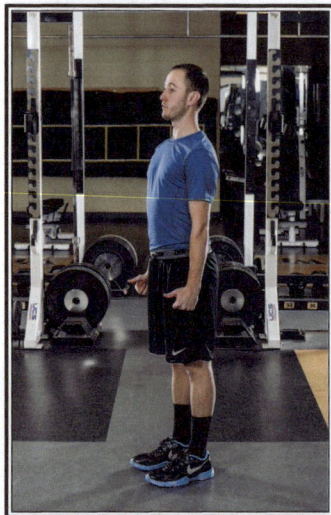

图 18.4 肩胛胸壁肌肉组织测试 1：拇指向上

肩胛胸壁肌肉组织测试 2：手臂过顶下落

从站立姿势开始，双臂位于身体两侧。

1. 以一个大循环的动作将双臂向后环绕，直到它们高举过头顶。（此时，双肩向后和向下拉动，进入最佳姿势。）

2. 准备好后，让双臂向前快速下落，回到起点。注意双肩的位置。

测试失败

如果双臂下落后，双肩保持向前旋转，而不能维持向后的收缩和下压，则视为测试失败。训练应从肩胛胸壁肌肉组织稳定性开始练习。

测试通过

如果双臂下落后，双肩向后保持一个稳定的姿势（见图 18.5），则测试通过。训练可以从肩胛胸壁肌肉组织力量阶段开始。

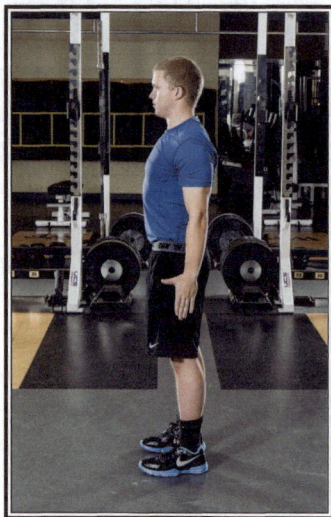

图 18.5 肩胛胸壁肌肉组织测试 2：手臂过顶下落

腰椎－骨盆－髋关节复合体测试

正如之前的章节中所陈述的，腰椎 - 骨盆 - 髋关节复合体（LPHC）是身体内一个主要的结构。因为整个脊椎和附着在上面的韧带影响着股骨的控制力，这个综合体控制着以上和以下的所有部位。这个部位是加速和变向的主要动力，而且影响着身体姿势。

因为核心部位与神经肌肉效率有关，所以一个强健的核心部位对动态稳定的 LPHC 极其重要。所有力学功能都起源于 LPHC，由 LPHC 肌肉组织提供稳定（整体和局部）。接下来的测试从整个人体动力链的稳定性和力量的角度，判定腰椎 - 骨盆 - 髋关节复合体相互依赖的功能和神经肌肉效率。

腰椎－骨盆－髋关节复合体测试 1：双腿臀桥

仰卧在地面上，双膝屈曲至 90 度。双脚分开与髋同宽，平放于地面，彼此相互平行。双手放在身体两侧的地面上，放松头部和颈部。

1. 首先，收紧核心部位，收缩臀肌，然后平稳地向上抬起髋部，直到髋部完全伸展。当膝盖、髋部、肩部（位于地面）呈一条直线时，身体进入上提位置。避免头部和颈部抬起。身体的重量应由双肩和上背部承担，而不是头部和颈部。

2. 保持髋部向上的姿势 10 秒。

3. 然后缓慢地下落到起始位置，之后立刻重复 3 次。

测试失败

如果下背部感受到任何不适的压力，或者当髋部位于上提位置时感受到的收缩感完全在腘绳肌上，则视为测试失败。训练应从腰椎 - 骨盆 - 髋关节复合体稳定性阶段开始，直到成功完成这 2 个测试。

测试通过

如果在 3 组 10 秒的练习期间，只感受到臀肌的持续紧绷（见图 18.6），则视为测试成功。进入腰椎 - 骨盆 - 髋关节复合体测试 2。

图 18.6　腰椎－骨盆－髋关节复合体测试 1：双腿臀桥

腰椎－骨盆－髋关节复合体测试 2：单腿臀桥

仰卧于地面，双膝屈曲至 90 度。双脚平放于地面，且相互平行，双脚分开与髋同宽。双手放在身体两侧的地面上，放松头部和颈部。

1. 首先，提起一侧膝盖，接近胸部。为了确保运动质量，在靠近胸腔下端放一个网球（或类似物品），让网球保持在上侧腿的大腿处。

2. 通过把脚趾向天花板方向抬起，背屈地面上的脚。收紧核心部位，地面上的脚跟用力推，使髋部完全伸展。当下侧腿的膝盖、髋部、肩部（位于地面）呈一条直线时，身体进入上提位置。避免头部和颈部抬起。身体的重量应由肩部和上背部承担，而不是头部和颈部。

3.保持向上的姿势 10 秒。

4.然后缓慢下落，回到起始位置，之后立刻重复 3 次。

5.在另外一条腿上重复进行。

测试失败

如果在任何时候网球跌落，则视为测试失败。另外，如果下腰背感受到任何不适的压力，或者当髋部位于上提位置时，感受到的收缩感完全在腘绳肌上，也视为测试失败。训练应从腰椎 - 骨盆 - 髋关节复合体稳定性阶段开始，直到 2 个测试都通过。

测试通过

如果每条腿在进行 3 组 10 秒的练习的任何一次中，网球始终保持在原位置（见图 18.7），而且持续的紧绷感只出现在臀肌处，

则视为测试通过。训练可以从腰椎 - 骨盆 - 髋关节复合体力量阶段开始。

图 18.7　腰椎 – 骨盆 – 髋关节复合体测试 2：单腿臀桥

测试检查表

为了保证测试的快速和准确，每个测试和测试部位使用表 18.1 来检查。随着时间的推进，这些数据将按照时间顺序连续记录你的进步。在你不断完成并设置新的目标时，这些信息将为你提供数据支撑和检验标准。

到目前为止，你已经确定了核心部位每项训练的起点。现在回到本书，选择一项符合你测试结果的练习。每个练习都遵循系统化的渐进性。选择的练习必须反映目前的水平，而且在可用设备和身体舒适度允许的范围内进行练

习。不要试图进行使人印象深刻的稳定性或力量训练，直到你知道自己可以掌握它。记住，我们是希望核心部位的所有方面都进入最佳工作状态。所以，如果某些部位无法完成给定的测试，且需要稳定性训练，那么，无论测试通过还是失败，所有部位都需要进行稳定性训练。

注意，当你已经通过测试，了解到自己有较高的起点，那并不意味着稳定性或力量训练就不重要了。把这些方面的训练加入你的计划中将强化稳定性和力量，以及为训练计划增加多样性。身体倾向于适应特定的压力，所以，进行训练的角度越多，你的适应性就越完整。

表 18.1 测试检查表

重点	测试	通过	失败	图
抗伸展测试	1：肘部平板支撑，20 秒			
	2：肘部平板支撑，60 秒			
抗旋转测试	1：鸟狗式			
	2：旋转稳定性			
肩胛胸壁肌肉组织测试	1：拇指向上			
	2：手臂过顶下落			

续表

重点	测试	通过	失败	图
腰椎 – 骨盆 – 髋关节复合体测试	1：双腿臀桥			
	2：单腿臀桥			

第 19 章

完整核心训练计划

个稳定、强健和有力的核心部位能受用一辈子。核心效率不是流行一时的风尚，或者在积极参与体育比赛时才会去训练。核心效率训练是每周例行计划中的主要部分，将提高未来的生活质量。出于这个考虑，我们已经发展出核心部位的功能性周期训练。通过第18章的测试确定起点后，训练应从指定的起点开始，但是当你在每个阶段稳步前进时，你永远无法停下前进的步伐。事实上，鉴于篇幅限制，我们有意地将数百个核心练习从本书中省去。但是不用担心：即使你已经用尽了书中所有的练习方式，无论在哪里选择其他训练加入你的计划内，本书以下几页中介绍的概念和指导方针都能够帮助你制定训练计划。练习选择、负重、重复次数、组数、训练时段的考虑、强度、持续时间及频率都可以在逐渐增加难度的系统中进行调控，而且一直是这样。

周期性计划

周期性计划的概念看上去似乎很奇怪，或许对有些人来说不太熟悉或是不适应。事实上，在训练的每个阶段，绝对无法完全用尽你的能力或变量选择。通过稳定性阶段训练，控制身体变得更有效，你会看到生理上和姿势上的改进，而且在运动表现上也有提升。训练4~6周并成功地完成再测试后，将开始力量阶段的训练计划。虽然在力量训练中也会出现一些基于稳定性的训练，但它们主要是为了提高肌肉骨骼系统的整体力量。在完成4~6周基于力量的训练阶段后，你会认识到自己在几个方面的进步。接着进入爆发力阶段，这个阶段的重点几乎完全基于发展、控制和运用速度。

在完成这几个初步的阶段后，你会再次回到稳定性训练阶段。由于过去2~3个月的时间里，训练重点在每个连续的阶段里发生了变化，回到稳定性训练将确保这个至关重要的动态功能质量得以继续保持。随着开始组织所有阶段（从稳定性训练开始）的第二轮训练，重要的是在上述变量（练习选择、重复次数、组数、强度等）中增加变化。这会确保身体逐步适应。举个例子，练习可能会从直接的地面式肘部平板支撑——这是你在第一轮稳定性训练中已经掌握的练习——过渡到更具有挑战性的练习，比如，在稳定球上或其他不稳定设备上进行肘部平板支撑，或者其他非对称的稳定性训练。要记住，这个理论也适用于力量和爆发力训练阶段。在选择练习时要格外注意。比如，如果已经十分熟悉地面式肘部平板支撑这个简单的练习，那么在第二轮训练中选择在不稳定平面上进行更具有挑战性的平板支撑是不会显得冒进的。随着对本书中的练习越来越熟悉，你会变得善于选择强度类似的练习。这样，不仅身体更容易适应练习的多样性，而且也会避免乏味。

在训练的每章中（从第6章到第17章），除了有明智的回归性训练，还有合理的进阶以帮助促进适应过程。你可以选择本书中所列出的训练，或者根据你对制定计划概念的熟知和对训练方法扩展的自信，选择额外的训练，包括一些书中所没有包含的练习。

了解计划阶段

把训练所遵循的阶段视为连续的进步：从近端到远端，从慢到快，从稳定到不稳定，从无负重练习到负重练习。换句话说，从低水平训练到高度集中的强度练习。计划阶段将会是系统的，且是有效发展的。包括练习选择、身体位置、负重考虑、运动平面、强度、频率和持续时间等变量将得到控制。进展是以前面练习的成功（主要是练习表现的准确性）为基础的。最后，这些阶段遵循肌肉整体功能的连续收缩观点（力量降低，等长收缩和力量产生）。无论是练习选择、非负重或负重、稳定或不稳定，还是其他任何增加的变量，记得要一直保持适当的基本力学机制。

地基也许是一座建筑上最没有审美点的部分，但如果没有稳固的地基，地基以上的结构不会实现理想作用。同样的，因为大多数活动不算具有动态的性质，有时稳定性被视为这 3 个计划阶段中最没有乐趣的阶段。大多数运动员发现，去进行动态的活动，增加负重，或是向地面猛砸药球这样的练习更刺激，会带来内在的满足感。甚至是健身爱好者和经验丰富的专业人员都会倾向于忽视稳定性训练，选择更活跃的运动导向的训练，原因正在于此。许多人直接进入力量训练阶段，尤其是那些刚开始一项核心训练计划的人。他们的训练按照个人舒适度进行随意组合，受到来自居心不良的理疗师不合理的信息的误导，或者相信一些不法训练产品中的诺言，却最终无法实现他们的要求。

正如我们反复强调的一点，在稳定性训练之前进行力量训练是鲁莽的行为，通常导致发展受挫和高度的受伤风险。

有意思的是，许多人从来没有进入爆发力训练阶段，反而只选择进行力量训练。爆发力训练确实不应轻率地进行，身体必须在尝试之前做好充分准备。但是在稳定性训练和力量训练这两个阶段努力训练将为进展到爆发力训练打下充分的基础。不要让爆发力的性质阻止你进行爆发力训练，应该把爆发力训练视为完整核心部位所必需且不可或缺的一部分。随着年龄增长，爆发力水平会减退。随着我们进入晚年，爆发力活力的缺乏会严重影响生活质量。爆发力训练因人而异，会有完全不同的动机，比如想在竞争中处于领先地位的 3 届奥运冠军和世界冠军举重运动员皮罗斯·迪马斯（Pyrros Dimas）与一位在必要时需要躲开迎面而来的汽车的老年人，他们的训练动机就完全不同。应该重视和努力进行爆发力训练，它可以是充满乐趣的，而且这一点在体育界中取得胜利是必不可少的。

如此，你可以清楚地理解训练理念的目的，以及为什么每个部分以协同方式对完整计划的成功结果起着关键作用。现在从更多细节方面来回顾这 3 个阶段：稳定性、力量和爆发力。每个阶段的重要性体现在具体时刻上。你肯定听说过格言"活在当下"。对于我们的目的，重要的时刻是按照划定的界限逐渐从稳定性进展到力量训练，再从力量到爆发力训练，然后按照发展的要求进行周期训练。

最重要的阶段是目前所在的阶段。进入下一个阶段取决于你对之前阶段的掌握情况。如果继续停留在某一个具体阶段的单一重点上，或者只进行某一个具体的练习而排除其他练习，可能产生的结果就是低效能的运动模式和方法上的缺陷。因此，训练计划中至关重要的方面是每个阶段完整性的共同集合。按照这个方式，随着一次次的周期训练，无论是在球场上、操场上或在后院，你都会一直充满新鲜感地欣赏自己取得的运动表现的进步。

稳定性阶段

稳定性是最重要的一个部分，其对提高运动表现和保持一种健康的生活方式是必要的。然而可悲的是，它也是被很多人误解的训练阶段。我们大多数人从大量的研究数据中可以看到：80% 的人在成年后会经历背部疼痛。大约 1600 万成年人，也就是 8% 的成年人正在体验持续或慢性的背部疼痛，这些疼痛会限制他们日常生活中某些活动的进行。

正如我们所强调的，背部通常是核心训练中最容易被忽视的部位。稳定性训练对获得体育运动成功的其他方面必不可少。稳定性训练被错误地认为是长时间保持静态姿势不动，这确实是稳定性训练的一个方面，但是并没有在全面的运动背景下充分展现其动态功能。杰出的物理理疗师查理·温格罗夫（Charlie Weingroff）提出有关稳定性的深度观点，将其定义为"关节系统在不断变动的情况下保持姿势的能力"。这个智慧的定义深刻地影响我们的观念。下面的训练计划将从静态和动态两方面锻炼与骨关节有关系的深层稳定肌，从而在功能性运动模式中保持姿势位置和动态姿势的有效性。如果我们可以完成这个具有挑战性的任务，然后将其与力量和爆发力相联系，将会为我们竞争总冠军打下基础。

看一看相应的稳定性训练指南。和其他训练阶段一样，稳定性训练涵盖了一次 4~6 周的周期练习。核心肌肉组织通常是慢肌纤维，这决定了练习建议的重复次数。除此之外，有些运动被归类为全身或复合练习。因此，在相同的练习中可能需要多达 6~7 次的运动变式。按照所建议的重复次数，我们会逐个认识这些练习。为了保持训练顺利地进行和保持运动员的能力和注意力，核心的不同部分应该以循环步骤进行锻炼。有时这个训练系统被称作超级组（supersetting），一个练习后直接进入下一个练习，且中间没有休息时间。规定的休息间隙应该在每次循环练习之间。然而，如果需要休息以确保随后练习的正确性，那么一定要休息一下。绝对不要因为任何原因而牺牲正确的练习方式；如果一个短暂的休息对保持正确性有必要，那么可以休息。

稳定性阶段指南

* 阶段时长：4~6 周
* 每周练习频率：至少 3 次（不超过 6 次）
* 重复次数：10~20 次
* 练习持续时间（如果适用）：15 秒 ~3 分钟
* 循环次数：3~4 次，每次循环之间休息 30 秒

注意：选择的练习可以不变，也可以每个训练日变更计划，或者每一组练习都不同

表 19.1 是稳定性周期训练的一个样例。记住这只是几个例子。你选择的练习、组数、时间或间隔会与此不同。

表 19.1　稳定性阶段

部位	练习	组数	时间或重复次数
抗伸展	肘部平板支撑	3	35 秒
抗旋转	翻滚模式 1：轻柔翻滚，上半身	3	12 次，每侧 6 次
肩胛胸壁	俯卧肩胛骨收缩和下压（A）：斜凳	3	12 次
腰椎 – 骨盆 – 髋关节复合体	单侧桥式	3	每侧 12 次

力量阶段

正如我们在第 18 章中所讨论的，在完成稳定性阶段后，在开始力量阶段之前再进行一次测试。通过测试后，可以准备进入力量阶段。

我们可以用很多方式增加一项练习的难度水平。通过运用多感官环境增加本体感受的要求可以使相对简单的练习变得更加复杂。从稳定平面上到不稳定设备上进行练习，增加干扰，保持一个具有挑战性的姿势向旁边的陪练扔球，或者进行其他任何多模式控制的练习，通常比简单地增加外部负重更有意义。因此在力量阶段，强度递增的方式有很大差别，你可以从谨慎地控制体重开始，也可以使用绳索训练机这类器材来对抗外部负荷。

参考相应的力量阶段训练指南。力量训练的重复次数会比稳定性训练的重复次数要少。然而，基于等长收缩的练习（静态）将再次根据个人能力建立，如同在第 18 章中的测试。在选择合适的负重时，一定要做出正确的判断；额外的负重应该是使练习更具有难度，但不应破坏整体的练习形式。换句话说，绝对不要为了增加次数、组数或额外负重而牺牲正确的方式或姿势控制。正如其他两个阶段的训练一样，力量阶段是以循环的方式进行 3~4 组练习，且每组之间尽可能少地休息。一直要铭记有关准确练习的注意事项。

在力量训练中，你将发现一组标签为"整体核心"的练习。这些复合训练积极地为本书中列举的各个部位提出挑战。虽然所有练习都关注整体，但部分练习依然以解剖结构中的某一区域作为重点。整体核心练习的效果很明显，对建立一个整体的核心基础以及最终的运动表现是必要的。整体核心训练在本质上更加广泛。除了给身体带来的影响，进行这些练习有许多益处；更资深的运动员可以将其加入到典型的循环训练中。

因为核心部位大量的血液供应，该部分的修复速度快。因此，通过稳定性阶段的训练为自己做一定准备，通过再测试，进阶到关注较高强度的力量训练（组数、次数或持续时间，或者组合，或 3 个全部增加）。另外，在某些情况下，可以把一项整体核心训练与一个需要重点训练的解剖部位相匹配。举个例子，将土耳其起立（见第 14 章）与俯卧 YTA 组合运动（见第 12 章）相配对。

力量阶段指南

* 阶段时长：4~6 周
* 每周练习频率：至少 3 次（不超过 6 次）
* 重复次数：10~15 次
* 练习持续时间（如果适用）：15 秒 ~1 分钟
* 循环次数：3~4 次，每次循环之间休息 30 秒

注意：选择的练习可以不变，也可以每个训练日变更计划，或者每一组练习都不同

表 19.2　力量阶段

部位	练习	组数	时间或重复次数
抗伸展	稳定球平板支撑：搅拌动作	4	10 次，每侧 5 次
抗旋转	侧向抗阻前推 – 等长进阶 1：半跪姿	4	10 次，每侧 5 次
肩胛胸壁	拉开阻力带	4	10 次
腰椎 – 骨盆 – 髋关节复合体	提臀运动，肩部抬高	4	每侧 10 次
整体核心	双侧服务员行走	4	10 步

许多人的练习时间不够。必要的时候（虽然不太理想），可以运用1~2个整体核心练习完成一次完整的核心锻炼。如果这样做，需要进行多组练习。一项整体核心练习仅进行 3~4 次不足以产生积极的适应性变化。

表 19.2 是力量周期训练的一个样例（包括整体核心）。记住，这些仅仅是例子。你的练习选择、组数、时间或次数间歇会不同。

爆发力阶段

在测试成功，准备就绪后，就可以开始爆发力阶段训练了。在这个阶段重要的是运动速度，所以你选择的负重必须反映你快速控制负重的能力。负荷太重，运动速度会很慢，产生的效果就较少。应该是你来决定负重，而不让负重控制你。

见爆发力相关的指南。根据之前指南中的参数，在爆发力阶段练习重复的次数应该比稳定性和力量阶段低。爆发力阶段的练习没有涉及静态等长运动，所以计划时间不会成为一个问题。整个爆发力阶段以 3~4 次循环训练进行，每次循环之间停顿 60 秒。

注意，在这个阶段没有指定的肩胛胸壁练习。以分离的方式有力地向后拉动肩胛骨一般不是一个好方式，主要因为这种方式使肩胛带的许多支撑结构处于危险之中。另外，在许多爆发力练习中，肩胛胸壁肌肉组织以整体方式起着关键作用，因此不需要额外施压。

表 19.3 是爆发力周期训练的一个样例。记住，这些仅仅是例子。你选择的练习、组数、时间或次数间隙会不同。

爆发力阶段指南

* 阶段时长：4~6 周
* 每周练习频率：至少 3 次（不超过 4 次）
* 重复次数：5~10 次
* 组间隙：每组之间休息 90 秒
* 循环次数：3~4 次，每次循环之间休息 60 秒

注意：选择的练习可以不变，也可以每个训练日变更计划，或者每一组练习都不同

表 19.3　爆发力阶段

部位	练习	组数	时间或重复次数
抗伸展	药球过顶下砸	4	8 次
抗旋转	龙卷风式药球旋转	4	8 次
腰椎 – 骨盆 – 髋关节复合体	爆发力上台阶	4	16 次，每侧 8 次

基础计划原则

为了易于理解和帮助认识到核心计划的重要基本原则，我们把下列清单作为快速检查的参考指南。

* 训练计划是在功能上进行循环训练，每个阶段不断循环。

* 通过测试确定一个合适的起点。

* 每阶段训练持续 4~6 周时间。

* 整个阶段选择的练习应该有变化。这个变化可以简单地改变每日的训练内容，也可以每组都改变训练项目。然而，建议一点：如果你在尝试一个练习时动作不太理想，那么坚持这个练习，直到熟练了，可以进入下一个练习为止。

* 练习遵循循环的方式。

* 在稳定性阶段和力量阶段的每次循环之间休息 30 秒，在爆发力阶段的每次循环之间休息 90 秒。

* 在进展到下一个具体阶段之前，需要成功完成测试。

* 在稳定性阶段，重复次数范围是 10~20 次；力量阶段，重复次数范围是 10~15 次；爆发力阶段，5~10 次。

* 等长练习的维持时间最短为 15 秒，最长为 3 分钟。

* 循环次数范围为 3~4 次。

* 不要为了增加次数、组数、时间、额外负重，或者缩短休息时间而牺牲正确的练习方式或姿势控制。

在第 20 章，我们会展示出更高级的训练计划样例，让你对训练系统有一定认识并对训练阶段的有效进展更加了解。最终，你会变得强大，不断地追求卓越，而非接受现状。

第 20 章

高级核心训练计划

在 本章，我们为你提供大量训练计划的样例。考虑到训练需要的广泛性，我们的目的在于确定一种格式，以展示丰富的计划方案。注意，这些是训练计划的样例。你的计划方案绝对与此不同。请多些创造力！本书中有足够多的练习可供你选择。

基本模板

表 20.1 至表 20.3 的模板展示了在 3 次循环练习中（12~18 周）一个完整的核心系统训练的节奏和流程。

起初的稳定性阶段（见表 20.1）的训练很简单却至关重要。不要因为它有时看起来要求不是那么高而忽视它的价值。稳定能力对实现动态姿势最优化和最终实现整个人体动力链功能效率最大化来说是必要的。在 4~6 周后，需

要进行一次再测试以确定你是否拥有足够发展力量的能力和运动力学的准确性，这对安全地进展到力量阶段（见表 20.2）是必要的。力量阶段比稳定性阶段难度有所提升。一个值得反复强调的安全点是：绝对不要以牺牲正确的练习方式为代价进展到更高级的练习。掌握正确的力学机制是至关重要的。这一点怎么强调都不为过。通过增加次数、组数、稳定性难度、速度、加速或减速能力，减少休息间隔（或者无休息），或者增加其他任何挑战，使练习更加具有难度。绝对不要在没有掌握之前的难度水平的前提下进行。记住一点，在从稳定性阶段进入力量阶段或从力量阶段进入爆发力阶段（见表 20.3）之前，定期测试对评估和掌握自身情况是非常必要的。记得运用第 18 章中的测试。

表 20.1　稳定性阶段 1（4~6 周）：基础模板

部位	练习	组数	时间或重复次数
抗伸展	肘部平板支撑	3	15~30 秒
抗旋转	肘部侧平板支撑：下肢高位	3	每侧 15~25 秒
肩胛胸壁	俯卧肩胛骨收缩和下压（A）：地面	3	15 次
腰椎 – 骨盆 – 髋关节复合体	地面桥式：阻力带	3	15 次

表 20.2　力量阶段 1（4~6 周）：基础模板

部位	练习	组数	时间或重复次数
抗伸展	稳定球肘部平板支撑：前后滚动	3	12 次
抗旋转	绳索下砍进阶 1：半跪姿	3	每侧 12 次
肩胛胸壁	俯卧负重肩胛收缩和下压（A）：斜凳	3	12 次
腰椎 – 骨盆 – 髋关节复合体	提髋运动：肩部抬高	3	12 次

表20.3　爆发力阶段 1（4~6 周）：基础模板

部位	练习	组数	时间或重复次数
抗伸展	药球过顶下砸进阶 1：高跪姿	3	10 次
抗旋转	药球下砍砸球进阶 1：半跪姿	3	每侧 10 次
腰椎 – 骨盆 – 髋关节复合体	健身箱单脚跳 – 跳上	3	每条腿 10 次

在完成从表 20.1 到表 20.3 的进阶训练计划后，你已经结束了 12~18 周的训练，这是一个了不起的成绩。现在，做一点推测性的转变。我们的经验显示，为了避免徘徊在平台期停滞不前，以及更糟糕的退步，我们必须返回每个阶段，进行再一次的周期练习，区别是以更为严苛的强度进行（见表 20.4 至表 20.6）。除了增加强度，应该确保继续改变运动选择，这将进一步挑战身体的适应性（从生理到运动多样性的角度来讲）。身体更容易对包括一系列特殊难度的挑战做出改变，而非对那些一再重复进行的相同练习。例如，在掌握肘部平板支撑后，在接下来的两个月内继续这个练习就是多余的。增加强度，增加负重，加入不稳定设备，或者直接改变练习的选择，这些都将进一步挑战身体功能系统。

身体能够进行无数种运动模式，所以进行多种锻炼并不是轻率的行为。因此，在练习选择上多些创造力。要记住一点，只要遵循前文提到的指导：稳定性先于力量，力量先于爆发力，并在结构化训练模式中加入所有必要的区域，把锻炼部位囊括在有结构的训练模板中，

你就能够将所有训练内容在一个阶段内、一个训练日内和每个训练组内完全掌控。换句话说，可以选择一个练习，然后在 4~6 周的阶段训练中进行这个练习（不是最佳选择）。或者，选择一个练习，完成该训练项目规定的组数，然后在下一个训练项目中改变练习（可靠的选择）。或者，在一个训练日中每组都进行不同的训练（需要一些计划，但这是最佳选择）。无论怎样，绝对不要一再锻炼坏习惯！在几个训练期后，如果仍然无法用正确的力学要求完成所选择的练习，那么重新考虑选择的练习，包括特殊练习，直到你有足够的力量和身体控制能力去完成这些练习。

在第二阶段训练的最后，你将体验到核心部位深刻的功能适应性。锻炼结果是可以看得见的。但更重要的是，你应该开始认识到运动模式效率和功能的明显提升，以及在运动表现各方面的提高。在第二轮周期训练的结尾，已经完成 24~36 周的训练。随着开始第三阶段的训练（见表 20.7 至表 20.9），练习的选择应该像前两轮循环练习的要求一样，增加强度和多样性，对自己提出更高的要求。

表20.4　稳定性阶段 2（4~6 周）：基础模板

部位	练习	组数	时间或重复次数
抗伸展	肘部平板支撑：不稳定下肢，双脚抬高	4	20~30 秒
抗旋转	肘部侧平板支撑：不稳定上肢，双脚抬高	4	每侧 15~20 秒
肩胛胸壁	俯卧肩胛平面练习（Y）：地面	4	12 次
腰椎 – 骨盆 – 髋关节复合体	单侧桥式	4	每条腿 12 次

表 20.5　力量阶段 2（4~6 周）：基础模板

部位	练习	组数	时间或重复次数
抗伸展	滑动车行走训练	4	12 次
抗旋转	绳索下砍进阶 2：高跪姿	4	每侧 12 次
肩胛胸壁	俯卧负重肩胛运动（Y）：斜凳	4	12 次
腰椎 - 骨盆 - 髋关节复合体	负重提髋运动：阻力带，肩部抬高	4	12 次

表 20.6　爆发力阶段 2（4~6 周）：基础模板

部位	练习	组数	时间或重复次数
抗伸展	药球过顶下砸进阶 2：站姿	4	10 次
抗旋转	药球下砍砸球进阶 2：高跪姿	4	每侧 10 次
腰椎 - 骨盆 - 髋关节复合体	滑冰运动	4	每侧 10 次

表 20.7　稳定性阶段 3（4~6 周）：基础模板

部位	练习	组数	时间或重复次数
抗伸展	直臂平板支撑：悬吊上肢	4	20~30 秒
抗旋转	肘部侧平板支撑：不稳定上肢，手臂和腿外展，双脚抬高	4	每侧 15~20 秒
肩胛胸壁	俯卧肩胛胸壁组合运动（YTA）：地面	4	12 次
腰椎 - 骨盆 - 髋关节复合体	稳定球单腿桥式组合运动	4	每条腿 12 次

表 20.8　力量阶段 3（4~6 周）：基础模板

部位	练习	组数	时间或重复次数
抗伸展	前滚练习：腹肌轮	4	12 次
抗旋转	药球下砍砸球进阶 3：站姿	4	每侧 12 次
肩胛胸壁	俯卧负重肩胛胸壁组合训练（YTA）：斜凳	4	12 次
腰椎 - 骨盆 - 髋关节复合体	提髋运动：肩部抬高，单腿	4	每条腿 12 次

表 20.9　爆发力阶段 3（4~6 周）：基础模板

部位	练习	组数	时间或重复次数
抗伸展	药球过顶下砸进阶 4：站姿绕臂	4	每侧 10 次
抗旋转	药球下砍砸球进阶 3：站姿	4	每侧 10 次
腰椎 - 骨盆 - 髋关节复合体	健身箱单腿内侧跳 - 跳上	4	每侧 10 次

上面的训练计划为你提供有效、整体的模板，让你向着目标又前进一步。然而，从现实层面来讲，这个计划或任何计划的初始阶段不太可能完全定期进行。没有什么事是完全按照计划进行的。在本章的后续部分，我们提出训练计划和指南，以应对不可预测的情况和无疑会出现的特殊情况。

初级：训练经验最少

如果第 18 章的测试结果显示你应该从初级的稳定性阶段开始训练，请不要泄气。坦白地说，这是核心训练初学者的起点。同样地，如果你没有通过再测试，发现自己还是处于这一类，还需要进行第二轮的 4~6 周稳定性训练，请不要惊慌。附加的稳定性训练不会产生永久损害，只是身体在告诉你，你的核心部位尚未完全准备好向前推进。核心肌肉组织适当的发展促进整个核心部位在往后的运动中的快速适应，以及由此形成的在运动表现中的参与性。你的一生可以发展各种训练计划，给身体一个适应压力的机会。

以下模板（见表 20.10 至表 20.16）是一个例子。这个运动员完成了初步的稳定性阶段训练，但是在重新测试中失败，在进展到力量阶段之前，需要进行第二轮的 4~6 周稳定性训练。如果不是第一次通过测试，那这个人应该能够操控练习选择、强度和本体感受的难度等变量。虽然测试能够通过衡量运动表现的基础数据来评价进阶，但是不会充分地显露出核心部位的发展情况。因此，再强调一次，训练的多样性将加速适应性和进步，且在后面的测试中会展现出来。

测试：失败

表 20.10　稳定性阶段 1（4~6 周）：初级

部位	练习	组数	时间或重复次数
抗伸展	肘部平板支撑	3	20~30 秒
抗旋转	翻滚模式 1	3	每侧 12 次
肩胛胸壁	俯卧肩部外展练习（T）：地面	3	12 次
腰椎 - 骨盆 - 髋关节复合体	地面桥式	3	12 次

再测试：失败

表 20.11　稳定性阶段 2（4~6 周）：初级

部位	练习	组数	时间或重复次数
抗伸展	肘部平板支撑：下肢高位	4	20~30 秒
抗旋转	翻滚模式 1：轻柔翻滚，上半身	4	每侧 12 次
肩胛胸壁	俯卧肩部外展练习（T）：斜凳	4	12 次
腰椎 - 骨盆 - 髋关节复合体	地面桥式：阻力带	4	12 次

再测试：通过

表 20.12　力量阶段 1（4~6 周）：初级

部位	练习	组数	时间或重复次数
抗伸展	前滚练习：稳定球，跪姿	3	12 次
抗旋转	侧向抗阻前推 – 等长进阶 1：半跪姿	3	每侧 15~20 次
肩胛胸壁	俯卧负重肩外展（T）：斜凳	3	12 次
腰椎 – 骨盆 – 髋关节复合体	提髋运动：肩部抬高	3	12 次

表 20.13　爆发力阶段 1（4~6 周）：初级

部位	练习	组数	时间或重复次数
抗伸展	药球过顶下砸进阶 1：高跪姿	3	10 次
抗旋转	药球侧向抛进阶 1：半跪姿	3	10 次
腰椎 – 骨盆 – 髋关节复合体	健身箱单脚跳 – 跳下	3	每条腿 10 次

表 20.14　稳定性阶段 3（4~6 周）：初级

部位	练习	组数	时间或重复次数
抗伸展	肘部平板支撑：不稳定下肢，下肢高位	4	20~30 秒
抗旋转	翻滚模式 2	4	每侧 12 次
肩胛胸壁	俯卧肩部外展练习（T）：稳定球	4	12 次
腰椎 – 骨盆 – 髋关节复合体	稳定球桥式	4	12 次

表 20.15　力量阶段 2（4~6 周）：初级

部位	练习	组数	时间或重复次数
抗伸展	前滚练习：滑动车	4	12 次
抗旋转	侧向抗阻前推 – 等长进阶 2：高跪姿	4	每侧 15~20 秒
肩胛胸壁	拉开阻力带	4	12 次
腰椎 – 骨盆 – 髋关节复合体	提髋运动：阻力带，肩部抬高	4	12 次

表 20.16　爆发力阶段 2（4~6 周）：初级

部位	练习	组数	时间或重复次数
抗伸展	药球过顶下砸进阶 2：站姿	4	8 次
抗旋转	药球侧向抛进阶 2：高跪姿	4	每侧 8 次
腰椎 – 骨盆 – 髋关节复合体	单腿爆发力上台阶	4	每条腿 8 次

中级：中等训练经验

如果第 18 章的测试结果显示你可以从力量阶段开始训练，那么遵循表 20.17 至表 20.25 所列出的训练模板。不要害怕挑战自己；一直在心里记住，正确的练习形式至关重要，但是做好挑战极限的准备。记得多些创造力，进行多种练习和挑战。

测试：通过

表 20.17 力量阶段 1（4~6 周）：中级

部位	练习	组数	时间或重复次数
抗伸展	滑板训练：肘部支撑锯式练习	3	10 次
抗旋转	炮筒旋转训练	3	每侧 5 次
肩胛胸壁	拉开阻力带	3	10 次
腰椎－骨盆－髋关节复合体	过顶深蹲系列运动进阶 1：阻力带囚徒深蹲	3	10 次

表 20.18 爆发力阶段 1（4~6 周）：中级

部位	练习	组数	时间或重复次数
抗伸展	药球过顶下砸进阶 1：高跪姿	3	10 次
抗旋转	平行扔药球进阶 1：半跪姿	3	每侧 10 次
腰椎－骨盆－髋关节复合体	健身箱单脚跳－跳上	3	每条腿 10 次

表 20.19 稳定性阶段 1（4~6 周）：中级

部位	练习	组数	时间或重复次数
抗伸展	直臂平板支撑：单腿髋部外展	4	每条腿 15~20 次
抗旋转	俯卧旋转稳定性训练进阶 1：单腿髋部伸展	4	每条腿 12 次
肩胛胸壁	俯卧肩胛胸壁组合运动（YTA）：地面	4	12 次
腰椎－骨盆－髋关节复合体	核心部位基础下蹲系列进阶 1：囚徒深蹲	4	12 次

表 20.20 力量阶段 2（4~6 周）：中级

部位	练习	组数	时间或重复次数
抗伸展	滑板训练：直臂支撑锯式练习	4	10 次
抗旋转	炮筒旋转训练：使用把手	4	每侧 5 次
肩胛胸壁	俯卧负重肩胛胸壁组合训练（YTA）：斜凳	4	10 次
腰椎－骨盆－髋关节复合体	过顶深蹲系列运动进阶 3：负重过顶深蹲	4	10 次

表 20.21　爆发力阶段 2（4~6 周）：中级

部位	练习	组数	时间或重复次数
抗伸展	药球过顶下砸进阶 2：站姿	4	10 次
抗旋转	平行扔药球进阶 2：高跪姿	4	每侧 10 次
腰椎 – 骨盆 – 髋关节复合体	健身箱单脚跳 – 跳下	4	每条腿 10 次

表 20.22　稳定性阶段 2（4~6 周）：中级

部位	练习	组数	时间或重复次数
抗伸展	直臂平板支撑：单腿髋部外展，下肢高位	4	每条腿 15~20 秒
抗旋转	俯卧旋转稳定性训练进阶 2：单腿完全屈曲	4	每条腿 12 次
肩胛胸壁	俯卧肩胛胸壁组合运动（YTA）：斜凳	4	12 次
腰椎 – 骨盆 – 髋关节复合体	单腿平衡训练	4	每条腿 20~30 秒

表 20.23　力量阶段 3（4~6 周）：中级

部位	练习	组数	时间或重复次数
抗伸展	滑动车行走训练	4	10 步
抗旋转	炮筒旋转训练：使用把手和负重	4	每侧 5 次
肩胛胸壁	俯卧负重肩胛胸壁组合训练（YTA）：稳定球	4	10 次
腰椎 – 骨盆 – 髋关节复合体	过顶深蹲系列运动进阶 5：单臂负重过顶深蹲	4	10 次

表 20.24　爆发力阶段 3（4~6 周）：中级

部位	练习	组数	时间或重复次数
抗伸展	药球过顶下砸进阶 3：高跪姿绕臂	4	每侧 8 次
抗旋转	平行扔药球进阶 3：站姿	4	每侧 8 次
腰椎 – 骨盆 – 髋关节复合体	健身箱单腿内侧跳 – 跳上	4	每条腿 8 次

表 20.25　稳定性阶段 3（4~6 周）：中级

部位	练习	组数	时间或重复次数
抗伸展	直臂平板支撑：不稳定上肢，单腿髋部外展	4	每条腿 15~20 秒
抗旋转	俯卧旋转稳定性进阶 3：单腿髋部内旋和触地	4	每侧 12 次
肩胛胸壁	俯卧肩胛胸壁组合运动（YTA）：稳定球	4	12 次
腰椎 – 骨盆 – 髋关节复合体	单腿平衡和触地	4	每条腿 12 次

346　　第 20 章　高级核心训练计划

高级：高水平训练经验

如果你做到了这一步，恭喜！已经证明你
的核心发展处于高级水平。你的核心根基显然
已经相当强大了，但接下来的训练计划（见表
20.26 至表 20.34）应进一步锻炼内部和外部运

动肌。记住，你的身体必须为爆发力训练阶段
的爆发式活动做好充分准备。采取谨慎的态度。
对骨关节拥有控制力后，现在可以更加充分地
发展你的力量、爆发力和本体感受，以及神经
肌肉控制力，这些对提高运动表现十分重要。

测试：通过

表 20.26　力量阶段 1（4~6 周）：高级

部位	练习	组数	时间或重复次数
抗伸展	前滚练习：腹肌轮	4	12 次
抗旋转	炮筒旋转训练	4	每侧 6 次
肩胛胸壁	俯卧负重肩胛胸壁组合训练（YTA）：斜凳	4	12 次
腰椎 - 骨盆 - 髋关节复合体	阻力带侧滑步	4	每侧 12 步

表 20.27　爆发力阶段 1（4~6 周）：高级

部位	练习	组数	时间或重复次数
抗伸展	药球过顶下砸进阶 1：高跪姿	4	每侧 10 次
抗旋转	平行扔药球进阶 1：半跪姿	4	每侧 10 次
腰椎 - 骨盆 - 髋关节复合体	滑冰运动	4	每条腿 10 次

表 20.28　稳定性阶段 1（4~6 周）：高级

部位	练习	组数	时间或重复次数
抗伸展	肘部平板支撑：静态前后移动	4	12 步
抗旋转	肘部侧平板支撑：手臂外展，脚触地	4	每侧 12 次
肩胛胸壁	俯卧肩胛平面练习（Y）：斜凳	4	12 次
腰椎 - 骨盆 - 髋关节复合体	核心部位基础下蹲系列进阶 2：过顶下蹲	4	12 次

表 20.29　力量阶段 2（4~6 周）：高级

部位	练习	组数	时间或重复次数
抗伸展	登山训练：滑板，不稳定上肢	4	每条腿 6 次
抗旋转	炮筒旋转训练：使用把手	4	每侧 6 次
肩胛胸壁	俯卧负重肩胛胸壁组合训练（YTA）：斜凳	4	12 次
腰椎 - 骨盆 - 髋关节复合体	X 阻力带行走	4	每侧 12 步

表 20.30　爆发力阶段 2（4~6 周）：高级

部位	练习	组数	时间或重复次数
抗伸展	药球过顶下砸进阶 2：站姿	4	每侧 5 次
抗旋转	平行扔药球进阶 2：高跪姿	4	每侧 10 次
腰椎－骨盆－髋关节复合体	单腿爆发力上台阶	4	每条腿 10 次

表 20.31　稳定性阶段 2（4~6 周）：高级

部位	练习	组数	时间或重复次数
抗伸展	直臂平板支撑：静态前后移动	4	12 步
抗旋转	直臂侧平板支撑：手臂外展，脚触地	4	每侧 12 次
肩胛胸壁	俯卧肩部外展练习（T）：斜凳	4	12 次
腰椎－骨盆－髋关节复合体	单腿平衡训练	4	每条腿 20~30 秒

表 20.32　力量阶段 3（4~6 周）：高级

部位	练习	组数	时间或重复次数
抗伸展	登山训练：稳定球，阻力带	4	每条腿 6 次
抗旋转	炮筒旋转训练：使用把手和负重	4	每侧 6 次
肩胛胸壁	俯卧负重肩胛胸壁组合训练（YTA）：稳定球	4	12 次
腰椎－骨盆－髋关节复合体	阻力带侧滑步：双腿伸直	4	每侧 12 步

表 20.33　爆发力阶段 3（4~6 周）：高级

部位	练习	组数	时间或重复次数
抗伸展	药球过顶下砸进阶 3：高跪姿绕臂	4	每侧 8 次
抗旋转	平行扔药球进阶 3：站姿	4	每侧 8 次
腰椎－骨盆－髋关节复合体	交替爆发力上台阶	4	每条腿 8 次

表 20.34　稳定性阶段 3（4~6 周）：高级

部位	练习	组数	时间或重复次数
抗伸展	肘部平板支撑到直臂平板支撑：移动至健身箱上	4	12 步
抗旋转	肘部侧平板支撑：手臂外展，膝靠胸	4	每条腿 12 次
肩胛胸壁	俯卧肩胛骨收缩和下压（A）：斜凳	4	12 次
腰椎－骨盆－髋关节复合体	单腿平衡和触地	4	每条腿 12 次

4~6 周内的进阶训练

我们希望这个训练形式使你可以在舒适的程度下进行锻炼，因而不需要通过多次的循环训练才能够从一个水平进阶到下一个水平。其中一个令人激动的目标在于，让你与各训练阶段和训练进阶之间形成一个共生关系。这不可避免地带来在阶段性训练中去尝试和试验的欲望。我们鼓励这种想法，我们认为在条件允许的情况下，人们应该不断地挑战自己。也就是说，你必须停留在构建的框架中。

作为例子，现在我们将重新检查在前文给中级训练者提供的练习，目的在于在每个 4~6 周的阶段训练中取得进步。在以下的例子中（见表 20.35 至表 20.46），每阶段训练的第一个表列出 2~4 周的练习计划，第二个表列出 3~6 周的相同阶段的额外训练。这个例子展示了如何通过在同一组中选择难度更高的练习来巧妙地改变训练计划，进而在特定的训练阶段提升自己。如果在 2~4 周训练之后，你需要增加练习难度，只需要随着进度和再测试结果进行调整。

在初始训练阶段，你将对练习目的和步骤形成一个良好的意识。而且，还会产生以高质量力学作用为结构的核心适应性以及每个新练习的运动表现精确性。你可能发现，为了更好地认识关键肌肉，以及它们如何促进特定功能，以慢节奏逐渐向前过渡的方式进行训练是必要

的。与任何力量和体能训练计划一样，肌肉的准确活动必须针对预期结果。因此，在过渡到更难的阶段之前，必须加强对核心单元的内在控制。信任这套系统。你的进步是建立在随后各种连续练习成功进阶的基础上的，这些练习的强度是基于之前练习取得的成绩。继续以舒适的方式前进，绝对不要在没有掌握初级练习之前就进入更难的练习中。每个人在以不同的节奏前进。进展可能如同通过腿部外展微略地影响身体姿势这样细微，或者如同增加沙袋这样的外部负重一样明显。任何在平衡、身体控制、神经肌肉效率、力量产生或力量产生速度上的逐渐提升都将带来更佳的运动表现。除此之外，练习选择的多样性会确保持续不断的进步。

首先，也是最重要的，为了获得极高水平的脊柱动态稳定性，必须把核心训练重点转向应对外部负荷方面（见表 20.35 和表 20.36）。在健身房，可以使用杠铃片和哑铃、阻力带和绳索、沙袋和药球，等等。聪明地选择练习，但也无须对你选择的设备有所保留。

速度在爆发力方程中的重要性，以及最终对爆发力表现的重要性，不夸张地说是巨大的。把这一点铭记在心，随着练习难度的增加（见表 20.37 和表 20.38），各类变量的任意组合，例如，平衡形式、改变身体姿势，或者增加负重等，都不能成为影响速率的因素。

测试：通过

表 20.35 力量阶段 1 进阶练习（2~4 周）			
部位	练习	组数	时间或重复次数
抗伸展	悬挂 L 系列训练：直腿至 L 再返回	3	10 次
抗旋转	绳索推拉训练进阶 1：半跪姿	3	每侧 5 次
肩胛胸壁	拉开阻力带	3	10 次
腰椎 - 骨盆 - 髋关节复合体	过顶深蹲系列运动进阶 1：阻力带囚徒深蹲	3	10 次

表 20.36　力量阶段 1 进阶练习（3~6 周）

部位	练习	组数	时间或重复次数
抗伸展	悬挂 L 系列训练：交替直腿至 L 姿势	3	每侧腿 10 次
	抗伸展的进阶练习起初很简单，从双腿运动改变为单腿运动		
抗旋转	绳索推拉训练进阶 2：高跪姿	3	每侧 5 次
	在抗旋转练习的情况下，不推荐采用增加负重或增加重复次数来增加难度，而是通过改变下半身位置，从半跪姿改为高跪姿，完全移除来自双腿的协助，使整体难度增加		
肩胛胸壁	拉开阻力带	3	10 次
	拉开阻力带可以以两种方式进行进阶：通过使用略微厚一些的阻力带来增加张力（阻力带通常按照颜色分类，带来不同张力），略微缩短两手握阻力带的距离来增加阻力		
腰椎 – 骨盆 – 髋关节复合体	过顶深蹲系列运动进阶 1：阻力带囚徒深蹲	3	10 次
	在该练习中，可以使用阻力更大的阻力带来进行进阶，这样能够针对髋部侧边的肌肉组织增加负荷，或者在这个例子中，通过进行双臂过顶深蹲来提高难度。向头顶上方伸展手臂的动作改变整个核心系统的动态效果（主要是后背肌肉组织），而且极大地影响整个腰椎 - 骨盆 - 髋关节复合体		

表 20.37　爆发力阶段 1 进阶练习（2~4 周）

部位	练习	组数	时间或重复次数
抗伸展	药球过顶下砸进阶 1：高跪姿	3	8 次
抗旋转	平行扔药球进阶 1：半跪姿	3	每侧 8 次
腰椎 – 骨盆 – 髋关节复合体	健身箱单脚跳 – 跳上	3	每条腿 8 次

表 20.38　爆发力阶段 1 进阶练习（3~6 周）

部位	练习	组数	时间或重复次数
抗伸展	药球过顶下砸进阶 1：高跪姿	3	8 次
	对于整个 3~6 周的训练阶段，你将保持在高跪姿，但是随着力量提升，逐渐使用更重的药球		
抗旋转	平行扔药球进阶 1：半跪姿	3	每侧 8 次
	这个练习的合适进阶方式也是增加药球重量		
腰椎 – 骨盆 – 髋关节复合体	健身箱单脚跳 – 跳上	3	每条腿 8 次
	根据所选择的健身箱高度，在爆发力阶段的第一次练习中，考虑增加健身箱高度，以便使跳上健身箱、落下和稳定所需的努力最大化。然而，注意这个跳起需要身体应对体重 4~6 倍的力，慎重选择健身箱高度至关重要		

神经肌肉控制和稳定性最高水平的发展有助于生物力学姿势的改进和整个人体动力链肌肉功能的平衡。神经肌肉控制的程度，以及核心稳定因素将极大地影响整个人体动力链的姿势控制，因此促进有效运动和提高运动表现。代偿因素，例如非对称主导模式、关节动力抑制及多种姿势控制问题会成为缺乏动态控制的结果。所有这些反过来会对肌肉骨骼系统产生压力，而且可能引起疼痛——损伤循环。

稳定性阶段在本质上对中枢神经系统的要求较少。因此，进阶训练必须更具有难度，以确保发展适应性和持续的神经肌肉控制能力。无论你目前的稳定性训练水平如何，对姿势进行适当的动态控制必定会对预防慢性姿势异变产生正面影响，从而避免损伤。虽然增加外部负荷也是一种选择，但并不是所有情况下都必须通过负荷来改变难度。引用不稳定变量、控制身体和加入干扰也可以增加练习挑战，且不用增加负重（见表 20.39 和表 20.40）。

表 20.39　稳定性阶段 1 进阶练习（2~4 周）

部位	练习	组数	时间或重复次数
抗伸展	直臂平板支撑：单腿髋部外展	3	每条腿 15~20 秒
抗旋转	俯卧旋转稳定性练习进阶 1：单腿髋部伸展	3	每条腿 12 次
肩胛胸壁	俯卧肩胛胸壁组合运动（YTA）：地面	3	12 次
腰椎－骨盆－髋关节复合体	核心部位基础下蹲系列进阶 1：囚徒深蹲	3	12 次

表 20.40　稳定性阶段 1 进阶练习（3~6 周）

部位	练习	组数	时间或重复次数
抗伸展	直臂平板支撑，单腿伸髋，下肢高位	3	每条腿 15~20 秒
通过抬起双腿使这个练习变得具有难度。略微伸展一条腿（不是以内收的方式向旁侧延伸），使重量只保持在一条腿上			
抗旋转	俯卧旋转稳定性练习进阶 2：单腿完全屈曲	3	每条腿 12 次
这个进阶练习很简单，从双腿以伸展方式抬起到一侧髋部旋转且腿屈曲			
肩胛胸壁	俯卧肩胛胸壁组合运动（YTA）：斜凳	3	12 次
这个练习与俯卧于地面进行 YTA 组合运动一样，但是增加了斜凳以促进手臂向前运动			
腰椎－骨盆－髋关节复合体	核心部位基础下蹲系列进阶 2：过顶深蹲	3	每侧 6 次
为了进阶过顶深蹲运动，从双手均匀地上举过头顶变为一只手负重上举过头顶。这种单侧力学特性给核心部位带来新的挑战，导致同侧的髋部肌肉和对侧的内收肌更加努力地运作			

对所施加压力的适应性直接与所施加的训练强度成正比。正因为如此，如果你持续不断在舒适区内进行锻炼，那么会产生很小的适应能力。定期地增加强度对确保持续的发展是必要的。因此，随着你开始这个阶段的第二轮训练，给自己增加一点难度，挑战一下自己的极限，这有助于保持动力和产生更多的整体效果（见表 20.41 至表 20.46）。

表 20.41　力量阶段 2 进阶练习（2~4 周）

部位	练习	组数	时间或重复次数
抗伸展	登山训练：滑板	4	每条腿 6 次
抗旋转	炮筒旋转训练：使用把手	4	每侧 6 次
肩胛胸壁	俯卧负重肩胛胸壁组合训练（YTA）：斜凳	4	12 次
腰椎 – 骨盆 – 髋关节复合体	过顶深蹲系列运动进阶 3：负重过顶深蹲	4	12 次

表 20.42　力量阶段 2 进阶练习（3~6 周）

部位	练习	组数	时间或重复次数
抗伸展	登山训练：滑板，不稳定上肢	4	12 次
为了增加登山运动的难度，把前臂放在一个不稳定的设备上			
抗旋转	炮筒旋转训练：使用把手和负重	4	每侧 6 次
正如这个练习的名字，使用负重会在自身可接受的范围内使难度水平提高			
肩胛胸壁	俯卧负重肩胛胸壁组合训练（YTA）：稳定球	4	12 次
一般来讲，俯卧斜凳 YTA 是一个有挑战性的练习，所以，任何额外的改变应经过深思熟虑，而且应该一直保持正确的练习形式。也就是说，在这个阶段的后期训练中，如果你认为能够应付额外负重的话，可以增加负重			
腰椎 – 骨盆 – 髋关节复合体	过顶深蹲系列运动进阶 4：阻力带负重过顶深蹲	4	12 次
在掌握双臂上举过头顶后，在髋部的外侧面上增加使用阻力带是个简单且舒适有效的进阶方式，而且没有显著地改变双臂上举的动作模式			

表 20.43　爆发力阶段 2 进阶练习（2~4 周）

部位	练习	组数	时间或重复次数
抗伸展	药球过顶下砸进阶 2：站姿	4	10 次
抗旋转	平行扔药球进阶 2：高跪姿	4	每侧 10 次
腰椎 – 骨盆 – 髋关节复合体	健身箱单脚跳 – 跳下	4	每条腿 10 次

表 20.44　爆发力阶段 2 进阶练习（3~6 周）

部位	练习	组数	时间或重复次数
抗伸展	药球过顶下砸进阶 4：站姿绕臂	4	每侧 8 次

这个练习中增加的抡大锤式绕臂减少了冲击力，并在核心部位内形成不同的效果，使练习略微增加难度

部位	练习	组数	时间或重复次数
抗旋转	平行扔药球进阶 2：高跪姿	4	每侧 8 次

保持高跪姿，在完成第一次后，开始扔更重一点的药球

部位	练习	组数	时间或重复次数
腰椎 - 骨盆 - 髋关节复合体	健身箱单脚跳 - 跳下	4	每条腿 10 次

进行跳跃动作时，下落的动作需要应对相当于体重 5~6 倍的力，这个力来自落地时地面给身体的反作用力。在这个练习中，增加箱子高度是增加练习难度的一种好方式，但是应该小心进行，以使身体适应增加的自重应力

表 20.45　稳定性阶段 2 进阶练习（2~4 周）

部位	练习	组数	时间或重复次数
抗伸展	直臂平板支撑：单腿髋部外展，下肢高位	4	每条腿 15~20 秒
抗旋转	俯卧旋转稳定性练习进阶 2：单腿完全屈曲	4	每侧手臂 12 次
肩胛胸壁	俯卧肩胛胸壁组合运动（YTA）：斜凳	4	12 次
腰椎 - 骨盆 - 髋关节复合体	单腿平衡训练	4	每侧腿 20~30 秒

表 20.46　稳定性阶段 2 进阶练习（3~6 周）

部位	练习	组数	时间或重复次数
抗伸展	直臂平板支撑：不稳定上肢，单腿伸髋，下肢高位	4	每侧下肢 15~20 秒

这个进阶练习的难度来自把双臂放在波速球这类不稳定设备上进行。练习本身就具有难度，然后增加使用不稳定设备会增加难度

部位	练习	组数	时间或重复次数
抗旋转	俯卧旋转稳定性练习进阶 3：单腿髋部内旋和触地	4	12 次

从进阶 2 到进阶 3 是进阶练习的一个极好方式。在这个练习中，使屈曲的腿向内穿过身体中间线，然后触碰对侧髋部下方的地面

部位	练习	组数	时间或重复次数
肩胛胸壁	俯卧肩胛胸壁组合运动（YTA）：稳定球	4	12 次

和这组练习中的抗伸展练习一样，增加不稳定设备，确保积极的身体反应（只要保持正确的形式）

部位	练习	组数	时间或重复次数
腰椎 - 骨盆 - 髋关节复合体	单腿平衡和触地	4	每侧腿 12 次

在你掌握单腿静态姿势后，增加动作。用悬空腿向不同方向轻轻延伸，这些动作涉及许多身体感受接收器的运用，提供快速的神经反馈，促使身体在腿向外延伸时保持平稳。这种方式可以简单且有效地增加练习难度

一如既往地专注每个阶段所允许的练习是很关键的，但是随着练习舒适度提升，你也会有扩展自己能力的欲望。

随着循环练习的逐渐推进，可能会有越来越多的变化。不断尝试挑战自己，并且欣赏具体的适应性阶段。结果将是值得的。

赛季中的运动员

认真的运动员一直面临一个重要的问题，就是如何在赛季中组织训练计划。一个原本经过精心设计的训练计划很可能被改变、扩展，或者可能完全取消。正因为如此，一项详细的训练计划需要跟随赛季中运动员的个人特性而做出变动。4~6 周的循环训练在周期训练计划设计上是最优的选择，但是一些专业运动员和大学生运动员通常发现，在这段时间内，精确地设计他们的训练常常存在问题。高水平的运动员通常受限于他们的比赛、训练和行程安排，所以完全按照一个既定的训练计划执行训练有时是不可能的。

针对我们的目的，假设这些运动员是努力训练的，而且遵循本书中的非赛季的核心训练。现在我们想提出一项行动计划，看看他们是否无法完成典型的 4~6 周循环周期训练。

从我们自身的经验中举两个例子：纽约尼克斯篮球队和锡耶纳大学女子网球队。我们对这两支队伍的期望都很清晰。在他们的休赛期，这些运动员应该坚定不移地坚持一个以核心功能发展为重点的全身运动发展计划；然而，在他们的赛季开始后，计划安排成为挑战。对于尼克斯队来讲，这段时间大约从 10 月的训练营开始，持续到 6 月的总决赛。对于锡耶纳大学女子网球队来讲，通常赛季在 9 月到 10 月之间开始，每场比赛之间间隔 1~2 周时间，然后在 2 月到 4 月重新回到训练中。

为了进一步解释我们对赛季运动员的核心训练的过程，首先查看一下尼克斯队从 2010—2011 赛季的早期赛程（见表 20.47）。记住一点，

这个表反映了尼克斯队的核心训练计划，不包括诸如再生训练、体能、预防技术、全身力量和爆发力、运动力学或篮球专项技术发展等其他变量。这个计划安排只是一个指导，应该根据个人情况调整。

在 NBA 的 20 年，我了解到没有哪两个赛季的比赛行程完全相同或类似，所以在赛季，个人的训练计划必须根据当年情况做出调整。在计划中需要有休息期，以确保在没有比赛的日子里运动员不会过度训练，从而避免对表现产生消极影响。目前，为了避免运动员比赛日无法实现最佳表现，广泛存在且错误的方式就是简单地放弃任何可能导致这种情况的额外训练。多年来，很多主教练，更可悲的我们的是，很多同行，都相信在赛季额外的训练会使表现减退。

这是一个有趣的二分法。例如，由于在篮球比赛中肯定会出现动态基本运动，核心部位较差的球员最终会在人体动力链上出现慢性代偿性损伤。这些损伤可能会出现在上半身、下半身，或者全身。这是一个恶性循环，过多强调了保存体力而没有发展提高，使得动力链上的薄弱环节和肌肉骨骼失衡持久存在，最终导致慢性损伤的循环出现。一个全面的核心力量和稳定性训练计划可以减少损伤的发生概率和严重性，而且很可能降低下腰背疼痛的发生概率。令人难以置信的是，85% 的运动员会在他们职业生涯中的某些时刻经历下腰背疼痛问题。

正如前文提到的，我们都相信，当一项训练计划被合理地实行时，在赛季甚至是在 NBA 这样忙碌的赛季是会发生积极的生理适应性的。因此，控制频率、强度和持续时间对确保持续的进步最重要，同时使因疲劳带来的损害最小化。随着赛季的到来，通过完全休息的方式来试图保持双腿有活力和球员敏捷的做法，与赛季开始后停训效果相同。在进入季后赛时，在休赛期和赛季前期通过努力训练而取得的成果很有可能已经消失殆尽，而这个时候

每个训练项目的强度

水平	重点	训练量
高水平	爆发力，力量，稳定性	从低到高，根据重点决定
中等	力量，稳定性	从中等到高
低水平	稳定性	高
无水平	无	无

表 20.47　纽约尼克斯队 2010~2011 赛季 10 月和 11 月赛程

10 月

周日	周一	周二	周三	周四	周五	周六
					1	2
3	4	5	6	7	8	9
10	11	12	13	14	15	16
17	18	19	20	21	22	23
24	25	26	27 比赛 @ 多伦多（客场）	28	29 比赛 @ 波士顿（客场）	30 比赛 VS. 波特兰（主场）
31						

11 月

周日	周一	周二	周三	周四	周五	周六
	1	2 比赛 @ 奥兰多（客场）	3	4 比赛 @ 芝加哥（客场）	5 比赛 VS. 华盛顿（主场）	6
7 比赛 VS. 费城（主场）	8	9 比赛 @ 密尔沃基（客场）	10 比赛 VS. 黄金州（主场）	11	12 比赛 @ 明尼苏达州（客场）	13
14 比赛 VS. 休斯敦（主场）	15	16 比赛 @ 丹佛（客场）	17 比赛 @ 萨克拉门托（客场）	18	19 比赛 @ 黄金州（客场）	20 比赛 @ 洛杉矶（客场）
21	22	23 比赛 VS. 夏洛特（主场）	24 比赛 @ 夏洛特（客场）	25	26	27 比赛 VS. 亚特兰大（主场）
28 比赛 @ 底特律（客场）	29	30 比赛 VS. 新泽西州（主场）				

正是最需要运动员全力表现的时期。最常见的剧本可能就像如下的描述：在赛季初期，一个球队有着很强的表现，是争夺冠军的热门队伍。然后慢性损伤开始出现，迫使球队的关键球员离开球场。最终，这支队伍勉强地打入季后赛，但在第二轮就被淘汰了，他们在 5 月季后赛期间的状态远不如去年 10 月常规赛开幕式上的状态。赢得冠军的队伍在赛季末是强大的，它的最佳球员一直保持在球场上。

表 20.47 中展示的训练日历只是针对 2010—2011 赛季，不适用于之后的赛季。需要根据队伍的特殊情况和行程进行修改。可能会妨碍预先安排的训练的情况是无法预见的，所以需要进行调整。两个加时赛、飞机延误、社区见面会和采访会影响运动员恢复的过程。大多数情况下，他们最需要的是充足的睡眠，因为总是隔一天就是高强度的核心训练。有时机体恢复的重要性远超过在一次单独的核心训练中获得的能力适应性。运动员身体和精神上的疲劳必须在执行任何额外训练，包括核心训练之前考虑进去。简言之，就是愿意适应当时的情形。

NBA 篮球赛季中，计划是一个令人筋疲力尽的行程，充满比赛、训练，并且在整整 8 个月的时间里飞往整个国家不同的城市。在运动领域的另外一端，大多数情况下，锡耶纳女子网球队在赛季中会在相对集中的区域进行比赛，而且每场比赛间隔时间很长。她们 2012 年春季行程计划与尼克斯队的行程计划在核心训练选择上看上去差别很大（见表 20.48）。考虑到这些更大的机会，女子网球队的计划设计将反映出更多传统的训练周期，特定的训练-休息间隔，以及前后一致的练习强度、频率和持续时间。

2 月初期是秋季和春季之间赛季停休的尾期，所以我们在计划中加入许多基于力量和爆发力的练习。在比赛开始后，比赛会相对稀松，所以我们会策略性地在比赛期间加入几天的力量和爆发力训练。从概念上讲，比赛本身就是基于爆发力的，所以在高度紧张的比赛期间，例如 4 月，运动员在健身房训练是可以不专注于爆发力训练的。此时的大学里，网球手也容易变得疲惫，因此影响到思考过程和恢复期，抑制免疫系统，导致组织坏死，并会对饮食和睡眠习惯产生影响。专注于负荷较小的运动是保持球手精神集中和具有动力的极好方式，同时能保持较低的受伤率。这些运动的目的在于增加反应力、准确率、两侧均衡发展、全脑思考和全身控制能力。

表 20.48　锡耶纳女子网球队 2011~2012 赛季 2 月、3 月和 4 月赛程与核心训练计划

2 月

周日	周一	周二	周三	周四	周五	周六
		1	2 爆发力	3	4 爆发力	5
6	7 爆发力	8	9 爆发力	10	11 爆发力	12
13	14 力量	15	16 力量	17	18 稳定性	19 主场比赛
20	21 力量	22	23 力量	24	25 力量	26
27 客场比赛	28 稳定性					

3 月

周日	周一	周二	周三	周四	周五	周六
		1	2 稳定性	3	4 稳定性	5 客场比赛
6	7 力量	8	9 力量	10	11 稳定性	12 主场比赛
13	14 力量	15	16 力量	17	18 力量	19
20	21 爆发力	22	23 爆发力	24	25 爆发力	26
27	28 爆发力	29	30 爆发力	31		

4 月

周日	周一	周二	周三	周四	周五	周六
					1 稳定性	2 主场比赛
3 客场比赛	4 稳定性	5	6 稳定性	7	8 主场比赛	9
10 主场比赛	11	12 客场比赛	13 稳定性	14	15 稳定性	16 主场比赛
17 客场比赛	18 稳定性	19	20 稳定性	21	22 MAAC*	23 MAAC*
24 MAAC*	25	26	27	28	29	30

* 麦德龙大西洋运动锦标赛

　　稳定性训练会比较具有挑战性，但不是那么剧烈和令人疲惫的练习（见表 20.49）。2月和3月的力量训练是运用专注于全身的核心训练的最佳时机，尤其是土耳其起立，因为这个练习涉及肩部稳定性（见表 20.50）。在同月份，也有专注于爆发力训练且简单的练习，例如站立扔球这类动作可以将身体能力转移到比赛所需的动作上（见表 20.51）。

表 20.49　稳定性阶段：2 月、3 月和 4 月

部位	练习	组数	时间或重复次数
抗伸展	直臂平板支撑：悬吊上肢	3	20~30 秒
抗旋转	肘部侧平板支撑：手臂和腿外展	3	每侧 15~20 秒
肩胛胸壁	俯卧肩胛平面练习（Y）：斜凳	3	12 次
腰椎 – 骨盆 – 髋关节复合体	稳定球单腿提髋	3	每侧腿 12 次

表 20.50　力量阶段：2 月和 3 月

部位	练习	组数	时间或重复次数
整体核心	土耳其起立	5	每侧 10 次

表 20.51　爆发力阶段：2 月和 3 月

部位	练习	组数	时间或重复次数
抗伸展	药球过顶下砸进阶 3：高跪姿绕臂	3	8 次
抗旋转	平行扔药球进阶 3：站姿	3	每侧 8 次
腰椎 – 骨盆 – 髋关节复合体	滑冰运动	3	每侧腿 8 次

　　核心训练计划的伟大之处在，于虽然每个阶段必须实现一定的要求，但计划是相当灵活的，任何人可以在赛季的任何时间里选择使用。挑战你的核心部位，然后感受身体能力的提升。

第 21 章

运动专项核心训练计划

运动专项性是一个有趣的概念，但已经被有些力量和体能团体炒得过火了。运动专项训练与模仿实际的体育运动关系不大，而与合适的运动准备及个性化的训练方式有很大关系。困惑通常来自那些没有从整体生理角度看待训练的人群。例如，棒球运动中，加快挥棒速度如果像捡起一个较重的球棒，用力地挥动那样简单，那么棒球项目的体能教练就会失业。同样的道理，在拳击中，寻求快速猛击的拳手不会通过手握轻型哑铃练习挥拳猛击就得以实现。这里的失误在于，当他手握负重，且没有打算释放负重（与药球不同）时，其实身体正在进行制动，使动作缓慢下落。随着负重的拳头向外伸出，肩部和手臂肌肉组织的所有保护性机制会参与阻止肩部脱离肩窝或造成肘部部位的创伤。因此，选择这个糟糕的练习并没有加快挥拳速度，反而让它降低。

事实上，运动专项训练可以是针对所选择项目的任意动作模式，包括给定的体育运动的运动模式、能量系统或力量和爆发力要求的任何动作。如果一名运动员想为自己的项目进行训练，那么就不应该通过打保龄球来提升自己的罚球命中率。然而，可以进行几组三头肌伸展运动、进行三球抛接训练，或者向目标扔飞镖，从而分别提升力量、协调能力和准确性。然后这些提升的运动技能可以运用到专项体育运动中，提高罚球命中率。运动专项训练与其说是注重增加额外负重的明确动作，不如说是在生理和生物力学相似性的范围内进行训练。运动专项训练的重点更多的是关注肌肉平衡和运动感知，以确保人体动力链功能正常。因此，

基于具体的生物力学和生理且包括专门技能的训练对优化运动表现和预防损伤来说是不可或缺的。

核心训练也适用这种思路。纵观所有体育运动，运动员应该以循环方式训练他们的躯干和髋部，按照稳定性先于力量训练、力量先于爆发力训练的方法进行锻炼。无论是什么体育活动，都应遵循这个原理，因为上下肢的力量传递在所有运动中都有展现，甚至包括划船这类比赛，虽然力量传递看上去不是很明显。因此，核心计划的设置和练习选择在不同体育运动之间会有相似之处。棒球和羽毛球是完全不同的两种体育活动，但是都运用到下肢驱动的动作，而且与头顶上方的爆发性活动相结合，所以，这两项体育运动的训练计划会有许多相同之处。按照这种思路进行锻炼，昌西·比卢普斯（Chauncey Billups）和克里斯·波什（Chris Bosh）都是非凡的 NBA 篮球队员，但是在训练核心功能上，他们有各自独特的、个性化的需要。

在涉及一项核心发展计划时，我们需要考虑的一个重要问题不一定是体育活动，而是核心功能的特性。这是必须进行强调的，因为体育运动的固有性质不同，而且每个运动员有各自的不足之处。为了让你对专项体育的核心训练有更深的了解，我们将列出一些大众体育运动的 2 个阶段性训练，以及这些体育活动的具体运动姿势。对于每一种运动，我们将突出其应该重视的区域，这些区域几乎肯定会在第 18 章的测试中显露出来。还要强调如何应对这些需要重视的区域。注意，以下只是训练样

例，你的训练计划绝对会各不相同。在选择练习时，多些创造性吧，本书中有大量可供选择的练习。

美式足球进攻线卫

担任进攻线卫的人通常体型巨大，而且体重相当惊人。进攻线卫的主要职责在于保护他的四分卫免受猛烈的防御冲击，以及为主动进攻创造机会。在这个过程中，他的初始姿势是一个三点支撑姿势：双脚的前脚掌踩地，双膝和髋部屈曲，一只手接触地面的争球线。当球被传出时，他立刻爆发性地进入防守区域，使用粗壮的双腿支撑其强壮的上半身，以相扑的

方式推挤对方的防守线卫，试图阻止对方突破防线接近四分卫或者拦截抢球。

进攻线卫中的佼佼者能够非常惊人地完成他们的任务，但是他们这样做是以前臀带肌群组织的紧绷为代价的（由屈髋姿势导致的），通过交互抑制作用，降低通过神经通路的传输和限制臀肌综合体的行动。另外，可能对这些运动员更具有破坏性的是，当上半身受到强有力的冲击时，身体需要扎牢在地面，这使得腰椎承受伸展力增加，导致他们晚年出现椎间盘的问题。通过这些我们了解到，关于核心训练需要突出重点的部位，需要进行伸髋肌群能力和基于躯干的抗伸展训练，尤其是对于涉及上半身运动的运动员（见表 21.1 至表 21.6）。

测试：通过

表 21.1　稳定性阶段 2（4~6 周）美式足球进攻线卫			
部位	练习	组数	时间或重复次数
抗伸展	直臂平板支撑：下肢高位	4	60 秒
抗旋转	俯卧旋转稳定性练习进阶 2：单腿完全屈曲	4	12 次
肩胛胸壁	俯卧肩胛骨收缩和下压（A）：斜凳	4	12 次
腰椎 – 骨盆 – 髋关节复合体	单侧桥式	4	每侧腿 12 次

测试：通过

表 21.2　力量阶段 1（4~6 周）美式足球进攻线卫			
部位	练习	组数	时间或重复次数
抗伸展	俯卧撑：健身箱，不对称训练	4	每侧手臂 6 次
抗旋转	侧向阻力水平前推进阶 1：半跪姿	4	每侧 20 秒
肩胛胸壁	俯卧负重肩胛收缩和下压（A）：斜凳	4	12 次
腰椎 – 骨盆 – 髋关节复合体	提髋运动：阻力带，肩部抬高	4	12 次

测试：通过

表 21.3　爆发力阶段 1（4~6 周）美式足球进攻线卫

部位	练习	组数	时间或重复次数
抗伸展	药球过顶下砸进阶 1：高跪姿	4	8 次
抗旋转	平行扔药球进阶 1：半跪姿	4	每侧 8 次
腰椎 – 骨盆 – 髋关节复合体	单腿爆发力上台阶	4	每侧腿 8 次

测试：通过

表 21.4　稳定性阶段 3（4~6 周）美式足球进攻线卫

部位	练习	组数	时间或重复次数
抗伸展	直臂平板支撑：单腿髋部伸展	4	每侧腿 25 秒
抗旋转	俯卧旋转稳定性练习进阶 3：单腿髋部内旋和触地	4	12 次
肩胛胸壁	俯卧肩胛骨收缩和下压（A）：稳定球	4	12 次
腰椎 – 骨盆 – 髋关节复合体	稳定球桥式	4	12 次

测试：通过

表 21.5　力量阶段 2（4~6 周）美式足球进攻线卫

部位	练习	组数	时间或重复次数
抗伸展	俯卧撑：不稳定上肢，药球，不对称训练	4	每侧手臂 6 次
抗旋转	侧向阻力水平前推进阶 2：高跪姿	4	每侧 20 秒
肩胛胸壁	俯卧负重肩胛运动（Y）：斜凳	4	12 次
腰椎 – 骨盆 – 髋关节复合体	提髋运动：肩部抬高，单腿	4	每侧腿 12 次

测试：通过

表 21.6　爆发力阶段 2（4~6 周）美式足球进攻线卫

部位	练习	组数	时间或重复次数
抗伸展	药球过顶下砸进阶 2：站姿	4	8 次
抗旋转	平行扔药球进阶 2：高跪姿	4	8 次
腰椎 – 骨盆 – 髋关节复合体	爆发力上台阶	4	8 次

棒球投手

棒球投手是一群让人着迷的运动员。他们拥有令人难以置信的能力，可以控制身体将球加速到每小时 100 英里（约 160.93 千米）。他们的身材不尽相同，具有不同的技能和投球特点。当放慢动作去看时，他们的投球动作看起来相当痛苦，但在正常状态下看时，他们的投球通常展现出流畅的美感。

使投球如此复杂的是在生物力学的操控作用下，身体的不对称性运动。你永远无法预知损伤的发生，但是造成损伤的潜在指标有 3 个，其中两个是动作不对称性和陈旧伤。研究显示，无损伤症状的专业棒球投手，上盂唇异常和肩袖损伤所占比例很高。这显然引起这样的猜想；再次损伤的可能性提高了。因为这些无所不在的问题，棒球投手比其他体育运动员受伤的风险更高，这些体育运动不会引起生理系统的不规则性。不幸的是，面对这些问题，通常是以袖手旁观的方式训练投手；有些人认为投手是拥有一项主要技能的普通运动员，认为他们只是偶尔需要冰袋敷一敷！正如我们在书的第一部分所讨论的，这种想法大错特错。提升他们整体的运动技能，提高核心力量效率，以及围绕非对称问题进行训练，会使投手拥有更加持续的准确率以及高水平的身体弹性。

第 18 章的测试不是为了显示不对称而设计的，不过你会在测试中感觉和看到非对称性的存在。应该注意这些，而且用第 18 章中提到的 2∶1 的训练比例来应对非对称性。在肩胛左右收缩和下压的力量中可能会显示出非对称性，在抗旋转力量的训练中也可能发现差异。肩胛胸壁力量和稳定性对确保拥有健康的肩部至关重要，所以它必须成为主要的关注点。此外，还需要提升不参与扔球动作一侧的抗旋转肌群的力量。引导腿和后蹬腿之间存在巨大的差异也是十分普遍的。在投球区，投手需要做好一件事，就是反复多次地使用身体的一侧。作为体能专业人士，我们的工作就是解决这种不平衡导致的损伤，以及使身体两侧都重复运作。表 21.7 至表 21.12 展示出棒球投手的核心训练计划样例。

测试：通过

表 21.7　稳定性阶段 2（4~6 周）：棒球投手

部位	练习	组数	时间或重复次数
抗伸展	直臂平板支撑：悬吊上肢	4	40 秒
抗旋转	肘部侧平板支撑：手臂和腿外展	4	每侧 20 秒
肩胛胸壁	俯卧肩胛平面练习（Y）：地面	4	12 次
腰椎 – 骨盆 – 髋关节复合体	核心部位基础下蹲系列进阶 1：囚徒深蹲	4	12 次

测试：通过

表 21.8　力量阶段 1（4~6 周）：棒球投手

部位	练习	组数	时间或重复次数
抗伸展	前滚练习：滑动车	4	12 次
抗旋转	肘部侧平板支撑：划船运动，双脚抬高	4	每侧手臂 12 次
肩胛胸壁	俯卧负重肩胛运动（Y）：斜凳	4	12 次
腰椎 – 骨盆 – 髋关节复合体	过顶深蹲系列运动进阶 2：阻力带过顶深蹲	4	12 次

测试：通过

表 21.9　爆发力阶段 1（4~6 周）：棒球投手

部位	练习	组数	时间或重复次数
抗伸展	药球过顶下砸进阶 3：高跪姿绕臂	4	8 次
抗旋转	药球下砍砸球进阶 1：半跪姿	4	每侧 8 次
腰椎－骨盆－髋关节复合体	健身箱单腿内侧跳－跳下	4	每侧腿 8 次

测试：通过

表 21.10　稳定性阶段 3（4~6 周）：棒球投手

部位	练习	组数	时间或重复次数
抗伸展	直臂平板支撑：悬吊上肢，下肢高位	4	30 秒
抗旋转	肘部侧平板支撑：不稳定上肢	4	每侧 20 秒
肩胛胸壁	俯卧肩胛胸壁组合运动（YTA）：地面	4	12 次
腰椎－骨盆－髋关节复合体	核心部位基础下蹲系列进阶 2：过顶深蹲	4	12 次

测试：通过

表 21.11　力量阶段 2（4~6 周）：棒球投手

部位	练习	组数	时间或重复次数
抗伸展	前滚练习：腹肌轮	4	12 次
抗旋转	直臂侧平板支撑：划船运动，双脚抬高	4	每侧手臂 12 次
肩胛胸壁	俯卧负重肩胛胸壁组合训练（YTA）：斜凳	4	6 次
腰椎－骨盆－髋关节复合体	过顶深蹲系列运动进阶 5：单臂负重过顶深蹲	4	每侧手臂 6 次

测试：通过

表 21.12　爆发力阶段 2（4~6 周）：棒球投手

部位	练习	组数	时间或重复次数
抗伸展	药球过顶下砸进阶 4：站姿绕臂	4	8 次
抗旋转	药球下砍砸球进阶 2：高跪姿	4	每侧 8 次
腰椎－骨盆－髋关节复合体	健身箱单腿内侧跳－跳上	4	每侧腿 8 次

篮球

在篮球运动中，最成功的运动员通常是两种体型中的一种：外胚层体型者或中胚层体型者。外胚层体型者身材修长、精瘦，肌肉总质量偏少。一个真正的外胚层体型者外观呈直线型，腰部、胸部和肩部都很窄瘦。想一想 NBA 中 7 英尺（约 2.13 米）高的中锋马库斯·坎比（Marcus Camby）。中胚层体型者看起来更具有运动体质：肩部宽厚，腰部纤细。拥有这种 V 形体质的运动员包括澳大利亚冲浪选手克莱尔·贝维拉夸（Claire Bevilacqua），NBA 迈阿密热浪队的勒布朗·詹姆斯（LeBron James），以及美式足球和美国职业棒球大联盟的博·杰克逊（Bo Jackson）。

在 20 世纪 40 年代，当威廉·H·谢尔登（William H. Sheldon）博士引入身体类型的概念后，学者、教练和理疗师开始根据个人体质制定个性化的训练和营养计划。然而，罕见的是没有一个人严格地属于某一类型体质，而没有展现出另外一种或两种体质的特征。大多数人具备 3 种体质［包括内胚层体质，例如体育界的相扑运动员朝青龙明德（Asashōryū

Akinori）］的各种不同组合特征。为了我们讨论的目的，让我们看一看一名年轻的 NBA 球员，以及力量教练在考虑独特身体体质的运动员时可能会面临的难题。篮球运动员一般比普通大众的身高要高，拥有修长的四肢。极高的个子、很长的脊柱，对训练师和力量教练提出大量的核心能力挑战，最重要的是需要脊柱的稳定和力量，尤其是胸椎和腰椎部位是支撑四肢功能的中心部位。而且，高帮球鞋、脚踝固定和贴扎带已经在体育运动中如此普遍存在，许多教练要求队员使用这些东西，即使它们通常严重限制踝关节的活动性，在这种情况下，会导致多种膝盖问题，还会发展到人体动力链上，影响髋关节综合体的力学作业。这些复杂的因素与篮球运动员奇长的脊柱和四肢相结合，你就能够发现运动员的身体特征会对他造成很多不利的影响。然而，如果正确训练，同样的运动员会有能力形成巨大的正面影响力，在运动表现上胜过大多数对手。

在与这样的运动员共事时，核心功能训练的重点应该放在改善驼背姿势和髋部失衡的问题上（见表 21.13 至表 21.18）。

测试：失败

表 21.13　稳定性阶段 1（4~6 周）：篮球

部位	练习	组数	时间或重复次数
抗伸展	登山运动：倾斜	4	12 次
抗旋转	肘部侧平板支撑：扔球	4	每侧 12 次
肩胛胸壁	俯卧肩部外展练习（T）：地面	4	12 次
腰椎 – 骨盆 – 髋关节复合体	单腿平衡训练	4	每侧腿 30 秒

测试：通过

表 21.14　力量阶段 1（4~6 周）：篮球

部位	练习	组数	时间或重复次数
抗伸展	稳定球直臂平板支撑：前后滚动	4	12 次
抗旋转	侧向阻力水平前推进阶 4：分腿站姿	4	每侧 12 次
肩胛胸壁	俯卧负重肩外展（T）：斜凳	4	12 次
腰椎 – 骨盆 – 髋关节复合体	X 阻力带行走	4	每个方向 12 步

测试：通过

表21.15	爆发力阶段1（4~6周）：篮球		
部位	练习	组数	时间或重复次数
抗伸展	药球过顶下砸进阶3：高跪姿绕臂	4	8次
抗旋转	药球侧向抛进阶3：站姿	4	8次
腰椎－骨盆－髋关节复合体	健身箱单腿内侧跳－跳上	4	每侧腿8次

测试：通过

表21.16	稳定性阶段2（4~6周）：篮球		
部位	练习	组数	时间或重复次数
抗伸展	登山运动：不稳定上肢	4	12次
抗旋转	直臂侧平板支撑：扔球	4	每侧12次
肩胛胸壁	俯卧肩部外展练习（T）：斜凳	4	12次
腰椎－骨盆－髋关节复合体	单腿平衡和触地	4	每个方向12次

测试：通过

表21.17	力量阶段2（4~6周）：篮球		
部位	练习	组数	时间或重复次数
抗伸展	稳定球直臂平板支撑：搅拌动作	4	12次
抗旋转	侧向阻力水平前推进阶5：弓步站姿	4	每侧12次
肩胛胸壁	俯卧负重肩外展（T）：稳定球	4	12次
腰椎－骨盆－髋关节复合体	阻力带侧滑步：滑冰运动	4	12次

测试：通过

表21.18	爆发力阶段2（4~6周）：篮球		
部位	练习	组数	时间或重复次数
抗伸展	药球过顶下砸进阶4：站姿绕臂	4	8次
抗旋转	龙卷风式药球旋转	4	8次
腰椎－骨盆－髋关节复合体	滑冰运动	4	8次

游泳

我们在本书中已经几次提及游泳，因为这项体育活动需要在水中克服水平阻力，以最快的速度到达终点，这会对核心部位带来独特的挑战。在如此高度不平稳的环境下花大量时间进行重复性动作会引起大量的肌肉和力学代偿活动。几乎在不断要求使用身体前部的肌肉组织，后侧肌肉未得到重复运用，因此导致常见的、确实令人苦恼的脊柱后凸和肩胛骨不稳定。大量的肩部问题困扰着游泳运动员，如此极度的失衡导致不可避免的慢性肩部创伤循环。这种上交叉综合征必须得到解决，这也是游泳运动员核心锻炼的重点。对于游泳运动员来讲，另一个常见的担心部位是臀肌肌群，容易出现运动范围下的欠发展（根据游泳运动员的类型、项目和泳姿）。当从出发板或池壁上跳入水中时，需要髋部爆发性地后伸，臀肌肌群在其中起到巨大作用，整个活动需要腰椎 - 骨盆 - 髋关节复合体的稳定性。然后，加上关节有过度

柔韧的情形，我们发现游泳运动员有许多问题需要解决。

为游泳者设计核心计划方案时，一定要考虑所有这些问题。过度柔韧的关节往往在短期内对核心等长收缩有良好反应，因为身体会在稳定的平面上学习控制自己。整合的力量上举训练，例如负重行走系列（例如，农夫行走和服务员行走）和土耳其起立也会对游泳者的核心部位提供发展，因为游泳者相对于其他运动员容易缺乏力量。这通常是文化问题，处于精英级别以下的游泳者的力量和体能要么没有得到良好发展，要么被完全忽略。他们选择将时间更多地运用到水中。这些不足可以通过整体核心力量的发展得到纠正，同时，核心力量的发展能够提高全身的感觉和控制能力。这个办法适用于所有运动员，创造高效率是终极目标，但是在面对游泳运动的情况时，我们需要一直记住所在运动的环境以及因此对身体产生的影响。表 21.19 至表 21.24 展示游泳者的核心训练计划样例。

测试：失败

表 21.19   稳定性阶段 1（4~6 周）：游泳

部位	练习	组数	时间或重复次数
抗伸展	肘部平板支撑：单腿髋部伸展	3	每侧腿 20 秒
抗旋转	翻滚模式 2：带球用力翻滚	3	每侧 12 次
肩胛胸壁	俯卧肩胛胸壁组合运动（YTA）：斜凳	3	12 次
腰椎 - 骨盆 - 髋关节复合体	稳定球提髋	3	12 次

测试：通过

表 21.20   力量阶段 1（4~6 周）：游泳

部位	练习	组数	时间或重复次数
抗伸展	前滚练习：稳定球，跪姿	3	12 次
腰椎 - 骨盆 - 髋关节复合体	提髋运动，肩部抬高	3	每侧腿 12 次
整体核心	服务员行走	3	20 英尺（6 米）

测试：通过

表 21.21　爆发力阶段 1（4~6 周）：游泳

部位	练习	组数	时间或重复次数
抗伸展	药球过顶下砸进阶 1：高跪姿	3	8 次
抗旋转	药球下砍砸球进阶 2：高跪姿	3	每侧 8 次
腰椎 – 骨盆 – 髋关节复合体	单腿爆发力上台阶	3	每侧腿 8 次

测试：通过

表 21.22　稳定性阶段 2（4~6 周）：游泳

部位	练习	组数	时间或重复次数
抗伸展	直臂平板支撑：单腿伸髋	4	每侧腿 20 秒
抗旋转	翻滚模式 2：用力翻滚	4	每侧 12 次
肩胛胸壁	俯卧肩胛胸壁组合运动（YTA）：稳定球	4	12 次
腰椎 – 骨盆 – 髋关节复合体	稳定球单腿提臀	4	每侧腿 12 次

测试：通过

表 21.23　力量阶段 2（4~6 周）：游泳

部位	练习	组数	时间或重复次数
抗伸展	前滚练习：滑动车	4	12 次
整体核心	土耳其起立	4	每侧 6 次

测试：通过

表 21.24　爆发力阶段 2（4~6 周）：游泳

部位	练习	组数	时间或重复次数
抗伸展	药球过顶下砸进阶 2：站姿	4	8 次
抗旋转	药球下砍砸球进阶 3：站姿	4	每侧 8 次
腰椎 – 骨盆 – 髋关节复合体	爆发力上台阶	4	8 次

长跑

在本书讨论的所有运动中，以及在整个体育运动范围内，跑步是与我们所有人有共鸣的一项运动。跑步是一项需要高度投入和专注的活动，但是它不需要身体支配任何设备，也没有任何对手，而且不受场地的限制。大多数人可以享受跑步，在任何水平下进行竞争，甚至只是与自己竞赛。

如同游泳，跑步涉及大量重复性的活动，导致关节受影响的系数很高；需要更大的生理和身体力学适应性，身体常常受到过度使用的损伤。髋股关节的问题会普遍存在于跑者中，

也会引起小腿和脚部问题。

通过提升髋部稳定性，以及双脚用力蹬地时下肢力线的改善，这些复杂因素中的许多问题会减少，甚至消除。有质量的髋部伸展，或者更准确地说，反复的髋部高效伸展对有效跑步至关重要，能确保尽快越过终点线。专注我们如圆柱体般的核心部位，并且以限制躯干和髋部之间不需要的多余旋转为目标，以便使跑步更加有效。核心训练对跑步来说，与对其他体育运动一样重要，地面运动是身体承受负重任务的一个要求，通过刻苦训练和多次腿部循环训练使身体得到强化是取胜的根本。表21.25 至表 21.30 是长跑的核心训练计划样例。

测试：失败

表 21.25　稳定性阶段 1（4~6 周）：长跑

部位	练习	组数	时间或重复次数
抗伸展	肘部平板支撑：单腿髋部伸展	3	每侧腿 20 秒
抗旋转	翻滚模式 2：带球用力翻滚	3	每侧 12 次
肩胛胸壁	俯卧肩胛胸壁组合运动（YTA）：斜凳	3	12 次
腰椎 – 骨盆 – 髋关节复合体	稳定球提髋	3	12 次

测试：通过

表 21.26　力量阶段 1（4~6 周）：长跑

部位	练习	组数	时间或重复次数
抗伸展	前滚练习：滑动车	4	12 次
抗旋转	炮筒旋转训练	4	12 次
肩胛胸壁	拉开阻力带	4	12 次
腰椎 – 骨盆 – 髋关节复合体	阻力带侧滑步：双腿伸直	4	每个方向 10 步

测试：通过

表 21.27　爆发力阶段 1（4~6 周）：长跑

部位	练习	组数	时间或重复次数
抗伸展	药球过顶下砸进阶 1：高跪姿	4	每侧 8 次
抗旋转	药球侧向抛进阶 4：分腿站姿	4	每侧 8 次
腰椎 – 骨盆 – 髋关节复合体	健身箱单腿内侧跳 – 跳上	4	12 次

测试：通过

表 21.28　稳定性阶段 2（4~6 周）：长跑

部位	练习	组数	时间或重复次数
抗伸展	登山运动：悬挂上肢或下肢	4	12 次
抗旋转	肘部侧平板支撑：不稳定上肢，手臂和腿外展	4	每侧 25 秒
肩胛胸壁	俯卧肩部外展练习（T）：斜凳	4	12 次
腰椎 – 骨盆 – 髋关节复合体	稳定球单腿桥式	4	每侧腿 12 次

测试：通过

表 21.29　力量阶段 2（4~6 周）：长跑

部位	练习	组数	时间或重复次数
抗伸展	前滚练习：腹肌轮	4	12 次
抗旋转	炮筒旋转训练：使用把手	4	12 次
肩胛胸壁	俯卧负重肩外展（T）：斜凳	4	12 次
腰椎 – 骨盆 – 髋关节复合体	X 阻力带行走	4	10 步

测试：通过

表 21.30　爆发力阶段 2（4~6 周）：长跑

部位	练习	组数	时间或重复次数
抗伸展	药球过顶下砸进阶 2：站姿	4	8 次
抗旋转	药球侧向抛进阶 5：弓步站姿	4	每侧 8 次
腰椎 – 骨盆 – 髋关节复合体	交替爆发力上台阶	4	12 次

在组织一个合适的训练计划时，一个完整的方法需要努力提升以下运动能力。

* 力量。
* 爆发力。
* 敏捷性。
* 协调能力。
* 平衡和身体控制力。
* 功能性。
* 速度。
* 有氧和无氧能力。
* 灵活性。
* 身体成分。
* 双侧平衡。
* 动态脊柱稳定性。

本章的目的在于展示如何构建有效、个性化的训练计划，提升个人优势以及消除在测试中显现出的弱点。如果只进行你所从事的体育项目的锻炼，缺乏额外的核心训练，你将无法充分应对到来的赛季并具有顶级的运动表现。高强度运动所需的技能是由身体基础水平决定的。如果身体基础没有得到充分发展，或因某些原因而减退，运动表现也会下降。为了实现表现潜能的最大化，必须在提升运动技能的同时，发展支撑这些技能的身体基础，这是很简单的道理。

体育运动是生活的一个缩影；如果体育运动中的失败变得可以接受，那么在生活中我们怎么会有获得成功的机会呢？超过半个世纪的时间从事体育运动和竞赛，在训练成千上万的运动员后，我们都认识到冠军身上普遍具备一个特征：他们确认一个目标后，会选择向成功完成目标最直接的方向努力。就是在这条道路上，运动员能够发现自身无限的力量和优势。但归根结底还是靠你自己。我们十分幸运与这样的团队和同事们共事，他们包括 20 世纪 90年代改变了运动特点的尼克斯队，进入名人堂的橄榄球、篮球和棒球运动员，网球世界冠军选手，奥运会和世界纪录保持者，以及充满激情的大学生运动员，这些队伍和队员都发现了他们在成长和发展道路上的重要才能。任何训练计划只有在那些有整体观念并认识到自己是命运主宰的人们的努力下才算是好的计划。没有人会替你进行这些锻炼。世界上所有的治疗手法都无法将你的技能提升到更高的水平。被动的、低强度的肌肉分离训练也许对下国际象棋或扔飞镖非常合适，但是为了进行高强度的运动，你必须投入以高强度进行的科学训练方案中。

我们有幸与这样的个人和团队一起共事，他们能够以整体观念看待问题，选择投入精力去实现他们潜能的最大化。他们明白，训练应该一直比比赛更严格。换句话说，最佳运动员的训练是超过比赛预期的。专注训练，消除弱点，科学且刻苦地训练，这就是所有获得金牌、名列前茅、赢得金手套、参与美国全国大学生体育协会（NCAA）锦标赛以及联盟冠军赛的运动员和队伍成功的关键。

本书是过去 50 年经验的浓缩。我们努力为你提供最新的核心训练知识。即使如此，本书并非囊括一切要素，也不算核心训练的巨作。无论你的目标或背景如何，本书的精髓在于，使你走上成功训练核心部位的正确道路。此时，你拥有了使一项非常成功的训练系统正常运作的知识，这个系统是一个拥有科学的结构但足够灵活，能够使任何运动员或个人适应的训练系统。随着经验增加，你将能够确定新的核心练习，立刻了解它们是否适合你和你的具体需要，以及准确知道它们属于循环训练中的哪一阶段。你也可以根据需要进阶或退阶，因此鼓励你尝试和保持练习的新鲜感。

通过撰写此书以及进行大量交谈和邮件来往，我们断定核心训练不应有限制（除了我们分享的基础原则）。另外，核心训练带来的益处应该是没有限制的，适用于所有人，而不仅仅是精英运动员。毫无疑问，你会为了训练或指导回到本书，而从书中获得你所需要的一切，这些将证明本书的成功。然后，你去创造属于自己的成功。核心训练将持续一生。很高兴与你一起努力，向你展示核心训练的全部细节。

作者简介

格雷格·布里滕纳姆（Greg Brittenham）曾在纽约尼克斯队担任助理教练 20 年之久，致力于球员发展和团队训练。之后，在 2011—2012 赛季之前一直担任维克森林大学男子篮球队和女子篮球队的运动表现发展主管。他还是美国国家健康与运动研究所的运动表现部主任。除了美国男子职业篮球联赛（NBA）球员，他还给美国职业橄榄球联盟（NFL）和美国职业棒球大联盟（MLB）的运动员，以及几个世界范围内排名第一、更多的是排名前十的网球运动员提供建议和训练。

布里滕纳姆关于提升运动员整体能力的训练计划方案使他成为世界范围内培训和会议中受人欢迎的演讲者和教育者。他著有 *Complete Conditioning for Basketball* 一书，还与他的父亲迪安·布里滕纳姆（Dean Brittenham）——体能领域的一位先驱者，共同完成了 *Stronger Abs and Back* 一书。

丹尼尔·泰勒（Daniel Taylor）是锡耶纳大学的体能主教练，监管学院 18 个系不同运动项目的校队训练计划，比如水球和长曲棍球等。他训练的许多运动员后来在橄榄球、长曲棍球、棒球和篮球领域达到了专业水平。泰勒为锡耶纳大学男子篮球队在全美大学生篮球锦标赛上获得历史性的 3 年连冠（2008—2010）做出了突出贡献，其中包括 2008 年和 2009 年两次横扫对手夺冠。

在此之前，泰勒在纽约奥尔巴尼的圣罗斯学院男子和女子篮球队以及纽约尼克斯训练营工作。面向高中到大学运动员，他曾在东北部地区的众多培训和研讨会上做演讲。他来自英格兰的北约克郡，现定居于纽约州斯科舍市。

译者简介

王轩是湖北省体育科学研究所体能训练师及康复治疗师，毕业于武汉体育学院，获得运动人体科学专业硕士学位。他曾担任备战2016里约奥运会身体功能训练团队体能教练，服务于国家游泳队（徐国义组、叶瑾组）和国家女子篮球队。2017年至今，他一直担任国家乒乓队女一队体能教练，负责包括丁宁、刘诗雯、陈梦、朱雨玲、王曼昱、孙颖莎、陈幸同等在内的国家一线乒乓球运动员的日常体能训练指导和训练备战工作。